U0946633

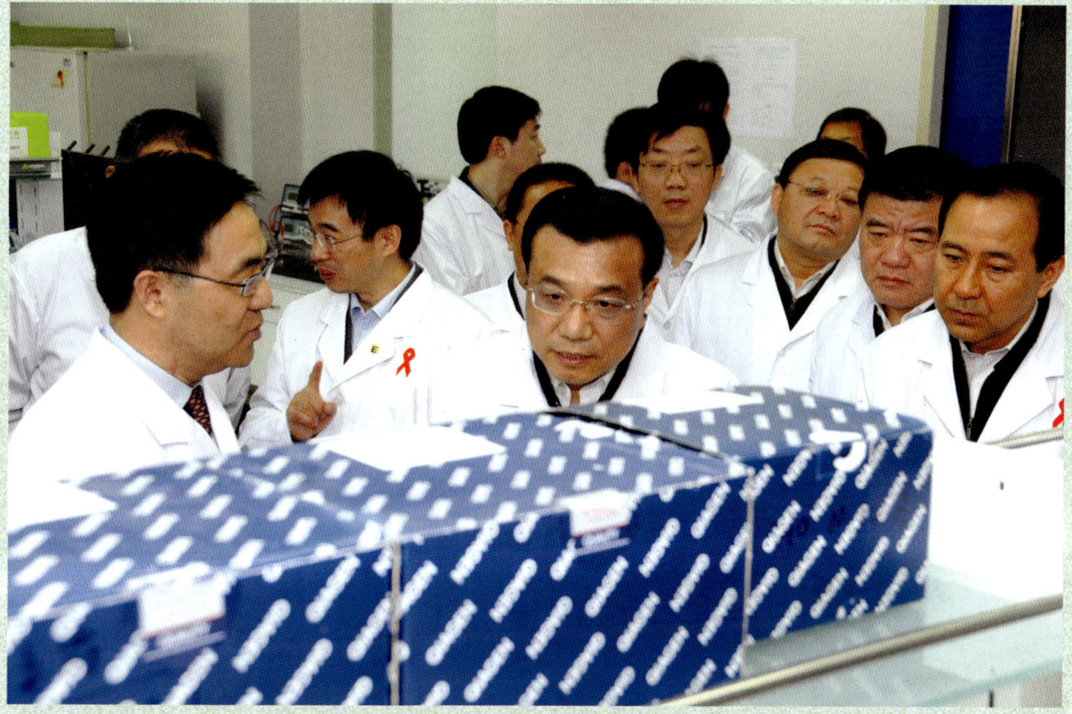

2010年 11 月 22 日，李克强副总理到中国疾控中心视察

2010年 9 月 11 日，全国麻疹疫苗强化免疫活动首日，卫生部部长陈竺到北京 12320 中心视察

2010 年 9 月 13 日，卫生部陈竺部长由王宇主任陪同在北京指导麻疹强化接种工作

2010年 3 月，卫生部尹力副部长参加“世界防治结核病日”现场宣传活动

2010年 10 月 22 日，卫生部尹力副部长到中国疾控中心调研

2010年 4 月 16 日，中国疾控中心第一批赴青海玉树地震灾区救灾人员在机场集结

2010年 4 月 26 日，中国疾控中心移动生物安全实验室运往玉树灾区

2010年，中国疾控中心在青海玉树灾区建立移动实验室

2010年6月10日，中国疾控中心防疫队员在玉树灾区开展高原环境下实验人员体征数据监测

黄桢祥先生诞辰100周年学术报告会在北京举办

2010年 11 月 16 日，中美疾控中心主任会议在中国疾控中心召开

2010年 11 月 24 日，中日韩传染病防控研讨会在北京召开

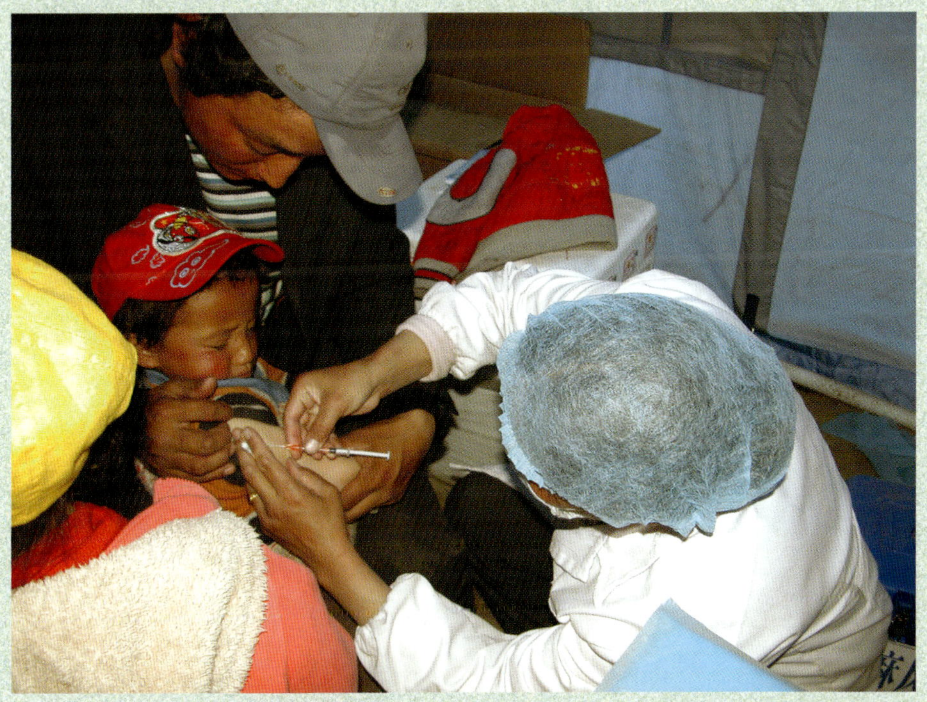

2010年 5 月，疾控人员在玉树地震灾区为儿童接种疫苗

2010年 10 月，中国疾控中心对口支援新疆疾控中心项目正式启动

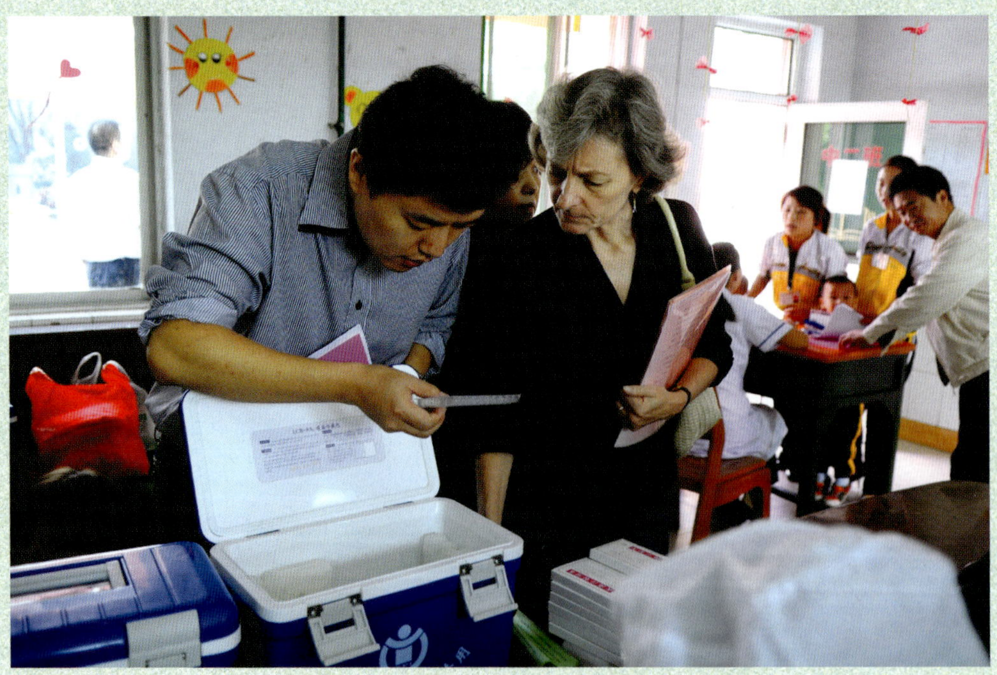

中国疾控中心和世界卫生组织专家到麻疹强化接种点督导

中国疾病预防控制中心年鉴

Year Book of Chinese Center for Disease Control and Prevention

2011

《中国疾病预防控制中心年鉴》编委会　编

中国协和医科大学出版社

图书在版编目(CIP)数据

中国疾病预防控制中心年鉴.2011/《中国疾病预防控制中心年鉴》编委会编.—北京:中国协和医科大学出版社,2016.4

ISBN 978-7-5679-0507-8

Ⅰ.中… Ⅱ.①中… Ⅲ.①疾病—防治中心—中国—2011—年鉴②医疗保健事业—中国—2011——年鉴 Ⅳ.①R197.2-54

中国版本图书馆 CIP 数据核字(2016)第 041002 号

中国疾病预防控制中心年鉴(2011)

编　　者:《中国疾病预防控制中心年鉴》编委会
责任编辑:段江娟　胡永洁
封面设计:吴　华
版式设计:吴　华

出版发行:中国协和医科大学出版社
（北京东单三条九号 邮编 100730 电话 65260343）
网　　址:www.pumcp.com
经　　销:新华书店总店北京发行所
印　　刷:中国电影出版社印刷厂
开　　本:787 毫米×1092 毫米　1/16 开
印　　张:22　　彩页:4
字　　数:450 千字
版　　次:2016 年 4 月第 1 版　2016 年 4 月第 1 次印刷
印　　数:1— 1000 册
定　　价:75.00 元

ISBN 978-7-5679-0507-8

中国疾病预防控制中心年鉴
编　委　会

主　　编　王　宇

副 主 编　梁东明　宫新生　侯培森　杨功焕
　　　　　杨维中　刘剑君

执行编委　王　健　胡永洁　王　林

编　　委　李　黎　张　雁　冯　琳　董小平
　　　　　武桂珍　张戈屏　刘开泰　张利民
　　　　　蔡立群　杜　光　谭吉宾　袁灵华
　　　　　王茂武　胡永洁　陈　峰　李志新
　　　　　曹进华　李新焕　田占平　栗　波
　　　　　王　林　马家奇　梁晓峰　倪　方
　　　　　施小明　王黎霞　冯子健　阚坚力
　　　　　谭　枫　姜　垣　徐建国　李德新
　　　　　周晓农　吴尊友　赵文华　严卫星
　　　　　金银龙　李　涛　苏　旭　陶　勇
　　　　　张　彤　李新威　苏晓婷　徐仁发
　　　　　刘玉芬　赖建强　韩宏伟　姚孝元
　　　　　滕　林　秦　斌　赵　平　郭浩岩

编辑人员　王　健　刘　芳　孙　川　王晓锋
邓晋琦　夏小亮　胡永洁　段江娟
王　林　周　莹

目　录

重要会议及讲话

工 作 进 展

目录

直属单位工作概况

挂靠单位工作概况

目 录

人事人物

大 事 记

目 录

附 录

重要会议及讲话

发挥专业化优势　加强规范化建设
促进中心全面发展

——王宇主任在中国疾控中心2010年工作会议上的讲话

同志们：

今天，是我们昌平园区正式启用后的第一次中心年度工作会议，这次会议确定的主题为“发挥专业化优势 加强规范化建设 促进中心全面发展”，会议的主要任务是：全面总结回顾2009年中心的各项工作，贯彻落实全国卫生工作会议精神，认真分析当前面临的机遇和挑战，研究部署2010年的重点工作。

一、2009年工作回顾

2009年，对于国家疾控中心和我们每位干部职工，是充满挑战与取得显著成就的一年。温家宝总理、李克强副总理等中央领导在甲型H1N1流感防控的关键时期，先后到中心视察，卫生部领导也多次来新址指导工作，极大鼓舞了中心及全国疾控系统的干部职工。一年来，中心全体同志发扬无私奉献精神和专业特长，按照卫生部工作部署，紧紧围绕2009年重点工作，圆满完成了各项任务。

截至2009年底，我中心共有职工2060人，其中专业人员1687人，占81.9%（高级专业人员534人，占31.7%）；2009年全中心经费约18亿元，较2008年增长15.9%。据不完全统计：全年赴现场参与指导突发公共卫生事件808次，培训各级疾控人员约35 800人次；发表了多篇高影响因子的论文，SCI收录论文213篇，较去年增加20.3%；获得省部级科学技术奖16项。

（一）迅速反应，积极应对流感大流行

2009年4月23日，我中心在主动信息监测中，获知美国确诊2例人感染猪流感病毒病例信息后，即刻编发疾控快报上报卫生部，拉开了我国防控甲流的帷幕。

面对突如其来的首发在国外的甲流疫情，我们按照党中央、国务院和卫生部的部署，认真落实各项防控措施，为及时有效地控制疫情蔓延发挥了重要的技术支撑作用。第一，研制出高质量的甲流病毒核酸检测试剂盒，争分夺秒地开办了培训班，及时用于输入病例的确诊；第二，迅速将原来的流感监测网络由197家哨点医院扩大到556家，网络实验室由63家扩大到411家，每周检测标本1万余份，及时提供我国有关流行病学、病原学的数据和分析结论，为疫情形势的研判、现场防控和临床救治提供科学指导；第三，受国家食药

局委托,首次作为疫苗试验的组织单位,协调 7 省疾控中心动员 13 000 多名志愿者同时参与甲流疫苗临床试验,率先向国际组织提供试验数据,使中国成为世界上第一个接种甲流疫苗的国家,现已接种 9000 多万人。《柳叶刀》杂志发表了介绍我中心组织的这次全球规模最大的甲流疫苗临床试验研究报告,认为本次随机临床试验的价值和重要性毋庸置疑。第四,制(修)订近 20 项甲流防控技术指南,组织面向全国专业技术人员的防控和监测技术培训,建立以"流感重症病例和死亡病例"为重点的信息管理系统,形成了技术核心。第五,积极开展风险沟通,按照科学的媒体沟通原则,传播知识,引导大众,增强公众防控疫情的信心。

从业务技术角度,甲流防控有以下几点经验:第一,从 2005 年应对人感染高致病性禽流感开始,未雨绸缪,做好了科学预案,为本次大流行的控制做好了技术准备;第二,我中心与地方各级疾控中心已经形成了密切合作的工作机制,第一时间召开省级疾控机构防控技术视频会议并进行专项培训,为共同应对疫情提供技术保障;第三,疾控机构直接进入政府的决策过程,随时提供科学的技术信息,为防控策略的确定和调整提供技术支持;第四,认真履行疾控中心的专业技术本职,具备了较强的科学防控疫情的能力,在技术应对工作中更加从容、有序、科学、有效。

2008 年 12 月,《中国青年报》调查显示:85.2%的民众满意中国防控甲流疫情的举措。此外,许多国家、国际组织的卫生官员和专家对我国防控甲流取得的成绩表示高度认可。他们认为中国是 13 亿人口的发展中大国,医疗卫生资源相对薄弱,对于像甲流这样的传染病,不能有丝毫的侥幸心理。

由于在甲流防控工作中的突出成就,我中心病毒病所被评为全国卫生先进集体,并作为先进集体代表在颁奖大会上发言,受到李克强副总理的亲切接见;11 月,世卫组织正式认定国家流感中心为全球第五个流感合作参比中心,这是发展中国家唯一的合作参比中心。这也是对我们甲流防控工作所取得成就的高度肯定。

(二)食品安全技术支撑体系建设得到飞跃发展

2009 年,我中心在食品安全管理体系能力建设上发挥了重要的技术支撑作用。为集中整治食品安全突出问题,国务院部署开展了打击违法添加非食用物质和滥用食品添加剂(简称"打非添")的专项整治行动和为期 2 年的食品安全整顿工作。这两项工作中,由中心牵头组建的专家组在技术支撑、专家咨询等方面发挥了重要作用,先后讨论确定了 4 批《食品中可能违法添加的非食用物质和易被滥用的食品添加剂品种名单》(也称"黑名单"),共涉及物质 60 种,为专项整治行动和日常监管提供了重要依据。

为建立我国食品安全管理和技术体系,中心积极协助卫生部组建了国家食品安全风险评估专家委员会和食品安全国家标准审评委员会,制定了相关章程和组建方案,两个委员会中我中心专家分别占 13/42、33/350,秘书处均挂靠在中心营养食品所;积极组织协调对160余项乳品相关标准进行了清理整合，统一公布为70项食品安全国家标准，初步理顺了我国乳品质量安全标准体系。组织完成了《食品安全风险监测管理规定（试行）》、《食品安全风险评估管理规定（试行）》等技术文件的起草，制定了2010年风险评估专家委员会工作计划和优先评估项目；组织制定了2010年食品安全风险监测计划；组织完成了17个省的食品污染物监测和22个省的食源性疾病致病因素监测，对消费量较大的60余种食品、常见的79种化学污染物和致病菌进行常规监测，获得约35万个监测数据。营养食品所作为国际食品添加剂法典委员会主持国秘书处，承办了第41届国际食品添加剂法典委员会（CCFA）会议，同时先后与德国、荷兰及欧盟组织召开了中德、中荷、中欧食品安全监测与风险评估研讨会，食品安全国际合作交流得到了进一步加强。

（三）及时有效应对重大突发公共卫生事件

第一，积极应对和处置手足口病疫情

2009年全国共报告手足口病病例1 155 525例，其中重症病例13 810例，报告死亡病例353例。与2008年相比，2009年发病强度高、报告病例多、高峰持续时间长、疫情分布范围广、局部地区高强度流行；死亡病例从发病到死亡进展快、救治难度大，给疫情防控造成了很大的压力。为科学应对疫情，在2008年工作的基础上，年初中心即与WHO和美国CDC联合主办手足口病国际研讨会，分享防控经验，并组织有关院士和专家对全国手足病疫情进行阶段性研究，做好疫情趋势分析和预测，组织专家修订下发《手足口病预防控制指南（2009版）》。结合传染病重大专项，加强了手足口病实验室检测和网络直报工作，为疫情防控提供科学依据和技术支持。先后7次组织专家前往河南、山东、湖北、河北等省进行现场疫情控制和调研督导。

第二，其他突发公共卫生事件的应对

积极参与成功处置青海人间鼠疫暴发疫情，6起人感染高致病性禽流感疫情、甘肃输入性疟疾疫情等事件的应急处置；积极应对云南水富县返乡农民工患尘肺病事件、张海超尘肺病事件、深圳农民工尘肺病群体事件、河南平顶山平煤集团工人罹患尘肺病事件、四川泸州陈天志尘肺病诊断事件等职业病突发事件；及时处置应对了盐城水污染事件、陕西汞污染事件、邳州市境内河道水砷污染事件、陕西省凤翔县长青镇部分儿童血铅超标事件、承德市兴隆县铅中毒事件、内蒙古赤峰市饮用水污染事件等6起环境污染事件；先后参与处理河北省保定地区发生不明化合物中毒、吉林通榆学生接触农药中毒、吉林蛟河学生课桌椅甲醛超标、吉林化纤集团职工接触不明化学物质、内蒙古赤峰液氨泄漏、乌鲁木齐"针刺事件"和甘肃兰州飞龙公司甲苯、二甲苯及硫醇气体泄漏等7起突发化学中毒事件；全面参加了"两会"、60周年国庆、第11届全国运动会、世界大学生运动会等重大活动的卫生保障任务。

第三，完善中心突发公共卫生事件应对机制，提高卫生应急队伍保障能力

中心分阶段、分步骤建立了中心卫生应急队伍，先期成立11支100人队伍，3类应急

方舱已完成安装和调试，并通过初步验收。利用应急建设一期项目资金储备了近千种物资，149 台(套)设备，价值 3441 余万元。成功举办全球暴发预警与响应网络(GOARN)西太区成员第三届会议，中心应对突发公共卫生事件的能力明显增强。

(四)各项业务工作取得新进展

第一，认真做好重大传染病防控工作

围绕打造“艾滋病防治科学决策的数字化新时代”，开展艾滋病防治数据质量评估，有效提高了网络直报、自愿咨询检测等数据信息质量。2009 年主要完成了艾滋病疫情估计、重点地区和重点人群疫情调查、美沙酮维持治疗启用 IC 卡管理系统和开展艾滋病抗病毒治疗等工作。调查显示，我国男男性行为人群感染率约为 5%，凉山州常住人口感染率为 0.83%；美沙酮维持治疗门诊扩展至 680 家，累计覆盖吸毒人群突破 24 万，成为全球覆盖阿片类物质成瘾者人数最多的国家；抗病毒治疗突破 8 万例，并在全国范围内启动二线药物治疗；启动项目整合工作，将全球基金等国际合作项目纳入到国家艾滋病防治整体规划中。

在做好常规结核病防控工作的基础上，紧紧围绕当前结核病防治的重点及优先领域，积极准备全国第五次结核病流行病学调查工作；组织开展了 3 起学校结核病突发事件的调查和处理；启用了优化后的新专报系统；积极做好国家参比实验室的筹备工作；启动了中-盖结核病项目、第一轮全球基金滚动项目和第八轮中国全球基金项目。申请到全球基金第四轮滚动和第九轮项目经费 6.9 亿美元。

继续在重点省份采取强化控制措施，疟疾回升的趋势得到遏制，全国疟疾发病率稳步下降。截至 2009 年 12 月 15 日，全国共报告疟疾 13 927 例，比 2008 年下降 47.4%。10 个寄生虫病综合防治示范区工作成效显著，通过卫生部考核评估，达到《2006－2015 年全国重点寄生虫病防治规划》的近期目标。协助制定我国重点地区消除血吸虫病规划，落实血吸虫病“省部联动”措施和局级干部联系点工作方案，血吸虫防治工作取得了新的进展。完成了《鼠疫防治手册(2009 年版)》的出版，编写了《中国布鲁氏菌病防治现状》和《中国狂犬病防治现状》，已经多部委联合发布，为自然疫源性疾病防治提供了政策支持。建立伤寒副伤寒综合防治示范基地，开展校区伤寒副伤寒综合干预试点项目和农村伤寒副伤寒综合干预试点项目研究。

扩大国家免疫规划工作已在全国范围实施，为 2010 年后全国正式进行全面的扩大免疫规划基础数据网络报告奠定了基础。目前我国已有 37 625 个(占 72.1%)乡级接种单位或防保组织实施了儿童预防接种信息化管理；开展全国 15 岁以下人群补种乙肝疫苗，完成全国 10 个乙肝监测省(市)2008 年 529 份监测病例的血清标本实验室复核工作；AFP 监测系统主要指标达到了世界卫生组织和卫生部的要求，组织开展了消灭脊灰强化免疫活动，继续保持了无脊灰状态；针对江苏、河南、辽宁等地麻疹发病大幅度上升及发生输入性病例等疫情，先后多次派出人员协助基层开展深入调查；初步建立了全国疑似预防接种异常反应（AEFI）网络直报系统，2009 年全年共收到 AEFI 个案报告 41 605 例，比 2008 年增长 91.8%。

第二，积极推进慢性非传染性疾病预防控制工作

为了应对日益增长的慢性病和伤害的疾病负担，中心强化了慢性病预防控制工作。按照医改方案，参考国际成功案例，形成了我国慢病防控策略要点，明确了疾控系统的职能定位；首次进行了全国疾控系统慢性病控制能力调查和评估；编制了全国疾控系统慢性病预防控制工作规范；组建中美慢性病合作项目办公室和独立建制的控烟办公室；与老年中心、儿少中心和精神卫生中心，以及大学和研究所形成有效的合作机制。

强化慢性病和伤害的监测工作。在淮河地区形成环境与健康（主要是肿瘤发生）的监测平台，开展全国医院死因监测和 161 个监测市/县为主的人群死因监测，在部分地区开展慢性病患病监测和行为危险因素监测，以及与 WHO 等国际组织合作的全球成人吸烟流行病学调查（GATE）、国际烟草控制政策评估（ITC）纵向监测等。在此基础上，形成数据库建设和共享机制，为慢性病预防控制服务。已经完成死因监测网络管理的整合，完成了死因数据集的编辑。加强对慢性病的干预工作。积极设计和组织“全民健康生活方式行动”的各项活动，制定活动指南，推荐适宜技术；全国烟草控制的项目取得较大进展，组织开展全国无烟医疗机构活动，启动了 7 城市无烟环境建设项目；“送烟就是送危害”宣传海报被国际控烟杂志作为封面，对中国的控烟工作给予极大肯定。为社区高危人群干预提供技术支持。联系全国政协委员和人大代表，为 10 余份提案、议案提供全面信息支持，与往年相比，2009 年“两会”期间提交的控烟提案、议案数量最多，涉及的控烟领域范围最广。

妇幼保健工作取得较大进展。完成编写医改国家重大公共卫生项目“农村孕产妇住院分娩”、“农村妇女孕前和孕早期补服叶酸”、“宫颈癌和乳腺癌筛查”等技术指南。开展生命登记系统试点工作，参与“基于健康档案与区域卫生信息平台的妇幼保健系统”建设，加强母婴保健法律法规证件管理工作，完成修订《全国儿童保健工作规范》，制定全国妇幼保健机构监测与考核标准。

第三，主动开展健康危害因素监测、评价及干预工作

完善了各类监测网样本采集与数据网络直报系统，开展中国居民营养与健康监测和 0～5 岁儿童营养健康状况相关危险因素监测；进行 2008 年地震灾区特殊人群营养状况评估与营养应急干预。

开展全国职业健康检查、职业病诊断与鉴定工作现状调查，基本掌握了我国职业健康检查机构、职业病诊断机构的现状，并结合当前职业病防治工作实际，提出职业病防治机构能力建设初步方案。制定职业健康状况调查方案、职业病防治能力建设方案、全国农民工职业健康关爱工程试点方案等技术方案；推进基本职业卫生服务试点中期评估和扩大试点工作,试点区(县)已从2007年的19个扩大至2009年底65个。"国家化学中毒救治远程会诊系统"项目通过最终验收,成功开展了10余次中毒事件的远程会诊。

为加强医疗机构放射卫生管理,保障我国核能核技术应用的可持续发展,组织开展了以全国11个省市269家医疗机构放射诊疗质量控制与防护情况调查、国内外放射事故调研和国外放射损伤防治立法情况调研,完成了《放射损伤防治管理条例(征求意见稿)》起草工作;编制阳江核电站和韶关铀矿山等14项建设项目职业病危害预评价报告/控制效果评价报告书;积极开展核事故医学应急工作,完成核与辐射突发事件的应急响应,做好核与辐射医学应急保障的基础工作。

有效运行空气污染与疾病、城市饮用水卫生、医院感染和化妆品不良反应4个监测体系;成功举办第4届东亚及东南亚区域环境与健康高层会议。督导检查全国农村饮水安全工程水质卫生监测工作,完成《全国农村饮水安全工程水质卫生监测报告》;完成全国农村学校供水和环境卫生设置现状调查工作。

第四,探索疾控机构风险沟通机制,做好健康教育与公众咨询服务工作

在对2003-2008年媒体对中国疾控中心技术信息需求进行分析的基础上,编写了《疾控机构媒体沟通培训教材》,探讨了疾控机构主动风险沟通思路与方法,并在甲流的防控中得到了实际运用。

在4月底建立了甲流防控媒体沟通专家库,主动、及时编写和更新各个时期的关键信息,利用互联网平台主动开展风险沟通与健康教育,及时针对集中的问题开展媒体集中采访,与媒体合作开展甲流健康教育活动。据不完全统计,全年在全国42家媒体播出或刊登采访我中心专家的有关甲流防控的信息达298条,其中新华社发稿28篇,中央电视台播出信息56条(新闻联播14次),是中心成立以来接受媒体采访最多的时期。宣传了我国防控甲流工作的技术进展,普及了流感防控的基本知识,减少了恐慌,指导科学防控甲流。

积极主动宣传,全年安排新闻媒体采访420次。开展了免疫接种反应等集中采访活动,开展了人禽流感、手足口病等疾病防控的4次在线访谈。与中央电视台等合作编播了《阻击新流感》等6部专题科普片。面对牵涉到中心的风险事件,如:开胸验肺、东盟培训班出现甲流病例、防甲流口罩等,主动利用建立起来的良好的媒体关系,科学地进行风险沟通,规避了风险。

加强12320标准化建设,启动12320热线的短信评估工作。编辑手足口病专报41期、甲流专报(周报)99期,为领导决策提供舆情参考,组织专家制定咨询指南,统一各地12320咨询解答口径,方便公众查询,在手足口病和甲流疫情等应急工作中充分发挥重要作用。

第五,进一步加强信息化建设,继续推动流行病学、政策研究等工作

围绕网络服务、情报服务、数据服务和统计咨询服务,进一步加强了信息化建设,为业

务工作保驾护航。实现了法定传染病监测业务的规范化和信息管理的标准化;公共卫生数据中心项目已经成功完成转段;在防控甲流的重大疾控工作中的信息保障中,充分利用网络直报平台,实现了应急信息的快速监测与报告;新址信息系统建设项目进入实施阶段;加强内部规范化信息管理,积极推进协同办公自动化系统的建设。

举办现代高级理论流行病学研讨班和全国省市疾控系统流行病学应用与实践系列培训,提高流行病学应用与实践能力;继续开展气候变化和人类健康影响研究;截至2009年,CFETP学员达110人,遍布全国,全年共参与开展调查97项。

公共卫生政策研究不断推进。开展多层次基层疾控能力建设研究;加强国际公共卫生法律研究;编印《中国新闻两会特刊》结核病防治专辑、慢性病防治专辑,发挥了较好的政策倡导作用。

第六,科研、教育培训、国际合作与交流等工作取得新的进展

以国家需求、疾病预防控制为导向,积极开展科学研究工作。对如何以科学研究支持中心的工作和人才建设,提出了许多有创意的方案,取得了可喜的成绩,2009年度共获准121项国家级或部委级课题,争取经费6.9亿元。获得4项中华医学奖和12项中华预防医学会奖,获专利7项。搭建了科研合作平台,建立了中心重点实验室的支持机制,和中科院等部门签订了合作协议;首次设立中青年研究基金,投入经费99万元支持了11个项目;成功举办了中心第一届学术会议;科技重大专项第一批课题研究进展顺利。科研论文数量连年递增,在权威杂志上发展的论文增加迅速,2009年共发表论文1174篇,其中中文969篇、英文229篇(SCI收录213篇)。根据2009年中国科技论文统计结果显示,2008年度国内论文数较多的研究机构中我中心排名第2,共发表829篇(2007年排第1,772篇);在MEDLINE收录论文数较多的研究机构排名第2,共收录312篇(2007年排第2,260篇);国内论文被引用次数较多的研究机构排名第6,论文被引用次数3810次(2007年排名第7,2976次)。

教育培训工作规范、稳步发展。通过规范教材、增加以实际案例为主的讲座,加强了教学质量保障体系建设,逐步进行教学改革;2009年招收各类研究生174人,进站博士后11人。目前,各类在读研究生共552人;继续推荐第5批共8人赴澳大利亚格里菲斯大学学习;完成了第三届中心学位评定委员会及各学位分委会换届工作;推进中心病原生物学重点学科建设;获批国家级继续医学教育培训项目76项。

保持和发展与世界卫生组织、美国疾控中心等机构的多边和双边合作伙伴关系,在甲型H1N1流感防控、食品安全、环境与健康及全球基金项目等方面开展了大量的、卓有成效的国际交流与合作。2009年因公出国(境)441批717人次,共接待国(境)外来宾127批824人次,开展国际合作项目73个,其中本年度完成28个项目,继续执行45个,新申请项目21个,申请经费总额约为8.3亿美元。累计成功申请15个全球基金项目及3个滚动项目,目前批准资金总额达18.2亿美元。与美国疾控中心联合举办"中美CDC主任

第六次年会”,扩大了慢病等方面的合作。

进一步加强了对中心所属期刊的管理,提高期刊学术质量,8种期刊实现了期刊网络化,新创办了《中国妇幼卫生杂志》。

(五)强化科学管理,加强机构队伍建设

第一,加强干部人才队伍建设,做好岗位聘任和调整工作

按照《领导干部选拔任用工作条例》,进一步完善选拔任用程序,采取民主、公开、竞争、择优等方式选拔干部。中心机关公开招聘5位副处长,经民主推荐有2位同志走上直属单位副所长岗位,首次试行了新聘任处级干部和试用期满处级干部集体谈话制度;录用毕业生81名,其中博士生23名,硕士生41名,本科生17名;接收26名省级疾控中心进修人员及1名“西部之光”访问学者,下派3名处级干部、业务骨干到基层挂职,派出10多名青年职工到基层锻炼。

积极做好2009年岗位调整和聘用工作,完成了摸底准备、修订评聘条件、预测分析、核定指标和动员实施等工作;加强外聘人员的规范化管理,防范和化解劳动争议纠纷。

第二,继续做好预算管理和审计监督,确保经费合理使用

继续加强以预算管理和审计监督为主线的经费使用管理,完善财政经费管理,积极将委托经费和项目经费纳入监管;组织完成2010年度预算及2009年度执行预算的编制;预算执行能力逐年提高,截至2009年底,应急反应机制运转经费项目2008年以前的经费已经执行完毕,2008年经费执行率99%,2009年经费执行率为95%;修订、制定委托工作经费管理暂行规定等6项管理制度和办法;严格按财政部的要求,使用净结余资金,坚持先报批、再使用,没有出现违规行为;加强内部财务督导和检查,促使财务规章制度的有效落实和执行。

加强审计,采取内审和外审相结合的方式,先后接受了审计署、发改委、财政部等部门的8次外部审计;在经济合同、基建工程、全球基金项目、经济责任审计等方面开展了大量的事前、事中的内审工作,全年完成审计资金总额达9.5亿元,纠正违规及错报金额1737万元;全面进行“小金库”清理和财务检查工作,针对自查和重点检查中发现的问题,及时进行了整改。

第三,进一步加强实验室安全管理,探索新址实验室运管模式

针对实验室管理中的重点和难点,举办了风险评估、运输资质、生物安全、认证认可、质量管理等16期培训班;举办了主题为“持续安全 和谐发展”的第三届实验室安全周活动;做好实验室安全检测及高致病性病原微生物运输的审批管理工作,全年共办理了254个跨省运输的准运证书,涉及病原微生物共11种,特别是甲型H1N1流感流行期间,及时办理甲型H1N1流感病毒或样本运输准运证150份,确保甲型H1N1流感实验室检测工作的顺利开展;实验室信息管理系统建设项目取得阶段性成果,初步通过了专家组验

收；对直属单位进行了 9 次监督检查，确保了国庆 60 周年活动期间的实验室安全；探讨新址实验室运行维护管理工作，完成了 BSL－3 实验室生物安全认可管理体系文件的编写工作，启动了新址 BSL－3 实验室的生物安全认可工作。

第四，稳步开展设备采购、安全保卫、后勤管理等各项工作

严格按照有关要求，积极选择合理的采购方式，较好完成了 100 个项目、总金额 12 242.60 万元的各类物资采购任务。进一步加强中心固定资产管理和国际合作项目资产管理，中心机关设备类账实相符率达 99.9%以上，并顺利完成新址搬迁设备类固定资产转移；启动了公务机票定点采购管理和规范合同编号、用印、统计管理。

强化安全保卫责任意识、服务意识，落实人防、技防措施，规范昌平园区的安全管理，进行重点检查督导和隐患治理，全年未发生消防和保卫安全事故，加强了研究生安全管理。

继续加强保密工作的督导检查，配合卫生部做好有关国家秘密范围和密级的修订工作，配合有关部门调查了一起计算机被控事件，并结合事件及时进行了保密安全教育，增强了职工的保密意识。

配合新址搬迁，做好搬迁后南纬路办公楼的交接管理和电话变更等工作，积极协调传染病所医务室做好昌平园区所有单位的职工医疗保健。紧紧围绕疾控和应急工作需要，深入做好科技开发等各项工作。

（六）顺利完成新址搬迁，二期筹建稳步推进

第一，新址一期建设全面竣工

一期工程的工程量全部完成，顺利进行了竣工验收，部分项目相继向中心有关单位（部门）进行了移交。剩余任务主要是动物实验楼等调试收尾和竣工资料档案、决算等。

一期工程建设克服了许多难于预料的困难，主要有：工程内部实验室工艺比较复杂，技术要求高，新方案、新材料、新设备首次涉及，需边论证、边补充、边完善设计，个别技术问题需反复论证才能确定，如 BSL－3、BSL－2 和动物实验室及纯水制备供应系统等；招标项目多，程序复杂，造成数次二次招标；部分项目审批时间长，如进口实验污水处理设备、园区实验污水站工程、BSL－3 实验室的双扉高压锅由国产改为进口及市政供电方案等 4 项报批文件，在 2006 年 12 月才取得国家发改委批复，市政供电工程施工严重滞后，直接导致园区变（配）电设备无法安装、锅炉无电力负荷，新楼冬季无法供暖，内部装修无法进行等。在此情况下，有关部门积极协调，克服了重重困难，全面完成了一期工程建设工作。在搬入新址初期，又及时处理了实验室空调机组、消防管道受强冷空气袭击冻裂跑水等问题。

第二，顺利完成新址搬迁

中心于 2009 年初成立了搬迁领导小组和搬迁协调办公室，制定了周密的搬迁工作程

序,但因受手足口病、甲型 H1N1 流感等疫情影响,搬迁工作推迟到 7 月才启动。中心机关按计划于 9 月份完成搬迁,传染病所、病毒病所、性艾中心搬迁工作已接近尾声。现约有 1100 人在昌平园区办公。按照《昌平园区总体运营管理方案》和 15 个运营管理方案,新址餐厅实行了自主管理,专家公寓已由国管局批准为单位内部会议国采定点单位,开通了 20 条线路的班车和地铁往返巴士。在全体职工的理解、支持和积极配合下,目前新址的各项后勤服务工作运转顺利。

第三,二期筹建积极推进

按卫生部的要求,通过调研和反复论证,在新址建设总体方案的基础上,充分考虑了一期和二期工程的衔接、进驻单位的基本需求,以及今后的发展预留,从场址选择、安全防护、公共配套、节能环保等方面进行可研分析,6 月份完成初步报告,基本确定二期拟建总规模 109 955 m^2,预计总投资为 76 741 万元,并得到了卫生部的认可。经市规委对新址进行勘察,于 2010 年 1 月正式复函二期工程的规划条件,明确了用地性质(科研)、容积率(0.313)、建筑控高(39.45 m)等建设要求。目前,二期筹建工作正按照建设项目可研阶段的规范程序和要求顺利推进。

(七)坚持科学民主决策,加强党风廉政建设

贯彻执行民主集中制,实现科学决策、民主决策。一年来认真落实中心"三重一大"事项必须经集体讨论决定的制度,提高了决策科学化水平和办事效率。

第一,加强党委理论中心组学习,通过常委会前集中学习、举办专题讲座、班子成员重点发言、讲廉政党课等形式学习中央文件及政策、规定等,并就具体内容进行讨论,特别强调了需要注意的事项,达到统一思想,明确任务的目的。

第二,开好以"加强领导干部党性修养、树立和弘扬良好作风"为主题的民主生活会。领导班子各成员在学习文件、认真倾听各方面意见的基础上,查找自身存在的问题和不足,广泛开展批评与自我批评,并提出整改措施,达到了坦诚交流、增强团结、促进工作的预期目的。

第三,健全和完善党委内部的议事和决策机制,充分发扬民主,充分讨论,集体决策,做到"三重一大"事项由党委常委会、主任办公会等集体讨论决定,日常事务,由分管领导决定、事后通报。一年来以党委常委会、主任办公会、党政联席会等形式,召开涉及"三重一大"事项会议 25 次,形成会议纪要 25 份,提高了上会研究重大事项决策的科学性和准确性。目前中心各直属单位也建立了相应制度。

第四,贯彻落实中央《建立健全惩治和预防腐败体系 2008－2012 年工作规划》和卫生部实施办法,严格执行党风廉政建设责任制和"一岗双责"制度,坚持签订《廉政责任书》或《廉政承诺书》,通过征文活动、警示教育,开辟媒体专栏等形式开展党风廉政宣传教育,构筑拒腐防变道德防线。坚持廉政谈话制度,全年与新任科级以上干部谈话 57 人次。制定

了《关于加强因公出国(境)管理的规定(试行)》,取得了实效。

第五,继续发挥民主党派参政议政的积极性,采取邀请参加学习班、报告会、座谈会等形式听取意见和建议。发挥群团组织自身优势,了解群众意见,真实反映社情民意。配合庆“七一”、迎国庆开展各种文娱活动和体育赛事。关心困难职工生活,两节慰问特别困难职工 10 人次,为 11 名职工子女申报阳光助学补助等。共青团组织 15 名青年深入承德市 3 个县的乡村,开展了“走进基层疾控工作”实践活动,帮助承德市疾控中心确诊了首例甲型 H1N1 病毒感染者。关心离退休老同志生活,重大节假日组织老领导、老干部座谈和团拜,及时解决中心迁入新址后离退休人员医药费报销的实际困难,继续邀请中心知名老专家编写《以史为鉴 光照未来》系列丛书第 6 册。

总之,在过去的一年,在卫生部的正确领导和支持下,广大干部职工恪尽职守,为疾控事业的发展付出了辛勤的汗水,中心的各项工作得到了有关部门的充分肯定和高度评价,涌现出了一大批勇于奉献,不计个人得失的先进个人和先进集体。据初步统计,全年中心共有 22 单位次、120 人次获得有关部门授予的先进集体和个人荣誉称号。这些成绩的取得,是中心广大干部职工共同努力、辛勤工作的结果,我代表中心领导班子向大家表示衷心的感谢和崇高的敬意!

二、正确把握中心定位,推动中心专业化、规范化建设

今年是落实“十一五”规划的最后一年,我们要认真总结“十一五”期间的经验,查找不足,认清中心定位,统一思想认识,努力将中心的发展提高到一个新的台阶,促进中心的各项工作全面协调可持续发展。

(一)正确把握疾控中心的“公益性”定位,“专业”和“奉献”是我们的核心价值

我们要深刻理解中心的“公益性”定位。疾控机构是由政府举办的实施疾病预防控制和公共卫生技术服务的公益事业单位,属于公益Ⅰ类事业单位,必须有相适应的人员经费和工作经费保障,不能以收入养人。公益性和专业技术性是疾控机构的基本特征和特点,目前,从全国的情况分析,各级疾控机构的管理模式包括参公管理、全额预算、差额拨款、自收自支等多种管理形式并存,衡量各种管理模式是否合适,要看是否有利于专业队伍的建设,有利于疾控专业人才的聚集,有利于专业能力的提高,有利于疾控事业的发展。我们必须认真分析全国疾控机构的发展现状,正确把握疾控中心的专业定位,搞好疾控体系建设。

作为公益性单位,是要依靠国家全额的经费投入,中心作为政府举办的实施国家疾控和公共卫生技术管理和服务的公益事业单位,必须更加突出公益性,这是我们今后发展的职能定位。

强化专业特性是中心发展的根本。作为“专业性”单位，就要求我们的专业技术人员必须在自己的专业上有所建树，专业技术能力必须能适应当前工作的需要。近年来，中心之所以能够较好地完成各项重大工作任务，得到各方面认同的主要原因，除了我们长期以来具备的奉献精神之外，更重要的是中心高度专业化的工作背景和队伍，这是我们的核心所在。

例如，我们的专家对广西艾滋病疫情认真分析，发现其疫情特点与河南、云南完全不同，主要是通过性传播，中心及时报告卫生部，反复沟通，引起地方政府的高度重视，防控措施正加快落实。

在手足口病防控方面，我们密切监视疫情，做好疫情趋势分析和预测，掌握各地手足口病疫情变化特点和趋势，为疫情防控提供科学依据和技术支持。

我们的专业性还表现在对基层疾控工作的指导，因为我们是唯一的国家级疾控中心，担负着对地方各级疾控中心的技术指导职责，对我们的专业性提出了更高的要求。我们的专业人员每年有很多时间在基层参与疾控的现场工作，基层需要的是我们高水平的专业技术和认真严谨的工作态度，中心的一些专家受到各级疾控同行的欢迎，主要原因就是能够为基层的疾控工作提供技术帮助，这一点需要我们的年轻专业人员认真学习和不断提高。

勇于奉献是疾控人的优良传统，由于疾控专业特点，我们的专业人员为了疾控事业做出了无私奉献。“专业”和“奉献”是我们的核心价值，各单位要围绕这个核心价值，确定发展思路和发展规划。

(二)切实做好中心的规范化建设

在很早我们就提出了疾控体系的规范化建设，但一直没有解决。近年来，虽然国家大力支持了疾控机构的硬件建设，但是，全国疾控体系建设由于受一些机制、体制和结构性问题的影响，与临床医学系列的规范化相比，存在着较大差别，在很大程度上制约了疾控职责的落实，影响了疾控体系作用的有效发挥。如：全国各级疾控机构尚无统一编制、规格，以及长效、稳定的投入机制，专业技术人员的职称系列混乱等。

随着疾控业务、任务的增加，要进一步明确各部门的职能。目前，有些部门对岗位职责理解不清晰，管理机制不健全，业务部门直接接受外来的工作量不断增加，加之我们的专业技术人员不足，致使专业骨干长期处于高强度、超负荷的工作状态，在较大的压力和紧张的氛围中工作。长此以往，对专业骨干和业务工作都会产生潜在的危害。

因此，我们需要不断完善规范的管理体系，确保各项业务工作的规范化管理，科学进行绩效考核，充分发挥技术与服务优势，为卫生部做好强有力的技术支撑；在各项业务工作中，更要进一步完善管理制度，创新机制，规范标准，优化工作流程，为大众提供优质、便利的公共卫生服务。

（三）加强专业技术队伍建设

专业人员队伍建设是一个关系到我们的疾控工作能否可持续发展的重大问题，这要作为今后一个阶段全力以赴的努力方向，特别在业务骨干的培养和引进方面还面临巨大的挑战。不断提升我们的能力，是专业发展的标志。2008 年我们在甲流防控工作中，第一时间发现报告信息，研发试剂、主持完成疫苗临床实验研究，在国内外影响很大，包括对一些跨国企业也有很大的影响，反映了我们的业务不断扩展和深入。在食品安全的技术支持方面，我们的专家在各项技术支撑服务、专家咨询等方面发挥了重要作用，全国疾控中心在食品安全领域的技术主体地位已经确立，这是疾控机构标志性的发展。因此，在实际工作中，要不断提升我们的业务能力。

2008 年 12 月 31 日，卫生部、国家发展改革委、财政部、人力资源社会保障部、教育部、中央编办等联合印发了《关于加强卫生人才队伍建设的意见》，要求进一步加强疾病预防控制和妇幼保健人才队伍建设。要按照承担的职责和任务，合理确定公共卫生机构的人员编制、工资水平和经费标准。加强公共卫生人才培养，加强重大疾病预防控制、妇幼保健和卫生应急等方面人员的业务培训，提高技术水平，优化人员结构。争取 3 年内，各级疾控中心学历构成应当符合以下标准：国家级中心本科学历人员占 75%以上、省级占 65%以上、市级占 50%以上、县级占 35%以上。目前，中心本科学历以上人员占 66%，与 75%的国家标准还有一定差距。近年来，由于疾控工作任务繁忙，有些专业技术人员忙于奔波，真正坐下来学习的时间有限，没有精力进行专业文献研读，专业技术水平难以提高。我们要按照“突出重点、强化专业、分步实施、整体推进”原则，制定出台专业人员培训方案，依托相关医学院校和管理院校，以现场流行病学和实验室检验检测为重点，采取中长期培训、轮训和国外进修学习等多种形式，提高现有人员的整体素质。此外，还要逐步建立技术练兵、比武等机制，加强应急演练，不断强化综合素质和实战能力，适应实际工作需要。

（四）加强科技支撑能力建设

中心在“十一五”初始之际，始终遵循“一流的疾控依赖一流的科研，一流的科研推动一流的疾控”的发展理念。围绕疾控工作，制定了《中国疾病预防控制中心“十一五”科技发展规划》，充分利用和合理配置现有资源，取得了可喜的成绩，特别是在“艾滋病和病毒性肝炎等重大传染病防治”等科技重大专项的申报和立项工作中成绩突出。继续传承和发扬了我中心在预防医学和公共卫生研究领域的整体优势地位，促进了我中心疾病预防控制工作科学技术水平的不断进步。但是，我中心的科研任务十分艰巨和繁重，依然面临着诸多困难与挑战。

首先，学科需要均衡发展。受外部国家科技发展整体规划战略布局侧重点不同的影响,以及我中心内部自身沿袭原有学科布局,在中心整体工作单元上各学科发展不均衡。一些领域缺乏有影响的高层次学科带头人,在国内同行中的影响力仍较低。从获准课题数量和经费投入比重、产出高水平论文和成果质量及数量、科技队伍的梯队建设和构成等几方面分析,传染病学科领域均远远超过其他公共卫生学科领域的发展,特别是在慢性非传染性疾病领域的学科建设和发展方面仍处于起步阶段。为此,要切实采取相应措施,从我中心实际发展需要出发,适时调整学科建设发展对策,在保持优势学科的同时,带动和扶持我中心诸如公共卫生、慢病工作单元的学科建设,使其更合理、更完善、更均衡地发展,组织协调主持和参与更多的国家级课题的建议、申报、立项和实施。

其次,通用科研技术平台建设要求迫切。我中心现有的科研技术平台数量有限,且布局不合理,分布不均衡,尽管目前有 2 个国家级重点实验室(其中还包括 1 个与医科院共建)、3 个部级重点实验室(2 个卫生部和 1 个环保部),中心目前仍缺乏与工作任务直接相关的标志性、引领性和学科交叉性的科技平台。在突发公共卫生事件预警预测、疫苗研发及评价、诊断试剂研发及评价、生物信息学、公共卫生信息数据共享、高等级实验动物、措施政策再评估等方面的需求尤为迫切。为此,计划全面实施中心“疫苗研究和评价中心”的建设,启动“中心级重点实验室”遴选和筹建工作,继续组织开展中心科技平台和科技能力建设的优先领域和成熟团队的调研;进一步拓展和加强国内外合作,落实已经签署的合作内容的实施;全面落实已建立的包括“重大专项”在内的科研管理机制,明确各二级单位的管理角色,探讨合理的激励机制,整合及合理配置现有资源,加强科技支撑能力建设。

(五)建立完善风险沟通与健康教育工作新机制

随着社会生活水平的不断提高,公众更加关注疾病预防控制方面与健康密切相关的信息。媒体和公众获得疾病预防控制信息,特别是重大公共卫生事件信息后,往往急需进一步深入了解。作为专业性的公益事业单位,各方面的专家掌握着大量的疾控信息和科学知识,将这些快速准确地通过媒体传播给公众,开展健康教育是我们义不容辞的责任。疾控机构与媒体合作,进行科学的风险沟通,能够实现双赢,否则就会严重干扰正常工作。因此,建立更加完善的主动的媒体沟通机制势在必行。

近年来,我们在风险沟通和健康教育工作中进行了一些探索和研究,但目前还没有一个明确的工作机制,加上原来中心健康教育所管理体制和职能的调整,中心的健康教育的业务协调机制亟待建立。

三、按照卫生部的统一部署,扎实做好 2010 年的各项工作

2009 年的全国卫生工作会议强调要“积极促进基本公共卫生服务逐步均等化”,“提高重大疾病防控和应对突发公共卫生事件的能力”,我们要认真领会医改精神,充分认清疾控中心在公共卫生服务中的公益性和专业性特点,切实做好 2010 年的各项工作。

(一)2010 年的重点业务工作

第一,大力推进食品安全技术支撑体系建设

贯彻卫生部提出的食品安全风险监测、评估、标准要“边工作、边建设”原则,整合内部机构,强化内部管理,挖掘内部潜力,提高技术支撑能力,承担好评估委员会秘书处和标准审评委员会秘书处工作。

要组织实施国家 2010 年风险监测计划,改善和完善监测体系,建立检测技术、溯源网络实验室,开展食品污染物、食源性疾病和食源性致病菌及其耐药性监测。

积极组建国家食品安全风险评估实体机构,建立食品安全风险评估体系,建立包括污染物数据库、膳食消费数据库、风险评估方法技术等相关基础数据和信息平台支持系统,加强中心风险评估人才队伍建设和监测实验室能力建设,配合卫生部做好食品安全整顿工作。

第二,进一步提高重点传染病的防控业务工作能力

要做好甲流疫情防控的技术工作总结,全面、系统收集甲流流行的相关信息,完善流感病例资料数据库,密切关注流感病毒基因变异情况,继续做好甲流疫苗的预防接种和预防接种反应监测,加强与 WHO 等组织的合作交流,科学研判下一阶段大规模疫情流行的态势,为可能出现的流感大流行做好技术和人员准备,安排部署好 2009 年甲流的监测和防控。

积极做好应对突发公共卫生事件和急性传染病疫情的各项准备工作。对 2005 年建立的国家级重点传染病监测体系进行全面梳理、逐步分析,修改完善监测方案,提高监测工作效率,协助开展鼠疫“十一五”规划评估,制定“十二五”鼠疫防治规划;推进以传染源控制为主的防治策略,继续做好血吸虫防治联系点工作。

关注手足口病疫情,积极做好手足口病传播的流行特征及影响因素分析,指导防控和救治工作,组织开展诊断试剂及疫苗的研发和临床试验;深入开展传染病监测自动预警的推广及相关研究试点。

随着中心各类应急物资和装备的陆续到位,在尽快落实管理、维护和使用的同时,开展一次有针对性的、较大规模的综合卫生应急保障演练。做好上海世博会和广州亚运会的卫生保障工作。

第三,切实做好免疫规划的相关技术工作

为实现消除麻疹的国际承诺,今秋将在全国范围开展 8 月龄至 4 岁年龄组儿童的麻疹疫苗强化免疫活动。此次活动涉及近 1 亿儿童,地域范围广,时间要求紧,工作难度大,各级疾控机构和基层卫生防保人员要按照卫生部的统一安排,积极主动地做好各项技术准备工作。中心各有关部门要从技术指导、异常反应监测、大众宣传和风险沟通等方面做

好工作。

在做好甲流疫苗接种的基础上，继续完成“6～35 月龄儿童甲型 H1N1 流感疫苗临床试验”、“甲型 H1N1 流感疫苗上市后效果和安全性评价”及“孕妇接种甲型 H1N1 流感疫苗免疫效果和安全性评价”。继续做好全国 15 岁以下人群补种乙肝疫苗工作，完善扩大免疫后常规免疫的监测工作，加强信息管理系统建设，及时掌握各地疫苗接种率情况。协助卫生部和食药局积极做好迎接 WHO 对我国疫苗监管机构(NRA)职能评估的各项准备工作。

第四，高度警惕艾滋病流行新动向，积极开展战略研究

整合国家财政艾滋病防治经费、国际合作项目经费等资源，开展艾滋病、性病、丙肝防治工作。以调整和完善艾滋病、丙肝疫情监测哨点的设置为重点，提高监测工作质量；以在社区、乡镇医疗卫生机构试行快速检测，推行医疗机构医务人员主动提供检测咨询(PITC)策略为重点，最大限度发现感染者；重点研究我国艾滋病感染新特点；以加强男男性行为人群、低档暗娼、流动人口特别是务工人群的干预，推广美沙酮维持治疗服务延伸点建设为重点，进一步扩大干预措施覆盖面；以推进抗病毒治疗低覆盖率省份工作为重点，提高抗病毒治疗覆盖率；协助卫生部制定《遏制与防治艾滋病行动计划(2011 - 2015 年)》，并完成对第二个 5 年行动计划的评估；协助有关部委制订美沙酮维持治疗管理办法；制订用于中、长期艾滋病防治效果评估的工作方案。

第五，做好结核病参比实验室的筹建和第五次流调工作

作为卫生部的技术支撑单位，实验室能力建设是我们工作的重要方面，但由于历史原因，我中心一直没有完善的国家结核病参比实验室。随着结核病防治工作的不断深化，尤其是耐多药结核病控制工作和新诊断工具推广应用的需要，中心迫切需要设立功能齐全的国家级结核病实验室。

随着新址的建设，现已具备符合结核病生物安全要求的实验室。价值 800 万元的实验室仪器设备的招标采购工作基本完成，当前是整合优势资源，集中事业心强、业务水平高的专业人员组建 CDC 结核病实验室的最好时机。目前实验室的筹建工作正在紧锣密鼓地开展，各有关部门要从大局出发、通力合作，保证实验室建设的顺利进行，并建立完善的工作机制，尽早开展工作。

2009 年的结核病工作重点要在全面落实现有结核病防治策略的基础上，切实做好全国第五次结核病流行病学抽样调查和《全国结核病防治规划(2001 - 2010 年)》终期评估工作，为国务院拟定《全国结核病防治规划(2011 - 2020 年)》提供技术支持。

第六，进一步加强慢性病预防控制工作

加强慢病防控专业骨干队伍建设。积极推进慢性病监测和登记报告的系统设计、整合工作，研究加强中心慢性病监测与信息系统建设工作。做好全国慢性病防控能力评估和慢性病行为危险因素监测工作。进一步加强信息分析与利用，完成编写《中国慢性病报

告》。做好《全国慢性病预防控制工作规范》的培训和推广。继续做好全民健康生活方式行动、无烟环境创建、发展和推广适宜技术与工具。研究制订慢性病评估指标体系。加强伤害、心理卫生和口腔卫生研究，制定相关指南和评价指标，做好重点人群干预工作。今年是淮河流域癌症综合防治工作第一阶段的最后一年，要认真做好淮河项目中期评估和总结工作。

实施中美儿童与家庭健康队列研究，推进扩大中美慢性病防控合作领域，如限盐和高血压控制、烟草控制、伤害预防、慢性病监测等，并将慢性病纳入中国 CFETP 项目。

扩大妇幼综合干预与服务工作覆盖面，组织制定《儿童保健技术规范》，进一步推广和落实《托幼机构卫生保健工作规范》。完善妇幼保健机构监测内容及直报系统，促进《出生医学证明》信息化建设。

第七，加强健康危害因素监测和技术支撑能力建设

进一步梳理和明确中心公共卫生的职责，加强技术人员的能力培养，提高专业技术水平，完善健康危害因素监测网络，提高实验室检测能力。继续做好中国居民营养与健康监测工作，推进营养膳食对健康影响的研究工作。

制定《国家职业病防治规划》实施方案，结合公共卫生服务均等化，以“农民工健康关爱工程”为契机，建立健全协调、高效的职业病防治监管体系。加快职业病防治网络建设，做好基本职业卫生服务试点评估和推广工作，开展职业病哨点监测，加强对重点职业病的监测、预警和防治研究。做好职业病防治机构能力建设方案，推动职业病防治监管机构和队伍能力建设，不断提高职业卫生技术服务和监管能力，提升综合防治水平。完善全国中毒救治基地远程会诊系统，完成有毒动植物标本建设任务，加强职业性健康危害事件的应急反应与化学中毒控制的技术服务工作。

要紧紧抓住国家大力开展核电能源建设的机遇，做好建设项目职业病危害放射防护预评价和控制效果评价；建立 5 个区域职业氡监测中心，在矿山高氡暴露地区开展矿区放射性职业危害哨点监测；建立医用辐射安全卫生监控体系，逐步使放射工作人员个人剂量监测率达到 85%以上、医疗机构放射诊疗防护检测率达到 70%以上。

继续完善环境与健康的 4 个监测体系，加强城乡饮用水检测、监测能力，建立健全覆盖国家、省、地(市)、县 4 级监测网络；落实“我国重点环境化学污染健康危害监控技术研究”等重大项目，开展环境重金属污染健康危害监测和评估，完善危害评估体系。

(二)结合业务工作发展，促进信息化建设再上新台阶

中心信息化建设以信息资源管理、信息技术支持服务两大业务为支柱，以中心业务内网、全国业务广域网、公共卫生数据资源中心建设和信息资源开发利用为重点，全面提升疾控信息的综合服务能力。要认真分析国家宏观信息规划与各地对信息利用的微观需求，特别是预见到疾病预防控制业务需求极大增长的形势，在“十二五”疾控信息体系建设

发展规划中,综合考虑公共卫生、慢性病、健康档案等内容,全面规划信息系统的体系架构,使之适应迅速增加的业务需求;促进建立全国疾控信息系统建设与运行投入保障机制,尤其加大对西部偏远地区的政策倾斜,保障各级疫情网络直报设备正常运转、各项常规工作顺利开展,以确保疾控业务持续稳定发展。

全面建设新址信息系统平台,在进一步完善IT基础设施建设的同时,重点实施新址信息系统的总体集成。并通过两阶段的建设,初步建立起新址信息系统全新业务支撑平台和国家级疾病控制数据中心,实现园区一体化协同办公和内部营运管理。

进一步完善疫情网络直报工作,提高疫情信息采集的全面性、及时性和准确性,做到"关口"前移,提高预警预测和分析报告能力;全面推进免疫接种信息管理系统建设,实现以接种对象个案管理为目标的预防接种管理与运行信息系统;以贯彻实施《食品安全法》为契机,构建食品安全监测与评估技术支撑网络,收集、梳理和分析全国食品安全监测信息,完善食源性疾病信息报告采集系统,逐步实现食源性疾病监测、调查、报告和数据分析与国际接轨。

(三)做好科研、教育培训、国际合作等工作

在继续作好重大专项等科研管理以及课题申报等工作的同时,开展疾控中心"十二五"科技规划的研讨和制定工作,启动疫苗研究与评价中心建设工作及中心重点实验室的招标和筹建工作。

进一步改善办学条件,提高教学管理水平,逐步提升教育培训综合能力。推进研究生课程教学目录和大纲研制工作,完善教学内容,改进教学方法,提高教学质量。加强研究生导师队伍建设。推进公共卫生专业技术人员规范化培训试点工作。

继续深入开展双边或多边合作。在继续做好中美新发和再发传染病项目基础上,扩展和推进现场流行病学培训项目,解决好生源和教育资源两方面的问题;以"中美儿童和家庭健康项目"为平台,促进其他慢病领域的交流合作;准备和启动全球基金整合项目。

开展流行病学方法学的研究和开发工作;加大国际间的合作和交流,进行中国气候和健康影响的研究。

开展基层公共卫生服务政策评估;完善国内公共卫生政策信息监测;继续加强基层疾控能力建设研究,推进基层疾控业务辅助平台系统研究。

做好12320开通建设情况的调研督导工作,总结试点建设模式和经验,推动全国各地尽快开通12320热线,做好短信试点工作,探索与多部门合作,不断拓展服务领域。

开展中心所属期刊之间的横向交流活动,强化承办单位对期刊的管理,充分发挥期刊的宣传和业务交流作用。

（四）加强中心内部的科学管理

随着我们各项工作的活跃程度、规模的增加，工作节奏的加快，人员的不断增加和流动，各种矛盾会日益突出，相比我们拥有的资源，工作难度会不断加大，这对我们的管理工作提出了更高的要求。不能以不变应万变，必须结合中心的发展状况，加强对管理知识的学习，掌握科学的管理理念，同时充分加强党的领导，发挥群工组织的作用，保障中心内部的协调、稳定发展。

第一，提升管理水平，做好保障工作

要结合公益性、专业化的发展定位，认真分析管理工作中的薄弱环节，在管理的模式、理念上有所突破，切实加强管理的科学化、规范化和专业化，将人、财、物资源有机地结合起来，提高管理水平和执行能力。

在经费管理上，继续坚持预算管理和审计监督。通过建立新址运转财务管理机制，加强会计基础规范执行，提升审计人员能力。进一步加强采购经费预算的执行力度。2010年疾控应急运转经费项目已开始执行，各直属单位要尽快启动 2010 年采购及大修项目的预算执行工作，要成立项目执行领导小组，尽快进行招标文件的编写、市场调研和政府采购代理机构选择等前期准备工作；对于涉及进口产品采购的项目，要组织专家进行深入细致的论证；加快使用 2009 年及以前年度的结余资金，要按既定的的预算支出内容，加快执行进度，对于净结余资金，要报批后执行；做好 2011 年度的预算申请准备工作，认真做好项目的可行性论证，保证预算的科学、合理；各单位在预算执行过程中，要严格执行国家有关财经法规制度，要结合开展权力运行监控机制建设试点工作，坚决杜绝违纪违法的现象，切实提高资金的使用效益。

实验室安全是中心管理的重点之一，要在做好人员培训、运输审批、实验室安全教育基础上，抓好实验室信息管理系统建设和新址实验室安全管理，特别是 BSL－3 级生物实验室安全和实验动物楼的管理，创造一个安全、有序的科研工作环境。在完成 BSL－3 实验室生物安全认可管理体系文件编写工作的基础上，开展实验室自查，尽早向中国合格评定国家认可委员会提交认可申请，完成新址 14 个 BSL－3 实验室的生物安全认可工作。

继续加强招标采购和资产管理。借助中心自动化协同办公系统，加强管理信息化程度，并在实际工作中给予不断优化和完善，切实提高管理效率；认真执行公务机票定点采购和合同编号、用印、统计管理。

认真落实安全保卫管理制度和各项防范措施。结合现代电子信息化的发展，组织学习修改后的卫生保密范围，重点开展计算机信息系统保密工作。

做好各项后勤管理工作；根据新址园区运转的情况，就加强和完善园区运营工作进行专题研究，提出调整、解决方案，进一步延伸服务内容和提升服务质量；继续围绕疾控和应急工作,提高科技开发工作水平。

按计划做好一期工程的收尾工作;依据建设项目的有关法律法规,按照建设项目立项审批程序,努力争取卫生部、环保部、北京市规委、昌平区政府等有关部门的支持,重点完成二期可研阶段的环境影响评价、职业卫生学评价和放射卫生学评价工作;积极协调解决建设用地遗留问题,进一步完善可研方案,做好有关材料的上报工作。

第二,积极稳妥地推进绩效工资的实施工作

国务院决定,事业单位分三步实施绩效工资,第一步从2009年1月1日起在义务教育学校实施;第二步配合医药卫生体制改革,2009年10月1日起,在公共卫生与基层医疗卫生事业单位实施;第三步从2010年1月1日起,在其他事业单位实施。优先在公共卫生系统实施绩效工资,充分体现了党中央、国务院对公共卫生事业单位的亲切关怀和高度重视。

在卫生部人事司的领导下,我们从2009年2月起,进行了绩效工资实施前期的学习、调研、测算、制定计划等准备工作。这次实施绩效工资要与清理规范津贴补贴结合,绩效工资水平与北京市卫生事业单位人员平均工资水平相衔接,绩效工资分配要以绩效考核为基础,充分体现优绩优酬。实行绩效工资后,中心职工的待遇能够得到切实保障和改善,与我中心国家级公共卫生专业技术队伍状况相适应,将会进一步促进中心人才队伍建设与事业发展,更好地发挥保障人民健康的国家队主力军作用。绩效工资涉及职工切身利益,政策性强,希望各位领导高度重视,周密部署,认真组织,做好政策解释和政治思想工作,切实解决实施中出现的问题,确保这项工作平稳顺利进行。

第三,维护职工身心健康,建设符合疾控事业发展规律的中心文化

以精神文明建设活动为载体,传承卫生文化传统,探索建设具有疾控特点的疾控文化。充分发挥自身优势,开展中心职工"全民健身"活动,建立职工健康加油站、团山健康步道,引导职工养成健康的生活、工作方式。创建健康食堂,为职工提供合理搭配的营养健康餐。切实落实休假制度,完善职工健康档案,做好职工体检。开展丰富多彩的文体活动,把做好职工思想工作与解决实际问题相结合,充分调动各方面积极性,为做好日益繁重的各项疾控工作积蓄力量。

四、发挥党组织在疾控工作中的政治保障作用

巩固深入学习实践科学发展观活动成果,以创建学习型党组织和精神文明建设活动为抓手,把服务中心、建设队伍两大任务贯穿党组织工作始终。加强各单位书记的作用,发挥工作的互补性,形成整体合力,充分发挥党的政治保障作用。

结合当前的医改、疾控工作任务,围绕中心改革发展稳定大局以及中心的重点业务工作,做好凝聚智慧和力量的思想政治工作,调动职工的积极性、主动性和创造性,为完成公共卫生事业赋予我们的使命提供精神动力、思想保证,营造和谐的氛围环境。

学习贯彻中纪委十七届五次会议和2010年卫生系统纪检监察暨纠风工作会议精神，抓好廉洁自律和行风建设的各项规定的落实，做好权力运行监控机制建设试点工作，加强对工程建设领域突出问题专项治理工作，加强预算管理和对资金、项目的监管，从源头上杜绝铺张浪费的行为，切实防止各类违法违纪问题的发生。

为了进一步完善"三重一大"制度，中心将结合权力运行监控机制建设试点工作对制度进行修改完善，使之更加符合实际，操作性更强。

进一步加强与各民主党派联系，发挥民主党派参政议政的积极性。开展职工"四德"教育，以开展各项有益活动为载体，最大限度地调动广大职工的积极性和创造性。及时反映职工的利益诉求，做好维权维稳工作。筹备成立中国疾控中心妇工委。举办第四届青年科技学术报告会，继续开展"服务基层疾控工作"主题实践活动。

总之，我们要按照今年全国卫生会议和本次会议的部署，抓住深化医药卫生体制改革工作和编制"十二五"规划的契机，进一步促进疾控中心的全面科学发展，为保障公众健康安全、促进社会发展做出新的贡献。

提高中心党的建设科学化水平
服务疾控事业发展

——梁东明书记在 2010 年中国疾控中心工作会议上的党委工作报告

同志们：

今天，在这里举行中国疾病预防控制中心党政工作会议，回顾总结过去一年的工作，研究部署今年的重点工作，统一思想，明确目标，凝聚力量，振奋精神，维护稳定，构建和谐，更好地完成 2010 年的各项工作任务。下面我受中心党委、纪委委托，向会议作党委工作报告，供参考。

一、2009 年党的工作回顾

2009 年，中国疾控中心党委在卫生部党组和直属机关党委的关心领导下，在中心领导集体和各直属单位、机关处室的支持与配合下，不断加强党的思想、组织、作风、制度和党风廉政建设，巩固扩大了学习实践活动成果。党政工作同部署、同检查、同落实、同考核，在保证各项疾控工作任务完成的过程中，努力发挥了党组织的政治核心作用，党支部的战斗堡垒作用和党员的先锋模范作用。

(一)巩固学习实践活动成果，确保取得群众满意的实效

根据中央部署和卫生部的要求，中心学习实践活动自 2008 年 9 月 28 日开始至 2009 年 2 月 26 日结束。2009 年初，认真抓好学习实践活动整改落实及后续各项工作，进一步理清思路，下大气力解决影响和制约疾控中心科学发展的突出问题、人民群众反映强烈的突出问题，以及党员干部党性党风党纪方面存在的突出问题，取得了阶段性成效。得到了卫生部学习实践活动领导小组指导检查组第四组的充分肯定。

6 月 17 日，按照卫生部党组文件要求，召开中心学习实践活动整改落实“回头看”工作部署会议，明确要求保质保量地完成整改落实“回头看”的各项工作任务。中心各直属单位按照中心会议要求，以高度的政治责任感和求实的工作作风，认真组织，周密安排，完成了卫生部部署的整改落实“回头看”的各项工作任务，取得了实实在在的效果。

营养食品所着力加强食品安全体系建设，提出了促进学科建设和发展的工作计划。性艾中心通过学习实践活动的整改落实使党员干部思想观念有了新转变，工作作风有了新改进，执行能力有了新提高，业务工作有了新进展。环境所比照整改方案中需要解决的

16个突出问题集中解决了14个；妇幼中心对查找出的问题进行再聚焦，完成了3个重点问题的整改，其余问题纳入工作计划；病毒病所把2009年定为制度建设年，着重进行了各项规章制度的废、改、立工作。其中结合所实际制定了《病毒病所采购管理办法(试行)》用以规范管理所的各类采购工作。目前，正在逐步建立起规范化、制度化、科学化的工作制度，用制度管人、管事，使工作步入制度化良性轨道。改水中心发动群众排查难题，认真听取群众对整改落实的意见，为群众解决实际问题，受到了职工群众的认可。

据不完全统计，中心及各直属单位制定整改措施314项，已经解决落实178项，正在解决落实109项，积极推进解决落实的27项。经过整改落实，解决职工群众反映的突出问题82个，修改和完善制度95个，新建各项规章制度100余个。

作为第二批学习实践活动单位的寄生虫病所，在地处上海市卫生局党委的直接领导下，以“学习落实科学发展观，提升寄生虫病防治科研能力，打造一流国家队”为实践载体，围绕科学发展主题开展为民服务，体现实践特色。他们开展了深入基层，考察基层疾控机构，了解包虫病防治情况，慰问包虫病患者，为边远地区培训干部，向边远地区捐赠设备和支持工作项目的“学习实践科学发展观，为边远少数民族地区人民健康服务”的主题活动，增强了服务基层，服务群众的意识。

(二)加强中心党建工作，确保党员干部队伍素质不断提高

坚持把党建工作放在改革发展的大局中来统筹和谋划，放在党群工作的突出位置来部署和推进。

1. *以党委理论中心组学习为龙头，不断强化干部队伍思想建设* 根据疾控工作应急任务重、出差多、召集难的特点，党委采取多种措施将学习计划落到实处，如规定自学书目、邀请专家辅导讲座、党委常委会前安排学习、集中上党课、焦点问题集中讨论、领导干部交流心得以及干部会议集中宣讲等，全年理论中心组集中学习12次，中层干部学习培训6次。

中心各直属单位党委也把理论中心组学习作为党委的重要工作，结合单位工作实际认真组织。性艾中心根据防治工作任务重，人员出差频繁的特点，把每月一次科室主任例会与党委理论中心组学习结合起来，成为理论学习的长效机制坚持下来，完成了理论学习任务；改水中心党支部建立了理论学习制度，规定领导班子理论中心组学习后，要在全体党员干部会上谈自己理论学习的心得体会，推动了单位理论学习活动；辐射安全所全年安排3个专题分别由3位所领导结合工作实际进行中心发言；职业卫生所坚持理论中心组学习交流制，做到了人员、时间、内容的三落实。

2. *以理论学习为基础，扎实推进党员队伍思想教育* 组织中心广大党员重点学习《六个为什么-对几个重大问题的回答》和《中共中央关于加强和改进新形势下党的建设的若干重大问题的决定》等重要理论成果，明确学习要求，并及时搜集整理时事资料，丰富深化

学习内容,使党员干部充分认识到加强和改进新形势下党的建设的重要性和紧迫感,重点把握、深刻领会党的建设理论创新点。以创新精神为引导,逐步深化学习型党支部建设。

继续坚持“三会一课”、主题党日活动等活动载体,将党的理论学习和革命传统教育寓于活动之中,加强了对党员的教育和管理。营养食品所组织各党支部开展了“加强党性修养、树立良好工作作风”为主题的党员民主评议活动,严格了党内民主生活,提高了党员修养,增强了党员意识,推进了学习型党支部的建设;环境所党委组织党员认真学习《党章》及党的基本知识,严格用《党章》规范支部的工作和党员的行为,增强了党支部的凝聚力、战斗力;职业卫生所党委把创建学习型党组织的考核作为一项制度长期坚持,促进了党支部的建设;慢病中心党支部以党小组为单位抓好党员的学习,在中心内网开辟党员学习园地,供党员干部学习;辐射安全所党委主要领导深入支部,找支部委员谈心,了解情况,解决问题。病毒病所在纪念“5.12”汶川地震一周年之际,再次开展了献爱心送温暖活动。将闲置的 20 台办公设备逐件进行了全面、细致的清洗和维修后运往四川汶川地震灾区,送去了病毒病所职工的一片深情。

3. *以领导班子建设为核心,切实推进各级党组织建设* 坚持民主集中制原则,强化中心及直属单位两级班子建设。通过召开中心党委常委主题民主生活会,开展对照检查、批评与自我批评,自觉改正自身存在的缺点和不足,促进领导班子逐步形成领导合力,保证了民主集中制执行到位。中心领导班子成员还分头参加直属单位的民主生活会,掌握和反馈基层党组织情况。当前,中心党委及 7 个直属单位党组织任届期满亟待换届,经调查摸底和上下沟通,现任届期满的党组织基本进入换届选举的前期准备阶段。秉承“时间服从质量”的原则,中心党委拟在 2010 年完成任届期满的直属单位党组织和中心党委的换届选举工作。注重培养教育,发展技术骨干加入党的组织。及时掌握分析新时期新形势青年职工的思想脉络,通过加强宣传、学习和活动,逐步引导他们加入党组织;中心党委始终重视党组织后备力量的培养和教育,2009 年组织中心及各直属单位 25 名入党积极分子参加卫生部直属机关党委举办的入党积极分子培训班。全年共发展党员 17 名,其中 16 人为科技人员,7 名通过团组织推优程序加入党组织,13 名是参加抗震救灾一线的科技人员。另有 65 名预备党员按期转正。

4. *发挥先进典型示范作用,强化党员干部作风建设* 处置手足口病疫情、三鹿奶粉事件和甲型 H1N1 流感等重大公共卫生事件中,中心党员干部不辞辛劳、不顾安危、率先垂范,彰显出疾控人的精神面貌和工作风范,涌现出一批贡献突出、事迹感人的先进党员。在“三鹿奶粉”事件中,营养食品所党委委员、所领导严卫星、李宁、王竹天等夜以继日地开展现场处置、实验室研究和流调等工作,他们始终奋战在工作一线,出色的完成了任务,为政府处置此次突发事件提供了重要技术支持。在甲型 H1N1 流感防控工作中,中心的党员干部和党员专家在深入现场调研和实验室研究中重品行、做表率,以高度的责任感和使命感充分发挥了“国家队”的作用。病毒病所老党员、侯云德院士不顾年事已高,义无反顾的担当起防控甲流的专家委员会主任的重任，分析疫情、提出建议、指导防控，积极认真地投入工作；病毒病所共产党员舒跃龙同志身为国家流感中心主任带领科研人员不顾劳累、不辞辛苦地连续工作，仅用60多个小时就成功装配出第一代甲型H1N1病毒核酸检测试剂，并在中国大陆首例疑似甲流病例出现后，只用4个小时就完成了确诊工作；中心机关免疫规划中心主任、党支部书记梁晓峰同志带领他的团队深入研究国内外资料，积极与有关部门合作，夜以继日、辛勤工作，圆满完成甲流疫苗临床试验，为抗击甲流疫情做出了重大贡献；预备党员殷大鹏负责甲流疫苗临床试验的技术方案论证及文献资料分析工作，他认真整理分析文献资料，为试验的成功奠定了理论基础，同时主动向党组织汇报思想、总结体会，得到了支部全体党员的一致认同，并按期转为正式党员。还有许许多多战斗在不同岗位上的共产党员的感人事迹举不胜举。

（三）以制度建设为重点，加大反腐倡廉建设力度

新的历史时期，反腐败工作仅限于案件查处、思想教育和廉洁自律是远远不够的，只有从制度上构建遏制腐败的堤防，才能长期有效地防治腐败。2006年，中心在卫生部系统率先制定《中国疾病预防控制中心党委关于重大事项必须经集体讨论决定的实施意见（试行）》（中疾控党发［2006］57号），各单位积极按照文件精神制定了具体的实施方案，中心各级领导班子始终重视“三重一大”制度的贯彻落实，在实践中探索、在实践中总结，经过多年的实施和完善，该制度已臻于成熟，中心各级领导班子坚持做到重大决策、重要干部任免、重大项目安排和大额度资金的使用，由领导班子集体做出决定。2009年驻部组局对中心及直属单位“三重一大”制度执行情况进行了抽查，未发现违反制度的情况。开展深入学习实践科学发展观活动进一步推动了中心制度化建设，加大了防腐倡廉力度，中心制定了《关于对中国疾病预防控制中心管理干部进行任职廉政谈话的实施办法》等制度，对所有新任职处级以上干部进行任前从政提醒谈话，有力地规避了干部犯错误的风险。多年来中心致力于用制度管权、按制度办事、靠制度管人，不断提高制度执行力，确保反腐倡廉有纪必依、执纪必严、违纪必究。

（四）深入开展思想政治工作，充分发挥群团组织作用

1. 中心党委结合实际开展思想教育，保证各项工作顺利进行　围绕新址搬迁，多次召开会议，开展理顺情绪、化解矛盾工作，使广大党员干部正确树立发展意识和大局观念，认识到迁入新址是中心发展的新起点，小局必须服从大局，搬迁有利于长远建设。结合建国六十周年庆典中心及各直属单位开展了各具特色、生动活泼的庆祝活动，开展了群众性的爱国主义教育，以及应对国际金融危机的形势教育，加强了对时事形势的宣传引导工作；围绕医药卫生体制改革，加强在广大党员、干部、职工中对党中央和卫生部有关医改文件的学习宣传，使广大党员、干部、职工明确了中央的要求和自身的任务、责任。开展了向

吴大观同志学习的宣传活动,激发了广大党员干部弘扬抗震救灾精神和疾控人无私奉献的精神,坚定走中国特色社会主义道路、为人民群众健康服务的自觉性。

病毒病、传染病所分别举办了为庆祝新中国成立六十周年、建党 88 周年,由所党员、职工、研究生参加的大型红歌会,以嘹亮的歌声、饱满的精神歌颂党和祖国的生日,讴歌了中国共产党领导中国人民进行革命、建设和改革的光辉历程。既献给党和祖国一份祝福,也展现了丰富多彩的文化生活和昂扬向上的精神风貌。

营养食品所党委从实际出发,加强对党员、干部、职工的思想道德教育,通过多种形式的学习教育活动引导党员、干部、职工“对己清正、对人公正、对内严格、对外平等”,努力营造和谐的工作环境;妇幼中心积极倡导“爱国守法、明礼诚信、团结友善、勤俭自强、敬业奉献”的基本道德规范,深入开展行业教育、文明行为、常识教育、典型人物先进事迹教育,不断引导党员、干部、职工追求更高的思想道德目标;慢病中心开展了以“节约资源、绿色出行、低碳生活、节约减排”为主题的职工签名承诺活动,提高了职工的环保意识;性艾中心通过开展与职工谈心、组织职工座谈会、设置合理化建议箱、主任接待日等多种形式,了解职工的思想状况,解决职工的实际问题,听取不同层次人员的意见和建议,促进了业务工作的发展。

中国疾控中心报坚持正确的舆论导向,发挥对外宣传的窗口作用,围绕中国疾控中心的全局工作,积极开展宣传报道工作,全年共编辑出版中国疾控中心报 12 期和 2 期防控甲型 H1N1 流感专版,84 个版面共约 40 余万字,图文并茂的宣传了中心系统广大干部职工各方面的工作成绩、工作进展和职工的精神风貌。

思想政治工作在维稳方面也发挥了重要作用。也使我们认识到加强青年党员教育既是当务之急,也是长远之计。

本着“民主监督重维权、化解矛盾畅民言、统战团结聚合力、关心职工送温暖”的方针深入开展群团工作,为中心的改革和发展凝聚了人心、鼓舞了斗志。中心群团组织发挥自身作用,及时掌握和反馈群众意见及呼声,真实反映社情民意;利用群团组织自身优势,开展协调关系、转化矛盾、理顺情绪、团结鼓劲的工作,为中心各项工作的顺利开展减少阻力、增加助力、形成合力。中心工会积极开展广大职工喜闻乐见的活动,丰富职工文化生活。中心团委围绕疾控工作组织青年人开展“走进基层疾控工作”实践活动,为团员青年搭建成长成才的平台。中心迁入昌平新址后,及时解决了离退休人员医药费报销就近就便的问题,重大节假日中心领导走访慰问老专家、老同志和生活困难职工,为他们排忧解难。为发挥老同志余热,传承疾控事业的优良传统,继续邀请中心知名老专家编写《以史为鉴 光照未来》系列丛书。

2. *加强思想政治工作平台建设,凝聚疾控队伍强大合力* 中国卫生思想政治工作促进会疾病预防控制分会通过搭建全国疾控系统学习交流的平台,采取培训、参观、调研和经验交流等形式,运用精神文明创建和文化建设等载体,在促疾控工作、谋事业发展上发挥了重要作用，极大地调动了全国疾控系统干部职工的积极性，分会队伍不断壮大，到2009年年底会员单位已达到93个。

二、贯彻落实党的十七届四中全会精神，扎实创新做好新时期党建工作

中心党委在履行职责方面做了一些工作，取得了一定成绩。但从分析中心党建工作遇到的具体问题看，还有一些亟待破解的难题和需要改进的地方。一是基层党组织发展还不平衡，部分党员理想信念动摇，宗旨意识淡薄，模范作用退化。二是因业务工作紧张、繁重，在客观上造成了从事党的工作专、兼职人员和时间被挤占，党的活动被削减，党的作用被弱化。三是基层党组织的骨干力量后继乏人、青黄不接，亟待从优秀的中青年人员中培养和储备力量，形成人才梯队。这些问题的解决，需要我们进一步转变观念、创新方法、提高素质、增强活力。同时，党的基层组织的活动方式、工作载体和依靠力量等都需要进一步的研究和探索，尤其像疾控中心老同志多、年轻同志多的“哑铃型”人员结构的单位，需要分析问题的综合成因，寻找突破口，因势利导，提高党员队伍的整体素质。

总结一年的工作，我们体会到，做好中心党的工作，必须紧紧依靠各级党政领导班子的重视和有力支持，始终坚持把党的建设工作放到中心工作全局中来谋划和推动；必须把服务疾控事业发展、建设高素质党员干部队伍作为党的建设工作的核心任务，把加强思想政治工作主动融入推动中心科学发展中，不断提高党组织围绕中心服务大局的能力；必须把以人为本贯穿党的建设工作全过程，充分尊重党员的主体地位，尊重群众首创精神，调动党员干部的积极性和主动性，增强中心党的建设合力；必须把党的建设工作与中心文化建设紧密结合起来；必须在中心党的建设工作中，充分发挥工青妇组织联系群众、服务保障的作用，营造和谐的干事创业环境。

2010年，是全面推进医药卫生体制改革承上启下的关键一年。做好今年的机关党的建设工作，责任重大，意义深远。我们要坚持以科学发展观为指导，按照党的十七届四中全会、卫生部直属机关党的工作会议精神牢牢把握服务中心、建设队伍两大根本任务，提升能力、改变形象、服务医改、创新党建。工作的重点是：抓思想建设，促学习提高；抓组织建设，强党性锻炼；抓作风建设，树党风正气；抓制度建设，严党内生活；抓反腐倡廉，聚党心民心。

中心党委2010年工作要点已正式印发，这里就今年党的工作要着重把握的问题讲几点意见：

第一，建设学习型党组织，着力提高思想政治和业务工作水平。要围绕建设马克思主义学习型政党的战略任务，紧密结合中心工作实际，深入推进学习型党组织建设。

要突出理论武装的实践特色，落实党委中心组学习制度，推动完善以党委中心组为龙头、中层干部为重点、加强党员干部教育、党支部抓落实的理论武装格局，通过学理论、议大事、查问题、找思路，切实增强党组织的学习力。各级党组织要把建设学习型党组织作

为强化基层学习功能的重要方式,引导党员干部把学习作为政治责任、作为第一需要,把学习党的理论与学习专业知识、现代科学文化知识结合起来,注重学习成果的转化应用,增强党员干部转变发展方式、推进全面发展的自觉性和坚定性。使每个党员和领导干部自觉地将自己培养成学习型党员和干部,2010年要求领导班子成员特别是中心组成员至少精读5本书,中层干部、党支部书记至少精读3本书,青年党员在研读2本书的同时,还要学习党组织推荐的必读书目;广大党员干部要学习以《党章》为核心的党规党法,熟悉党的发展历史、丰功伟绩和前进动力。要充分利用网络等技术手段,通过形势报告会、知识讲座等多种形式,着力在提高学习质量、增强学习实效上下功夫,不断提高理论素养和工作能力。创新学习方式和学习载体,适时组织学习型党组织创建经验交流。

认真落实《2009—2013年全国党员教育培训工作规划纲要》,定期进行不同单位、不同人群的系列化专题教育,继续落实培训中层干部、基层党支部书记等专、兼职党务工作者,尤其加强对青年党员的教育培训,除了学知识、学理论,还要把学习革命传统作为必修课。创新工作方法,增强培训的针对性和有效性,逐步形成党员干部学习的长效机制。

第二,坚持民主集中制,积极推进党内民主建设。要进一步健全完善党委议事规则,严格执行民主生活会制度,认真开好民主生活会,把民主生活会开成解放思想、凝聚共识的会议,切实提高各级领导班子民主生活会质量。积极探索党务公开的有效途径和方法,使党的工作既有声有形,又有为有位。

牢固树立党员意识,注重集中党员智慧,尊重党员民主意志,有效实施权力监督,搭建党内民主建设平台,充分利用网络等技术手段,鼓励党员干部围绕党委确定的重点任务建言献策,营造充分发表意见、平等讨论的氛围和环境。

第三,创新基层党建工作,增强基层党组织的创造力、凝聚力、战斗力。要坚持抓基层、打基础不放松,按照围绕中心、服务大局、拓宽领域、强化功能的要求,改进工作方式,创新活动内容,在促进单位发展上下功夫,全面提升基层党建工作水平。

结合深化医改、实施绩效工资和新一轮重点疾病防控工作,开展争做"先锋党员"活动。2010年重点抓好"面向基层,创新党建"活动,努力改变党组织的形象,改变党员干部形象。在深化医改实践中,要求党员干部带头"了解医改要求,把握医改政策,落实医改举措,推动医改进程",树立党组织、党员的模范形象;注意挖掘身边党员的感人事迹,用身边的人和事,教育引导广大党员,树正气、讲奉献、重品行、增光彩。

要巩固和深化学习实践科学发展观活动成果,认真贯彻落实即将颁布的《中国共产党党和国家机关基层组织工作条例》,进一步明确基层组织的功能定位和目标任务,不断提高党的建设工作的制度化、规范化、科学化水平。通过有组织、有计划地开展党组织换届选举工作,把换届选举全过程作为对党员进行党性教育和民主集中制教育的有效载体,发挥党员能动作用,保障党员民主权利、汇聚党员向心合力。推动党的基层组织建设,使党员的组织意识、纪律意识、宗旨意识不断增强。继续做好发展党员工作,把各类优秀人才吸收到党组织中来，优化党员队伍结构，不断为党的肌体注入新的活力。

要不断推进基层党组织工作创新，积极探索贴近实际、党员喜爱、群众欢迎的活动方式，增强党的活动的吸引力。关心和爱护老党员、生活困难党员，切实为他们排忧解难。

要有重点地在中青年专业技术骨干当中物色和培养党务干部的后备力量，改变党的工作软弱无力和后继乏人的被动局面，通过中心党组织的共同努力，使党的工作更加富有活力、更加坚强有力。

第四，加强作风建设和廉政建设，要全面贯彻党的十七届四中全会、中央纪委五次全会和全国卫生纪检监察暨纠风工作会议的一系列部署，把作风建设放在更加突出的位置来抓，以坚强党性保证党的作风建设。

要把党的作风建设贯穿于党建工作全过程，继续推动开展“讲党性、重品行、作表率”活动，大力倡导求真务实之风、亲民为民之风、负责敬业之风、艰苦奋斗之风，开展调查研究，着力解决人民群众最关心、最直接、最现实的问题。

认真落实《建立健全惩治和预防腐败体系 2008—2012 年工作规划》，加快推进和完善惩防体系建设，为推进疾控事业发展保驾护航。扎实开展廉政教育活动，运用正反两个方面典型进行形式多样的廉政教育，教育引导党员、干部加强道德修养，筑牢拒腐防变的思想道德防线。加强制度建设，进一步健全风险防范机制，努力形成拒腐防变教育长效机制、反腐倡廉制度体系、权力运行监控机制。认真落实党风廉政建设责任制，形成层层抓落实的工作格局。把党内监督贯穿在各项工作中，与日常教育管理有机结合起来，推动各级党组织带头担负起加强党内监督的重任，敢于监督、善于监督，确保监督取得实效。

第五，加强思想政治工作、构建和谐文明单位。要做好深入细致的思想政治工作，把思想政治工作的重点放在推进发展、维护稳定、促进和谐上。结合实施绩效工资的改革举措，切实做好群众的思想工作，使改革真正起到理顺关系、化解矛盾、增进合力的作用；针对改革发展中出现的热点、难点问题，做好宣传引导工作，调动激发广大职工的积极性和创造性。注重对干部职工特别是困难职工的人文关怀和心理疏导，帮助干部职工理顺情绪，化解矛盾，使大家感受到组织的关爱和温暖，以良好精神状态投身工作，促进中心的和谐稳定。

进一步发挥群团组织作用。充分发挥工会、青年、妇女组织等群众团体的组织优势，凝聚各方力量，加强精神文明建设工作，把党的建设工作与中心工作有机融合起来，营造和谐的干事创业环境，着眼于调动一切积极因素，更加积极、更加活跃地开展群众工作，把广大群众的积极性、主动性、创造性发挥好、引导好、保护好，形成合力。

充分发挥工会组织的职能作用，开展岗位建功立业活动，鼓励干部职工立足本职岗位扎实工作；完善职工代表大会等基层民主制度，维护干部职工合法权益；开展形式多样的文化体育活动，丰富干部职工精神文化生活。坚持党建带团建，通过组织青年读书会等，充分发扬青年敢于创新、勇于创新的特点，促进年轻干部成长成才。激发广大女职工巾帼建功的热情,把女干部职工成长成才的愿望转化到做好本职和其他各项工作中。

同志们,做好新形势下党的建设工作,责任重大,任务艰巨。让我们紧密团结在以胡锦涛同志为总书记的党中央周围,在部党组的领导下,各级党组织和党员干部的共同努力下,扎实工作,锐意进取,开拓创新,全面完成2010年的各项工作任务,不断开创中心党的工作新局面。

工作进展

疾病控制与应急处理

一、重大事件卫生应急工作的开展

（一）2010年上海世博会卫生保障工作

依据《卫生部上海世博会生保障工作方案》中的职责要求，中国疾病预防控制中心制定了《世博会卫生保障工作方案》，成立上海世博会卫生保障工作领导小组和办公室，切实保证世博会卫生保障工作的管理和协调。成立中国2010年上海世博会传染病卫生应急实验室网络，与航空主管部门协调解决标本快速运输问题，建立世博会应急检测标本运送的“绿色通道”。根据上海市卫生部门提交的所需实验室检测试剂和标准品名录，积极寻求解决和购置途径，并及时反馈结果。推选相关专业领域的专家，进入上海市世博会卫生保障专家库，向上海市提供疾病监测、防控及突发公共卫生事件应急处置、控烟等方面的技术指导和支持。

为做好世博会期间疫情信息的交流与研判，中国疾控中心与上海及江苏和浙江疾控中心建立世博会相关的疫情及突发公共卫生事件信息交流及会商机制，组织上海、江苏和浙江疾控中心每周或每两周进行疫情信息会商，交流和评估国内外、上海市、江苏省、浙江省主要传染病疫情和突发公共卫生事件信息。该机制对于加强世博会相关传染病疫情和突发公共卫生事件信息评估、提出防控措施和建议具有十分重要的意义。编发《上海世博会监测信息日报》196期，定期提供全国及江浙沪传染病及突发公共卫生事件概况信息。世博会举办期间，中心与卫生部上海世博会卫生保障工作领导小组办公室联合编写《上海世博会卫生保障工作简报》6期，详细收录了世博会期间上海市及周边省份开展的各项卫生保障工作，分发到世博会组委会、卫生部应急办、江浙沪卫生厅(局)和疾控中心，以及中心的相关保障单位，确保各单位能够及时获得世博会卫生保障相关信息。

上海世博会期间，通过“2010上海世博会传染病症状监测与预警技术研究”项目，开展基于社区的传染病症状监测。收集来自医院、药店、学校和宾馆的疾病相关数据，对其进行综合分析预警，旨在世博会期间及时、有效地发现世博园区及周边可能发生的传染病暴发事件，以保障世博会期间公众健康安全，并探索基于社区的传染病症状监测预警技术与模型，将传染病监测的关口前移，以提高我国传染病监测与控制整体能力。同时还组织分布在北京、上海、浙江、江苏4省的网络实验室，促进其与国家病原微生物卫生应急实验室网络进行有机整合。

组建中国2010年上海世博会传染病应急实验室网络,研究制定了《中国2010年上海世博会传染病应急实验室网络工作方案》。确保世博会期间一旦发生不明原因疾病尤其是群体事件时,各网络实验室能够迅速投入到病原的检测确认工作,在最短的时间内准确查明病因,从而及早探测传染病的暴发与流行,及时采取有效的防控措施,减少其对世博会造成的影响。

(二)亚(残)运会卫生保障工作

广州亚(残)运会是继2008年北京奥运会后,我国举办的又一重大综合性国际体育赛事。为了保证广州亚(残)运会卫生保障工作的顺利进行,中国疾控中心成立了领导小组办公室,加强值守,做好协调,保证中心各项亚(残)运会卫生保障工作的有效开展。制定《中国疾控中心广州亚(残)运会卫生保障技术指导工作方案》,协助广东省、广州市疾控中心对亚(残)运会期间可能输入的传染病以及所具有的能力状况进行专门分析;做好实验室检测技术保障。同时加强传染病及突发公共卫生事件的分析及信息沟通,协助广东省、广州市疾控中心做好传染病疫情和突发公共卫生事件分析和趋势预测。根据卫生部要求,派出相关专家作为联络员入驻广州亚(残)运会现场协助开展卫生保障工作。

(三)青海玉树地震应对工作

4月14日,青海玉树发生地震后,中国疾控中心迅速启动应急响应机制,成立救灾防病工作领导小组。次日,中心紧急动员,派出专业技术人员随卫生部第一批前方工作联络组奔赴灾区开展救灾防病工作。同时,紧急完成了中心现场工作队的组建、现有应急物资的清理和高原专用物资的补充,4月16日中心第一支救灾防病队伍派住玉树灾区。

充分发挥技术优势,指导灾区科学开展救灾防病工作。组织人员对现有的地震救灾防病技术指导性文件进行了梳理,结合玉树地震灾区实际情况,及时制(修)订了各项技术文件。地震期间,中心累计向灾区派出专业人员109人次,指导各防疫力量在灾区及时和持续开展了鼠疫防治、安置点公共卫生状况快速评估、疾病监测和报告系统恢复、食品安全、饮水卫生、环境卫生和媒介生物监测、免疫规划工作恢复以及大众健康教育等多项防病工作,促进了灾区应急期和过渡期各项公共卫生工作的顺利开展,确保了大灾之后无大疫。继汶川地震中首次使用手机平台报告传染病疫情后,中国疾控中心及时在玉树地震中向当地卫生防疫人员提供3G无线上网本18台并开展应用培训,成功的在短时间内实现了灾区疾病监测信息系统的基本恢复,应急状态下疫情信息报告手段得到了进一步的丰富。玉树地震灾区为鼠疫疫源地,鼠疫防治工作面临巨大压力。针对这一问题,中心积极参与青海玉树灾区鼠疫防控工作,地震当天即向卫生部上报风险评估报告,一周内制定了《青海玉树州地震灾区鼠疫发生风险评估和防控建议》、《青海玉树地震灾区鼠疫监测工作实施方案》、《青海省玉树地震灾区灭獭工作实施方案》、《青海省玉树地震灾区宣传教育工作实施方案》、《青海省玉树地震灾区培训工作实施方案》等多项方案，协助青海省明确了各相关单位在鼠疫监测、检测、治疗、健康宣教和灭獭等工作中的责任与分工，理顺了灾区鼠疫监测和防控工作机制。组织动员鼠布基地、新疆、甘肃、四川等省鼠防力量支援玉树鼠疫灭獭和监测工作。为解决灾区现场鼠疫标本实验室检测工作，紧急将移动生物安全实验室运往灾区并成功投入使用，开创了世界上移动生物安全实验室在高海拔地区应用的先例。以该移动生物安全实验室为核心，中心在灾区建立了鼠疫实验室检测基地，2010 年共计检测家犬、旱獭、羊、高原鼠兔和小家鼠等 42 只自毙动物，约 97 份样本，分离到鼠疫杆菌 2 株，有力支持了灾区的鼠疫防治工作。

（四）舟曲泥石流应对工作

8 月 8 日，甘肃省舟曲县发生特大山洪泥石流灾害，造成大量人员伤亡和基础设施破坏。8 日当天中心紧急派出 2 名公共卫生专家随卫生部专家组赶赴灾区，核实灾情，了解灾区的公共卫生状况和需求。9 日，迅速组建包括食品卫生、饮用水卫生、环境消毒、改水改厕、肠道传染病和黑热病控制领域的 6 名专业人员组成救灾防病现场工作队，赶赴灾区指导救灾防病工作；紧急组织专家连夜制定了《甘肃舟曲特大泥石流灾害卫生防病工作方案》，全面指导灾区的救灾防病工作。组织召开专家论证会，重点分析了舟曲灾区的基本情况和存在的主要公共卫生问题，组织专家就灾区传染病防控、网络直报、饮用水消毒、食品卫生、改水改厕等问题进行了商讨，进一步明确了灾区面临的问题和今后的重点工作，并结合舟曲灾区的实际情况，及时制（修）订了一系列技术文件。中心先后派出 4 批共 15 名专家奔赴舟曲灾害现场，指导灾区各项救灾防病工作的开展。

二、卫生应急准备及突发事件处置

（一）卫生应急准备工作

1. 应急保障方舱交付使用　中心于 2008 年启动了综合保障能力子项目，加强指挥通讯、生活保障、仓储运输、营地建设等，力争实现以功能方舱为主、网架帐篷为辅，综合配套为先的野外机动快速综合保障。2010 年，卫生应急综合保障方舱建设项目完成并交付使用。中心应急综合保障方舱项目由通讯指挥方舱、生活保障方舱和仓储运输方舱 3 个方舱组成，共投入经费约 300 万元。通讯指挥方舱采用海事卫星通讯、移动网络通讯、有线网络通讯和微波通讯等多种通讯方式，可实现远程视频会商、电话会议、现场应急指挥和现场办公通讯保障等功能。生活保障方舱采用多功能集成设计，具备加工饮食、洗浴、衣物洗涤、地表水处理等功能。仓储运输方舱集装贮存队伍的营地保障物资、现场工作装备、个人物资等。应急综合保障方舱技术先进、功能完善、易于操作、便于运输且经济实用,其交付使用标志着中国疾控中心加强应急保障能力建设取得重大进展,大大提升了国家级疾控中心的综合应急现代化水平。

2. *个人携行装备集成化*　2010年,中心完成了卫生应急队伍个人携行装备集成化和模块化的设计定型工作。个人携行装备是根据《卫生部卫生应急装备参考目录(试行)》配置要求,结合我国既往卫生应急工作经验和新时期卫生应急工作需要,采用“1+X”组合配置先进理念进行设计。该装备由主包单元(1)和相应的外挂单元(X)组成。个人携行装备的设计定型,标志着卫生应急队伍个人携行装备建设又迈出了重要一步,有助于提高卫生应急现场处置能力和工作效率。

3. *中心新址库房建设*　中心在新址综合楼地下一层修建了新址临时仓库。该仓库近400平方米,分通讯办公、应急服装、装备仪器、功能展示四个区域。新址临时仓库已通过验收并正式启用,部分物资和装备陆续从南纬路和10号仓库搬迁到位。

4. *卫生应急服装设计初步完成*　卫生应急队伍服装设计工作启动,并完成小样的制作。

5. *加强队伍后勤保障*　中心及时为赴玉树和舟曲灾区现场的所有卫生应急队员购买了人身意外保险;同时,为参加现场工作的卫生应急队员发放高原、高风险补贴和加班补助。

6. *编写卫生应急工作简报*　受卫生部委托,中心承担了《卫生应急工作简报》的编写任务。2010年共编发简报12期,内容涉及突发公共卫生事件处置、应急培训、应急演练、突发公共卫生事件分析、国际疫情动态等方面的内容,为全国卫生应急机构提供了经验交流和信息共享的平台。6月,对各省向卫生应急工作简报的供稿数量和质量进行了总结和分析,经卫生部应急办批准,对卫生应急工作简报进行了重大改版,增设应急理论探讨板块,进一步丰富了简报内容,为各级卫生应急人员学习和借鉴卫生应急理论知识提供参考。

(二)突发事件处置工作

1. *南方部分省份干旱灾害*　按照卫生部应急办相关要求,为做好西南干旱灾区卫生防疫工作,了解近期我国西南旱灾地区的公共卫生状况,中国疾控中心组织专家于4月13-17日对广西、云南两省(区)的旱灾卫生防病工作进行了调研。调研组实地走访查看了两省(区)旱情最严重的4个县,对当地居民家庭、小学、医疗机构和疾控机构的生活饮用水、相关传染病报告、环境卫生等情况进行了认真调查,向卫生部提交了调查报告并提出了有针对性的工作建议。

2. *洪涝灾害*　2010年7月份开始,我国南方地区相继发生洪涝灾害。中国疾控中心紧急派出专家,先后前往安徽、湖北、四川和海南等省进行调研,指导灾区以饮水卫生、环境卫生和病媒生物控制为重点开展抗洪救灾防病工作。与此同时组建了 2 支约 40 人的洪涝灾害救灾防病卫生应急工作队随时待命，以应对可能发生的更大规模的洪涝灾害。

3. *鼠疫疫情处置*　6 月 14 日，中心接到甘肃省阿克塞县上报的人间鼠疫疫情后，立即组织流行病学专家与卫生部应急办组成专家组，第一时间赶到疫情现场。工作组经过现场调查后，向当地卫生部门提出了加强密切接触者隔离观察、开展疫源地内人员健康教育、严禁捕猎旱獭等防控措施建议，协助当地将鼠疫疫情控制在最小范围内。

9 月 11－21 日，西藏林芝地区朗县发生一起肺鼠疫疫情，5 人发病，其中 1 人死亡。中心在第一时间，派出流行病学和实验室检测专家组成卫生部专家组赶赴林芝地区八一镇和朗县，指导当地开展医疗救治和应急处置工作。在专家组和当地卫生机构的共同努力下，疫情很快得到控制。

4. *禽流感疫情处置*　6 月 2 日，中心接到湖北疾控中心电话报告，鄂州市一例重症肺炎患者的标本经禽流感病毒检测呈 H5 阳性。6 月 3 日，受卫生部委托，派出流行病学人员赶赴湖北省鄂州市，与当地卫生机构组成调查组，开展流行病学调查、标本采集和检测以及疫情控制等工作。严格参照人禽流感应急预案，经对密切接触者进行为期 7 天的医学观察，未发现后续病例。

5. *基孔肯雅热暴发应对*　10 月 1 日，东莞市万江街道新村社区报告一起基孔肯雅热暴发疫情。根据卫生部应急办的指示，中心派出由 4 名流行病学专家组成的专家组于 4 日赶赴东莞对本次疫情开展现场调查。专家组与广东省疾控中心、东莞市疾控中心等各级卫生部门通力合作，开展了以蚊媒控制、病例隔离治疗、健康教育、应急监测和传染来源追踪等防控工作，当地疫情得到有效控制，灭蚊效果显著。

6. *NDM－1 耐药基因细菌事件*　为应对全球多国出现的携带 NDM－1 耐药基因细菌感染病例，以及国内检出携带 NDM－1 耐药基因细菌感染病例这一情况，中心及时撰写关于含新型金属 β-内酰胺酶(NDM－1)基因超级病菌的疾控快报，并组织有关专家对发现携带 NDM－1 耐药基因细菌感染的公共卫生意义进行初步评估，制定《产 NDM－1 泛耐药细菌流行状况调查方案》，并由卫生部下发执行。

7. *伤寒暴发疫情调查处置*　8 月，派员赴新疆喀什地区莎车县调查处理伤寒暴发疫情。经过分析流行病学调查结果和实验室检测结果，专家组确认新疆莎车县艾里西湖镇出现了一起水源污染引起的伤寒暴发疫情，饮用生巴扎自来水和食用生巴扎自来水制备的三凉食品是导致本次伤寒疫情的危险因素，而巴扎水塔的水源受到伤寒杆菌的污染是导致暴发的主要原因。并向当地提出相应的控制措施建议，编写 2 期《疾控快讯》，1 份调查报告，以及 2.1 万调查经费和 600 份快速检测试剂盒，对边疆地区的疾病控制工作给予支持。

11 月，云南玉溪市暴发副伤寒，中国疾控中心及时与当地疾控中心联系，指导做好疫情调查工作。

8. 反生物恐怖应对　上海世博会和广州亚(残)运会期间,中国疾控中心传染病所和病毒病所作为国家反恐办指定的反生物恐怖检测鉴定机构,及时启动了安保备勤机制,包括开闭幕式期间实行最小检测力量单元在岗备勤的一级安保和赛事运行期间的检测人员在岗备勤的二级安保,同时确保反恐办指定专家和联系人联络畅通,两所认真开展实验室检测试剂、人员和仪器设备等相关准备工作,确保了应急检测任务顺利完成,保障了上海世博会和广州亚(残)运会的顺利举办。

9. 其他工作　2010年组织处理多起传染病类突发公共卫生事件,包括南京小龙虾疑致横纹肌溶解症事件处置;江苏延申、河北福尔问题狂犬病疫苗事件处置;重庆市彭水县的疑似人羊痘疫情暴发调查;云南省不明原因死亡病例现场调查;贵州关岭县泥石流现场评估;四川德格县不明原因死亡疫情现场调查;新疆和黑龙江炭疽暴发疫情的处置等。

三、传染病与突发公共卫生事件监测预警

(一)重点传染病疫情和突发公共卫生事件监测分析

1. 重点传染病疫情及突发公共卫生事件的常规监测分析　包括完成突发公共卫生事件监测日报、月报,重点传染病及突发公共卫生事件监测周报;报部应急办的国办突发公共卫生事件分析报告,包括2009年突发公共卫生事件年度分析报告,以及2010年1-3月份季报,1-6月份半年报和其他各月月报(9期);完成2009年全国突发公共卫生事件评估报告,参与撰写七部委2009年突发公共事件应对工作总结评估分析报告;协助信息中心组织撰写中国2009年法定传染病发病与死亡报告的相关内容;为《疾病监测》杂志提供全国疫情动态摘抄(每月1期)等。

2. 2010年重点传染病与突发公共卫生事件的各种预测分析　包括完成2010年全国突发公共卫生事件预测报告;2010年夏秋季重点传染病预测分析与防控建议报告;2010年下半年突发公共卫生事件趋势预测;2010年冬至2011年春季重点传染病疫情预测与防控建议报告;2005-2009年全国突发公共卫生事件分析及趋势预测报告;春节长假旅行卫生提示;中秋国庆长假旅行卫生提示等。

3. 网络媒体信息搜索工作　常规开展每日媒体信息搜索,分析整理国内外主要网络媒体有关疾病和暴发事件相关信息,并对上年度媒体监测工作进行了内部评估。

4. 其他疫情相关专题报告　按卫生部或领导要求,提供青海、四川、湖南、湖北、广东、广西、内蒙古、云南、西藏、新疆、甘肃、海南等省份的传染病情及突发公共卫生事件简析;2007-2009年我国非职业性一氧化碳中毒监测分析和防控建议(2月),我国近年来非职业性一氧化碳中毒报告情况简析及关于加强非职业性一氧化碳中毒预防控制工作的建议(11月);两会期间的传染病疫情和突发公共卫生事件监测(3月);南

方 6 省份干旱重灾区相关传染病疫情分析（3 月）；2005 年以来青海及传染病疫情报告情况，青海玉树地震灾后传染病风险评估报告（4 月），灾后疫情和突发事件监测日分析及周分析（4 月 15 日起至 8 月 12 日期间）；南方洪涝灾区疫情和突发公共卫生事件分析（6 月），洪涝灾区疫情和突发公共卫生事件监测分析（6 月 23 日－9 月 18 日）；甘肃省舟曲县 2008 年以来传染病疫情报告概况（8 月），舟曲泥石流灾后疫情和突发事件监测分析（8 月 11 日－10 月 7 日）；海南省疫情和突发公共卫生事件分析（10 月），暴雨灾害后疫情和突发事件监测分析（10 月 9 日－11 月 4 日）；上海世博会保障相关工作（4－11 月），包括 4 月 20 日起启动每日世博相关疫情和媒体信息报送（4 月 20 日－10 月 31 日）；4 月 29 日起启动中国疾控中心与江浙沪三省定期疫情视频会商，5 月及 10 月每周一次，6－9 月份每两周一次，共进行了视频会商 14 次；另外在上海及苏州召开了 3 次世博保障疫情信息现场会商或研讨会；广州亚运会及亚残运会保障相关工作，在 11 月 11 日－12 月 20 日期间，开展广东省及亚运会、亚残运会承办城市（广州、佛山、东莞、汕尾）的疫情和突发事件监测分析；全国学校水污染事件分析；高温中暑病例和事件分析；2009 年卫生应急信息报送工作情况；近年来新加坡及马来西亚传染病简况；与中国国药集团总公司续签提供疫情信息的协议等。

(二)传染病及突发公共卫生事件报告管理

1. *2010 年全国重点传染病防控业务工作会* 2010 年 3 月 29－30 日，2010 年全国重点传染病防控业务工作会在江西南昌召开。会议交流的内容包括：2009 年传染病和突发公共卫生事件监测结果与 2010 年工作要点；甲型 H1N1 流感、手足口病、布鲁氏菌病、伤寒副伤寒监测及防控实践；加强新发传染病实验室发现与应对能力；扩大的流感监测网络和传染病监测能力建设；建立异常疾病/异常健康事件监测系统的设想；基于人群的住院严重急性呼吸道感染(SARI)和侵袭性肺炎球菌病(IPD)监测；中国 2010 年上海世界博览会卫生保障等。

2. *常规监测管理* 本年度继续加强了对网络报告突发公共卫生事件信息的监控和审核工作，以及网络媒体信息的搜集和分析，及时发现重点疫情及重要事件，同时对发现报告中的分类、定级等问题，及时与相关省份联络核实，随时加以订正，保证报告信息的质量。

一年来及时向有关部门汇报、通报重要疫情信息，如安徽怀远县及蒙城县霍乱疫情、江苏淮安霍乱疫情、西藏鼠疫、贵州威宁甲肝疫情、新疆伤寒疫情、山西结核病疫情、南京小龙虾事件、超级病菌 NDM1、四川预防药物不良反应等。

为提高各地突发公共卫生事件报告管理工作水平，将突发公共卫生事件分类、定级相关标准整理成一览表，并通过网络直报系统进行共享。

3. *提出对部分法定传染病报告规则进行调整的初步建议* 由于现行传染病防治法

规定对传染病报告调整的实际限制，建议稿未能报出，但对于未来我国法定传染病报告工作的思考和实践具有一定的参考意义。

此外，提出新发现的传染病认定工作程序。

(三)重点传染病和病媒生物监测综合管理

1. 2009 年监测数据收集及工作总结　组织全国 45 个省级监测机构及中国疾控中心相关部门收集 2009 年重点传染病及病媒生物监测数据，完成 2009 年重点传染病和病媒生物监测点综合管理工作报告的撰写。

2. 2010 年监测任务委托书签订及经费拨付　与 45 个省级监测管理机构分别签订监测任务委托书，共覆盖重点传染病及病媒生物监测病种 20 个，计 502 个国家级监测点(不含流感监测点)，拨付经费 1278 万元(其中监测经费 1126.5 万元、省级管理经费 151.5 万元)。在签订监测任务委托书的过程中，根据承担监测任务情况，充分与各省级监测管理机构协商，细化经费分配计划，保证监测经费的合理使用。

3. 组织编印 2009 年全国重点传染病及病媒生物监测白皮书　组织各有关部门对 2009 年全国重点传染病及病媒生物监测工作进行总结，形成《中国重点传染病和病媒生物监测报告・2009 年》，发送至卫生部、国家疾控中心相关部门、国家级监测点，以及各省卫生厅(局)，全国各省、地市和县区级疾控中心，总印数 5000 本。

与《疾病监测》杂志编辑部协商，开辟“重点传染病监测专题”，组织各有关部门和作者在监测白皮书分章节报告基础上，撰写分析论文。

4. 重点传染病及病媒生物监测系统调研工作　对重点传染病及病媒生物监测系统调研方案进行进一步完善，以疟疾为代表进行了重点传染病监测系统预调查，并撰写了分析报告。

此外，还开展了传染病监测系统评价综合指标体系研究。

(四)传染病实验室网络建设

1. 制定传染病监测实验室体系发展规划　收集并初步完成国内外传染病监测实验室体系资料汇编。5 月，在北京召开传染病监测实验室体系发展规划研讨会，邀请卫生部官员、疾控系统传染病实验室管理者、医疗机构实验室管理方面的专家、传染病监测和流行病学领域专家，以及美国疾控中心和州立公共卫生实验室的专家共 24 人，在前期制定的传染病监测实验室体系发展规划建议基础上进行了进一步研讨，形成了传染病实验室体系建设规划项目建议书。

2. 中国疾控中心传染病实验室及诊断试剂现状调查　组织对中国疾控中心传染病所、病毒病所、艾滋病中心的各传染病实验室工作现状进行了调查，以了解中国疾控中心实验室履行实验室职能的情况，另外还就法定管理传染病诊断试剂现状进行了调查，为下一步传染病实验室体系建设提供依据。

3. 传染病暴发疫情应对中实验室作用调查　通过对近几年来经突发公共卫生事件报告管理信息系统报告的传染病疫情实验室诊断状况的研究，分析实验室在当前传染病突发公共卫生事件应对中的作用，为进一步改进实验室卫生应急能力建设提供参考。

4. 传染病国家级参比实验室建设　继续与病毒病所、传染病所合作，开展病毒病所肾综合征出血热国家级参比实验室建设，支持传染病所腹泻病室进行伤寒沙门菌国家级参比实验室建设。主要开展了加强内部质量管理体系建设，开展试剂评估和实验室检测质量评估等相关工作。

5. 广东省传染病实验室体系建设试点　继续委托广东省疾控中心开展传染病实验室体系建设试点，在前期实验室体系建设基础上，组织编写了《传染病检测现场采样技术和质量控制》、《传染病实验室检测标准操作规程》。

6. 传染病实验室诊断优先性研究　与世界卫生组织合作，组织开展传染病实验室诊断优先性研究。

7. ASEAN＋3(东盟 10＋3)实验室网络　组织推报了 ASEAN＋3 实验室网络委员会专家候选人。

（五）其他相关传染病监测工作

(1)传染病标准专业委员会秘书处工作。进行了传染病行业标准清理，并组织进行了 2010 年传染病标准计划的申报，5 个新的传染病诊断标准立项。对 2009 年底批准的两项标准(HFMD、克雅氏病)制标人进行了培训。完成菌毒种保藏机构设置技术规范发布前的后续工作，保证了该项标准的及时发布。收集已经发布的卫生行业标准文本，汇编成电子版上传直报网络供各地下载。

(2)“十二五”规划编制相关工作。参加卫生部疾控局和卫生部应急办组织的“十二五”规划传染病实验室网络及卫生应急检测能力建设相关内容的编写。参与部应急办卫生行业科研专项申请书“国家突发公共卫生事件监测预警及实验室应急能力调查评估”的编写。参与部应急办医改重大专项卫生应急能力建设项目—监测预警、实验室应急能力建设项目书的编写。参与信息中心组织“重大信息化工程建设规划项目建议书”中关于“全国重点传染病和病媒生物监测系统信息平台建设项目建议书”的编写。

(3)组织参加 APEC EINet(亚太经济合作组织新兴传染病通讯网)“灾后传染病挑战”专题视频会议(12 月)，并作了“汶川地震灾后传染病监测防控”交流。

(4)2010 年 9 月，派员参加国家教育督导团检查组对海南省三亚、保亭、琼海、海口 24 所中小学校的督导检查。

(5)2010 年 9 月，派员参加对宁夏、甘肃两省的麻疹疫苗强化免疫的督导活动。

(6)参加世界卫生组织关于 APSED(亚太新发传染病防控战略)中国相关案例的编写;与世界卫生组织就 APSED 未来发展进行了讨论,并提出建设性意见;派员参加了世界卫生组织亚太区第五届 EID 技术咨询组会议及 APSED 评估指标体系修订会议。

(7) 对一系列规范、方案、指南等的研讨或提出修改意见，如传染病防治法实施办法、传染病防治日常卫生监督工作规范、口岸传染病联防联控工作规范、疾病预防控制中心建设标准、突发事件卫生应急工作指南、医院感染现状调查项目方案、粤港澳卫生应急信息沟通平台、突发中毒事件卫生应急预案、甲型病毒性肝炎暴发疫情调查处置指南等。

四、呼吸道疾病监测与预防控制

(一)呼吸道传染病监测工作

1. 全国流感监测　负责全国流感监测网络的协调、管理、督导评估工作,为全国监测网络和国家流感中心提供技术支持和指导。

2010 年 8 月,中国疾控中心联合美国疾控中心,对湖南、上海、天津三省(市)流感监测进行督导和评估工作。

2. 不明原因肺炎、人禽流感和 SARS 的常规监测　进行全国人禽流感和不明原因肺炎监测系统的数据收集、分析、核实、追踪、排查与报告工作,协调人禽流感疑似病例和不明原因肺炎病例的标本送检、实验室检测结果的报告和反馈。2010 年 1 月 1 日-12 月 20 日,全国共有 4 份不明原因肺炎标本在人禽流感实验室进行检测。

为充分了解我国不明原因肺炎病例和人禽流感病例的流行病学特征,中国疾控中心组织人员对数据进行了随时更新分析,并以文字、图、表的形式进行展示,通过幻灯片和简报的形式发送到全国各省级疾控机构。

3. 十省市住院严重急性呼吸道感染病例哨点监测　2010 年 1 - 6 月,继续开展十省市住院严重急性呼吸道感染(SARI)病例哨点监测工作,定期整理、分析监测数据,编制《监测简报》16 期。

为了解监测运行状况、进一步提高监测质量,2010 年 4 - 7 月先后对福建、四川、山东、云南、浙江、甘肃六省市监测工作进行督导、质量评估。

2010 年 9 月,中国疾控中心组织了住院严重急性呼吸道感染病例哨点监测工作会议,对前一阶段监测工作进行回顾和总结,研讨、修订《住院严重急性呼吸道感染病例哨点监测方案》,并对下一步工作进行研究和部署。11 月,完成了监测方案的修订。

4. 基于人群的住院急性呼吸道感染和侵袭性肺炎球菌病监测　2010 年 1 月,住院急性呼吸道感染和侵袭性肺炎球菌病监测在湖北省荆州市正式开始运行,截至目前 4 所监测医院,监测病例已达 3800 例以上,开展鼻咽拭子标本检测 3100 例以上,并逐步开展监测方案要求的血培养、尿抗原检测、痰涂片的临床标本检测项目。

在监测运行期间，分别在荆州和武汉举办两期实验室检测培训班，以提高当地实验室专业人员的检测能力；在荆州举办监测运行半年总结会，对监测半年运行结果进行报告，总结监测实施中存在的问题和面临的挑战并商讨相应的应对措施和解决方法；为提高监测数据质量，开发出数据核查SOP，组织项目数据管理人员数据核查工作手把手培训，并两次赴荆州开展数据核查工作，组织监测项目中数据管理人员进行数据库的订正；已开发完成基于internet的数据信息系统业务需求报告，并着手准备下一步数据库开发工作；正在筹备临床诊疗培训班，为项目参与医生提供培训学习机会。

（二）呼吸道传染病防治工作

1. *为中国甲型H1N1流感监测与防治提供技术支持和指导* 自2009年4月底起，组织流感专业人员成立疫情分析小组，及时对全球及国内的甲型H1N1流感最新疫情进展进行信息跟踪与分析，每日或每周定期和不定期编写分析报告。2010年内，共发布《甲型H1N1流感防控工作月报》3期，《国内外甲型H1N1流感/流感疫情形势》PPT8期，并向卫生部和有关部门随时提供甲型H1N1流感，季节性流感、流感样病例哨点监测及暴发疫情的分析数据，为实现对全国疫情的科学研判和防控提供了有力的数据支持。2009年9月份疫情进入快速上升期后，为进一步加强疫情的深入分析，在常规监测和分析基础上每周举行疫情会商技术例会，组织专家和技术人员对疫情动态和流行风险进行讨论和分析，就有关技术问题进行研讨并及时将研判结果上报卫生部。

扩大流感监测网络后，为了更好控制网络工作质量，及时反映监测网络工作开展情况，每周撰写《卫生部扩大全国流感监测网络工作领导小组信息简报》（自11月底起，更名为《全国流感监测及甲型H1N1流感疫苗接种工作信息简报》），2010年共编写12期。

2. *制定《流感疫苗预防接种技术指导意见（2010－2011年度）》* 为科学、规范、有效地开展2010－2011年度季节性流感疫苗的预防接种，基于我国季节性流感的流行特点，组织专家制定了《年度季节性流感疫苗预防接种指导意见（2010－2011年度）》。

3. *流感大流行应对准备工作* 2010年，参与卫生部组织的《国家流感大流行防控应急预案》的起草和修订。修订涉及监测、感染控制、暴发调查、非药物干预措施等领域的流感防控技术方案和指南。

4. *两广SARS和人禽流感防控工作* 2010年1－3月份，组织工作组赴两广协助当地进行SARS和人禽流感防控工作。

工作组对广东的珠海、佛山、百色3个地市的疾控机构和8家医院的不明原因肺炎及发热病例的监测与报告工作进行了明查暗访。同时，对上述地区的4家市场和8家餐馆的禽类和野生动物贩卖、交易和宰杀情况进行了明查暗访。

(三)传染病防治的相关应用性研究

1. 中国甲型H1N1流感大流行影响和严重性评估(流感超额死亡研究) 2010年,中国疾控中心对全国疾病监测系统(DSP)2004-2010年流感相关死亡监测数据进行了评估、整理和分析,并结合流感监测数据、气象学数据等,和美方专家共同利用统计模型对全国甲型H1N1流感和季节性流感死亡负担进行估算。

2. 中国流感的季节性和流行病学特征研究 继续开展中国流感的季节性和流行病学特征研究,协助完成数据清理、分析和结果准备工作。

3. 大流行期间急性呼吸道感染患病情况和流感知识、态度、行为水平调查 委托华中科技大学同济医学院、郑州大学公共卫生学院、北京大学公共卫生学院、武汉大学公共卫生学院开展大流行期间急性呼吸道感染患病情况和流感知信行水平调查工作,对6次调查进行督导、技术指导和管理及调查结果审核。

4. 南京市流感超额住院研究 与江苏省疾控中心合作,探讨南京市住院数据现状,制定并初步完成《南京市流感超额住院研究方案》。

5. 流感疫苗接种影响因素调查 完成了流感疫苗接种影响因素调查的方案和问卷设计,并于11月邀请包括参与调查省份的省疾控中心、美国疾控中心以及高校的专家对调查设计和技术文件进行了讨论和修改,初步确定了研究现场和时间安排表。

6. 流感住院病例经济费用调查 为评价我国流感及流感相关病例的经济负担,应急办确定先由流感住院病例经济费用调查做起,逐步开展流感经济负担相关研究。2010年7-10月间,完成了调查方案和问卷设计。11月,通过与全国SARI监测哨点医院所在省沟通,选定了湖南、四川和山东作为调查现场,并于11月18-19日在北京召开了三省疾控中心、美国疾控中心和高校专家讨论会,对设计方案和问卷进行了修改和完善。12月,调查方案和问卷通过了中国疾控中心伦理委员会的审批,当月即开展了三省疾控中心和监测医院调查员培训班。

7. 中国流感疫苗覆盖率电话调查 为了解我国流感疫苗接种情况,从而为调整流感疫苗使用策略提供参考信息,通过阅读国内外相关文献和咨询专家,完成了流感疫苗覆盖率电话调查的方案和问卷初步设计,并于11月底召集省疾控中心和美国疾控中心的专家学者进行了讨论。

8. 开展卫生服务利用调查研究 2010年6月,邀请美国疾控中心专家参与,组织召开调查方案及问卷讨论会,修订方案及问卷。2010年10月,赴调查现场荆州收集抽样资料,并组织调查参与各方召开讨论会,确定现场调查实施的时间进度表。

9. 加强甲型H1N1流感数据的挖掘分析 应急办通过对甲型H1N1流感的临床病历资料和实验室检测结果进行深入的挖掘分析,总结了我国早期轻症甲流病例的临床特点,以及奥司他韦对减轻疾病严重程度和降低H1N1病毒RNA排出时间的疗效,撰写的文章已被 BMJ 接收。此外，我办还充分利用甲型 H1N1 流感专病网中报告的住院病例监测数据，探索重症病例的危险因素，研究结果也将在近期发表于临床感染疾病杂志。

10. 加强人禽流感相关数据的管理　为规范管理和整合 37 例人禽流感病例的流行病学调查报告、临床病历资料、病毒学数据以及部分病例的医学随访资料，我办委托相关科技公司开发人禽流感数据库。已基本完成数据库录入、逻辑检错和双录入核查模块的开发。为保证数据的保密性，数据库设定了保密程序，实现专人专机专号，只有数据管理者才有权查看所有信息。

11. 继续开展人禽流感存活病例的医学随访研究　为研究人感染禽流感病毒(H5N1)的抗体动力学和病毒排出规律、恢复期病人的心肺功能以及体内 H5N1 抗体水平的动力学变化，按照研究方案，应急办于 2010 年继续对 2009 年初确诊的 3 例存活人禽流感病例进行医学随访，内容包括：①采集血清，由现场工作人员带回交 NIC 进行相关检测；②联系当地医院进行临床方面的相关检查；③开展 6 分钟步行试验。

12. 举办“2010 流感大流行国际研讨会”　为了回顾和分享 2009 年全球在对抗甲型 H1N1 疫情中取得的实战经验，2010 年 7 月 24 - 25 日，中国疾控中心邀请世界卫生组织、欧盟疾控中心、美国疾控中心、伦敦帝国大学等国际机构和组织的专家，与全球的公共卫生专业人员、科研人员、临床医生、政府决策者等就流感病毒及疫苗的最新研究进展、流感病例的临床治疗、流感疾病负担及流感大流行的应对等方面展开了深入的交流和研讨。

五、寄生虫病监测与预防控制

(一)寄生虫病监测预警

1. 完成 2009 年度寄生虫病监测报告、年报编审　会同寄生虫病所完成 2009 年度血吸虫病、疟疾和土源性线虫病 3 个监测报告，完成《2009 年传染病染病监测与死因分析》——血吸虫病、疟疾两个病种的编写。

2. 定期分析、处理寄生虫病疫情和突发事件　及时浏览疾病监测信息报告管理系统的寄生虫病报告疫情，就“大疫情”周报中血吸虫病、包虫病集中检查、集中报告的情况做出说明，对四川内江儿童服疟疾预防药超量事件及时进行了报告和处理。

3. 完成寄生虫病防治信息管理系统　寄生虫病防治信息管理系统交由寄生虫病所管理并于 2010 年 1 月起正式运行，会同寄生虫病所年初组织了省级师资培训，下半年对运行中存在的问题进行了梳理，11 月底组织力量对系统进行了进一步修订。现已有各级注册用户 2400 余个。

(二)寄生虫病防控

1. 血吸虫病联系点工作　按照卫生部与湖北、湖南省政府“省部联动”的要求，在指导、推动联系点实施年度计划的基础上,中国疾控中心 2010 年在湖北省监利县、公安县血防联系点继续开展健全“血吸虫病监测预警机制”,“改良压碎逸蚴法实验研究”,实施“湖沼地区感染性钉螺成因调查”、“不同传染源控制措施比较分析”等项目。中心领导和有关人员先后到 4 县进行了调研。2010 年湖北监利淘汰了一万余头牛,湖南省岳阳市君山区和湖北省公安县在江湖沿岸实施科技部“血吸虫病综合防治示范区”项目,湖南省华容县加大了垸内易感环境治理,4 县 2010 年未发生急性感染病例。

2. 消除疟疾工作　为深入参与疟疾消除现场工作,探索策略和措施,疾控中心将安徽涡阳、河南永城作为工作现场开展了相关工作,会同寄生虫病所、传染病所和当地疾控机构共同制订了现场工作方案,支持在现场开展疟疾传播媒介调查、诊断方法评价、病例就诊情况调查和基层人员培训等项目。中心应急办和传染病所、寄生虫病所先后有几十人次到现场开展工作。

按卫生部要求,参与《中国消除行动计划(2010 - 2020 年)》制定,全球基金疟疾项目实施方案拟订、项目机构组建、项目启动和项目督导等工作。

3. 完成了寄生虫病综合防治示范区阶段工作总结　在 2009 年底示范区考核评估的基础上,会同寄生虫病所于 2010 年 4 月完成了示范区评估报告撰写并由人民卫生出版社出版,同时编印了示范区工作文件资料汇编。在 11 月初召开的全国寄生虫病防治工作研讨会上,表彰了示范区工作先进,并布置推广示范区作法与经验。

4. 参与拟订《2006 - 2015 年全国重点寄生虫病防治规划》中期评估方案　按卫生部要求,组织专家拟订了《2006 - 2015 年全国重点寄生虫病防治规划》执行情况中期评估方案,并组织在河南省周口市及青海省果洛藏族自治州进行了方案的预评估。

5. 组织制定相关技术方案　会同寄生虫病所,并组织有关专家制定了《全国土源性线虫病防治技术方案》、《全国消除淋巴丝虫病后监测工作方案》,并报卫生部下发。编印《寄生虫病防治文件选编》10 000 册下发各地。

6. 召开全国寄生虫病防治工作研讨会　11 月份,中国疾控中心在江苏无锡组织召开了全国寄生虫病防治工作研讨会,开展了业务培训。

7. 其他　2010 年,编辑完成《中国卫生画报》血防专辑;编发 5 期“血防简报”;参加卫生部疾控局关于疾病预防控制“十二五”发展规划报告撰写工作;参与编制西藏公共卫生发展规划;参与安徽等地恙虫病调查工作;组织全国血吸虫病监测与预警境外培训。

六、肠道传染病监测与疾病控制

(一)肠道传染病监测

1. 对 2009 年国家监测点的监测数据进行分析,撰写霍乱、伤寒、细菌性痢疾、大肠杆菌 O157:H7 感染性腹泻、小肠结肠炎耶尔森菌病、病毒性腹泻等 6 种重点疾病 2009 年度监测分析报告。

2. 配合信息中心完成《中国2009年法定传染病发病与死亡报告》中霍乱、伤寒副伤寒、细菌性痢疾、手足口病、急性出血性结膜炎等疾病的监测分析报告。

3. 做好肠道传染病和肠道病毒感染性疾病的监测，及时掌握全国的疫情变化情况。完成手足口、霍乱、急性出血性结膜炎的周分析及2010年春夏季重点传染病预测分析报告、2010－2011年手足口病冬春季预测分析报告等。

4. 3月28－30日，参加中国疾控中心举办的全国传染病防控工作会议，在会上分别介绍了手足口病疫情形势及防控策略，云南、贵州伤寒副伤寒综合防治示范基地项目、沙门菌监测项目等内容。

（二）肠道传染病防控

2010年，我国的手足口病防治工作面临严峻的挑战。全国手足口病流行强度明显高于往年，特别是重症死亡病例增加趋势明显，疾控中心应急办除完成手足口病的周分析外，还不断进行阶段性分析，并在多次全国会议中报告手足口病的疫情特点和进展情况，提出疫情防控重点，加强手足口病的防控工作部署；同时还加快手足口病重症、死亡病例个案信息收集和部分死亡病例尸解的收集工作，以期能够做出更多有意义的研究成果。

1. *完成《手足口病周报》52期，反馈至卫生部及全国各县级以上疾控中心*　完成2010年春夏季手足口病疫情预测分析及对策建议，以及2010－2011年手足口病疫情预测分析及对策建议，上报卫生部。

2. *手足口病死亡病例尸体解剖*　应急办与艾普益医学检验中心等有关单位合作，从7月份启动尸体标本收集、解剖工作，7月7－18日，针对2010年严峻的手足口病疫情，赴河南开展手足口病死亡病例调查。截至目前，共解剖18例死亡病例标本，标本分别来自广西(11例)、河南(3例)、河北(4例)。

3. *重症和死亡病例调查研究*　组织开展重症和死亡病例调查工作，已完成调查问卷设计和部分资料收集，正在进行初步整理。

4. *举办两岸三地手足口病防治研讨会*　为加强两岸三地手足口病合作与交流，根据中心的统一安排，应急办于4月27－29日在江西举办了两岸三地手足口病防治研讨会，来自中国香港、澳门和大陆的临床、流行病、实验室专家共45人参加了会议。会议就手足口病流行病学、病原学、临床救治和疫苗、诊断等专题进行了交流。

5. *重大专项课题申请*　2010年9月，应急办参加了科技重大专项“十二五”课题——手足口病流行病学特征相关研究立项申报工作。

6. *开展国际合作研究*　与美国华盛顿大学哈金森癌症研究所进行了手足口病数学模型研究的合作，目前已经完成2008－2009年的资料分析，结果显示手足口病传播力低于流感和脊髓灰质炎等,属中等传播力。

同时,中国疾控中心完成了手足口病EID科研项目—手足口病死亡病例和人群带毒率调查研究项目的申请,以及美方伦理审查和中方伦理审查的相关文件的报批。

7. 关于部分法定传染病报告规则调整 就手足口病、非感染性腹泻等部分法定传染病报告规则调整的问题,在全国范围内开展专家问卷调查,完成《对部分法定传染病报告规则进行调整的初步建议》。

在霍乱防治方面密切关注全国霍乱的疫情报告情况,完成霍乱周报10期,追踪江苏、安徽发生的霍乱暴发疫情,撰写疫情调查报告,上报卫生部。9月初,应急办派员赴安徽协助处理霍乱疫情,向疫情地区提出防控对策建议。配合传染病所完成海地霍乱疫情概况、菌株实验室结果比对报告,上报卫生部。

2010年,派员参加2010年全国病毒性腹泻监测工作总结会;组织完成"十二五"规划中以人群为基础的腹泻病实验室监测系统方案及手足口病研究方案的撰写工作;参与网络直报信息系统搬迁至新址的测试工作,负责手足口病和霍乱专报系统的测试工作;参与撰写西藏自治区主要健康问题——细菌性痢疾"十二五"防治规划;参加卫生部委托的重点肠道传染病白皮书的撰写工作。

(三)传染病相关应用性研究

负责三峡工程生态与环境监测系统中三峡库区人群健康监测子系统工作。该项目已持续14年,监测工作顺利进行。2010年,应急办开展了监测技术培训;针对三峡库区蓄水后,冬储夏陆消落带的形成在蓄水前和退水后新增消落区生物媒介监测工作;并在近期加强了三峡库区人群健康监测系统重点站和基层站点能力建设;开展三峡库区人群健康监测系统漏报调查和慢病危险因素调查培训和现场调查工作。

7月,参加卫生部疾控局完成三峡工程卫生保障工作表彰大会。完成1996-2009年三峡库区卫生保障工作总结。肠办获卫生部"三峡工程卫生保障工作先进集体"、中国疾控中心8名同志获"先进个人"表彰。

2010年10月,组织中心有关部门派员参加国务院三峡办组织的175米蓄水阶段巡查工作,并撰写报告,提出有关建议。按照三峡办指示,应急办初步完成了《三峡工程生态与环境监测系统蓝皮书》撰写任务;并组织开展三峡监测系统能力建设,为基层监测点配备必须的监测仪器和设备;完成科技部三峡工程建设对传染病流行潜在危险性评估研究项目。

2010年,在前2年现场工作的基础上,组织召开了4次项目例会,组织完成现场资料的收集、整理和分析工作,分别建立了钩体病、乙脑、疟疾、出血热的流行风险评估模型和指标体系,目前正在组织鼠疫专家评估,设计建立监测数据及评估结果的展示平台,以及技术报告撰写等工作。

七、自然疫源性疾病监测与预防控制

（一）自然疫源性疾病监测

(1)按月编发《全国主要人兽共患病通报》,对布病、狂犬病、猪链、人禽流感、炭疽等5种主要人兽共患病的全国疫情进行分析,上报卫生部,并通报农业部及所属专业部门。

(2)完成信息中心《中国2009年法定传染病发病与死亡报告》中的鼠疫、布病、炭疽、钩体病、出血热、登革热、狂犬病等自然疫源性疾病部分的撰写。

(3)4月份完成2008年重点自然疫源性疾病监测报告,包括:鼠疫、布病、炭疽、钩体病、出血热、登革热、狂犬病、克雅氏病、猪链等9种自然疫源性疾病和病媒生物监测。

（二）重点传染病防治工作

1. *鼠疫防治*　通过中央转移支付鼠布基地试剂经费，自2010年度起采购长春生物制品所规范化生产的鼠疫监测试剂，经鼠布基地、中心传染病所、内蒙地病中心和河北鼠防所共同对试剂进行质控，检测合格后供应全国鼠疫监测工作；9月份在哈尔滨召开《2010年全国鼠疫监测工作暨伍连德纪念大会》，对2009年鼠疫监测工作进行考核总结，评选出先进监测单位，发文通报表彰；派员参加卫生部北方八省鼠疫联防会，南方九省联防组织年度例会。通报了全国疫情形势，研究联防联控工作。6月份组织专家对内蒙古草原鼠害进行风险评估，撰写风险评估报告并指导当地开展进一步的防控工作，协同鼠布基地撰写《干旱与鼠疫关系预测》；组织全国鼠疫防治机构开展装备设施设备现况调查工作，撰写了评估报告并及时上报卫生部；组织师资，在张家口举办了第一期“全国鼠疫综合防控技术培训班”，培养各省鼠疫防控中坚力量20余人；与传染病所联合申报传染病重大专项科研课题“鼠疫应急防控与综合防治技术研究”，应急办主要承担“鼠疫地理信息系统与早期预警研究”子课题；研讨制定全国鼠疫专业机构建设标准及鼠疫专业实验室标准化建设标准；调研鼠防人员待遇问题，起草撰写《提高鼠疫防治人员津贴的建议报告》；协助卫生部完成2011年医改重大专项的鼠疫防治项目编制和经费预算；制定《全国鼠疫防治“十一五”规划终期评估方案》，并组织全国鼠疫疫源省、监测省各级卫生行政部门及鼠防（疾控）机构对“十一五”期间鼠疫防治各项工作完成情况进行评估，并完成了评估报告；组织编制全国鼠疫防治“十二五”规划；参与西藏卫生规划研究，提出西藏鼠疫防治规划和重大专项；组织鼠布基地专家对青海、甘肃和河北猎捕旱獭和旱獭制品的暗访调研，向卫生部提交了报告；参与卫生部32号令《鼠疫地区猎捕和处理旱獭卫生管理办法》修订的论证，参与鼠疫菌种保藏中心和鼠疫演练中心立项与科学研究报告的论证。

2. *布病防治*　3月底中国疾控中心传染病所、内蒙地病中心和辽宁省疾控中心专家对鼠布基地的布病监测用试剂进行质控，确定合格后，向各监测点发放试剂；组织专家对部分全国布病监测点进行了督导；参与卫生部与农业部联合《全国人间布病方案（2009-2015)》的修订；8-9月组织鼠布基地专家对新疆等6省的布病防治工作进行调研，选择我国布病疫情上升幅度大、下降明显的重点省（区）和市、县进行调研，共计6省（区）9市（州、盟）12个县（市、旗）；协助卫生部与内蒙省部联动对布病防治项目的开展，组织师资在北京对内蒙各地市县的布病防治人员进行了培训，在内蒙古自治区全区推广布病防治示范区工作经验，落实自治区人间布病防治实施方案；申报“十二五”国家科技计划农村领域首批预备项目——西部地区布病现况及综合干预示范基地研究。

3. 狂犬病防治　举办《狂犬病暴露预防处置工作规范（2009年版）》全国师资培训班，搭建新规范在线学习平台，使各省学员能在线学习新规范的主要内容并自我考核，国家级师资定期登录网站，回答学员留言的各种问题；与赛诺菲巴斯德合作印制下发了2万本《狂犬病暴露预防处置工作规范（2009年版)》单行本；针对国家食品药品监督管理局批准增加的“2-1-1”四针接种程序，专程组织专家讨论其在我国如何从法律和使用层面进行推广使用；与美国疾控中心合作，以天津两个区（分别代表典型的城市和农村地区）为试点，开展狂犬病卫生经济学评价模型研究；“9.28”狂犬病日前后，组织一系列宣传活动，包括与预防医学会、兽医学会共同主办狂犬病高层论坛，与国际专家、兽医、犬管理协会、学术机构研究人员共同研究探讨我国狂犬病防治策略，编写狂犬病宣传要点和知识问答。

4. 流行性出血热防治　2010年初完成第一年度肾综合征出血热疫苗接种工作总结，并协助卫生部召开疫苗接种省份疫苗接种策略研讨会，研究下一阶段疫苗接种策略，征询各地下一年度疫苗需求数量；编制2011年中央转移支付出血热防治方案和预算。

5. 其他自然疫源性疾病防治

(1) 恙虫病：8月份对阜阳恙虫病专项调查前期工作进行了调研，听取了当地的汇报，并对2010年秋冬季恙虫病研究工作进行了布置。11月份派遣实验室专家协助当地开展恙虫病东方体分离工作，及时纠正了当地在实验室分离工作中出现的问题。12月份完成了安徽阜阳恙虫病专项调查总结报告。

(2) 克雅病：5月在北京召开2009年全国克雅氏病监测总结会。

(3) 病媒生物：8月，与预防医学会共同主办了第三节国际病媒生物可持续控制国际论坛(杭州)，组织召开了“全国病媒生物监测工作会暨疟疾防控技术研讨会”。

(4) 钩体病：9月，派出专家组赴四川调查处理钩体病疫情。

6. 卫生部委派的其他工作　包括承担疾控局传染病“十二五”规划中关于登革热、狂犬病、布病、出血热等部分规划的编制，分析问题，提出目标和策略措施；2011年医改重大专项传染病防治项目方案与预算：鼠疫、狂犬病、出血热、布病、登革热；扩大免疫规划项目方案和预算:出血热疫苗、炭疽和钩体疫苗;传染病法实施办法的意见征询等。

(三)自然疫源性疾病相关科研课题

1. 国家重大专项专题四“鼠疫信息集成分析与传播风险预测研究” 与中科院遥感所、军事医学科学院合作,初步完成利用遥感、喜马拉雅旱獭疫源地的边界划分研究,建立疫源地边界预测的生态位模型。项目组已撰写英文文章2篇。

完成“鼠疫三维地理信息系统”需求论证与报告,与相关部门、软件公司多次协商,召开专家研讨会,目前已进入招标阶段。

项目培养1位研究生,顺利完成毕业论文与答辩;按课题计划顺利完成植物空间地理数据和项目专用硬件设备等的采购任务。

2. 卫生行业科研专项“布病防治示范基地研究项目”

(1)4月份召开项目干预中期总结交流会议,并对2010年项目干预评估工作进行布置。

(2)8月份对3个项目示范基地布病干预工作进行了检查与督导。

(3)调整了第三年度工作方案,增加了项目经济学评价及干预末期农牧民感染现况调查等内容。

(4)组织项目合作单位认真开展终期评估工作,撰写评估报告。

3. 中心重点课题“发热伴血小板减少综合征监测研究” 2007年以来,河南、湖北、山东等省相继发现并报告一些以发热、白细胞和血小板减少等为主要临床表现的感染性疾病患者。2010年5月,中国疾控中心在湖北、河南两省的部分地区启动了发热伴血小板减少综合征的监测工作,开展了大量的现场流行病学和实验室检测与研究工作,并在山东、辽宁、安徽、江苏等省收集类似病例标本和病案资料,开展病原学研究。中国疾控中心传染病所和病毒病所在病人的标本中分离出新的布尼亚科病毒,在病人的急性期和恢复期血清标本中发现该病毒的特异性抗体阳转或4倍增高,并在病例发生地的蜱中分离到该病毒。现有研究结果可初步证实在河南、湖北等地发生的该类病人主要为一种新的布尼亚科病毒感染所致。

病原初步确认后,根据卫生部的要求,为了解该病在我国的可能分布范围和流行特征,指导防控工作,中国疾控中心于2010年9月将该疾病的监测和调查工作扩大至全国22个省份,并对相关省份的专业人员进行了技术培训,向重点省份下发了诊断试剂。10月,卫生部组织专家研究制定了《发热伴血小板减少综合征防治技术指南》(2010版)印发全国。

11月份,应急办获得世界卫生组织(WHO)的支持(WPCHN1002405)“Investigation of tick-borne disease outbreak investigation in Hubei and the workshop on development of investigation protocol”立项。12月中旬在湖北随州市开展发热伴血小板减少综合征

危险因素调查方案研讨会。

4. 国家科技支撑计划课题 2009BAI76B02 “公众健康普及技术筛选与评价研究”子课题“常见多发传染病防治技术要点筛选和普及研究”,为中华预防医学会牵头课题,已组织东南大学、安徽省疾控中心及芜湖市疾控中心专家完成课题要求内容。

八、国际合作和科研项目

(一)中美新发和再发传染病合作项目

中美新发和再发传染病合作项目于 2006 年 9 月正式启动,通过 5 年的合作,中美新发和再发传染病合作项目已经建立起坚实的合作基础并取得初步成效。2010 年 5 月 25 日中国卫生部部长陈竺和美国卫生与公众服务部部长西贝利厄斯在北京签署《美利坚合众国卫生与公众服务部和中华人民共和国卫生部关于新发和再发传染病合作项目的谅解备忘录》,双方确认在新的 5 年时间框架下(2011 - 2015 年)将继续在新发和再发传染病领域开展密切合作,希望提高双方及时发现、应对和处理新发及再发传染病的能力。

主要合作的领域和工作范围包括:加强监测和快速反应能力以遏制 H5N1 病毒的传播、支持中国现场流行病学培训项目、健康沟通能力建设、加强省级食源性新发传染病的实验室监测和快速应对能力建设、项目管理和协调平台建设、新分离虫媒病毒与发热性传染病的公共卫生意义研究、加强公共卫生信息能力。

特别是在国家级和省级疾控中心加强能力建设、加强季节性流感、流感大流行应对和禽流感预防控制、加强监测系统、风险沟通技术应用和实验室能力建设方面开展了深入的合作。

作为新发和再发传染病领域的重要双边国际合作项目之一,项目在承担青海玉树地震、南方洪涝灾害和甘肃舟曲泥石流灾害医疗救援、上海世博会和广州亚(残)运会保障等一系列重要公共卫生任务的情况下,取得了以下项目进展和相应产出。项目共举办各种研讨会、咨询会、培训班、协调会 74 次;撰写综述、开发方案、草案、手册、建议书、翻译文献共 57 份;开展个案调查、暴发调查、现场调查、评估共 84 次;互访 73 人次;在 209 所哨点医院开展工作;开发网站 3 个;发表中英文文章 75 篇;通过项目举办培训班,接受培训人数 1618 名;开发交流材料及沟通交流工具、渠道 156 份(册);检测标本 51 243 份,采集标本数量 122 201 份,鉴定毒株数量 47 株。

(二)“传染病监测技术平台”项目

2010 年是国家科技重大专项“传染病监测技术平台”项目在“十一五”期间实施的最后一年。在这一年里,项目任务合同书正式签订,研究经费全面到位,项目的技术培训、检测能力考核、监测信息报告与分析、项目督导检查等工作全面展开;积极参与了中国 2010

年上海世博会的卫生保障、产 NDM－1 泛耐药细菌调查、不明原因疫情等重大事件的响应工作；传染病自动预警技术研究继续深入开展，并取得实质性进展，成果突出。

1. “传染病监测技术平台”项目管理与执行

（1）建立与完善项目管理制度：2010 年，为确保项目有序开展，各项研究活动保质保量地进行，应急办项目管理执行办公室就各项管理制度进行了进一步的加强与完善。包括组织各单位签订项目任务书，与各责任单位签订合作协议书；坚持召开项目各责任单位的阶段性工作研讨会；固定联络员加强项目各单位间日常的沟通与交流工作；通过定期印发《项目工作简报》，介绍项目的政策性文件与工作动态，并就项目各项研究任务的完成情况进行分析和通报，2010 年共编发工作简报 6 期。

（2）全面开展项目实施培训工作：项目各项技术与管理方案的培训工作是项目顺利实施的重要前提，为加快推进项目中发热伴出血、腹泻、发热呼吸道以及脑炎脑膜炎等四大症候群病原谱监测研究的深入开展，2009 年 4－5 月，应急办分别在北京、河南、浙江和广东联合各监测网络实验室共同完成了以上四大症候群病原谱监测技术培训班。截至 2010 年 5 月 19 日，共 68 个单位 370 余人次参加了相应症候群监测技术的培训。此外，2010 年 10 月 19 日，应急办还联合国家流感中心对项目部分单位进行了环境相关标本禽流感信息系统操作培训。

（3）成功开发与应用项目信息管理系统：为加强项目信息的收集、集中保存、数据共享以及深入分析，应急办成功开发了项目信息管理系统。至 2010 年 3 月，应急办组织项目部分网络实验室、合作单位和哨点医院完成了系统的试运行，对系统五大综合征监测的各项功能进行了测试、评价和完善，并于 3 月 23 日正式在项目内部启用该系统。随后，又组织相关网络实验室和中科软公司，在信息系统中成功开发了环境相关标本禽流感病毒监测，以及传染病综合征病原体变异变迁研究的功能模块。其中，环境相关标本禽流感病毒监测功能已于 12 月 20 日正式启用，传染病综合征病原体变异变迁研究功能已进入测试阶段。

（4）顺利完成项目五大症候群检测能力盲样考核工作：为了解“传染病监测技术平台”项目各网络实验室开展症候群病原谱相关病原的检测能力与检测质量，促进其提高检测技术和质量，保障项目的顺利实施，应急办于 2010 年重点开展了五大综合征病原谱监测质量和检测技术考核工作。

（5）有效组织开展项目督导调研与自查工作：2010 年 4 月 8 日，“艾滋病和病毒性肝炎等重大传染病防治”科技重大专项技术总师侯云德院士率专家督查调研组一行 10 人赴中国疾控中心，对部分科技重大专项进行了现场督导检查，项目相关责任单位领导与课题负责人参加了项目汇报会。“传染病监测技术平台”项目负责人杨维中主任就项目的组织管理、实施进度、初步取得的成果、存在的问题与建议等内容进行了详细汇报，并陪同督查调研组参观了项目信息管理系统的现场演示和部分实验室的现场考察。9 月 2 日，在关于中心承担的重大专项课题的专题报告检查会,应急办对课题的实施进展情况和初步成果进行了汇报,项目的组织实施与取得的成果获得检查组成员的一致肯定。同时,应急办还与项目各责任单位共同协商,于 11 月下旬组织开展了项目督导调研工作。

(6) 广西不明原因重症病例病原平行检测:2010 年 4 月上旬,广西发生一起不明原因重症病例疫情,应急办于 4 月 12 - 13 日积极协调样本的运输与接收工作,并组织网络实验室成员中国疾控中心病毒病所、中国医学科学院病原研究所和军事医学科学院微生物流行病研究所对广西疾控制中心送检的不明原因重症病例相关标本开展了应急平行检测,并对检测结果进行汇总分析和报告。

2. 传染病预警技术研究工作

(1) 预警技术研究和应用工作梳理:2010 年 2 月对往年开展的传染病暴发自动预警研究工作进行了详细分析,梳理了预警的数据基础、病种、预警方法、信号发出与响应情况、评价方法、预警系统运行管理情况、预警系统改进、研究成果总结等方面的问题,提出解决问题的方法、建议、产出、时间表和负责人员等,讨论并确定了 2010 年传染病预警技术研究与应用的工作重点是保持预警系统正常运行,分析两年多来预警研究和运行结果,总结已有的预警研究成果,评价预警系统的运行效果,构建传染病预警技术测试平台,学习预警方法理论知识和工具,为下一年度的预警方法研究和预警系统全面改进打下良好基础。

(2) 持续开展国家传染病自动预警系统日常运行维护:目前预警系统在全国对 29 种法定报告传染病采用一定的预警方法,每日进行异常探测,将产生的异常信号(每天约 730 条)显示在系统界面上,并推送异常信号至手机短信发送平台,最终将异常信号通过手机短信形式发送至各级疾控机构疫情值班人员手机上。安排专人每日定期多次巡视预警系统和手机短信平台的运行情况,并对系统用户的电话咨询和在预警系统公告栏中提出的问题进行解答。

(3) 改进国家传染病自动预警系统:预警系统投入运行 2 年多来,各地整体工作开展情况良好,在基层起到了传染病暴发早期探测的作用。为进一步减少错误预警信号,应急办在 2010 年 9 - 10 月对全国 19 种预警病种两年的运行结果进行了深入分析,并组织有关专家进行了论证,对预警系统中部分病种的预警阈值及方法进行了适当调整:分病种筛选了最优阈值参数,并确定了各地区用户根据本地实际情况可自行调整的阈值范围。经过预警系统 1 个月软件环境修改和调试,于 12 月 10 日在全国实现了预警系统阈值修改和参数灵活设置的功能,极大的提高了预警系统的功效。

(4) 建立手足口病预警方法:2010 年 3 月,根据卫生部统一部署,应急办紧急研究建立了手足口病预警方法,并邀请加拿大麦吉尔大学 David 教授参加了手足口病预警技术研讨会,共同讨论确定了重症和死亡病例采用单病例预警方法,临床诊断和实验室诊断病例采用 EARS_C3 方法进行探测。经过 3 周的预算方法和参数测试、筛选、软件开发工作，最终在5月1日成功实现了手足口病纳入预警系统并在全国试运行。截至2010年12月10日，预警系统针对手足口病在全国共发出65 494条预警信号，为手足口病疫情的早期发现发挥了重要作用。

（5）基本建立传染病预警技术研究测试平台：为持续有效地开展传染病预警技术研究，应急办确定在2010年初步建立传染病预警技术研究测试平台的目标。一年来，逐步开展了部署数据分析服务器；整理建立测试数据库；学习疾病异常探测方法；掌握算法实现工具（R软件）；初步建立预警方法评价技术等一系列工作，基本完成了测试平台的初步建立工作。

（6）深入开展传染病预警技术课题研究和管理工作：联合四川大学华西公卫学院、中科院地理所、广西疾控中心和上海浦东疾控中心共同承担的科技部“十一五”科技支撑计划项目“传染病暴发早期探测与自动预警适宜技术研究”课题已进入课题验收阶段。课题共在20个省份的221个县（区）进行了预警方法的试点，通过实际运行，为预警技术应用效果进行了测试和验证，以及预警系统的修改、完善提供了科学依据。另外，应急办于2010年3月14日在北京召开科技部国家社会公益研究专项“重大传染病和急性中毒应急技术研究”及国家科技支撑计划项目“重大洪灾引发大规模传染病的综合预警与辅助决策技术研究”课题专家验收会，两项课题均顺利通过验收。

（冯子健　李群　余宏杰　金连梅　许真　张静　殷文武　刘波）

结核病预防控制

一、机构概况

结控中心近年来不断加强机构职能和人力资源的建设,适应结控中心规划管理和科研工作的需要,2010年结控中心新入职在职员工3名,聘任5人,目前全中心共有职工96人,其中在职职工52人、聘任人员44人。中心内设综合业务、政策规划、患者关怀、耐药、国际合作与研究、统计监测、参比实验室7个部门及全球基金结核病与盖茨两个项目办。

二、规划管理

(一)主要工作指标完成情况

全国以县(区)为单位现代结核病控制策略(DOTS策略)覆盖率继续维持在100%。2010年1-12月,全国医疗卫生机构网络报告肺结核和疑似病例达107万例,与2009年同期比,病例报告数增加了1.6%,报告病例的总体到位率达80.6%;全国结核病防治机构登记管理肺结核患者76.9万例,其中新涂阳肺结核患者35.3万例,完成全年任务指标的84%,与2009年同期相比登记管理新涂阳肺结核患者数下降了3.2%;新涂阳肺结核患者治愈率保持在91%。

(二)工作部署

1月18日组织召开了全国省级结核病防治工作会议,会议全面总结了2009年结核病防治工作、讨论了2010年全国结核病防治工作要点、部署了全国第五次结核病流行病学抽样调查工作,并提出了中国全球基金结核病项目整合工作要求。

(三)策略研讨

2010年10月28-29日在北京组织召开了结核感染与发病影响因素研讨会,来自世界卫生组织、国际防痨与肺病联合会、美国疾病预防控制中心,结核病防治临床中心、营养与食品安全所、慢病中心及卫生部结核病专家咨询委员会等近60位领导和专家出席了会议。会议期间,国内外专家从全球视野和不同国家的角度介绍了结核感染与发病影响因素的研究现状以及所采取的干预措施与效果。

（四）全国“十二五”结核病防治规划制定

总结《全国结核病防治规划（2001－2010年）》执行情况，提出下一个五年规划（即“十二五”规划）的框架思路，起草完成《全国结核病防治规划（2011－2015年）》的制定。

（五）开展“十一五”《规划》终期评估

完善了《规划》终期评估实施方案和细则，经卫生部、财政部、国家发改委三部委协商，最终确定了《规划》终期评估方案和实施细则。设计了《规划》终期评估数据录入软件。8月19日，三部委联合下发关于开展《全国结核病防治规划（2001－2010年）》终期评估的通知（卫办疾控发〔2010〕147号）。

8月22－25日，在河北省抚宁县举办了《全国结核病防治规划（2001－2010年）》终期评估培训班。按照卫办疾控发〔2010〕147号文件的要求于10月14－16日完成了对山西、吉林和湖北省的《规划》终期评估工作现场督导。各省、自治区、直辖市于9－10月全面开展《规划》终期评估工作。

（六）技术性文件和方案的制定

为提高结核病防治工作质量，规范各项工作流程，中心撰写了《全国结核病防治规划（2001－2010年）》终期评估实施方案及细则》、《2001－2009年白皮书》（初稿）、《全国结核病防治规划（2011－2015年）》（初稿）、《西藏自治区结核病防治规划（2011－2015年）》（初稿）、《全国第五次结核病流行病学抽样调查实施方案》、《全国第五次结核病流行病学抽样调查实施细则》、《全国第五次结核病流行病学抽样调查验收方案》、《全国第五次结核病流行病学抽样调查验收总结报告》、《司法行政系统监管场所结核病防治工作指南》、《2010年农民工结核病防治实施计划》、《重大专项结核病防治工作实施现况评估方案》、《新疆喀什市结核病防治工作实施现况评估方案》、《2011年全国结核病防治工作质量考评方案》等。

与此同时，还对中国结核病防治规划系列丛书《中国结核病防治规划督导员手册》、《中国结核病防治规划监控与评价指标》、《中国结核病防治规划基层医生结核病防治手册》、《中国结核病防治规划经费预算编制手册》和《转诊追踪培训教材》进行修订。

（七）全国第五次结核病流调工作

2010年3－7月，全国31个省、直辖市、自治区均按照国家要求陆续组织开展了流调现场调查和省级验收工作。为保证全国流调工作的顺利开展，中心组织下发流调实施细则及宣传海报、折页等宣传材料至各省、直辖市、自治区流调办，并组织专家赴西藏协助完成流调现场调查工作,组织全国流调技术指导组和流调办成员对部分省份流调现场调查工作进行督导。2010 年 5 月,全国流调办对北京、河北、江苏、山东、湖南及甘肃的部分流调点进行了现场督导,6 - 7 月组织各相关领域专家对各省的诊断、细菌学、调查资料、社会经济问卷四部分流调工作进行验收。

(八)耐多药结核病防治与 TB/HIV 防治

完善了《耐药结核病规划管理指南(试行版)》、《耐多药肺结核规范化治疗管理行动计划(2010 - 2015 年)》,制定了《二线抗结核药品管理手册》,撰写了《耐多药结核病控制工作可行性研究报告》;与国际防痨与肺病联合会和世界卫生组织共同对试点项目地区的结核病临床医生和防治医生进行了耐药结核病临床管理培训。

修订了"中国 TB/HIV 双重感染防治工作框架(2010 年版)",同时根据卫生部的工作要求,组织制定了"全国结核菌/艾滋病病毒双重感染防治工作实施方案(试行)"(卫办疾控发〔2010〕126 号),为落实方案,组织召开了"全国结核菌/艾滋病病毒双重感染防治工作会议"和"结核菌/艾滋病病毒双重感染防治工作管理及技术方案培训班"。

为规范 TB/HIV 双重感染防治工作、提高各级防治能力,组织相关专家编写了《结核分枝杆菌/艾滋病病毒双重感染防治工作技术指导手册》、《TB/HIV 双重感染患者抗结核和抗病毒治疗药品不良反应处理指导方案》和《结核分枝杆菌液体培养操作指南》等手册。启动了 2010 年 TB/HIV 双重感染流行病学调查与监测工作,启动了 HIV/AIDS 患者服用异烟肼预防治疗、TB/HIV 双感患者治疗依从性及管理模式等实施性研究。

(九)药品管理

促进各省完成了 2010 年度的药品招标采购,并帮助各省做好 2011 年度药品计划的需求测算工作,加强对药品季度报表的收集和分析,保证药品供应不间断。在卫生部中盖结核病项目的支持下,从 2010 年 4 月开始在 7 个省(自治区)推广抗结核药品固定剂量复合制剂(FDC)的使用,通过试点进一步完善了抗结核 FDC 供应管理方法,为在全国全面推广积累了大量经验。编写了《中国推广使用抗结核 FDC 可行性报告》,为卫生部草拟了《抗结核固定剂量复合制剂推广计划(2011 - 2015 年)》。编写了《中国结核病防治规划抗结核药品管理手册》(第 2 版),与第 1 版相比,增加了抗结核 FDC 和二线抗结核药品等内容。

(十)健康促进

在 3 月 24 日"世界防治结核病日",向全国推出中国结核病防治徽标;协助卫生部在广西举办了宣传活动,卫生部尹力副部长、全国结核病防治形象大使彭丽媛女士等赴活动现场参与宣传；邀请彭丽媛女士拍摄制作了《遏制结核　健康和谐》主题海报，创作了漫画形式的挂图和折页，并与铁道部门、《健康报》、搜狐网以及《健康时空》栏目合作开展形式多样的活动。接受了中央电视台、《健康报》、《国际先驱导报》等国内外多家媒体的专访。

组织撰写修订了《结核病防治领导干部读本》，开发针对流动人口结核病防治的传播材料；开发了《耐药肺结核防治健康促进手册》及工具箱；更新了学校版工具箱；开展了民间组织肺结核患者心理支持试点、少数民族结核病防治健康促进试点、大学生结核病防治健康促进试点、健康促进综合示范点等。进一步修改完善了全国结核病防治健康促进策略，并修改了《全国结核病防治规划健康促进手册》。组织修改了结核病防治健康教育核心信息。筹备2011年“3.24”世界防治结核病日系列活动。赴河南省、重庆市开展盖茨项目社区结核病健康促进基线调查。在云南省组织举办2010年全国健康促进年会及2010年全国健康促进培训班。印制下发印有结核病健康促进核心信息的2011年台历，并下发至全国各地。

三、国家结核病参比实验室落户结控中心

经2010年10月8日中国疾控中心第十次主任办公会议决定，国家级结核病参比实验室正式建立。参比实验室的人员队伍由从原北京市结核病胸部肿瘤研究所结核病参比室新调入的9名技术人员及原传染病研究所结核病实验室的10名技术人员共19人组成。2010年10月22日，国家结核病参比实验室座谈会在昌平新址召开。参比实验室的建立是中心在人才引进、提升专业能力方面的重要举措，将对建立健全结核病防控体系、与国际先进的技术理念接轨、充分发挥实验室在结核病防控中的作用具有重要意义。

四、科研与研究生教育

结控中心主持“结核病发病模式研究”、“结核病预警模式研究”和“结核病感染控制新技术平台的研究”3项科技重大专项，共完成8项实施方案、11项相关研究、2份研究报告、3个技术体系，发表16篇中文文章、7篇外文、出版编著1部，申请专利1项，培养研究生3名。

五、国际合作与交流

2010年6月21日与美国疾控中心共同在内蒙古启动了医疗卫生机构结核病感染控制合作项目；2010年8月22－29日，结控中心与世界卫生组织（WHO）驻华代表处、中盖结核病项目办公室合作，在河南省开封市举办了结核病感染控制培训班。WHO驻华代表处结核病控制官员、美国疾控中心感染控制专家应邀参与授课；自2008年以来连续三年与荷兰国家公共卫生和环境研究所合作举办全国结核病诊断新技术研讨会。11月2－5日在山东召开全国结核病新诊断技术方法研讨会。来自荷兰国家公共卫生和环境研究

所、加拿大多伦多大学、法国生物梅里埃公司(中国)及国内其他机构共 33 人参加了本次会议;组织人员翻译完成《世界卫生组织感染控制政策》、《世界卫生组织结核病治疗指南》和《世界卫生组织耐药监测指南》。此外,结控中心与世界卫生组织、比尔盖茨基金会、比利时达米恩基金会、国际防痨和肺部疾病联合会等国际组织和机构长期保持良好的伙伴关系。

截至 2010 年 12 月底,结控中心因公派出参加会议、培训和学术交流 65 人次、接待外宾来访 14 人次、志愿者实习 1 人次。并积极参与中国疾控中心和中国防痨协会接待法国、日本、美国、英国、韩国、台湾等国家和地区专家来访活动。在柏林举办的第 41 届世界肺部健康大会上结控中心王黎霞主任、何广学研究员分别作了报告。

六、国际合作项目

(一)全球基金结核病项目

2010 年 7 月 1 日,整合后新申请获批的中国全球基金结核病项目在全国启动,当月组织召开了项目启动会暨项目管理培训,9 月 22 日与全球基金签约,目前第一笔拨款已于 11 月拨付到各项目省。开展新项目同时,全面梳理原有各轮项目,完成各轮项目总结、经费、设备清理工作,使新老项目顺利过渡。

(二)盖茨项目

2010 年,盖茨项目完成项目关键指标共 43 项,指标完成率 95%。新诊断工具子项目、患者管理子项目、FDC 质量保证和供应管理子项目、医防合作子项目按计划推进,进展顺利。

七、获奖情况

2010 年 1 月结控中心获世界银行贷款/英国赠款中国结核病控制项目先进集体,同时王黎霞等 7 人获世界银行贷款/英国赠款中国结核病控制项目突出贡献奖。赵雁林入选“2010 年北京市新世纪百千万人才工程百人组”,并获“北京市科技新星”。

(王黎霞　陈明亭　方群)

免疫规划

一、扩大国家免疫规划工作进展顺利

2010 年扩大国家免疫规划项目的新增儿童疫苗首次实现全覆盖。麻风、A 群和 A+C 群流脑疫苗、乙脑减毒活疫苗、甲肝减毒活疫苗、无细胞百白破疫苗等新增疫苗继续做到 100%计划安排;麻腮风疫苗在 2009 年满足一个年龄组 60%疫苗的基础上,2010 年覆盖一个年龄组。免疫规划项目的进展,进一步促进了免疫规划项目的公平发展,使所有适龄儿童享受到免疫规划的成果。

对"中国免疫规划监测信息管理系统"进行了升级改造。启动包括扩大国家免疫规划疫苗的常规接种率监测报告系统。全国 32 个省级报告单位均报告了 2010 年常规接种率监测数据,以县为单位报告完整率为 96.07%,以乡镇为单位报告完整率为 93.89%。2010 年全国 1 岁以内儿童国家免疫规划疫苗报告接种率分别为卡介苗 99.63%、脊灰 99.55%、百白破 99.52%,含麻疹类疫苗(麻疹、麻腮风、麻腮)99.41%、乙肝 99.52%(及时接种率 92.24%)、流脑 A 群 99.17%、乙脑减毒疫苗 99.12%;2010 年甲肝减毒疫苗报告接种率为 98.09%,流脑 A+C 群疫苗第二针报告接种率为 98.30%,白破报告接种率 98.33%。

利用 GAVI 项目节余经费 5355 万元,结合中国疾控中心新址信息系统平台建设,先期建立国家级免疫规划数据管理中心、完善疑似预防接种异常反应监测信息管理系统和预防接种信息管理系统、装备 GAVI 项目地区 2371 个乡级预防接种单位信息终端设备。

二、疫苗可预防传染病得到进一步控制

加强急性弛缓行麻痹(AFP)监测工作,继续维持无脊灰状态工作。在 2009 年冬及 2010 年春季,全国共计 22 个省份开展了一轮或两轮次的强化免疫活动,两轮分别接种 20 800 580 人、16 428 132 人,接种率分别为 94.57%、97.54%。积极应对塔吉克斯坦及周边国家脊灰野病毒疫情工作,开展了脊灰野病毒输入病例处置应急演练工作。

卫生部、教育部、财政部、发改委、药监局联合下发《2010 - 2012 年全国消除麻疹行动方案》,2010 年 7 月 29 日,卫生部召开全国消除麻疹工作会议,会上宣布了 2010 年 9 月全国同时、同步开展麻疹疫苗强化免疫活动。卫生部成立消除麻疹工作领导小组,并在中国疾控中心成立了消除麻疹办公室。中国疾控中心与清华大学合作开发麻疹疫苗强化免

疫风险沟通技术指南,配合卫生部开展了强化免疫活动前期准备、现场接种、后期评估等各个阶段的督导工作。

至9月30日,全国报告麻疹疫苗强化免疫应种10 563万人次,接种10 004万剂次,接种率96.9%。

我国确定将15岁以下儿童补种乙肝疫苗项目作为国家医药卫生体制改革重大公共卫生项目于2009年起实施。截至2010年底,宁夏、福建、江西、四川、河南五省适龄儿童的补种任务已全部完成。

利用GAVI项目的结余经费3270万元,对中西部贫困地区15岁以下儿童的乙肝疫苗查漏补种工作给予补助。

起草《甲型病毒性肝炎暴发疫情调查处置指南》,规范暴发疫情调查与处置。

2010年全国各地流脑疫苗常规免疫覆盖率明显上升,大部分省在90%以上,部分省达到98%以上。全国流脑报告发病水平继续呈下降趋势,与2009年相比,报告病例数下降49.59%,死亡病例数下降66.67%。

2010年全国乙脑报告发病水平呈继续下降趋势,共报告乙脑病例2541例,报告发病率0.19/10万,死亡92人,报告死亡率0.0069/10万,病死率为3.6%。与2009年同期(报告病例3913例,死亡172例,发病率为0.29/10万,死亡率为0.013/10万,病死率为4.4%)相比,报告病例数下降35%,死亡数下降47%,全国乙脑报告发病水平继续呈下降趋势。监测结果显示,大部分监测点媒介蚊虫种类仍主要为三带喙库蚊,优势蚊虫种类未出现明显变化。

三、顺利通过世界卫生组织对我国疫苗国家监管机构(NRA)疑似预防接种异常反应(AEFI)监测职能板块评估

撰写了约2万字的自审评估报告(中英文);准备了24个支持文件共22万字(中英文);准备了44个补充支持文件共5册约110万字(中文);12月7-9日于国家药监局、不良反应监测中心共赴上海、河北指导NRA评估准备工作;12月13-15日接受世界卫生组织对我国的正式评估,分别到河北、上海和中国疾控中心进行考核。根据世界卫生组织对审评的反馈结果,AEFI监测板块中,8项大指标全部通过,25项亚指标完成率96%,以优异成绩完成了近年NRA评估任务。

2010年,全国AEFI信息系统共收到AEFI审核个案54 663例(统计截至2011年1月4日),比2009年同期增长35.06%。全国共有2529个县有AEFI个案报告,报告县覆盖率为81.84%。在54 663例AEFI中,在48小时内报告率为95.22%;需调查AEFI 31 778例,调查率为100%,48小时内调查率为98.83%。在所有AEFI中,一般反应占83.30%;异常反应占12.66%;接种事故占0.06%;偶合症占2.87%;心因性反应占0.48%;待定占0.63%。

协助信息中心完成对AEFI监测系统的升级改造,实现了与药监部门的数据共享,完

成了对药品不良反应监测中心人员的使用权限分配。

积极应对 AEFI 重大事件的调查处理，协助卫生部信访办处理 AEFI 上访事件。

四、继续做好国际合作项目和科学研究工作

2010 年乙肝重大专项“我国乙型病毒性肝炎免疫预防策略研究”课题全面实施。60μg 乙肝疫苗已经获得了国家食品药品监督管理局的批准上市文号(药品批准文号：国药准字 S20100002)，1 针免疫程序的应用，简化了接种程序，提高了接种者的依从性和成功率，填补了全球在乙肝疫苗无应答人群领域的空白。

2010 年继续组织实施科技部“国家高技术研究发展计划(863 计划)”课题《甲型 H1N1 流感病毒裂解疫苗在 6～35 月龄健康儿童中的临床试验研究》。2010 年 3 月，各临床试验基地陆续完成疫苗接种、现场采血及安全性观察工作。2010 年 7 月陆续完成数据分析和临床试验报告。

五、甲型 H1N1 流感疫苗上市后安全性和免疫保护效果研究

(一)上市后安全性和流行病学保护效果监测评价工作

中国疾控中心制定下发《甲型 H1N1 流感疫苗上市后安全性和保护效果监测评价工作方案》。2010 年 1 月中国疾控中心对各地寒假期间学校流感样病例监测工作进行了安排和部署。2010 年 3 月 16 日，课题组召开项目中期专家讨论会，针对当时甲型 H1N1 流感流行形势，对课题研究方案进行讨论。2010 年 5 月 19－20 日，课题组召集项目省、市、县疾控中心工作人员召开中期汇报会，各地汇报工作，交流经验。2010 年 10 月，要求各地上报数据库，进行数据汇总分析。2010 年 10 月 25 日，课题组再次召开专家会议。

(二)甲型 H1N1 流感病毒裂解疫苗免疫效果评价工作

2010 年 2 月 26 日，中国疾控中心制定并下发了《甲型 H1N1 流感病毒裂解疫苗免疫效果评价方案》，在江西修水县和湖南泸溪县进行了甲型 H1N1 流感病毒裂解疫苗接种和免疫效果评价工作。

2010 年 3 月 3－8 日开始，两地完成疫苗接种和免前采血工作。随后，按照《方案》的要求，在接种疫苗后不同时间点采集血清。2010 年 5 月，各地将采集的血清送到北京协和洛奇临床检验所进行抗体检测。2010 年 6 月，完成抗体检测预试验。6－9 月，正式开始进行抗体检测。

2010 年 10 月 25 日，课题组召开专家会议，总结分析免疫后抗体检测结果，根据专家意见，根据湖南泸溪县第 4 个月血清抗体检测结果，将江西修水县的接种后 4 个月采血推迟到接种后第 8 个月。2010 年 11 月 4－8 日，采血工作均已完成，进行抗体检测工作。

六、传染病重大专项课题《疫苗临床试验评价技术平台构建的研究》

经财政部审核“艾滋病和病毒性肝炎等重大传染病防治”专项课题“疫苗临床试验评价技术平台构建的研究”课题(课题编号:2009ZX10004 - 806)总经费为 757 万元,其中 2009 年度为 384 万元,2010 年度为 373 万元。根据财政部预算审评报告,编写、上报课题预算书。目前课题经费执行顺利,并严格按照经费预算执行。

“疫苗临床试验评价技术平台构建的研究”课题启动。2010 年 7 月 15 日,中国疾控中心印发“疫苗临床试验评价技术平台构建的研究”课题疫苗上市后评价相关工作方案,包括《上市后疫苗效果评价监测点国家免疫规划主要疫苗免疫成功率监测方案》,《上市后疫苗效果评价监测点国家免疫规划针对传染病监测方案》,《上市后疫苗效果评价监测点疫苗安全性监测工作方案》和《上市后疫苗效果评价监测点预防接种信息管理工作方案》。

七、汶川县基层医务人员及儿童监护人预防接种知识传播策略研究项目

中国疾控中心与汶川县疾控中心合作开展《汶川县适龄儿童接种率调查和基层医务人员及儿童监护人预防接种知识传播策略研究》工作。2010 年 1 月,课题负责人张国民参加汶川县疾控中心召开的项目启动会暨培训会。2010 年 11 月 25 日,又对项目实施情况进行了督导检查。

八、新疫苗研究工作

为培育临床试验现场、确定接种程序、明确临床试验病例定义并为确定三期疫苗临床试验提供基线数据,组织了 EV71 灭活疫苗临床试验前手足口病流行病学调查,分别在江苏省和广西自治区的六个疫苗临床试验备选基地,启动了 EV71 一般人群抗体水平的横断面调查、手足口病例回顾性调查和前瞻性调查工作。

九、国际合作项目

(一)联合国儿童基金会合作项目

联合国儿童基金会(UNICEF)在 2006 - 2010 年合作项目周期内,确定了以支持西部重点省份常规免疫为目标,在广西、西藏、贵州、陕西等 4 个省 16 个县开展了项目。2010 年又将青海省纳入项目省,卫生部/ UNICEF 加强常规免疫合作项目覆盖的地区扩大到 7 个省 24 个县。

(二)中国疫苗可预防疾病监测与控制合作项目(JICA 项目)

卫生部/日本国际协力机构中国疫苗可预防疾病监测与控制合作项目于 2006 年 12

月12日开始实施，为期5年。于2010年6月底完成了《入托入学儿童查验预防接种证教师培训手册》编写工作，并于7月份为项目各试点县印发该手册（试用版）。

（三）全球疫苗免疫联盟（GAVI）项目工作

GAVI项目结余经费将支持免疫规划预防接种信息管理系统建设；配合医改项目支持全国补种乙肝疫苗接种工作；对乙肝疫苗首针及时接种率低的地区提供专项工作经费；开展社会宣传、培训和终期评估工作等。

（四）世界卫生组织麻疹项目

2010年卫生部与世界卫生组织合作的麻疹项目继续在四川省进行，支持四川省加强麻疹监测、提高常规免疫工作和促进学校接种证查验工作。

（五）原发性免疫缺陷病例排出脊灰病毒调查项目

为了解我国原发性免疫缺陷病患者排出脊灰病毒的状况，并对制定我国消灭脊灰后期免疫政策提供依据，在北京、上海、重庆、山东4省（市）启动了我国原发性免疫缺陷病患者排出脊灰病毒调查。

十、大众宣传与风险沟通工作

（一）"4.25"全国预防接种日宣传日

开展了系列宣传活动，包括在搜狐健康网开办"消除麻疹，控制乙肝，你我共参与"专栏；在《健康报》、《生命时报》、《大众医学》等报纸、杂志刊登科普文章10余篇；在中国疾控中心网站刊登文章16篇、免疫规划中心网站24篇，宣传预防接种的意义，消除负面消息影响。

（二）开展麻疹疫苗强化免疫大众宣传与风险沟通系列活动

撰写《全国麻疹疫苗强化免疫宣传活动方案》，与清华大学合作开展了"麻疹疫苗强化免疫风险沟通项目"，开展了现场调研、制定了风险沟通预案、指南及案例库等，为基层工作者开展风险沟通工作发挥了很好的指导作用。

（梁晓峰　王华庆　李黎　罗会明）

公共卫生政策研究

一、公共卫生法制研究

(一)继续组织开展中澳公共卫生法律研究项目

中澳公共卫生法律研究项目于2009年初正式启动。2009年,政策办已完成中澳公共卫生法律比较研究报告初稿及流动人口基本公共卫生服务的示范法律初稿。2010年,政策办进一步完善了比较研究报告和示范法律,并在项目地区进行示范法律倡导。7-8月,政策办在北京市朝阳区召开3次示范法律研讨会讨论修改示范法律。11月,在浙江省召开流动人口基本公共卫生服务研讨会,交流了各地开展流动人口基本公共卫生服务中的经验和困难。最终《流动人口基本公共卫生服务管理的地方法律示范文本》项目设计活动已经全部完成。

(二)继续开展《基层医疗机构传染病防治管理工作规范》研究

2009年,在卫生部和中华预防医学会组织的"医疗机构传染病管理工作内容、规范和考核评价标准"项目中,由杨维中副主任牵头承担了子课题"基层医疗机构传染病防治管理工作规范",成立了工作组和专家组,具体执行处室为政策办。2009年,政策办完成《基层医疗机构传染病防治管理工作规范》初稿,并在宁夏、江西、上海部署了预试验。2010年,政策办回收了预试验结果,对数据进行统计分析,撰写了预实验工作报告,并相应对初稿进行修改完善。6月底,中华预防医学会在京召开"医疗机构传染病管理工作规范和考核评价标准征求意见讨论会",王陇德会长以及与会专家对政策办组织制定的《基层医疗机构传染病防治管理工作规范》给予了充分肯定。该项目已经结束。

二、基层公共卫生能力建设研究

(一)开展乡镇卫生院公共卫生岗位疾控职责绩效考核研究

为促进农村疾控工作,提高基层公共卫生队伍能力和完善激励机制,结合医改、绩效工资制度与当前农村疾控工作发展的需要,政策办开展了"乡镇卫生院公共卫生岗位疾控职责绩效考核"项目研究,梁东明书记为项目负责人。该项目于6月启动,制定了研究方案和日程安排,成立了项目研究组和专家组。7-9月,开展了政策和文献研究,对现有国家及地方政策法规和相关文献进行了梳理和汇总分析,形成了《乡镇卫生院公共卫生岗位疾控职责绩效考核研究政策性文件汇总表》和综述。10月，项目组设计了调查表和访谈提纲，筹备现场调研工作，并在江西和广东开展了预调研。11月，围绕乡镇卫生院管理机制、疾控职责和绩效考核等研究重点，组成现场调研组对江西、甘肃和广东3个项目省进行了现场调研，并根据调研资料形成了调研报告。

（二）继续开展《疾病预防控制信息集成适宜技术开发与应用》项目

2008年底，科技支撑项目《疾病预防控制信息集成适宜技术开发与应用》正式实施，该项目由信息中心马家奇主任牵头负责，政策办原主任徐缓为子项目负责人，主要负责组织研发网络版、单机版及个人数码助理（PDA）疾病预防控制业务辅助支持平台，该平台主要针对基层疾病预防控制人员研发。2010年，政策办与合作单位北京嘉乐世纪有限责任公司共同完善了网络版疾控业务辅助支持平台，并开发完成了单机版及PDA疾病预防控制业务辅助支持平台。

三、国内外公共卫生政策监测与研究

（一）开展国内公共卫生政策信息监测工作

政策办通过网络信息、工作简报、疾控快讯等开展卫生政策资料的收集、整理、分析，对各省的公共卫生政策信息进行监测，并每月在中心报的“各地政讯”专栏上发表，刊登各省公共卫生政策动态。

（二）开展国外公共卫生政策研究

为借鉴国外在公共卫生服务体系建设方面的做法和经验，政策办组织专家研讨，计划开展对国际上有针对性和代表性国家的公共卫生覆盖水平、效率和社会支持条件等政策措施和实施情况进行综述研究。

四、中心内部微观政策研究

（一）策划编辑《中国新闻“两会”特刊》

政策办承担了2010年中国新闻“两会”特刊编写工作，组织病毒病所、疾控应急办、中心办、免疫中心编写了《甲型H1N1流感防控专辑》，组织公卫处和食品安全所编写了《食品安全工作专辑》，并及时发放到两会代表手中。专辑图文并茂，紧扣当前社会热点和议题，真实反映民生、国情，宣传了中心的疾控工作，社会反响热烈，深受代表们欢迎，扩大了中心工作在社会的影响。同时，政策办还将《中国新闻“两会”特刊》下发到中心各单位和全国各省级疾控机构，并制作成PDF文件，在中心网站上公布。

(二)开展中国疾控中心文化建设研究

由政策办、群工处牵头,组织中心机关有关处室开展了中国疾控中心文化建设研究。6月,政策办白雪平和群工处李新焕在中心领导宫新生副书记的带领下,通过听取专题介绍、收集资料、座谈研讨和实地参观考察等方式,对中国石化集团燕山石化公司进行企业文化调研并形成调研报告。在此基础上,政策办进一步完善了《中国疾控中心文化建设研究方案》,并征求了中心办、党办、群工处意见。12月,政策办根据中心领导要求,与中心办、群工处、党办研讨了如何进一步修改完善中心文化建设工作方案以及2011年文化建设具体工作。

(三)参加卫生部《汶川特大地震抗震救灾志·灾区医疗防疫志》集中办公工作

2008年底,卫生部牵头编纂《汶川特大地震抗震救灾志·灾区医疗防疫志》,中国疾控中心作为承编单位之一。根据卫生部要求,2010年1-5月,政策办陈浩继续参加卫生部《汶川特大地震抗震救灾志·灾区医疗防疫志》集中办公,负责其中第四篇《卫生防疫》的撰写,共计完成7章25节,约25万字。

(四)参与中心"医学杰出人才队伍建设研究"

为贯彻落实《国家中长期人才发展规划纲要(2010-2020)》,根据卫生部安排,中国疾控中心承担了"公共卫生和卫生管理杰出骨干人才队伍建设研究"。政策办主要负责其中的公共卫生和卫生管理杰出骨干人才队伍的现状分析。7月,政策办通过会议研讨、文献查阅等形式将报告完成,并交有关部门。

(五)开展中心参与卫生部立法、制标管理工作

2010年5月初,中心政策办对2009年中国疾控中心参与或承担卫生部相关政策法规和公共卫生标准制(修)订任务进行了统计,截至统计日,共收到中心机关处室和各直属单位参与或承担的政策法规制(修)订任务34项,各类公共卫生标准制(修)订任务275项。5月14日,卫生部政策法规司到中国疾控中心开展调研,政策办组织召开了公共卫生政策法规暨公共卫生标准制(修)订工作座谈会,主要围绕中心如何做好卫生部立法和制标工作进行了研究讨论,并就中国疾控中心如何做好卫生部立法和制标工作、在医改中公共卫生工作如何开展、中心指定专门部门加强立法和制标培训及管理等事宜达成共识。

(陈浩)

公共卫生监测与信息服务

一、信息管理与服务

（一）监测信息管理

2010 年完成全国传染病与突发公共卫生事件监测日报（365 期）、周报（52 期）、月报（12 期）的编发工作；协助卫生部拟定全国传染病疫情信息新闻发布稿 12 期。在世博会期间对上海、江苏和浙江地区传染病疫情进行了重点监测，完成监测报告 230 份，其中日监测 196 份，周监测 28 份，月监测 6 份，与江浙沪疾控中心进行视频会商 17 次，现场研讨 2 次。6 月 25 日-9 月 30 日开展了 8 个省洪涝灾害有关传染病疫情监测工作；8 月 7 日-10 月 31 日开展了海南省洪涝灾区疫情监测；11 - 12 月广东省传染病疫情重点监测工作启动。完成了《中国 2009 年度法定传染病发病死亡报告》、《中国法定传染病疫情趋势分析白皮书》、《近 10 年西藏传染病疫情分析报告》、《2010 年 1 - 5 月全国手足口病疫情专题分析报告》等专题报告的编写。

完成全国死因监测年报和 12 期全国死因登记报告信息系统统计月报的编写，形成了 2009 年死因监测数据库。编写完成《2009 年全国疾病预防控制基本信息统计分析报告》，截至 2009 年底，全国疾病预防控制基本信息填报完成率达到 90.37％，疾控中心人员信息的平均报告率达到 99.04％；仪器设备信息的平均报告率达到 95.75％；检验能力的平均报告率为 77.81％；房屋资产的平均报告率达到 97.78％；经费收支平均报告率为 81.46％。

（二）信息系统和网络运维管理与服务

网络直报系统、南纬路大楼局域网、昌平园区网络及全国视频会议系统总体运行正常，共计处理故障 72 起。2010 年，疫情视频会商室召开国内视频会议 39 次、国际会议 8 次。2010 年昌平园区桌面终端服务外包工作完成，9 月 23 日，桌面终端维护人员进场。开发、定制了中心经济合同管理系统、疾控信息化现状在线调查系统、慢病社区处在线调查系统、在线招聘等业务应用。

（三）数据管理、交换与共享

2010 年 4 月，《中国疾病预防控制信息系统基础编码手册（2010 版）》编写完成；对中心 8 家单位提供的 41 项数据资源进行了备份,编写完成了《2009 年度中国疾控中心信息资源目录》;全年共收到数据使用申请 9 份,均已及时提供给申请者;本年内与陕西、辽宁、云南、河南省和新疆维吾尔族自治区疾控中心建立了网络直报数据交换平台。公共卫生科学数据中心网站和数据库运行良好,网站的访问量基本维持在 3900 人次/月。

(四)协同办公平台与中心门户网站工作

经过前期需求调研、设计、开发、测试、部署、培训、试运行等工作后,完成了《中国疾控中心内部门户和协同办公系统暂行管理办法》的起草工作。协同办公平台于 2011 年 1 月正式上线运行。

截至 12 月 14 日,中心网站共更新信息 3998 条,其中中心各单位提供信息 803 篇,抓取制作 3195 篇;针对社会关注热点话题、疾病防治日等不同主题制作网站发布热点专题 34 个;网站后台模板组件调整 88 次。

(五)科技文献服务和出版编辑工作

提供试用数据库 1 个,完成 11 个查新、9 个查引;向疾病负担项目和二级单位开展两次数据库使用培训;出版、发行《中国疾控中心年报》,截至 12 月 14 日,已完成 47 期《疾控信息快讯》和 24 期《WHO 简报》。

完成《生物医学与环境科学(BES)》杂志 6 期正刊及 1 期增刊的出版任务。与 2009 年相比,本年度来稿量增长 53%,平均发稿周期提高了 20%,投稿后百日内发表的文章数增加了一倍。

(六)统计咨询服务与教学工作

完成协和公卫和 MPH 硕士研究生高级卫生统计学、中国疾控中心科研型硕士研究生卫生统计学及现场流行病学调查技术、中国疾控中心博士研究生高级卫生统计学、生物医学信息 5 门课程的教学工作;开展卫生统计学学术活动和专家咨询 12 次。

二、重大信息化规划、建设项目

(一)昌平园区新址信息系统建设项目

新址信息系统总集成项目、园区无线网络建设项目、IT 服务管理系统第二阶段建设项目的招标采购顺利完成,新址信息系统建设项目二期工程网络设备采购与集成采购项目完成招标。2009 年度启动的建设内容中统一数据采集平台集成项目已基本完成开发和部署工作;网络直报信息系统迁移项目于 2011 年 1 月 1 日上线试运行;IT 运维管理信息系统第一阶段项目和服务器、存储设备与系统集成采购项目Ⅰ期已进入全面实施阶段。

组织相关单位和部门编写完成了2011年度中国疾控中心新址信息系统建设项目预算书,并组织专家论证后提交,2011年度获批复的预算为2000万元。

(二)编制"十二五"期间国家公共卫生信息系统建设规划

分别于1月和5月召开了"十二五"期间国家公共卫生信息系统建设规划编制研讨会议,形成了《国家公共卫生疾病预防控制信息系统建设规划(2011-2015年)》,并纳入了卫生部总体规划。

(三)制定园区信息网络管理办法和视频会商系统管理办法

编写完成了《中国疾控中心昌平园区信息网络管理办法(征求意见稿)》。《远程疫情会商视频会议系统使用管理办法(试行)》于5月正式印发。

(四)开展疾病预防控制信息化建设现状调研

4月,组织开展了全国各级疾控机构的信息化建设现状调研,此次调查获得了全国31个省、自治区、直辖市的2830个疾病预防控制机构信息,经分析后形成了《全国疾病预防控制机构信息化建设现状在线调查分析报告》。

三、应急信息技术保障与支持

(一)青海玉树地震灾害应急信息技术保障与支持

4月18日,信息中心马家奇主任作为中国疾控中心工作组第二批队员赴玉树灾区,并于20日提出了快速恢复网络直报工作的三个步骤;4月21日,信息中心葛辉携带调试完毕的18台无线上网本(企业捐赠)抵达玉树灾区,随即开展了对玉树州疾控中心信息报告人员的培训和玉树县疾控中心传染病网络直报系统的调试。截至22日,玉树灾区已由代报方式改为传染病网络报告、突发公共卫生事件报告及症状监测网络报告,同时,信息中心组织技术人员,重新启动了症状监测系统;4月24日,信息中心马家奇主任提出了恢复网络直报的建议;同日,信息中心更新了症状监测系统。

(二)甘肃舟曲县特大山洪泥石流地质灾害信息技术支持

8月10日,信息中心提出了快速恢复网络直报工作方案,同日,协调捐赠企业完成了5台笔记本电脑和26个含半年资费3G无线上网卡的采购和调试工作;8月11日,该批设备随中心派出的救灾防病现场工作队运抵灾区,并移交至当地疾控工作人员手中。

(三)麻疹强化免疫接种不良反应监测信息系统保障

自8月18日起,利用已有的网络系统及服务器资源,对现有信息网络系统及架构进行了调整,搭建了应急状态下的麻疹监测系统,并对该系统进行了初步测试,同时与中国电信进行多次协商,将信息中心已有互联网线路20M带宽扩容至45M,增加两条50M电信互联网链路。

四、科研课题及国际合作项目

(一)淮河流域重点地区恶性肿瘤流行病学调查工作

2010年完成的工作主要包括:常规死因监测质量评估,定期产出淮河流域死因监测质量分析报告;完成了14个项目县全部村落编码维护更新工作,产出14个项目县死因数据集;形成了年报初稿,开发了死因监测数据清洗与分析工具。

(二)疾病负担研究

本年度开展了文献复习、数据收集、方法学研究、整理资料和计算结果等工作。

(三)国家自然科学基金课题"我国重要传染病流行病学数据收集整合与共享"

历经5年研究,信息中心承担的传染病流行病学数据整合及其共享分析技术平台建设取得了重要的创新性研究成果。在课题支持下已发表研究论文8篇,培养硕士研究生7人,出版专著1本,顺利通过基金委组织的专家结题验收,项目获得特优的综合评价。

(四)重大专项课题"自然疫源性传染病病原谱流行规律及变异研究"

完成系统设计、开发、培训、部署和迁移等工作,具体工作内容包括:开展4次用户培训和答疑;完成系统优化及错误修改;开发完成五大症候群信息的综合统计功能;完成禽流感环境监测以及职业暴露人群监测的模块开发任务;完成服务器设备的采购和部署工作。

(五)重大专项课题"艾滋病和病毒性肝炎等重大传染病研究信息化技术平台"

完成重大传染病资源的遴选、传染病分类体系框架、重大传染病信息元数据标准构建,开发完成了传染病舆情监测系统、重大专项课题负责人科研诚信管理系统和项目协同管理平台,重大传染病科技信息集成管理与服务门户首页设计基本完成。

（六）国家科技支撑课题“疾病预防控制信息集成适宜技术开发与应用”

完成信息资源与技术共享平台及各项服务的开发、完善、测试和部署工作，并召开了试点工作部署及培训会议，由各试点省份在本省部署试用，目前平台及各项服务运行良好。在课题支持下已发表研究论文8篇、出版专著2本。

（七）中美新发和再发传染病项目工作

举办卫生应急状态下网站信息发布与新媒体应用研讨会；由项目支持的《国家卫生信息系统框架和标准》一书的翻译和出版工作已签订出版合同；组织完成沙门菌监测系统用户需求调研和招标书编写，并协助完成沙门菌监测系统的招标工作，参与系统设计和测试有关工作，组织完成了验收。该系统已于9月底正式使用。

（八）其他科研项目

承担了重大专项课题“传染病多维信息集成分析与传播风险预测技术研究”第五专题—疟疾时空分布变化及传播风险预测研究任务、2010－2011年度中国—世界卫生组织合作项目、参与中医科学院重大专项“传染病发病的五运六气特征研究”。

（马家奇　苏雪梅　傅罡）

公共卫生管理

一、组织协调职业卫生所等相关单位为职业病防治政策调整提供技术支持

针对张海超、深圳张家界籍民工尘肺病等与职业病诊断鉴定有关的事件，本处组织协调职业卫生所等相关单位为职业病防治政策调整提供技术支持。根据国务院、卫生部要求，公卫处多次组织有关单位的专家对相关问题进行了研究，反复、深入分析了发生职业病群体事件的原因、职业病诊断鉴定难的症结所在、职业病防治机构能力建设方案、国际建立职业病救助(治)基金的现状及我国建立职业病救助(治)基金的可能途径等问题，并为《职业病防治法》修订工作多次提出意见和建议。

形成的主要文件包括《关于征求〈中华人民共和国职业病防治法修改意见(草稿)〉意见的复函》(中疾控报卫发〔2010〕8 号)、《中国疾病预防控制中心关于对〈中华人民共和国职业病防治法修正案(草案送审稿)〉征求意见函的复函》(中疾控报卫发〔2010〕117 号)、《〈职业病防治机构能力建设指导意见(征求意见稿)〉的报告》(中疾控报卫发〔2010〕199 号)、《关于职业病防治监管有关初步测算材料的报告》(中疾控报卫发〔2010〕246 号)、《关于再次深入研究职业病有关问题的复函》(中疾控报卫发〔2010〕435 号)、《关于职业病诊断与鉴定有关问题的复函》(中疾控报卫发〔2010〕435 号)等。

二、协调制定全国职业健康现状调查方案

建国以来，我国共开展过 7 次职业病摸底调查，但最近 20 年未进行过类似调查。根据较公认的意见，我国职业病统计数据存在严重漏报现象。为基本摸清当前我国主要职业病危害的分布、职业病危害接触人群、职业病发病人数，以及主要职业病病种及特点，估算我国职业病发病状况，研究职业病的发病规律，为国家制定职业病防治政策提供科学依据，职业卫生专家提议开展第 8 次职业病情况摸底调查。为此，公卫处组织相关专家编写全国职业健康现状调查方案，经请示卫生部将调查定名为“职业健康状况调查”，协助职业卫生所组织有关专家制定了《职业健康状况调查方案》并对方案内容进行了多次修改。经全国职业病防治部际联席会议讨论，已原则同意该方案，并要求中国疾控中心制定配套管理方案和实施方案。

三、开展国家级职业病防治技术指导和技术考核工作

受卫生部相关司局委托，组织职业卫生所有关专家制定了《职业病防治项目实施方案》、《重金属污染诊疗指南（试行）》，积极开展国家级职业病防治技术指导工作。同时，根据卫生部监督局关于开展职业卫生技术服务机构检测能力考核工作的通知（卫监督职便函〔2010〕115 号）要求，组织开展了 2010 年职业卫生技术服务机构检测能力考核。

四、为地方中毒事件处置工作提供技术支持

2010 年 6 月，新疆塔城发生一起食用野芹菜造成的食物中毒事件。根据新疆疾控中心《关于请求中国疾控中心协助开展食物中毒事件可疑样品检测的函》，公卫处组织协调职业卫生所中毒控制部立即联系相关专家和公安部物证鉴定中心，对新疆疾控中心提供的新鲜活体绿色野生植物进行形态学鉴定，对呕吐物、人血样进行检测，并提供经费支持。

通过中国科学院植物研究所、北京师范大学生命科学院 3 位植物学分类专家对活体植物标本进行的形态学鉴定，一致认为活体有毒植物标本为毛茛科乌头属植物，具体种类上有一定分歧。呕吐物样本和人血样经公安部物证鉴定中心检测，在呕吐物样本中检出乌头碱，在部分中毒患者血样中检出乌头碱。并于 7 月 14 日将检测结果函复新疆疾控中心。

五、为卫生部信息化发展规划做技术支持

根据卫生部监督局要求，为统筹规划全国食品卫生、环境卫生、职业卫生、放射卫生领域的信息资源，提出卫生部信息化发展“十二五”规划，中国疾控中心相关部门分别组织各领域业务专家根据工作现状和设想对信息化建设进行了讨论。在此基础上，公卫处梳理了现有各监测信息系统的监测目的、监测内容、运行现状、存在问题和业务需求，形成《关于相关信息化建设规划的报告》（中疾控报卫发〔2010〕174 号）上报卫生部监督局。

六、举办卫生救援人员化学中毒防护研讨班

为切实提高疾控机构现场处置人员对化学中毒类突发事件的应对能力，公卫处、开发办于 2010 年 7 月 20－21 日在广西大厦举办了卫生救援人员化学中毒防护研讨班。共有学员 27 人参加，分别来自 16 个省级疾控中心、1 个市级疾控中心和 1 个副省级检疫局。这 18 个机构中有 12 个在东部地区，5 个在中部地区，1 个在西部地区。

邀请职业卫生所中毒控制中心副主任张宏顺对我国中毒现状及预防控制进展进行了讲解；开发办汤晓勇博士、王文珺，3M 公司王恩业，杜邦公司金郡潮分别对呼吸系统和躯体的防护设备及使用方法进行了介绍。

为评估研讨班培训效果，对学员进行了问卷调查。共发出问卷 24 份，收回有效问卷 23 份。综合分析结果显示，培训效果职业卫生人员好于应急业务人员；参训人员认为定期举办此类培训非常必要，建议多采用现场演练、案例分析、交流互动等培训形式，增加制定方案、风险评估具体操作步骤等实用性内容。同时建议做好防护用品储备、不同工种防护用品的使用、技术管理理念、传染病的防护等工作。

七、加强国家碘缺乏病参照实验室网络考核和人员培训工作

2010 年 8 月 24 - 25 日，公卫处与国家碘缺乏病参照实验室在天津共同组织举办 2010 年全国碘缺乏病实验室外质控网络考核结果总结会暨实验室技术培训班，参加人员为全国省级碘缺乏病实验室管理和技术人员。同时，受 UNICEF 资助和卫生部疾控局委托，公卫处与国家碘缺乏病参照实验室于 2010 年 9 月间，举办了 4 期碘缺乏病检验技术培训班，对西部 6 省地市级机构和北京市县级机构的实验室检验人员进行了培训。

八、参与《公共卫生人才队伍建设研究报告》和《医学杰出骨干人才队伍建设研究报告》的撰写工作

2010 年 6 月，根据卫生部统一安排，中国疾控中心启动国家中长期人才发展战略规划——公共卫生杰出骨干人才规划和专业公共卫生人才规划制定工作。按照中心领导的工作安排，公卫处除参加公共卫生杰出骨干人才规划制定工作外，还须组织各相关单位进行专业公共卫生人才规划的组织和撰写工作。

6 月 30 日公卫处成立由倪方、刘东山、王淼为组织协调，各所相关专家为研究撰写成员的规划筹备组，依照规划要求提出了专业公共卫生人才规划框架，要求各所从学科性质出发完成相应内容的编撰。同时，建立周例会制度，随时了解各所进展和规划制定过程中的困难，及时提出修改意见和处理办法，经过 5 周紧张工作，于 7 月 28 日完成专业公共卫生人才规划正式稿并及时上报卫生部监督局。

为使规划内容简明扼要、重点突出，公卫处王淼、刘东山又对各专业规划核心内容进行梳理，形成专业公共卫生人才规划要点，对卫生部课题组的最后汇总提供依据。因为工作完成出色，得到卫生部监督局领导和课题专家组一致好评。

九、组织召开全国政协科教文卫体委员会《〈职业病防治法〉修正案(草案)》征求意见会

中国疾控中心承担了全国政协科教文卫体委员会征求《〈职业病防治法〉修正案(草案)》意见的任务，公卫处负责组织召开了全国政协科教文卫体委员会《〈职业病防治法〉修正案(草案)》征求意见会，部分医疗卫生行业的全国政协委员、省级职业病防治专家参加了会议。经充分讨论，形成了对修正案(草案)的意见。

十、组织制定食品安全、环境卫生和放射卫生等三专业省、市、县疾病预防控制机构工作规范

为进一步明确疾控中心公共卫生工作职责，规范各级疾控中心公共卫生工作的内容、方法、步骤等，从而促进公共卫生工作的发展，公卫处牵头制订了食品安全、环境卫生和放射卫生专业疾病预防控制机构工作规范。

2010 年 5 月，公卫处在北京组织启动公共卫生工作规范制订工作，成立 3 个编写工作协作组，浙江省疾控中心、上海市疾控中心和江苏省疾控中心分别负责食品安全、环境卫生、放射卫生规范的起草工作。之后，撰写完成了规范第 1 稿。并于 2010 年 7 月通过电子邮件方式向部分省级疾控中心征求了意见，并修改完善形成第 2 稿。随后，分别在 2010 年 9 月湖北省武汉部分省级疾控中心卫生工作分管主任会议（Ⅰ期）、10 月 19－22 日江苏省昆山公共卫生工作规范修改讨论会，和 10 月 26－29 日宁夏银川市部分省级疾控中心卫生工作分管主任会议（Ⅱ期），对文稿进行了深入讨论和修改，修改完善形成第 5 稿。待进一步征求意见和修改完善后，规范将以正式文件下发各级疾病预防控制机构。

十一、全程参与职业病监管职能调整研讨和决策工作

针对当前我国职业卫生管理存在的突出问题，2010 年中央编办对职业病防治监管职能进行调整，全国职业卫生由安监、卫生、人社等部委分段管理，卫生部门职能以职业健康检查、职业病诊断、康复和治疗工作为主，保留了卫生部门对医疗机构放射性危害控制监管、放射防护器材和含放射性产品检测和个人剂量监测技术服务机构资质认定与管理的职责。

针对职业病监管体制的调整和职业病防治法修订问题，本处协调职业卫生所、辐射安全所相关专家就此问题进行过多次研讨、调研，参与职能调整的调研、讨论和决策过程。在调整过程中，为认清问题关键、统一思想、消除顾虑，做好基层专家工作，多次邀请职业卫生、职业健康监护和职业病诊断等方面的专家座谈、研讨，与省市卫生厅（局）、疾控中心、职业病防治院、卫生监督等专业机构讨论、交流，获得了业务层面的理解与支持；另一方面向有关部门汇报，做好解释、沟通、协调工作，组织和动员各方专家提出多种可行的调整方案与组织措施，从专业技术的角度客观分析当前职业病群体事件的深层原因，揭示职业病诊断鉴定难的症结所在，得到管理部门的关注与认可。

十二、继续处理“多美滋”奶粉致婴幼儿肾结石研究调查工作

公卫处与营养食品所委托北京大学第一医院、北京微量化学研究所对三聚氰胺事件中婴幼儿尿道结石进行化学成分和形态学分析。同时与中心现场流行病学培训项目部（CFETP）共同开展流行病学调查，通过收集我国主要品牌奶粉销售量等相关信息、结合

患儿泌尿系结石样品的检测分析以及结石患儿尿液样品的检测分析等结果,开展了我国婴幼儿泌尿系结石成因的探索性研究工作。

十三、组织做好青海玉树抗震救灾各项工作

2010年4月14日,青海玉树发生7.1级地震,中国疾控中心迅速启动应急响应机制,公卫处全程参加卫生部前、后方的救灾防病工作。在青海玉树抗震救灾中,根据灾区的防病需要,公卫处迅速组织各卫生所投入卫生救援应急工作,并选派技术骨干,参加玉树地震救灾防病卫生应急工作队;同时负责中心专家组的组织领导及工作协调。

十四、组织协调小龙虾事件的处置与信息汇总上报工作

2010年7月下旬至8月底,我国南京地区相继出现了23例因食用小龙虾(学名克氏原螯虾,北方俗称蝲蛄)而引发横纹肌溶解症的病例。

针对小龙虾致肌溶解综合征事件,公卫处协调营食所有关专家赴南京指导当地开展现场调查和样品采集工作,并协助开展实验室检验工作。2010年8月29日,组织并邀请江苏省卫生厅、江苏省疾控中心、南京市疾控中心、江苏省人民医院、南京市鼓楼医院、北京市朝阳医院等单位专家对本事件进行专题研究,提出疾病监测和病因学分析的方案。组织中心相关业务所、北京市疾控中心和江苏省疾控中心,对采自南京市场的小龙虾及患者的血液、尿液样品进行大环内酯类、磺胺类、苯胺类、聚醚类各类抗菌药,β-受体激动剂,有机磷农药,重金属等已知900多种有关化学物质的筛选与检测。经过对事件详细调查与研讨,根据食物种类、临床症状、实验室检测结果、病例分布,以及食用量与发病的关系等因素判断,医学专家认为本次南京地区发现的横纹肌溶解综合征与国际上时有报道的Haff病基本一致。

同时及时向卫生部汇报工作进展、落实领导批示。上报《关于近期南京地区发现多例横纹肌溶解症的初步意见》、《赴南京调查小龙虾后横纹肌溶解工作组报告》、《关于疑似食用龙虾致横纹肌溶解症的流行病学调查报告》、《疑致横纹肌溶解症的小龙虾检验结果报告》、《南京市疑似食用小龙虾引起横纹肌溶解综合征的病例分析报告》等9份有关文件。

十五、参与西藏公共卫生发展规划制定等工作

围绕全面提升西藏自治区居民主要公共卫生发展水平,9月份派员随王宇主任赴西藏进行公共卫生工作调研,随后中国疾控中心与西藏疾控中心共同启动了西藏自治区公共卫生发展规划(2011-2020年)研究工作。作为主要成员单位,公卫处组织各业务所专家,系统分析与研究西藏自治区公共卫生问题、工作重点、实施策略等,撰写完成西藏公共卫生发展规划中与五大卫生相关的工作计划。

(刘东山)

慢性病防治与社区卫生

一、组织制定《全国慢性病预防控制工作规范》

为落实医改文件有关要求，推进慢性病预防控制事业，规范慢性病防控工作流程和考核标准，提高防控效果，受卫生部疾控局委托，中国疾控中心慢病社区处组织相关机构和专家制定了《全国慢性病预防控制工作规范》（以下简称《规范》）。《规范》重点围绕心脑血管疾病、恶性肿瘤、慢性呼吸系统疾病和糖尿病等 4 类重大慢性疾病，从机构、职责、人员、工作计划和实施方案、监测与调查、干预管理、信息管理、能力建设、综合评估等部分对卫生行政部门、疾控机构、基层卫生机构、医院和专业防治机构的职责和任务进行了规定。规范编制历时一年半，经过多轮征求意见和论证修改，已完成并报送卫生部。

二、协助卫生部组织起草《中国重大慢性病预防与控制规划(2011－2015)》

为推进我国慢性病防治工作，明确下一个五年我国慢性病防治工作方向、目标和任务，中国疾控中心慢病社区处协助卫生部疾控局组织起草了《中国重大慢性病预防与控制规划(2011－2015 年)》。规划计划由卫生部、发改委、财政部、人力资源和社会保障部联合印发，主要针对心脑血管疾病、恶性肿瘤、慢性呼吸系统疾病和糖尿病四类重大慢性病及超重和肥胖、高血压、烟草使用、过量饮酒、膳食不合理和身体活动不足等慢性病危险因素开展重点工作。

三、推进重点慢性病监测与信息管理系统建设规划

为落实医改文件中关于“完善重大疾病防控体系和突发公共卫生事件应急机制，加强对严重威胁人民健康的传染病、慢性病、地方病、职业病和出生缺陷等疾病的监测与预防控制”的要求，按照国家公共卫生和疾病预防控制信息系统建设规划(2011－2015 年)中“在现有的信息平台上新建慢性病监测和信息管理子系统”的部署，慢病社区处根据信息技术发展和慢性病信息化发展现状，计划采用信息技术手段，通过医院信息系统(HIS)采集脑卒中、急性心梗和恶性肿瘤患者发病信息；通过基本统计信息报告的方式，采集基层医疗卫生机构高血压和糖尿病病例管理信息。依据以上思路慢病社区处组织专家编写完成了《重点慢性病信息管理和监测系统建设方案》，将于 2011 年与信息中心共同组织

实施。

四、继续推进淮河流域癌症综合防治项目

按照《工作方案》的要求,项目进展已经基本实现近期目标。淮河流域癌症综合防治项目管理办公室(简称“项目办”)专门组织撰写了《淮河流域癌症综合防治工作中期总结报告》,系统报告了淮河流域癌症综合防治工作的阶段性进展和工作成效。12 月,卫生部疾控局和中国疾控中心召开淮河流域癌症综合防治工作中期总结会议暨 2010 年工作年会,分环境、健康和管理三个专题进行工作汇报,并将 2007－2010 年淮河工作成果制作成展板进行交流展示。

2010 年各专题工作继续开展，死因监测、出生及出生缺陷监测、农村居民饮用水水质卫生监测、局部区域环境医学调查以及特征污染物检测工作有序推进等。同时，项目办积极组织开展环境与健康综合监测平台的建设工作，利用遥感、地理信息系统、全球定位系统“3S”技术，搭建了基于 B/S 架构的淮河流域环境与健康综合监测系统平台。

为加强项目工作的规范化管理,中国疾控中心制定完成《淮河流域癌症综合防治工作项目管理办法(试行)》(中疾控社发〔2010〕48 号)。8 月,中心举办了淮河流域癌症综合防治工作项目管理培训班。

五、开展 2010 年全国慢性病防控能力调查

慢病社区处在 2009 年 2－5 月开展了全国疾控系统慢性病防控能力调查。在此调查的基础上,经过多轮专家论证,于 2010 年 3 月完成了《2008 年全国疾控系统慢性病预防控制能力调查报告》,由人民卫生出版社出版发行。该调查报告是针对我国疾控系统慢性病能力评估的首次调查报告,不仅摸清了全国疾控体系慢性病机构、经费、工作网络、人力资源、开展的工作和需求情况,同时为加强疾控系统慢性病防控能力建设和国家制定慢性病及控制策略提供依据,对为各地慢性病防控政策的倡导和政策研究提供了基础资料,在疾控体系慢性病能力评估方面起到重要作用。

在充分回顾国内外能力评估文献的基础上,结合我国慢性病防控体系的特点和 2009 年的调查经验,慢病社区处制订了 2010 年全国慢性病预防控制能力调查工作方案。2010 年调查结合新医改对慢性病预防控制的要求,重点调查全国所有的疾病预防控制中心和全国各省部分基层医疗卫生机构的慢性病防控能力,特别是省、地市、区县三级的政策能力、基础配置以及核心职责的履行能力。截至 12 月底,全国 3178 个疾控中心和 1200 家基层医疗卫生服务机构(包括社区卫生服务中心和乡镇卫生院)已经完成网络填报工作。此次调查还为将来以机构为基础的在线调查提供经验。

六、组织召开全国疾控系统慢病预防控制工作会议

2010 年 8 月 3 - 6 日，慢病社区处组织召开了 2010 年全国疾控系统慢病预防控制工作会议。本次会议提出 2010 年度慢病防控工作重点是加强慢性病监测数据的分析利用，评价干预效果；加强政策倡导，开展多部门协作，创建支持性环境，促进以人群为基础的危险因素预防和行为改变。会议强调目前是医改的关键期，慢病形势日益严峻，疾控系统要围绕医改，思考如何在慢性病防控工作中履行好职责，发挥出部门优势，探索有意义的防控实践，在防控慢病的具体任务中做大、做强。而省级机构要科学地利用监测数据，在做好人群慢性病防控的基础上，加强应用科学研究，提升政策倡导、多部门合作、与媒体沟通和传播等慢病防控能力。

七、加强全民健康生活方式行动工作

为交流各地全民健康生活方式行动工作经验，慢病社区处 7 月份协助卫生部在成都召开了 2010 年度中央补助地方慢性病专项工作会暨全民健康生活方式行动现场会工作交流会。全民健康生活方式行动国家行动办收集并下发各地全民健康生活方式行动工作汇编，组织各省特色工作展示，并根据全民健康生活方式行动工作开展的覆盖面、特色和效果开展评比，在 31 个省(市、自治区)中评出金奖 1 名，银奖 3 名，铜奖 5 名及最喜爱的支持工具 3 个。

为使全民健康生活方式的知识和理念深入工作场所，充分发挥国家机关部门和单位在工作场所健康促进中的带头作用，在卫生部疾控局领导、国务院机关事务管理局等相关单位的支持配合下，于 2010 年初开始设计制作，并于 2010 年 4 - 5 月份完成了对在京近 80 家国务院直属机关单位“健康加油站”的安装。7 - 8 月对 30 家安装单位的使用情况和满意度组织调查。结果显示，调查单位对“健康加油站”持欢迎态度，认为“健康加油站”美观大方，方便实用，血压体重监测和针对性宣传内容对促进职工培养健康生活方式起到了积极作用。有 86.2%的职工认为健康加油站对职工的健康很有帮助，77.5%认为应该继续大力推广。每个“健康加油站”的使用率达 342 人次/月，安装在办公大厅的使用率更高。

八、开展《西藏自治区公共卫生发展规划(2011 - 2020 年)》研究

为促进西藏自治区公共卫生事业发展，2010 年上半年慢病社区处组织有关人员根据文献回顾整理出《西藏自治区公共卫生问题研究分析报告—来自局部地区的调查研究数据》、西藏自治区已发表文献核心信息一览表、近年来西藏参与开展有关调查监测工作的数据库及 2000 - 2009 年西藏自治区法定传染病及突发公共卫生事件概况分析报告，撰写了相应的研究报告。在此基础上，慢病社区处协助中心办开展西藏公共卫生发展规划制

订所涉及的有关协调、沟通、组织撰写、审定和修改工作,确定了西藏公共卫生下个十年重点实施四个工程即:公共卫生机构基本建设工程、西藏自治区公共卫生人才队伍建设工程、公共卫生信息网络建设工程、妇幼保健与营养改善工程;两个行动(免疫规划行动、健康教育与健康促进行动);三个专项(鼠疫、结核、艾滋病等传染病重大专项、高血压等慢性病重大专项、地方性疾病重大专项),为保证西藏自治区在近期内改善妇幼卫生状况、提高居民期望寿命,加强人、财、物建设提供了详实、科学的依据。

(翟屹　朱晓磊　何柳　司向　石文惠　李园　施小明)

流行病学应用与实践

一、开展流行病学应用型研究

（一）开展突发公共卫生事件早期发现能力评估

突发公共卫生事件的早期发现、及时报告是有效控制突发公共卫生事件的关键，也是减少公共卫生事件危害的重要手段。受卫生部应急办委托，中心流行病学办公室于2007－2009年开展了传染病突发公共卫生事件早期发现能力评估，组织召开系列专家研讨会，并在河南、湖北、云南、山东、青海、黑龙江、安徽、浙江进行现场调查，收集资料。在此基础上，于2010年组织专家赴深圳市和泉州市考核评估项目开展，对深圳项目的执行过程和结果进行督导，讨论项目结果的推广利用。项目资料收集工作和评估总报告基本完成。

（二）开展水中污染物质与肿瘤的Meta分析研究

中心流行病学办公室联合淮河环境调查工作组和实验室组，与北京大学医学部、武汉大学公共卫生学院、中南大学湘雅医学院、中医药大学循证医学中心合作，开展肿瘤相关水污染危险物质与高发肿瘤的Meta分析工作。初步完成藻类毒素、饮水消毒副产物、重金属、持续性有机污染物和遗传毒性物质等五大类、几十种污染物与人群肿瘤的文献检索和系统综述，以及重点污染物质和上消化道肿瘤关系的Meta分析研究。

（三）开展农业伤害研究合作

中心流行病学办公室承担美国国立卫生研究院福格蒂国际中心资助的中美农业伤害项目，梳理中国现有农业伤害的数据资源，并对数据资源的整体概况进行描述和分析。目前，数据资源的搜集和分析工作已经完成。

（四）继续开展结核病流行病学应用研究

继续承担全球基金“我国结核病控制中激励策略的综合评价研究”和科技部公益项目“中国结核病防治效果监测及影响因素研究”课题，进行课题总结和成果分享。完成《结核病防治与新型农村合作医疗政策相结合的模式评价与推广》的政策评价。

（五）开展气候变化和人群健康研究

开展全球气候变化的重点和应对策略的研究和探索，举办中国疾控中心第一届气候变化与健康论坛。联合环境所、慢病中心、信息中心、传染病所申报国家重点基础研究发展计划项目“气候变化对人群健康影响和适应机制研究”，完成其中立项依据和“极端天气气候事件对人群健康影响的评估技术”课题设计。

二、开展流行病学学科建设和教育

（一）承担中心研究生流行病学教学、招生工作

中心流行病学办公室承担了中心流行病学课程教学管理和授课工作，完成《中国疾控中心硕士研究生流行病学教学大纲》的起草，并组织相关专家就硕士研究生流行病学教学的要求定位、授课重点、培养方向、讲授方式方法和考试形式等进行详细完整的讨论和探索，修订研究生流行病学课程计划。组织完成 2010 年硕士、博士研究生流行病学入学考试出题、阅卷和 2011 年硕士研究生入学流行病学考试命题等相关事宜。

（二）举办全国流行病学应用与实践系列培训班

为促进全国疾控系统流行病学的发展，提高各级疾控中心工作人员的流行病学业务能力，2010 年 9 月 7－10 日，中心流行病学办公室在浙江省宁波市举办了第四期流行病学应用与实践系列培训——数据分析与利用培训班，来自全国省级疾控中心的 23 名流行病学工作者参加了此次培训。

（三）开展“全国疾控系统流行病学规范化培训基地”调查研究

作为中心流行病学技术指导部门，中心流行病学办公室负责起草了全国疾控系统流行病学规范化培训大纲，包括流行病学规范化培训的目标、内容、方式方法及考核等，并在甘肃、河南、浙江、北京等地开展现场调研，与教育培训处共同撰写完成“流行病学技能规范化培训基地”的申报条件和审核标准等。

（四）完成环境健康风险评估能力培训

中国疾控中心流行病学办公室承担了西班牙基金—世界卫生组织 Environmental Health Management Risk Assessment Training Packages Development 项目，完成《环境健康风险评估培训教材》的开发和编写，并对于甘肃、重庆、江苏、广东、云南五省市环境与健康领域疾控工作人员进行培训。

三、开展流行病学学术交流和传播

（一）编印流行病学通讯，建立理论与实践沟通的桥梁

结合现场调查研究工作实际情况，根据国际最新进展和国家重大需求，中心流行病学办公室编印两期《癌症专刊—肝癌》流行病学通讯，帮助全国癌症防治专业人员提供技术参考。

（二）举办中心“流行病学社区”学术交流活动

为促进中国疾控中心流行病学能力的发展，流行病学办公室在2010年继续开展“流行病学社区”活动，分别邀请澳大利亚 Jeffery Spickett 博士、Cordia Chu 教授和 Scott Baum 博士作“环境健康影响评价方法框架介绍——以澳大利亚为例”和“Climate Change and Health：Researching Vulnerability”的学术交流。

（三）积极开展流行病学国际学术交流活动

多次接待欧、美、澳洲和台湾学者、教授和研究生来访，参与各类国际交流活动。中心流病办阚坚力主任参加美国国际发展署（USAID）和北京大学全球卫生研究中心（IGH）共同组织的专家代表团赴非洲加纳、利比里亚两国家进行对非卫生援助和支持技术可行性研究考察和评估。么鸿雁副主任作为访问学者，在美国俄亥俄州立大学进行为期半年的学术交流，并被聘为客座教授。

四、开展流行病学方法应用和技术支持

作为中国疾控中心流行病学工作领域的组织、协调、实施和指导部门，流行病学办公室多次为公共卫生各个专业领域的研究提供技术支持和培训师资。承担卫生部考试中心流行病学的命题工作。

（李旭东）

12320 全国公共卫生公益电话建设与管理

一、以卫生部名义,首次对全国 31 个省市自治区开展了 12320 建设专题调查

调查全面了解了开通地区的建设模式和服务能力以及未开通地区的现状和存在的问题,为下一步制定全国 12320 中长期发展规划提供重要依据。

二、首次开展覆盖全国的麻疹强化免疫舆情监测工作

在 2010 年麻疹疫苗强化免疫活动期间,首次开展了覆盖全国所有省份的通过 12320(或其他公布热线)的舆情监测工作,开拓了 12320 服务的新领域。

监测累计汇总和分类分析了全国 31 个省市自治区人工咨询 148 566 件次,投诉举报 54 件次,在卫生部成功应对麻疹强化免疫的风险沟通工作中发挥了重要作用。

在全国麻疹疫苗强化免疫活动首日,卫生部陈竺部长、尹力副部长还到北京 12320 中心视察,慰问一线 12320 座席员。陈竺部长还现场接听并解答了公众的相关来电咨询。9 月13 日,陈竺部长在卫生部召开的麻疹疫苗强化免疫活动全国电视电话会议上,特别提出要求各地充分利用 12320 或其他 24 小时热线服务电话回答群众关心的问题。

三、首次开展电话调查工作,开拓了全新的 12320 热线主动服务的新形式

2010 年在由清华大学承担的国家应对甲型 H1N1 流感防控策略的评估项目研究中,首次组织北京、福建、郑州三地 12320 承担了其中甲型 H1N1 流感患者/密切接触者对国家甲型 H1N1 流感防控策略认知情况的电话调查工作,调查超过 5000 人次。目前部分地区 12320 受当地卫生行政部门委托,在当地医改政策调研等领域已经能够开展随机号码的电话调查工作。

四、积极拓展热线服务的新功能,示范推出 12320－5 的心理援助热线服务

2010 年,探索 12320 与精神卫生专业机构合作开展心理援助服务取得成功。目前,全国已有 9 个省份 12320 陆续开通了心理援助热线,向群众提供便利的心理健康教育、心理咨询和心理危机干预服务。

五、首次推出北京 12320 中心作为全国 12320 试点建设典型,通过典型示范作用全面规范各地 12320 系统建设

2010 年以北京 12320 中心为基地,以进修方式培训各地 12320 管理人员和骨干座席员超过 120 人次,满足了各地 12320 发展建设需求,并进一步规范了各地 12320 系统建设。

六、在系统总结 12320 信息资源库建设经验的基础上,首次建立了 12320 信息资源库系统建设机制

2010 年,在提出将 12320 信息资源库分为基础信息资源库和专题信息咨询指南的基础上,首次建立了包括基础信息资源库定期更新机制和需求跟踪机制、重大事件专题信息咨询指南开发机制和信息上传推送机制在内的一整套 12320 信息资源库系统建设机制,保证了 12320 信息资源库系统建设的科学性和时效性。通过上传 12320.gov.cn 官网,更好地满足各地 12320 开展公众咨询的需求并方便公众网上自行查询。

2010 年,根据重大卫生活动和公众关心的热点问题,陆续开发了《高原气候特点及反应》、《热线中常见的心理困惑》、《麻疹强化免疫咨询指南》等内容,并对 2009 年编辑的 6 个甲型 H1N1 流感相关咨询指南进行了汇总和修订,形成了完整的甲型 H1N1 流感信息内容并收入《季节性流感信息资源库》。

七、开展应用性研究,开发出全新 12320 短信服务平台

2010 年,在甲型 H1N1 流感暴发期间,在上海完成了涉及 2000 人的基于 12320 短信评估研究,结果显示基于 12320 的短信显著地改变了公众甲型 H1N1 流感的认知和态度。该研究成果经查新,为国际上首次对短信风险沟通作用的有效性评估。

在此应用性研究的基础上,7 月提请卫生部向工业和信息化产业部提出了 12320 短信息服务接入代码的申请,申请获得批准并取得了《中华人民共和国短消息类服务接入代码使用证书》。目前,正加紧研发《全国 12320 短信管理系统软件》,尽快配发各地使用。今后,各地卫生行政部门无论是否启动 12320 热线系统建设,只要在当地电信管理部门备案后,即可启动收发 12320 短信息平台,卫生行政部门将增加一种便捷、即时和高效的健康教育和风险沟通手段。

(蒋燕)

控烟工作

一、全球成人烟草流行调查(GATS项目)

全球成人烟草调查(GATS)是由世界卫生组织、美国疾控中心、RTI国际研究院和美国疾控中心基金会等多家合作伙伴组织的一项全球统一标准、针对各国烟草流行的典型调查。2010全球成人烟草调查-中国部分(GATS CHINA)是一项具有全国代表性的调查,调查对象是全部非集体居住的15岁及以上的男性和女性。这项调查的主要目标是估计全国城市/农村、男性/女性的烟草使用、二手烟暴露和尝试戒烟的频率。此次调查结果将与中国既往烟草流行调查进行纵向比较,同时也将用于与其他各国之间的横向比较。调查采取全球统一的方案及问卷,在全国100个县(自治区)内开展。该调查结果为我国政府了解我国烟草流行现状、客观评价既往控烟工作的效果、制定有效的烟草控制措施提供了重要依据。

二、无烟环境促进项目-基线调查

为向天津、哈尔滨、重庆、兰州、深圳、沈阳和南昌七城市制定干预策略提供依据,也为今后评估干预效果奠定基础,中国疾控中心控烟办开展了七城市控烟现状基线调查。基线调查共对169家医院、86家疾控中心、191所学校、188家政府机构及34个公共交通场所进行了无烟环境观察,在这些机构内拦截调查工作人员及来访者共12 881人。在此期间,监测组委托电话调查公司开展了项目城市人群电话调查,完成有效问卷4231份。为充分利用基线数据,促进城市立法,2010年10月,监测组撰写了基线调查内容概要,于10月17日在哈尔滨发布并指导各城市利用调查结果。

三、国际烟草控制政策评估项目(ITC项目)

2009年,ITC项目完成了第三轮现场调查,2010年,控烟办对录入后的数据进行了质控、清理和权重计算。2009年5月我国卷烟消费税进行了调整,为了解税率调整对卷烟价格及消费量的影响,在ITC人群中进行了一次电话随访,并分别与2010年2月及6月在项目城市中进行了卷烟零售价格调查。2010年10月,出版了《烟草控制ITC中国项目增刊》并在国内外进行了广泛传播。

四、中央补助地方烟草控制项目

2010年协助卫生部开展2009年中央补助地方烟草控制项目。协助卫生部对全国31个省市和新疆生产建设兵团完成项目工作方案的培训，并在实施过程中给与指导，开展现场督导工作。

（杨焱　肖琳　冯国泽）

人力资源管理

一、中心人员基本状况

截至2010年12月底,中国疾控中心共有正式职工2086人,其中专业技术人员1716人,管理人员189人,工勤人员181人。专业技术人员中取得正高级资格占16%,副高级资格占23%,中级资格占38%,初级资格占23%。全体职工中大学及以上学历占69%,其中研究生以上学历占45%。

二、加强和完善干部队伍建设工作

(一)干部选拔聘任总体情况

2010年,中心对处级干部全部采用公开选拔、民主推荐、内部竞争上岗的选拔形式。共聘任3名所级班子成员和3名机关处级干部,其中公开选拔4名,民主推荐1名,内部竞争上岗1名。另有8名试用期满干部经过考察正式聘任。

(二)拓宽干部选拔渠道,适应专业管理要求

根据不同专业管理岗位的工作需要,中国疾控中心在全国和北京市范围内公开选拔处级干部6人、竞争上岗选拔处级干部1人。中心在网站和《健康报》等媒体发布了招聘信息,全国各地有45人报名,25人通过初审进入笔试,21人进入面试,6人被列入考察人选,最终聘任5人,1人列入后备干部。在这次选拔中,中心还从北京市范围内选拔出1名处级干部。

(三)为引进人才提供事业平台,为优秀人才开辟"绿色通道"

为了吸引更多的优秀人才来中国疾控中心工作,中心专门以整体团队的形式引进9名专业技术人才,并组织了民主推荐。一名优秀的专业骨干经过推荐选拔,走上处级干部岗位。

(四)加强考察,坚持集体谈话制度

截至2010年底,在对拟聘干部和试用期干部的考核考察工作中,共听取300多名干

部职工的意见,并将每位同志的谈话考察记录立卷归档。中心党委书记梁东明与6名新聘干部和5名试用期满干部进行了集体谈话。

(五)认真落实四项监督制度,试行"一报告两评议"

2010年《四项监督制度》(中办发〔2010〕9号)颁布后,起草了《贯彻落实干部选拔任用工作"一报告两评议"的意见》(讨论稿),在中心党委全委会上进行讨论。组织直属各单位结合年度党政领导干部考核工作,开展"一报告两评议"。对中心管理的处级干部选拔任用工作进行总结,撰写《中国疾控中心2010年度干部选拔任用工作情况报告》。

(六)协助卫生部人事司开展中心直属单位主要党政领导纳入部党组管理工作

协助卫生部人事司完成了寄生虫病所所长民主推荐、环境所主要党政领导干部纳入卫生部党组管理、营养食品所主要党政领导民主推荐和考察等相关工作。

(七)协助卫生部人事司开展中心副主任公开选拔工作

进一步扩展中心招聘信息发布渠道,利用健康报、科技日报、卫生部网站、中国卫生人才网、北京市公招网及北京市卫生人才网等知名报纸和网络媒体,发布在全国范围内公开选拔中心副主任的招聘启事。

三、人才推荐和选拔工作

(一)评选推荐

2010年,完成卫生部有突出贡献中青年专家(8人)、国务院政府特殊津贴人选(8人)、中华预防医学会"公共卫生与预防医学发展贡献奖"候选人(9人)、"中国女医师协会五洲女子科技奖"候选人(3人)、全国抗震救灾英雄集体(2个)和抗震救灾模范(2人)、全国医药卫生系统先进集体和先进个人、全国防汛抗旱先进集体和先进个人等推荐工作。

(二)开展人才上下互派和交流

2010年,接收省级疾控中心进修人员33名,"西部之光"访问学者2名,安排业务骨干援疆1名,四川阿坝挂职干部1名。

(三)职称申报工作

2010年共计215人申报专业技术资格(申请破格6人),其中申报正高44人,副高101人,中级70人。通过评审185人,总通过率为86%,正高、副高、中级的通过率分别为

70％、88％、93％。

四、人才引进和相关管理工作

(一)继续采取公开招聘形式接收录用人才

1. 京外引进高层次人才。为性艾中心、营养食品所、改水中心、免疫中心办理了京外4位专业骨干调京和落户手续。

2. 接收录用毕业生。2010年共接收毕业生80人(京外61人),其中博士生25人,硕士生42人,本科生13人。

3. 开展新职工岗前培训,共计98人参加。

(二)加强沟通协调,确保研究生派遣

制订2010年中心培养研究生的派遣工作计划。为115名毕业生办理就业派遣手续,截至12月底,就业率达到100％。

(三)做好服务工作,解决职工两地分居问题

2010年,共上报17人办理解决夫妻分居问题材料,帮助青年职工解决后顾之忧,起到了稳定专业技术人员队伍的作用。

五、岗位调整与岗位聘任工作

(一)专业技术人员岗位调整与聘任工作

2010年初,按照2007年首次聘任时卫生部下达的岗位指标,对调出或退休后腾退的部分空余专业技术岗位进行了岗位微调。近三分之一的专业技术人员调整了岗位等级,聘任后中心专业技术人员高、中、初级岗位的比例分别为34％、40％、26％。

(二)部分专业人员转管理岗位的聘任工作

在充分调研基础上,对部分专业人员进行转管理岗位的聘任工作。完成中心机关10名财务人员、10名幼教人员转岗聘任工作,并执行新聘岗位的工资标准。

六、加强部门能力建设工作

(一)绩效工资方案设计和准备

积极做好中心实施绩效工资的相关准备工作。会同规财处开展调研和政策咨询,对职工现有收入水平进行了统计分析,测算了绩效工资标准。2010年3月,向卫生部上报

了中心绩效工资实施方案和关于建立岗位特殊补贴的申请。

(二)受卫生部和中心委托,承担两项课题研究工作

一项是卫生部科教司委托的"医学(公共卫生和卫生管理)杰出骨干人才队伍建设研究",另一项是"中国疾控中心机构与编制调整"课题,已完成基础数据收集和报告的撰写。

(三)组织完成国家行政学院举办的全国事业单位人事制度改革专题研讨班在中心进行的现场实践教学活动

由人社部事业单位管理司魏卓司长带队、来自全国各省(区、市)、新疆生产建设兵团、部分计划单列市的30多位人社厅、局长参加了此次调研活动,卫生部人事司张闽元副司长陪同调研,中心领导班子成员、相关直属单位及处室负责人参加了研讨会。中心王宇主任作了题为"积极推行人事制度改革,促进疾控事业健康发展"的汇报。

(四)建立网上信息招聘系统

积极探索新方法,与信息中心合作,设计制作了网上招聘系统,2011年毕业生招聘工作实现了网投简历、筛选、通知、网上公示、统计等功能,使得招聘工作更加规范化,减少了不必要的人力和时间成本的消耗。

七、规范外聘人员管理工作

加强了对外聘人员的规范化管理工作,做好外聘人员入职、离职的备案和聘用合同的签订、管理等基础性工作,参与全球基金项目外聘人员的招聘、考核等工作。2010年,中心外聘人员118人,其中退休返聘2人。新签订合同32份,续签合同82份,补签合同2份。为13人办理离职手续。

(张学清)

基础设施建设管理

一、一期工程

(一)工程收尾项目完成情况

(1)动物实验楼工艺调试工作,邀请动物实验室建设、管理及设备专家多次论证,并经全体参建单位的努力,调整重要设备,反复调试,风量风压不足及系统不稳定等问题已得到基本解决。

(2)综合调试完成 BSL-2 及各类实验室,并完成了工程验收工作。

(3)相继完成主楼一、二层报告厅小会议室暖气整改;小会议室窗改活窗及财务处、会议室装修降噪工程;三所蒸汽系统设备移至室外及人工湖水泵配电箱由地下井内移至地上等其他零星项目整改工作。

(4)根据 BSL—3 实验室检测规范要求,完成三所 BSL—3 实验室压差表的安装。

(二)专业检测验收工作

(1)BSL—3 实验室国家认可委认可前的检测工作基本完成,目前整改工作已进入收尾阶段。

(2)一期工程项目的环保验收工作已经启动,验收前的环保调查工作已开始着手进行。但由于验收工作涉及 BSL—3 实验室及美国进口污水处理设备必须投入使用后才能进行,完成时间无法准确预计。

(3)动物实验楼的检测验收工作由于不具备条件尚未进行。

(4)通过了昌平区水资源局进行的一期工程水土保持方案及节水设施施工竣工验收,并经争取获得 92 万元的奖励资金,可用于节水方面的支出。

(三)工程投资完成情况

一期工程工程量已于 2009 年全部完成。由于工程决算正在进行中,2010 年执行预算主要内容为少量工程进度款、部分尾款及零星整改项目款。全年总计完成投资额为 686.6 万元。一期工程总投资为 6.71 亿元,累计完成投资约 6.27 亿元。

（四）招投标及合同签订情况

（1）2010 年共计完成招标项目 8 个，其中走政府采购程序项目 3 个，如 BSL－3 实验室检测单位、环保验收调查单位选定及 BSL－3 实验室压差表采购安装单位选定；依据内部规定选定施工单位 5 个，如锅炉系统跑水、会议室降噪、病毒病所毒菌库改造 VRV 空调系统、动物楼空调机组风道改造、代理机构。

（2）2011 年共计签署合同协议 15 份，其中部分协议为对原合同进行付款条款调整的补充协议。新增项目涉及金额较小。

（五）工程结算及竣工资料整理归档工作

（1）2011 年共完成结算定案项目 44 个，未定案的施工总包工程、弱电工程、BSL－3 实验室工程、绿化工程 4 项已正式报送华寅工程造价公司审核。上述项目结算完成后即可支付余下工程款，原国家下达的投资可基本执行完成（超概算部分在工程总结算值定案后另行申请调整）。

（2）竣工资料整理归档工作部分已全部完成；部分已将资料收齐，正在归类整理中。

（六）中国疾控中心一期工程被评为 2010 年度国家优质工程银质奖

2010 年 12 月由施工总承包单位中国建筑第八工程局申报，在中国施工企业管理协会等相关协会严格审核推荐的基础上，经国家工程建设质量奖审定委员会复查审定、媒体公示等程序，我中心一期工程被评定为 2010 年度国家优质工程银质奖。获奖名单于 2010 年 12 月 21 日在人民日报公布，12 月 23 日在人民大会堂举行颁奖活动。

（七）工程移交工作

（1）截至 2010 年底，除 BSL－3 实验室、美国进口污水处理设备、动物实验楼工艺系统未移交外，其余楼体、基础设施、实验专用设备等已全部移交新址办（物业）、保卫处及三所管理运行，并进行了必要的现场确认和操作培训工作。其中，污水处理站、绿化工程向新址办（物业）进行了彻底移交，传染病所模拟实验室、纯水站向传染病所进行了管理移交；其余项目向新址办（物业）进行了管理移交，因移交中存在相关问题待解决，未进行最后办理签字手续。

（2）在移交中发现的如部分实验室温度过热、压差不稳定、毒菌库散热差等问题，与新址办（物业公司）进行了多次沟通交流，已达成基本共识并提出解决方案。

（八）其他工作

（1）配合新址办完成对锅炉供暖系统常年跑水问题的检查处理，并于 2010 年供暖前检查处理完毕,节省了大量能源、资金并提高了供暖效率。

(2)协助应急办施工管理,完成了应急库的建设并交付使用。

(3)协助性艾中心规划设计、施工管理,完成了地下毒菌库的建设并交付使用。

(4)协助职业卫生所进行29号科研楼抗震加固装修工程的技术论证、设计招标等项工作。

(5)积极协调处理完成一期市政电缆工程被昌平轻轨及配套道路工程施工单位挖断电缆事故检修,保证了中心用电安全,防止了重大事故的发生,并协调确定了被压电缆改线事宜,预计2011年5月完成,费用全部由责任方承担。

二、二期筹建工作

(一)推进环境影响评价工作

根据建设项目有关法律法规要求,二期工程应在可研阶段完成建设项目环境影响评价工作,2010年2月,按照中国疾控中心采购工作规范和程序,采用单一来源方式进行采购,确定了中国环境科学院承担环境评价工作。

(二)卫生学评价工作

按照中国疾控中心采购工作规范和程序,委托职业卫生所进行职业病危害评价工作,委托辐射安全所进行放射卫生学评价,合同于2010年8月初正式签订。9月28－30日,组织两个所召开卫生学评价工作会议,分别对卫生学评价工作中的共同部分、交叉部分和专业部分,进行分析、梳理、归纳。

(三)努力解决土地问题

关于规划条件审批中的土地问题,经积极向北京市规划委员会汇报,北京市规划委员会于2010年1月29日复函明确指出:“二期工程可依据2004规审字0256号审定设计方案通知书确认的建筑规模、高度进行规划设计。请在正式申报规划手续前完善大院的土地手续”。按此复函,建设用地的土地问题得不到解决,二期工程建设将无法顺利进行。按照中心领导的指示,2010年6月7日,经与昌平区国土局咨询后,拟写了《中国疾病预防控制中心关于申请二期工程建设用地的函》,昌平区国土局土地利用科科长王爱国对土地划拨一事答复:①必须先解决中心与韩国真露公司合作的有关问题和土地赔偿金问题;②在此基础上,再和政府有关部门协商解决土地划拨事宜。

(张利民)

科 研 管 理

一、科研项目及经费情况

2010 年度列入中国疾控中心科研计划管理的总课题数 301 项，本年度实际获得科研经费 52 742.14 万元。经费来源渠道包括：国家级课题有 265 项，经费 52 362.2 万元；部委级课题有 36 项，经费 380.94 万元。其中："973"计划项目 19 项，经费 888.73 万元；"863"计划项目 25 项，经费 1329.8 万元；重大专项 72 项，经费 43 937.68 万元；国家科技支撑计划项目 45 项，经费 3932 万元；国家自然基金项目 74 项，经费 503.89 万元；其他国家级项目 30 项，经费 1769.1 万元。

2010 年度获准课题 46 项，争取经费 8822.41 万元。经费来源渠道：国家级课题 34 项，8452.47 万元；省、部级课题 12 项，经费 369.94 万元。其中："973"计划项目 1 项，经费 132 万元；"863"计划项目 2 项，经费 647.6 万元；重大专项 3 项，经费 6762.07 万元；国家科技支撑计划项目 1 项，经费 20 万元；国家自然基金项目 25 项，经费 801 万元；其他国家级项目 2 项，经费 89.8 万元。

二、科技成果申报、获奖及鉴定情况

为做好奖励申报工作，科技处积极组织成果鉴定，逐一为各报奖项目梳理、把关，保证报奖成果质量，提高报奖水平，具体情况如下：

(1)组织科技成果鉴定 5 项，进行科技成果登记 8 项。

(2)组织申报国家科学技术奖 2 项。

(3)组织申报中华医学科技奖。2010 年该奖项首次实行网上填报，中心共申报 5 项：寄研所 1 项、性艾中心 1 项、营养食品所 1 项、中心机关 2 项(信息中心和免疫规划中心)。科技处组织了成果鉴定会，并按中华医学会要求进行网上申报和提交纸制版申报材料。截至 2010 年 12 月，3 个项目通过初审，分别为：中国食物资源营养评价指标体系及应用研究(3 等奖)、艾滋病早期感染检测技术及检测策略应用研究(3 等奖)、我国广州管圆线虫病传播特征与监测技术的研究(2 等奖)。

(4)组织申报"十一五国家科技计划工作先进集体和个人"奖。中国疾控中心、病毒病所、养食品所分别获得先进集体奖，病毒病所侯云德院士、职业卫生所郑玉新研究员获得个人贡献奖。

(5)截至2010年12月底,共发表论文1123篇[中文876篇、英文288篇(SCI收录265篇)],其中,作为第一完成单位247篇(SCI收录231篇)。出版专著40本(主编24本、参编16本)。

(6)2010年度获得专利12项。

三、重点科技任务与重点科研项目管理工作

(一)组织召开中心四部门工作年会

2010年3月15－16日,2009年度科技、教育、国际合作及学术出版工作年会召开。

(二)中国生物技术创新服务联盟(ABO联盟)对接会

为了搭建中国疾控中心和ABO联盟交流与沟通的平台,从产品研发、技术合作、平台建设及人才培养等角度探讨双方在疾病防控领域的合作,为开展实质性合作奠定基础,科技处于2010年5月11日组织召开了中国疾病预防控制中心与ABO联盟合作交流会。

(三)开展科研诚信宣传教育活动

组织召开加强科研诚信建设及科研管理研讨会,并将国家有关科研诚信文件资料整理汇编成册,下发科研诚信宣传教育活动材料,包括《科研活动诚信指南》、《科研活动知识读本》、《科研诚信资料汇编》。

(四)重大专项管理工作

1. 专项督导检查　传染病防治科技重大专项督查调研组对中国疾控中心课题总体管理和实施情况进行现场督导和实地检查。

2. 上报并发放课题合同书　组织并上报第二批立项课题任务合同书(协议书)的审核、鉴定工作,并将签好的合同书及时反馈至课题组。

3. 课题经费　2010年4月底,课题经费全部到位。

4. 上报课题执行情况　2010年根据卫生部重大专项办和科技部要求,2次上报课题执行情况和课题阶段性进展报告。

5. 组织申报重大专项“十二五”计划2011年课题　根据“艾滋病和病毒性肝炎等重大传染病防治”科技重大专项“十二五”实施计划2011年课题申报指南(2010年5月26日发布公告)要求,“重大传染病应急处置检测技术平台”、“手足口病应急防控技术研究”、“流感大流行疫情评估及疫苗株筛选关键技术研究”、“鼠疫应急防控与综合防治技术研究”4项课题定向委托中国疾控中心作为承担单位牵头组织申报。许多大专院校、科研院所、疾控机构以及相关企业与中国疾控中心联系,表达参与意向。

(1) 组织召开第一次申报课题布置会议:2010 年 5 月 30 日,中国疾控中心重大专项管理办公室(简称"中心重大专项办")组织召开第一次申报课题布置会议。会议确定了"手足口病应急防控技术研究"(执笔人:许文波)、"流感大流行疫情评估及疫苗株筛选关键技术研究"(执笔人:舒跃龙)、"鼠疫应急防控与综合防治技术研究"(执笔人:海荣)等 3 个课题的写作小组和执笔人,并确定了各课题的联络人,着手准备课题申报写作任务。

(2) 组织召开"重大传染病应急处置检测技术平台"课题准备会第一次会议:2010 年 6 月 1 日,中心重大专项办组织召开申报课题"重大传染病应急处置检测技术平台"准备会第一次会议。布置课题申报任务。中心重大专项办主任董小平主持会议,参加会议的有中心重大专项领导小组组长王宇主任、传染病所徐建国所长、病毒病所李德新所长、军事医学科学院(简称"军科院")杨瑞馥研究员、贾向志处长、中国医学科学院(简称"医科院")王健伟副所长、各有关单位主管科研的领导、有关专家及管理人员。会上认真领会和学习指南精神,根据本课题的具体研究内容和考核指标,做出如下安排:成立以中国疾控中心、军科院和医科院为主的课题写作小组;确定李德新研究员为本课题的执笔人,确定了各单位的联络人;尽快出台参加单位的遴选原则和办法;写作小组根据指南精神尽快完成课题框架初步设计方案,着手准备课题申报写作任务。

(3) 组织召开"重大传染病应急处置检测技术平台"课题准备会第二次会议:2010 年 6 月 4 日,中心重大专项办组织召开申报课题"重大传染病应急处置检测技术平台"准备会第二次会议。会议由中心重大专项办主任董小平主持,参加会议的有中心重大专项领导小组组长王宇主任、传染病所徐建国所长、病毒病所李德新所长、军科院杨瑞馥研究员、贾向志处长、医科院金奇所长、王健伟副所长,以及各有关单位主管科研的领导、有关专家和管理人员。会议听取了课题执笔人和写作小组的课题初步框架方案的汇报,提出了修改意见和建议,并就参加单位的遴选原则和办法进行了讨论,初步确定中心课题申报专家研讨和论证时间表。

(4) 组织召开课题"手足口病应急防控技术研究"、"流感大流行疫情评估及疫苗株筛选关键技术研究"、"鼠疫应急防控与综合防治技术研究"申报研讨会:2010 年 6 月 5 日,中心重大专项办组织召开部分课题(手足口病应急防控技术研究、流感大流行疫情评估及疫苗株筛选关键技术研究、鼠疫应急防控与综合防治技术研究)申报研讨会。参加会议的有传染病所徐建国所长、病毒病所李德新所长、各有关所主管科研的领导、3 个课题的执笔人、写作小组主要成员及相关管理人员等 20 余人。会上,3 个课题逐一进行了汇报,大家就课题初步框架方案设计和参加单位遴选办法进行了细致的讨论,课题组广泛征求了意见,并对课题申报内容进行了进一步完善和补充。

(5) 拟定《中国疾病预防控制中心"艾滋病和病毒性肝炎等重大传染病防治"科技重大专项 2011 年定向委托课题组织申报和课题参加单位遴选办法(草案)》:本着对国家定向委托的重大传染病防控任务性研究负责的态度,按照"合理整合、优势互补、突出职能、明确责任”的原则,中心重大专项管理办公室在多次专家会议的基础上拟定了《中国疾病预防控制中心“艾滋病和病毒性肝炎等重大传染病防治”科技重大专项 2011 年定向委托课题组织申报和课题参加单位遴选办法(草案)》,并于 2010 年 6 月 8 日报送艾滋病和病毒性肝炎等重大传染病防治重大专项实施管理办公室和卫生部科教司。并于 6 月 9 日得到卫生部科教司何维司长等领导的具体批示,强调在遴选原则中加入“围绕目标和重点任务”的要求,应考虑高校、科研院所的参与等意见。

(6) 组织召开申报课题论证研讨会:2010 年 6 月 10 - 11 日,中心重大专项办组织中心重大专项专家咨询委员会有关专家召开申报课题论证研讨会。会议由中心重大专项办主任董小平主持,参加会议的有中心专家咨询委员会主任侯云德院士、中心重大专项领导小组组长王宇主任、中心重大专项专家咨询委员会副主任徐建国所长、成员李德新所长、免疫规划中心梁晓峰副主任、军科院杨瑞馥研究员、贾向志处长、医科院金奇所长、王健伟副所长、各有关单位主管科研的领导、3 个课题的执笔人、写作小组主要成员及相关管理人员等 40 余人。会议听取了 4 个课题的汇报,并对课题申报材料进行了认真的把关,提出了具体修改意见。

(7) 组织召开 4 个定向委托课题的专家论证会:2010 年 6 月 13 日,中心受“艾滋病和病毒性肝炎等重大传染病防治科技重大专项”组织实施部门的委托,组织召开了 4 个定向委托课题的专家论证会。卫生部科教司何维司长、吴沛新处长出席了会议,会议聘请了北京生物制品研究所赵铠院士作为专家组组长、天津南开大学耿运琪教授为副组长,委员有中国药品生物制品研究所俞永新院士、李长贵研究员,中华医学会祁国明研究员、北京生物制品研究所沈心亮所长、卫生部应急办吴敬处长、卫生部疾控局贺清华处长、河北省疾控中心朱会宾主任。何维司长在会上做了重要指示,根据日程安排专家在听取课题汇报的基础上进行了质疑,形成了书面专家论证意见,其中“手足口病应急防控技术研究”、“流感大流行疫情评估及疫苗株筛选关键技术研究”、“鼠疫应急防控与综合防治技术研究”等 3 个课题,在根据论证意见修改的基础上同意课题可行性研究报告(申报书)和课题立项。“重大传染病应急处置检测技术平台”课题专家原则上同意课题可行性研究报告(申报书)内容,建议进一步完善修改,并尽快组织再次论证。

(8) 组织“重大传染病应急处置检测技术平台”定向委托课题专家论证会:2010 年 6 月 17 日,根据艾滋病和病毒性肝炎等重大传染病防治科技重大专项”组织实施部门要求和专家意见,中心重大专项办再次组织了“重大传染病应急处置检测技术平台”定向委托课题专家论证会。会议聘请了北京生物制品研究所赵铠院士作为专家组组长、中国疾控中心病毒病所侯云德院士、中国医学科学院强伯勤院士、中华医学会祁国明研究员、中国疾控中心王宇主任和医科院病原所金奇所长为委员。专家在再次听取了课题修改完善后的汇报,并进行了质疑,形成了第二次书面专家论证意见,同意课题组根据专家论证意见修改后申报。

(9) 2010 年 6 月 21 日，完成了本次课题组织申报任务：4 个课题写作小组夜以继日，内部多次召集研讨会，根据各自课题参加单位的遴选原则和指南精神协调和广泛接纳优势单位参与，根据每次中心和课题组组织的研讨会的意见，不断完善，反复修改十余次，最终完成定稿，按照中心规定的申报程序要求进行形式审查和把关，并于 2010 年 6 月 21 日上午报送至重大传染病专项实施管理办公室，完成了本次课题组织申报任务。

(10) 组织召开重大专项承担课题检查汇报会：为加强对中心“十一五”期间承担的国家重大专项课题的管理，保证其按计划、高质量完成，全面了解课题实施和完成情况，经中心领导同意，中心重大专项管理办公室于 2010 年 9 月 2 日在昌平园区会议室组织召开了重大专项承担课题检查汇报会。参加会议的有中心重大专项咨询委员会主任委员及专家评委，各个课题负责人、部分课题成员和中心科技处及相关直属单位科技处领导和管理人员。

会议由中心重大专项办公室主任董小平主持，“艾滋病和病毒性肝炎等重大传染病防治”科技重大专项技术总师侯云德院士全程参加了会议，会议根据领域不同将中心承担的 25 项重大专项课题分成 3 组，分别是艾滋病、结核和病毒性肝炎组、能力建设和监测技术平台组、平台项目组。3 组分别进行汇报，专家根据报告内容进行答疑并对每项课题进行了打分。

通过本次检查汇报会，大家汇报了课题进展，专家组针对每项课题提出了具体意见和建议，及时发现了问题，找出了不足，交流了经验。课题在经费到位较晚的情况下总体进展良好，为课题顺利完成起到很好的督促作用。

(五)国家科技支撑项目管理

(1) 组织“疾病控制适宜技术研发和应用项目”和“营养膳食对健康影响的研究项目”11 项的结题验收材料；

(2) 配合中心规财处完成卫生部卫生审计中心的国家科技支撑计划项目、重大专项的抽查审计工作，并组织针对审计报告中的问题进行了意见反馈。

(六)“973”、“863”计划相关管理工作

(1) 2010 年组织申报国家重点基础研究发展计划项目(973)1 项，全球变化研究重大科学研究计划项目 1 项。

(2)组织 2011 年度重大需求建议 17 项。

(3)完成 1 项“863”项目的结题验收工作。

(七)卫生公益性行业科研专项经费

(1)组织申报卫生行业科研专项 9 项，其中中国疾控中心 1 项、寄生虫病所 1 项、营养

食品所 1 项、职业卫生所 2 项、环境所 1 项、辐射所 1 项、妇幼中心 1 项、中国疾控中心学校卫生中心 1 项。建议立项项目 4 项,其中牵头单位 3 项,主要参加单位 1 项。

(2) 召开 2010 年度卫生行业科研专项申报总结会,会议总结卫生行业科研专项 2010 年度和 2011 年度项目申报情况,并对今后申报工作提出具体要求。

(3)组织 9 项课题结题验收材料。

(八)国家自然科学基金管理工作

中心机关 2010 年共申请国家自然科学基金项目 6 项,包括免疫规划中心 1 项、信息中心 2 项、慢病社区处 3 项。

(九)教育部留学回国人员科研启动基金

2010 年共申报教育部留学回国人员科研启动基金 1 项,2009 - 2010 年申请的项目有 2 项初审结束等待专家评审,1 项已经移交留学服务中心财务。

(十)中国疾控中心青年科研基金(简称"青年基金")

中国疾控中心设立青年基金以推动人才培养,鼓励青年科技人员在疾病预防控制领域开展创新性应用研究。2009 年度青年基金各项课题已执行 1 年,科技处于 2010 年初对其进行了中期检查,其中 9 个课题按计划进行,发表中文论文 2 篇,英文论文 2 篇,申请专利 1 项。

2010 年度青年基金共申报 23 项课题。聘请中心内外 14 名同行专家定量评分,中标课题 11 项,周期 2 年,并下拨经费。

四、重点实验室及平台建设管理

(1)为落实科技部的有关文件批示精神,2010 年 4 月 10 日,与医科院商议病毒基因工程国家重点实验室共建事宜,征求共建方案意见,协调确定学委会名单。2010 年 6 月 3 日召开共建重点实验室第一届学术会议,确定了新一届重点实验室主任和学委会名单,并征求共建方案和有关管理细则意见。

(2)中国疾病预防控制中心重点实验室体系成立。为做好实验室建设和管理工作,制定《中国疾病预防控制中心重点实验室管理暂行办法(试行)》。根据该办法,在部分领域组织开展 2010 年度中国疾控中心重点实验室的遴选和评审工作,决定批准建设中国疾控中心化学污染与健康安全重点实验室,建设期 3 年,依托营养食品所和职业卫生所共同管理。聘任吴永宁研究员为该重点实验室主任,郑玉新研究员为副主任,陈君石院士为该实验室学术委员会主任,聘期 5 年。

(3)组织专家修改完善《中国疾病预防控制中心疫苗研发与评价中心实施方案》。

(4)2010年12月20－21日,组织召开重点实验室管理工作交流会。

五、伦理审查管理工作

中国疾控中心伦理审查委员会秘书处设在科技处。

(1)组织中心伦理审查委员会换届工作。陈春明研究员被聘为新一届名誉主任,杨功焕研究员为主任委员,曾光研究员、翟晓梅教授为副主任委员,邵一鸣、王若涛、张智清、杨晓光研究员,丛亚丽教授和刘晨律师为委员会委员,陈亮副研究员为秘书,聘期3年。

(2)参与北京大学公共卫生学院承担的卫生部课题《公共卫生伦理学研究》。

(董小平　王吉春)

国际合作与交流

一、第三届传染病应对团山论坛学术年会顺利召开

2010 年 1 月 8 - 12 日,由中国疾控中心传染病所和传染病预防控制国家重点实验室举办的第三届传染病应对团山论坛学术年会在北京举行。此次论坛邀请了来自美国、荷兰、日本等众多国外和国内专家。内容涵盖了鼠疫菌、霍乱弧菌、媒介生物控制、病毒等多个领域。交流面向实际应用、面向国际研究前沿。与会学者重点对加强新病原识别、重要病因快速诊断和病原体致病力分析能力方面进行了深入的交流。

二、举行中国疾控中心第七届元宵节国际联谊会

2010 年 2 月 28 日,以“友谊、合作与发展”为主题的“第六届元宵节国际联谊会”在北京举行,卫生部领导、各国际组织驻华机构、外国驻华使馆、国际非政府组织的国际友人,西藏疾控中心领导和工作人员共 200 余人欢聚一堂,共同欢庆中国传统的元宵佳节,同享国际公共卫生事业大家庭和谐气氛和深厚友谊。

三、成功举办内地与港澳地区手足口病专家防控研讨会

2010 年 4 月 27 - 29 日,中国疾控中心在江西主办了内地与港澳地区手足口病防控研讨会。来自内地及港澳地区的疾控和医疗机构、科研院所的专家,以及生物制品企业 40 余人应邀参会。会议充分交流了内地及港澳地区手足口病的疫情形势、暴发与应对策略、经验教训分享,新诊断和防治技术手段等,为共同寻求联合抗击手足口病,特别是重症的威胁提供了交流和技术合作平台。

四、与 WHO/TDR 签署合作谅解备忘录,联手推动全球贫困所致传染病的防控

2010 年 6 月,中国疾控中心与世界卫生组织热带病研究和培训特别规划署(WHO/TDR)签署了合作谅解备忘录,进一步加强我国与 WHO/TDR 在技术层面上消除贫困所致传染病和援助非洲开展传染病控制等领域的广泛合作,推动建立全球贫困所致传染病防控网络和我国控制血吸虫病、疟疾的进程。

五、联合举办第十八届世界艾滋病大会中国分会

2010 年 7 月 19 日，在奥地利维也纳举行的第十八届世界艾滋病大会期间，中国疾控中心与国务院防治艾滋病工作委员会办公室以及联合国艾滋病中国主题组等机构联合举办了“认识中国，艾滋病应对与挑战”的中国分会。联合国艾滋病规划署执行主任、美国全球防治艾滋病事务协调员以及世界卫生组织、盖茨基金会、家庭健康国际以及国际社团机构的高级官员参会。卫生部、中国疾控中心的领导和专家，以及中国艾滋病宣传大使们介绍了中国近年来艾滋病防治工作。与会嘉宾与中国同行分享了艾滋病防治策略和经验，对中国艾滋病防治工作取得的成绩表示认可的同时亦对当前面临的诸多挑战进行了分析，提出了建议。

六、中美新发和再发传染病合作项目顺利进入第二个五年合作周期

基于中美新发和再发传染病合作项目第一个五年合作周期(2005 - 2010)的顺利实施和成果，卫生部部长陈竺与美国卫生与公众服务部部长西贝利厄斯于 2010 年 5 月 25 日在北京签署了修订后的中美新发和再发传染病合作项目谅解备忘录，将备忘录延期到 2015 年。续签使中美新发和再发传染病合作项目这一重要工作得以继续并进一步深入。

七、中美疾控中心在慢病领域的合作稳步推进

2010 年，中美疾控中心在慢病领域，如行为危险因素监测、建立减盐策略控制高血压试点项目、现场流行病学培训项目的慢病板块教学技术支持等方面的合作卓有成效。双方技术专家互访和技术交流频繁，特别是双方在山东开展限盐试点项目的合作已达成共识，逐步进入实质性操作阶段。

八、与美国 Fred Hutchinson 癌症研究中心协商并签署合作谅解备忘录，构建国际化科研和培训平台

基于双方在艾滋病和 EV71 手足口病研究方面的良好合作，2010 年 10 月 28 日，王宇主任代表中国疾控中心与 Fred Hutchinson 癌症研究中心新任主席 Lawrence Corey 签署了两机构的合作谅解备忘录，并召开了首次传染病合作研讨会。双方在未来合作中将充分发挥各自优势，资源互补、为双方发展科学研究和培训项目提供一个框架，指导并支持中美两国在癌症、传染病和其他相关健康问题的预防、早期发现、诊断和治疗。

九、深度参与《国际卫生条例》的评估与审议

中国疾控中心主任王宇应世界卫生组织总干事邀请，作为国际专家及中国唯一的特

邀专家加入“国际卫生条例暨应对甲型流感大流行评估委员会”，先后五次赴世界卫生组织总部日内瓦参加该评估委员会会议，并负责评估报告重要章节的撰写工作，体现了中国疾控中心在国际卫生事务中举足轻重的地位以及中国疾控中心专家参与全球卫生事务管理的实力。

十、中国国家流感中心被世界卫生组织任命为全球第五家流感参比和研究合作中心

2010 年 10 月 29 日，国家流感中心正式批准成为世界卫生组织在全球的第五个，也是发展中国家首个世界卫生组织流感参比和研究合作中心。这一任命将进一步提高我国流感以及流感大流行的监测与防控能力，意味着中国疾控中心将在全球流感防控领域承担更大的职责和义务。

十一、进一步巩固中日韩三方合作机制

2010 年 3 月和 11 月，中国疾控中心代表中方分别组团赴韩国参加中日韩三方流感大流行评估研讨会和第四届中日韩卫生部长会议边会—中日韩食品安全论坛，就如何进一步扩展三方在流感大流行应对和食品安全风险评估、监测以及标准制定等关键问题进行了技术信息分享和研讨。11 月 25 日，在昌平园区成功举办第四届中日韩传染病防控论坛。来自日本国立感染症研究院、韩国卫生部疾控中心和中国疾控中心领导及专家学者就麻疹控制和消除、耐药监测、未知病原体调查与监测等进行研讨。

十二、成功举办 2010 流感大流行国际研讨会

2010 年 7 月 24－25 日，中国疾控中心与 Elsevier 出版集团合作在山东召开 2010 流感大流行国际研讨会，来自国际组织、国内外卫生和临床机构的 500 余名代表参加了会议。大会回顾和交流 2009 年全球在应对甲型 H1N1 疫情中所采取的行动和大量的科学信息及实战经验，加深对 2009 年甲型 H1N1 大流行的科学认识，为下一次流感大流行做好监测、疫苗、抗病毒药物等方面的技术准备和实物储备。

十三、召开第三届媒介生物可持续控制国际论坛

2010 年 10 月 28 日－11 月 1 日，由中国疾控中心和中华预防医学会共同主办的第三届媒介生物可持续控制国际论坛在杭州召开。来自世界卫生组织、美国、英国、以色列、印度、泰国等国家的 30 余位外籍专家及国内 27 个省、自治区、直辖市和香港、台湾地区的 300 余位代表出席了本次论坛。本次会议主题为“应对气候变化，控制媒介生物，保护人群健康”，旨在推动媒介生物控制领域的国际交流与合作，提高媒介生物控制水平，满足当前媒介生物性传染病预防控制的需求。

十四、中国贫困农村安全饮用水与环境卫生战略研究项目获第二届亚行优秀政策咨询/能力建设技援项目提名奖

2010 年 3 月 4 日，由财政部和亚洲开发银行联合举办的第二届亚行优秀政策咨询/能力建设技援项目评选中，在全国 87 个亚行技援项目中，中国疾控中心改水中心 2004－2005 年执行的亚行技援项目“中国贫困农村安全饮用水与环境卫生战略研究”获得提名奖。

十五、中国全球基金项目完成整合

中国全球基金项目完成整合协议的谈判和签署，新签约资金约 4.55 亿美元。

（王晓琪）

教 育 培 训

一、研究生管理工作

(一)招生管理

2010年,教育培训处从疾控和科研人才需求出发,稳步扩大研究生招生规模,继续推进分所(中心)院系招生管理模式,逐步加大接收推荐免试攻读硕士研究生招生力度,加强招生保密安全管理,提高研究生招生工作质量。

1. 完成2010年研究生招生考务、复试、录取等工作　强化研究生招生考试自命题等各个环节的安全保密;对复试和录取工作进行规范化管理。2010年共招收各类研究生199人,其中博士生49人、统招学术型硕士生69人、首期全日制MPH硕士生20人、在职MPH硕士生40人、协和公卫硕士生21人。

2. 2011年研究生招生工作　2011年中心拟接收推免硕士生7人;继续采用院系模式,分所(中心)制定2011年研究生招生计划,编制发布招生目录,开展招生工作。

3. 中心现有在读研究生　共563人,其中博士生149人、统招学术型硕士生209人、全日制MPH硕士生20人、在职MPH硕士生120人、协和公卫硕士生65人。

(二)培养管理

1. 课程管理　2010年教育培训处集中开设了45门课程共计授课2162学时,包括:博士公共英语和卫生统计学2门课程152学时;统招学术型硕士课程19门1080学时(公共必修课2门、专业必修课2门及专业选修课15门);应用型硕士课程24门930学时(公共必修课2门、专业必修课8门及专业选修课14门)。

2. 召开教学研讨会　2010年1月,组织召开中心研究生流行病学教学研讨会,系统总结多年来流行病学教学工作经验,修订流行病学教学大纲,提高教学质量,并为后续改进其他研究生课程教学工作提供借鉴模式。

3. 落实导师及课题　组织落实2009级协和公卫硕士生和2010级在职MPH硕士生导师和课题,并安排研究生到各二级培养单位开展课题研究工作。

4. 举办讲座　根据应用型研究生的培养特点和要求,2010年12月中旬邀请卫生部、北京协和医学院、北京市卫生局、北京市朝阳区疾控中心以及本中心等机构的专家学者,举办科研选题与设计、健康管理、初级卫生保健、医改进程中的慢性病防治、传染病防控实践、卫生应急、北京市疾控工作概况等系列实践讲座。

(三)学籍、学位管理

1. *学籍与学历管理工作* 根据北京市教委的统一部署,完成2010年夏季毕业生学历电子注册和博、硕士毕业证书发放工作(博士53人、硕士62人);开展2010级研究生新生审核备案(博士49人、硕士89人)及日常学籍信息系统的维护工作;办理科研型博、硕士延期毕业12人,协和公卫学院2008级延期毕业1人;退学1人。

2. *学位管理工作* 2010年6月,先后组织召开了协和公卫学院学位分委会及中心学位评定委员会等会议,授予52人博士学位、61人硕士学位、45人MPH学位。此外,北京协和医学院授予公卫学院硕士学位25人。

3. *优秀博士学位论文评审* 组织中心2010年优秀博士学位论文评选,共评出6篇中心优秀博士学位论文(其中一等奖1名、二等奖2名、三等奖3名)。

(四)日常管理

(1)加强学生安全教育,对学生宿舍进行安全检查,发现隐患及时整改,并要求各研究生培养单位加强对课题阶段学生的安全教育与管理。

(2)对2010级新生进行保密安全基本知识教育。

(3)加强学生纪律、学风、考风教育,积极引导、支持学生开展有益身心健康的文体活动。各类研究生积极开展玉树地震、舟曲泥石流灾区捐款活动。

(4)及时、妥善处理研究生日常学习、生活中出现的各种问题。

(5)组织开展研究生评优工作:三年级优秀学生干部8名、优秀研究生8名;一年级优秀学生干部5名、优秀研究生7名;协和公卫优秀研究生3名。

(6)组织编制研究生新生手册,规范研究生新生入学程序和要求。

(五)重点学科建设

(1)进一步推进中心病原生物学重点学科建设进程。根据北京市教育委员会和财政局的统一部署,组织传染病所、病毒病所、寄生虫病所、性艾中心等病原生物学重点学科建设单位,编制完成了2010年度重点学科共建项目申报书;2010年4月,中心进一步对病原生物学重点学科建设给予配套经费支持(10万元),用于本学科的人才培养和学术交流;2010年11月组织开展重点学科中期检查工作。

(2)按照北京市教委要求,2010年4-5月,组织营养与食品卫生学学科申报北京市重点学科。

(六)基础医学一级学科博士学位授予点申报工作

中心现有 1 个公共卫生与预防医学一级学科博士学位授予点,5 个公共卫生与预防医学二级学科博、硕士学位授予点(流行病与卫生统计学、劳动卫生与环境卫生学、营养与食品卫生学、儿少卫生与妇幼保健学、卫生毒理学),2 个基础医学二级学科博士学位授予点(免疫学、病原生物学),3 个基础医学二级学科硕士学位授予点(免疫学、病原生物学、放射医学),以及全日制和在职 MPH 专业硕士学位授予点。按照国家教委和北京市教委要求,2010 年 5 - 6 月,组织中心有关单位申报基础医学一级学科博士学位授予权,并完成了申报答辩。

二、博士后管理

认真组织落实《中国疾控中心〈博士后管理工作规定〉实施细则》,进一步规范博士后管理。

(1) 2010 年 4 - 5 月,根据人力资源和社会保障部统一部署,组织开展中心基础医学博士后流动站评估工作,并顺利通过有关部门的抽查和审核。

(2) 2010 年组织博士后科学基金资助、特别资助申报工作,经全国博士后管委会评审,获得二等资助 2 人。

(3) 2010 年共办理博士后进站 4 人、出站 6 人,目前在站博士后 20 人。

三、培训管理

(一)国家级继续医学教育项目管理

2010 年中国疾控中心获批国家级继续医学教育培训项目共 46 项,备案 13 项,传染病预防控制国家级继续医学教育基地项目 16 项。为保证项目执行质量,开展现场督导和检查,组织项目单位进行举办情况的网上汇报工作,规范管理。

(二)公共卫生专业技术人员规范化培训工作试点项目

受卫生部科教司委托,组织开展公共卫生人员流行病学技能规范化培训工作试点项目。2010 年 3 月起,组建流行病学技能规范化培训试点项目专家组和编写组,研究制定流行病学技能规范化培训大纲、培训基地标准及评审办法等,组织开展甘肃、河南、宁夏、浙江等省(自治区)疾控机构实地考察和调研,探索建立新上岗人员规范化培训工作模式和制度。

(三)制定调查方案,组织开展继续医学教育培训现状与需求调查工作

四、国际合作

继续与澳大利亚格里菲斯大学联合向澳大利亚政府申请“中国疾病预防控制精英培养(CDCLP)”奖学金资助项目,推进公共卫生人才培养工作。

(1)第五轮8名学员于2010年1月赴澳大利亚参加项目学习,并于2010年7月返回国内工作。

(2)第八轮项目于2010年11月获澳大利亚政府批准,共有6名疾控专业人员将于2011年1月赴澳大利亚参加学习。

(3)2010年10月,配合格里菲斯大学来京拍摄中澳联合培养公共卫生人才宣传记录片。

五、综合管理

(一)完成中心研究生导师现况调查

2010年2月完成研究生导师现况调查,共有研究生导师241名,其中博士生导师62人、硕士生导师179人(学术型硕士生导师157人、MPH导师22人)。

(二)开展导师增选工作

2010年6月起,组织开展中心研究生导师增选工作,经中心学位评定委员会审定,新增博士生导师6名,硕士生导师9名。

(三)进一步做好中心研究生收费管理

在中心2005年制定的《中国疾控中心研究生培养费收费暂行办法》基础上,结合中心开展全日制MPH培养和改善研究生住宿条件的需要,2010年3月制定印发了《中国疾控中心研究生培养费收费管理办法》。

(四)组织开展中心研究生、博士后住宿和通勤情况调查

中心昌平新址已于2009年10月9日正式起用,中心机关、传染病所、病毒病所、性艾中心已搬迁新址开展工作。2010年3月组织开展了中心研究生、博士后住宿和通勤情况调查,为保证研究生和博士后在读期间的生活安全提供准确资料。

(五)成功举办中心2010届研究生毕业典礼暨学位授予仪式

2010年7月5日在中国疾控中心昌平园区举办了2010届研究生毕业典礼暨学位授予仪式。卫生部科教司、中心及相关单位领导、导师代表、2010届毕业研究生等共200余人参加了典礼。

(刘开泰　戴政)

编辑出版

一、期刊管理

1. 2010 年 1 月,组织召开中心所属期刊工作年度总结会,会上针对 15 个期刊编辑部主任进行的工作汇报展开讨论,交流办刊经验,研讨下一年度工作重点。

2. 为不断提高中心主办学术期刊编辑的专业水平,本部门两次组织全员编辑参加北京科技期刊学会举办的"科技期刊骨干编辑业务培训班"。通过培训使年轻编辑的业务能力不断提高,开拓了视野,对知识更新起到较好的推动作用。

3. 按照卫生部新闻办的要求,按时完成了中心主办期刊的年审和年检工作。

4. 按照北京市工商局下发的文件要求,完成了中心主办期刊广告许可证的年审工作。

5. 根据卫生部新闻宣传中心的文件要求,组织完成 2009 年中心出版的 8 种主办期刊的质量审读工作,并针对审读结果组织召开研讨会,对审读中提出的共性问题进行讨论,使期刊编辑加深了认识,提高了业务水平,有利保障了中心期刊的学术质量。

6. 协助新闻出版总署组织完成中心主办期刊部分主编上岗的业务培训工作,该项工作的落实,有力保障了中心期刊的政治质量及学术水平。

7. 中心主办 5 种学术期刊有刊登广告资质,为避免刊出违法违规广告,本部门组织广告审查员进行业务培训。

二、《中国妇幼卫生杂志》编辑出版

《中国妇幼卫生杂志》是中国疾控中心主办、妇幼中心承办的新创办的专业学术期刊。该刊的编辑部设在学术出版部,2010 年 1 月如期完成创刊号的出版。全年共出版 6 期,刊出文章 70 余篇,每期印刷 7500 册,面向全国 3000 余家妇幼保健机构发行。其电子版已顺利进入《中国学术期刊网络出版总库》。

三、图书出版

1. 协助中心应急办完成《长江三峡工程生态与环境监测系统人群健康监测重点站 2010 年技术报告》一书的编辑出版工作;《中国公共卫生》第三卷进入排版流程。

2. 协助中心办公室组织《中国疾病预防控制中心年鉴》的出版筹备工作。

(胡永洁　段江娟)

规划财务管理与审计

一、财务管理

（一）预算管理

1. 中心成立了预算工作委员会，办公室设在规财处。制定《中国疾病预防控制中心部门预算执行管理实施办法》，建立预算管理责任制。

2. 完成中心主任与卫生部规财司以及各单位法定代表人、中心各部门负责人的预算执行责任书签订工作。

3. 组织协调中心所属单位及中心本级各部门完成 2010 年度卫生工作经费的具体执行预算及 2011 年度预算的编制。并按中心领导批准的二级单位的具体执行预算和工作进度进行工作经费的下拨和支付。

4. 中心财务部门按财政部的要求，按预算按季分月进行全中心资金使用计划的申报工作，保障了全中心疾控工作的资金需求。

5. 对申报的科技部的科研项目进行预算审核。按课题经费管理的要求，及时按预算进行课题费的下拨和支付。保证课题经费的按时到账和使用。

6. 严格按财政部的要求使用净结余资金。坚持先报批、再使用，没有出现违规行为。

7. 压缩“三项费用”（汽车购置与运行费、招待费、因公出国境费），保证三项费用在预算内执行。

8. 按月进行预算执行情况的通报及对账工作。

（二）财务监督管理

全年共接受外部审计和检查达 20 次。根据卫生部要求，进行 2010 年本级预算执行情况、财务收支情况等的财务自查工作。完成病毒病所财务检查工作。

（三）制度建设

2010 年制（修）订相关制度 12 项。涉及预算、出国经费管理、机票采购、合同管理、职工保险、后勤核算、处室人员分工、中国全球基金项目财务管理等内容。

(四)财务核算与报表

1. 圆满完成全年核算任务。

2. 完成2009年度决算及各类报表编制上报工作。

3. 完成全年营业税、个人所得税扣缴、个人住房公积金以及各类社保基金的月上缴工作、完成中心本级人员的保险费审核缴纳工作。

(五)“小金库”清理和财务检查工作

根据卫生部统一要求，进行“小金库”清理和财务检查工作。组织了中心内部的自查督导以及重点检查工作，按卫生部规定的工作时间段，提交了《中国疾控中心关于“小金库”专项治理和财务检查自查自纠工作总结报告》以及《中国疾控中心关于企业“小金库”专项治理工作总结报告》。

(六)绘制《中国疾控中心财务管理风险控制流程图》

中心财务管理控制流程图内容包括：委托工作经费管理流程、资金支付管理流程、预算程序。

(七)重大国际合作项目财务管理

1. 完成中国全球基金项目财务工作年会、培训及报表编制审核，配合完成2009年度项目年度财务审计工作，并对国际非政府组织互满爱人与人组织进行财务管理能力的评估。

2. 完成中盖项目、中美项目的报表编制和审核，并完成中盖项目6省共18个项目点的督导。

二、内审工作

(一)事前、事中审计工作

1. 全年共完成161份经济合同签定前的审计工作，审计资金达2.1亿元，提出修改建议近300条。

2. 完成19套全球基金项目会计报表上报前的审计工作，审计资金量达2.83亿元，纠正错报金额846万元，有力的确保了上报数据的准确性。

3. 配合外审单位完成新址基建工程洽商、进度款及单项结算审计工作，审计金额为8230万元，审减金额83万元，纠正20余份手续不合规及计算有误的付款。

4. 委托外审维修工程2项，审计金额84万元，审减金额19万元。

5. 对中心财政直接支付的每笔资金付款前进行审计并在支付申请单上签字。

（二）专项审计、检查工作

1. 制定了《中国疾控中心工程建设领域突出问题专项治理工作实施方案》，组织完成中心及直属单位工程建设领域突出问题专项治理自查。

2. 完成中心及直属单位所属的16家国有及国有控股企业2010年“小金库”专项治理重点检查，纠正了不符合账户核算规定要求的资金69.72万元，发现了两项大额资金支出未履行决策报批程序。

3. 完成对中心机关本级“小金库”重点检查，与财务部门共同完成了对11家直属事业单位“小金库”专项治理回头看检查工作。

4. 组织完成中心及直属单位2010年度1－10月份预算执行情况的自查工作。

5. 审计中国全球基金艾滋病项目15个省、结核病项目7个省、疟疾项目2个省，共审计41个项目点，审计金额6148万元，提出审计意见和建议237条，纠正违规金额107万元。

6. 组织完成对2009年度中国全球基金项目（结核、艾滋病、疟疾）委托审计工作，并对项目外部年度财务审计发现问题的整改落实情况进行了后续跟踪审计，出示了3份（艾滋病、结核病、疟疾）审计核实报告。

（三）内审委派试点工作

1. 按照卫生部的统一部署，2010年8月份启动了中心内部审计人员委派试点工作，下发了《中国疾控中心内部审计委派试点工作实施方案》，成立中国疾控中心审计委派试点工作领导小组，办公室设在审计处。

2. 选择了病毒病所和营养食品所两个单位做为中心内部审计委派试点单位。

3. 定期召开中心审计委派工作例会，及时向卫生部汇报委派工作情况。

（四）其他工作

1. 中心与直属单位联合招标选择了2家会计师事务所（北京兴华会计师事务所有限责任公司、中正天通会计师事务所有限公司），并签定了委托审计协议。

2. 组织审计人员参加了中国内审协会卫生分会举办的2010年审计人员再教育培训。

3. 对中国全球基金项目实施单位进行了审计管理要求培训，本年共计培训6次。

（张雁　袁灵华）

设备条件管理

一、采购工作

2009 年设备条件处认真贯彻执行《政府采购法》,采用合理的采购方式,较好地完成了共计 125 个采购项目、总金额约 21 056 万元各类物资的采购任务。共签订 175 份合同,其中中心各年度财政预算采购金额 10 475.9 万元、签订合同 96 份;国际合作项目(全球基金、GAVI 项目、中盖合作)10 580.1 万元,签订合同 79 份。

二、固定资产管理

(一)中心机关固定资产管理

截至 2010 年 12 月 31 日,设备处共审核、登记、录入机关各处室、各部门及各项目办共 68 个设备用户的资产。2010 年新增设备类固定资产共 1556 台/件,资产原值 2174.4 万元。办理调剂 1028 台/件;办理调拨 9986 台/件,设备原值 4288.8 万元;办理报废 478 台/件、设备原值 243.7 万元。报废设备处置 3 次,上交规财处报废设备残值 1.47 万元。中心机关设备类固定资产的账实清查,2010 年账实相符率 99.9%。

(二)国际合作项目资产管理

截至 2009 年年底,设备处完成了全球基金艾滋病、结核和疟疾共 12 轮项目、总金额约5483.7318万元各类采购物资,向除港、澳、台外的全国 31 个项目省、市、自治区、直辖市固定资产的审核、登记、调拨及分发;同时完成了中美新发和再发传染病各个子项目及中盖合作项目实验室仪器和办公设备总金额约 350 万元固定资产审核、登记及办理调拨手续。

三、培训、督导工作

(一)开展中国全球基金项目物资管理培训

设备处于 2010 年 6 月份在江西举办了中国全球基金项目物资管理培训班,来自 28 个省项目办相关管理人员近 100 余人参加了培训。

（二）开展中国疾控中心采购管理工作培训

先后在北京举办了2次中心政府采购管理工作研讨班。中心直属各单位主管政府采购工作的所领导、处室领导及采购工作相关人员约150人参加了培训和交流。

（张戈屏）

实验室管理

一、认真抓好实验室生物安全培训及宣传,强化实验室安全监督检查

1. 紧急编制《2010 年玉树救灾实验室生物安全工作培训资料—实验室生物安全法规标准节录》,为救灾人员的操作及生物安全防护提供法律依据和操作指南。

2. 实验室处于 2010 年 11 月 1－5 日举办全国病原微生物实验室生物安全培训班,12 月22－24 日举办全国疾控系统实验室生物风险评估培训班,培训学员来自 31 个省级疾控中心和中心直属相关单位。通过培训以提高病原微生物实验室生物安全各方面的实际操作能力。

3. 为做好上海世博会和广州亚运会重大活动的安全保障工作,2010 年 4 月 14－15 日举办了针对上海市疾控中心、上海市公共卫生中心、复旦大学 BSL－3 实验室、广东省疾控中心、广州市疾控中心等单位的实验室生物安全专项培训班。培训班采取理论授课和现场操作演练相结合的方式,培训了生物安全实验室的个人防护装备、应急演练、意外事故处理等内容。进一步加强了两个地区重大活动期间实验室生物安全管理工作的能力。

4. 根据对口支援新疆疾控中心工作需要,2010 年 11 月 22－25 日举办了针对新疆地区疾控系统病原微生物实验室生物安全培训班以加强新疆地区实验室生物安全工作能力。

5. 面向中心各直属单位举办各类主题培训,包括:实验室监督检查员培训班(2010 年 3 月 11－12 日)、第五届实验室主任和安全员培训班(2010 年 11 月 16 日)、全国疾控机构病原微生物菌(毒)种保藏机构设置培训班(12 月 15－17 日)、实验室压力容器从业人员培训班(12 月 28－31 日)。

6. 2010 年 4 月 26－30 日,举办主题为“实验室安全——永恒的主题”第四届实验室安全周活动。增加了“集思广益话安全”活动,提高了全体实验室工作人员对活动的参与性,进一步增强了实验室工作人员的安全意识,营造了良好的实验室安全氛围。

7. 组织对在京各直属单位进行了四次季度实验室监督检查,并多次对实验室进行飞行监督抽查。同时为确保上海世博会期间的实验室安全,在世博会召开前及开始阶段组织专家对中国疾控中心寄生虫病所进行了两次监督检查。2010 年,组织各项监督检查共 9 次,派出监督检查人员 162 人次,共提出监督检查意见 93 条。

8. 组织编译2010版《国内外实验室生物安全法规标准汇编》，近数十万字。

9. 编写出版《实验室安全与质量管理简报》。

二、全力推进实验室信息系统(LIMS)建设

1. 2010年9月26-28日，举办全国疾控系统传染病监测实验室质量管理培训班，培训学员来自各省、自治区、直辖市疾控机构以及中国疾控中心直属相关单位。培训内容包括了国际标准ISO 15189、医学实验室的认可流程、医学实验室认可与管理经验等。

2. 2010年中国疾控中心LIMS建设工作持续实行了例会制度，定期召集各单位LIMS建设工作组成员汇报项目进展情况，及时通报LIMS系统建设和硬件配置工作进展。

3. 为推动ISO 15189国家标准在传染病监测实验室中的应用，选择上海市疾病预防控制中心开展了有关ISO 15189标准要求的摸底调研工作，为今后在全国疾控系统推广ISO 15189国家标准提供借鉴。

三、病原微生物运输审批工作

1. 2010年4月17-23日和7月12-16日分别在青岛和北京举办了两期全国病原微生物运输管理培训班。

2. 依据《可感染人类的高致病性病原微生物菌(毒)种或样本运输管理规定》，实验室处在依法严格审批的同时，2010年度指导基层单位共办理准运证书92个，其中涉及病原微生物共10种。

3. 依据《关于加强医用特殊物品出入境管理卫生检疫的通知》要求，2010年，实验室处共审批医用特殊物品出入境19次，其中入境审批9次、出境审批10次，涉及病原微生物和样品种类达26种。

四、新址实验室相关管理工作

(一)性艾中心、病毒病所毒种及样品库搬迁

为确保病原微生物运输的生物安全，满足性艾中心、病毒病所疾病监测任务的需要和病原微生物毒种及样本的保藏需要，协调北京市卫生局做好毒种及样本库的运输安保工作，确保了毒种及样本转运工作圆满完成。

(二)新址BSL-3实验室生物安全认可

为推进中心新址BSL-3实验室生物安全认可进程，实验室处协调传染病所、病毒病

所、性艾中心以及基建处、新址办等相关部门，就影响认可的有关问题，多次召开认可推进工作协调会，并积极与中国合格评定国家认可委员会沟通，咨询实验室认可的相关事项，探讨新址实验室依据新版国标通过认可的可行性，为做好新址BSL-3实验室生物安全认可工作做好充分准备。

(三)北京市疾控中心SARS样品库搬迁

协调病毒病所接收北京市疾控中心SARS样品库，并协调北京市卫生局落实转运过程中的安全保卫工作，转运过程派员全程监督。

(四)新址实验室运行协调

针对新址传染病所、病毒病所及性艾中心三所反映的部分实验室内压力、温度异常的情况，积极协调有关部门，多次组织基建处、施工单位及三所相关人员召开专题研讨会，寻求解决落实的方案。

五、实验动物管理

(一)实验动物楼的验收和运行的前期准备

1. 完成昌平新址一期动物楼2007年度2505万元设备的预验收工作。

2. 完成中国疾控中心动物实验楼设备配置项目(2010年度)1000万元财政预算的设备配置的规格、型号、技术参数以及拟采购进口产品的论证、编写工作。2010年11月10日，财政部批复同意IVC系统等5种设备21套可采购进口产品。

3. 组织完成2011年度中国疾控中心动物实验楼设备配置项目的预算申报工作，获财政批复预算500万元。

4. 完成了新址动物楼招聘新进人员的调研准备工作、动物楼动物实验的标准操作规程、规章制度等初稿的编制工作，以及部分耗材的订购工作。

5. 协助中心基建处为新址动物实验楼整体调试，提供有关技术支持。

6. 按照国家、地方有关实验动物实验活动法规的要求，2010年10月26-28日举办了实验动物从业人员上岗培训班，中心直属单位69位学员获得了实验动物从业人员岗位证书。

(二)中心动物实验设施改造工作

1. 中国疾控中心南纬路动物室改造工作顺利完成，正式投入使用。

2. 营养食品所动物设施改造工程推迟至南纬路29号楼主体加固后进行。

六、国际合作

1. 卫生公益性行业专项“病原微生物实验室生物安全管理与示范”课题研究进展顺利并于年底结题。

2. 国家科技重大专项课题《生物安全实验室微环境污染监测检测技术与相关安全评价指标的研究》及国家科技支撑计划课题《实验室实时监控网络化关键技术和产品的研究》进展顺利。

3. 参与了由中国工程院主持的新时期我国生物安全战略与法律法规重大项目研究，参与其中基础材料课题组、实验室生物安全课题组和我国生物安全防御国家战略研究课题组三个课题研究。

4. 继续进行中美合作项目子项目五——“加强传染病实验室监测系统的质量管理和能力建设”的部分内容与子项目八——“实验室安全”项目的工作。

七、协助卫生部开展相关工作

1. 配合卫生部开展《病原微生物菌(毒)种保藏机构设置技术规范》正式实施前的有关准备工作，并在卫生部组织召开的全国病原微生物菌(毒)种管理会议上进行解读。

2. 参加卫生部组织的《实验室生物安全理论与实践》编写工作。

3. 受卫生部委托，组织有关单位和专家进行《人间传染的病原微生物名录》及《可感染人类的高致病性病原微生物菌(毒)种或样本运输管理规定》的修订工作。

4. 组织专家对《高致病性病原微生物实验室污染物排放标准》提出修订意见。

（赵赤鸿）

离退休人员管理

一、离退休人员工作及现状

中国疾控中心现有离退休人员共计1185人,其中离休干部88人、退休干部907人、退休工人190人。离退休党员535人(不含寄研所)。目前离退休管理人员中,中心离退休人员管理处设有2名专职人员,直属单位的离退休管理工作由人力资源处或其他部门兼管,共有兼职工作人员18名。

二、落实离退休人员政治待遇

1. 认真贯彻落实国家关于离退休工作的各项方针政策,根据中央组织部《关于进一步加强新形势下离退休干部工作的意见贯彻落实情况进行督促检查的通知》(组厅字〔2010〕10号)要求,上半年在中国疾控中心各单位开展自查,卫生部自查工作领导小组对职业卫生所进行了检查,并给予充分肯定。

2. 元旦春节等重大节日,中心领导带队走访慰问老专家、老干部、老党员和困难党员,送去慰问品和慰问金;还以多种形式召开团拜会、座谈会、邀请老同志参观新址,及时向老同志宣传党的路线、方针、政策,传达上级有关文件精神。

3. 2009年中心机关迁往昌平新址办公后,为及时解决老干部遇到的实际困难,在南纬路办公区设立了医药费报账处,方便中心搬迁后的离退休人员报销医药费。

三、加强离退休党支部建设,开展创先争优活动

1. 及时转发中央组织部《关于认真学习贯彻〈在离退休干部党组织和党员中深入开展创先争优活动的指导意见〉的通知》文件,各单位结合本单位实际情况,在离退休干部党组织和党员中深入开展创先争优活动。

2. 机关两个离退休党支部积极组织主题党日活动,中心领导及有关处室负责人与老同志共同学习、交流。

3. 结合创先争优活动,12月份召开了党员组织生活会,传达了有关创先争优活动的文件精神并进行读书恳谈。

四、落实离退休人员生活待遇

1. 对老同志的情况做到心中有数。每当老同志过生日(70、75、80及80岁以上)、患重病住院或病故时,及时到医院或家中探望,给老同志送去关怀和温暖。

2. 为离退休人员选择和变更就近医院办理相关手续,协助做好每年一次的体检工作。

3. 2010年国家出台了调整退休人员生活补贴的决定。中心对低工资和家庭困难的老同志给予经济补助,真正把解决实际困难做到实处。

五、积极开展各项活动,发挥离退休人员的作用

1. 2009年,陈春明同志被中组部评为全国离退休干部先进个人,并在卫生部举办的学先进、创建离退休干部"五好"党支部报告会上做了大会发言。

2.《以史为镜光照未来》离退休老专家历史回顾丛书是由中心离退休老专家编写的系列丛书,稿件来源于离退休老专家。陈春明同志担任主编,稿件由各单位老专家组织撰写,离退处协助做好稿件的收集、整理、印刷、发放等工作。中心每年拨专项经费给予支持。至今已出版七册,共收录100多篇文章,并从中摘录文章,连载刊登在中心报上。

3. 开展丰富多彩的活动,使老同志老有所学、老有所乐。引导老同志倡导文明,健康生活,发挥作用,创造和谐。受卫生部委托,协助离退局承办了卫生部老年门球培训班和第23届门球比赛。成立了中心老疾控工作者合唱队。

4. 每逢春秋两季组织老同志到北京近郊游览,炎热的夏季,结合形势组织参观、讲座、答题等活动。与中华医学会联合举办了老年象棋比赛。

(田占平)

安全保卫管理

一、开展社会治安综合治理，落实岗位安全责任制和各项规章制度

1. 2010年3月份，中国疾控中心社会治安综合治理委员会分别与中心各直属单位、机关各处室以及昌平园区物业公司签订了安全岗位责任书。明确了岗位安全责任和范围。

2. 保卫处针对迁入昌平园区办公新的环境，2010年4月份，对中心机关安全员、义务消防员进行了重新调整，并修订了安全员职责。

3. 保卫处在2009年制定下发《中国疾控中心昌平园区卡管理规定》、《中国疾病预防控制中心昌平园区安全管理规定》的基础上，2010年8月针对园区技防工作制定《中国疾病预防控制中心昌平园区办公楼中控室消防、安防管理规定》。同时进一步完善了《园区动火作业安全管理规定》、《施工消防安全管理规定》等规章制度。

二、开展消防“四个能力”建设，做好消防工作

1. 2010年10月26日，组织机关职工进行消防安全知识培训，培训内容为消防安全“四个能力建设、各级人员消防安全责任、消防知识及全国重大火灾案例。

2. 2010年6月10日，保卫处组织安全员举办了“消防、交通安全知识培训班”，聘请北京市火灾防治宣传中心专业教师进行消防知识讲座，并组织了消防演练。中心机关各部门、园区各物业公司共60余名安全员、义务消防队员参加了培训。

3. 2010年9月18日和10月11日，保卫处分别为性艾中心职工、传染病所安全员进行了消防知识讲座，参加人员共计100余人。

4. 2010年5月，对园区及中心机关所属各楼更换和配置灭火器410具，配备相关消防器材，并督促检查各所消防器材配备情况。

5. 积极参加北京市开展的消防安全“四个能力”建设，及时向园区内各单位、部门传达昌平区消防会议精神，并接受昌平消防处的检查，对于提出的食堂煤气间应铺设地胶问题，及时进行了解决。

三、加强督导检查，做好安全防范工作

1. 开展元旦春节期间安全保卫工作督导检查。2010年1月25－29日，中心保卫处

与中心办公室组成安全生产检查组，对中心在京直属单位及中心机关进行了节前安全生产督导检查。在此基础上，梁东明书记带领保卫处与后勤服务中心负责人对南纬路27、29号院开展了防火专项检查。

2. 汲取职业卫生所“5.18”火灾事故教训，5月26－28日，由刘剑君副主任带队，对传染病所、病毒病所旧址及南纬路27、29号院、潘家园两所、研究生宿舍进行了检查。重点是迁入新址单位的旧址安全管理情况进行检查。

2010年保卫处对全中心各单位开展综合检查和专项检查3次，发现安全隐患20余处，根据各所实际情况提出建议41条。安全生产简报5期。

四、加强保安队伍管理和中心保卫队伍建设，提高管理水平

1. *保安队伍管理*　一是强化责任意识，规范保安管理。着力强化保安执勤工作人员的责任意识，严格二十四小时不空岗值班巡逻制度。二是强化服务意识，塑造良好形象。三是采取定期与不定期的方式加强保安执勤岗位检查。四是定期不定期召开保安队长及骨干会议，汇报保安执勤工作情况，及时解决出现的问题，在此基础上，适时组织园区各单位安全保卫管理人员参加，分析园区及各所安全形势，提出保安在平时工作中存在的问题及工作要求。督促保安做好园区执勤守卫工作。

2. *加强中心保卫管理人员培训*　一是组织中心直属单位安全保卫管理干部参加卫生部干部培训中心举办的“卫生系统安全生产管理人员能力建设及创建平安医院培训班”，补充和更新保卫干部业务知识，提高保卫人员业务素质和安全保卫管理能力。二是2010年12月9－10日，保卫处组织中心安全部门负责人和保卫干部召开了2010年安全保卫工作总结经验交流会，并布置了2011年工作，确定了消防安全工作要以提高单位“四个能力”建设为主线，即：“检查和整改火灾隐患能力、扑救初期火灾能力、组织引导人员疏散逃生能力、消防知识宣传教育培训能力”，全面做好消防工作，从整体上提升单位火灾防控能力。

五、交通安全管理工作

按照卫生部和地区交通安全委员会要求，做好交通安全宣传和车辆管理工作。特别是春节和“两会”期间，分别与驾驶员签订交通安全责任书，加强驾驶员交通安全意识，保证了中心交通安全无事故。

（侯惠亭）

新址运营与后勤管理

一、新址运营

(一)工程运行情况

1. 供电系统运行管理与维护保养管理　新址园区总配电室、6个分配电室均正常运行。6个分配电室每天2次巡视检查并做好各项仪表数据记录,截至目前共计巡查660次。配电室的维护周期为每年一次。

每天对用电末端进行一次巡视检查,配电间、配电柜每3个月进行一次维护并做详细记录,监控系统目前运行正常,实行对园区供电设备实时监控。每半月对3个发电机房发电机进行试车,每年进行全面保养。

2. 电梯的运行管理与维护保养　园区23部电梯运行均正常,每天维修人员都要进行巡视,全年共巡视365次,共完成维护维修72次。

3. 污水处理站的运行管理与设备维护保养　污水处理站目前运行正常。每3小时巡检设备设施运行情况。截至目前每天平均处理污水约110吨,共计处理污水约39 600吨。每月对机房各种机械设备进行维护保养,定时检查水泵运转情况。

4. 锅炉房运行管理与设备维护保养　2009年10月底,完成3台6吨热水锅炉、2台4吨蒸汽锅炉的检修工作,并对各种压力表、安全阀进行了校验、年检。2010年3月31日,停炉检修,顺利平稳的完成了供暖工作。建立锅炉房日常运行制度、安全管理制度。每天每班工作人员有详细的工作记录、交接班记录,出水温度、回水温度记录。

2009年12月9日对蒸汽锅炉进行试气工作,12月10日完成三所实验室对高压灭菌器的供气调试工作。供应消毒蒸汽、生活热水1202小时。

5. 空调系统的运行管理与设备维护保养　所有空调系统在运行中采取边运行边维护的方法,对各末端的风机盘管检修及实验室239台空调机组进行检修。

实行24小时值班制度,每3小时巡检设备设施运行情况;每月对机房各种设备进行维护保养,保持清洁,管道无漏水、无堵塞,冷却塔运行正常。对园区所有VRV空调进行了维护保养,包括室内机过滤网清洗、室外机翅片清理灰尘、制冷剂的检查及添加。截至目前对机房设备(水泵、阀门、管道)共计维护维修60余次。各楼空调末端维修共计150余次。

6. 建立安全生产检查制度　每月对昌平园区各项保障系统,供电、供暖、空调、电梯、污水处理、消防、安防等设备设施进行安全检查,并详细记录。每季度向中心及三所发放安全生产检查简报。制订了中国疾病控制中心新址园区配电系统图例等多个管理流程图。

(二)通勤运行情况

1. 服务内容　到目前为止,聘用驾驶员 8 人,租赁 16 辆通勤班车负责北京城区 2、3、4 环及潘家园、南纬路、积水潭至新址等线路的运营。班车总计出车 8100 多车次,接送乘客约 23 万人次,安全行驶 68 万多公里。

2. 合同执行管理工作　建立健全了《中国疾控中心通勤班车管理制度》、《中国疾控中心车辆加油卡及 ETC 卡管理制度》、《中国疾控中心通勤班车应急情况处理预案》等管理制度。驾驶员服务人员经公司审查及体检、培训合格后，由新址办组织面试及路考。

传达中心安全管理部门下发的各类安全生产文件。在春节、国庆等重要时期与驾驶员签订安全生产责任书,加强驾驶员安全驾驶观念。每周召开安全例会,除要求公司检查的同时,要求驾驶员坚持做到“一日三检”,发现异常或故障要立即修复,保证车辆各部机件随时处于完好状态,

车辆钥匙交接、车辆用油使用情况及车辆行驶里程有专门的表单详细记录,按时完成车辆维修保养、车辆保险和车辆年检等各项工作。

(三)餐厅运营管理情况

1. 运营情况　2010 年 3 月以后,随着性艾中心和病毒病所的陆续搬至新址,餐厅就餐人数相对固定,全天就餐人数约 1200 人次。

2. 管理情况

(1) 采购和库房管理:通过招标最终选择古船米业、北京第五肉联厂、福成五丰食品有限公司、华都肉鸡公司、物美超市,北京山鹤永兴公司等 6 家单位为餐厅配送粮油、猪肉、牛羊肉、鸡肉、副食、调料、酒水饮料日用百货、蔬菜水果、鲜活水产、鸡蛋等产品。餐厅设有专人进行采购并做好物品的验收、保管、出入库和每月的库存盘点及运行情况的汇总工作。

(2) 制作加工及服务管理:通过招标选择了北京百盛达餐饮公司,为餐厅提供食品制作、加工、销售和服务等工作,该公司按照园区用餐人数和用餐标准配备餐厅工作人员,并提供小商品及自制食品的供应。

(3) 食品安全和生产管理:在食品制作加工过程中严格执行食品卫生法要求。严格

按照公安消防管理部门要求,保障煤气使用和保管安全。

(四)公寓运营情况

1. 基本情况　公寓管理部主要负责公寓客房、洗衣房、主楼会议室三部分。公寓房间共有71间,床位126张。

主楼内设有不同用途和功能的会议室13个,包括学术报告厅、多功能厅等(不包括全国疫情会商室),约2000m²。专家公寓使用客房3126间次,共接待宾客5580人次,其中外宾10余人次。入住率平均30%以上。会议服务场次512余次,大型会议35次,中小型会议477次。共接待与会宾客10 206人次。洗衣房洗涤公寓及餐厅布草14 273件。

2. 人员情况　现各岗位服务人员共17名,其中公寓客房11人,会议服务3人,洗衣房3人。根据公寓一年的运转情况,公寓现实行24小时值班,现有各工作岗位人数是根据实际工作情况逐步调整的结果。经过园区多次大型会议及住宿接待工作的考验,满负荷完成了各项接待工作。

(五)保洁运行情况

(1)2010年3月份,中国疾控中心继续与首华保洁物业公司签订卫生保洁合同。2010年室内保洁新增加2.5万平方米的公共场所面积,即性艾中心、病毒病所;新增加实验室垃圾清运项目。

(2)在分管园区保洁工作中,先后对保洁物业公司现场管理人员、保洁员的工作标准,实验室垃圾清运等方面进行针对性的培训。邀请两所的专家就实验室垃圾的危害性、自我防护、正确认识及规范操作等给全体员工授课。

(3)要求保洁物业公司建立各项规章制度和符合园区的服务标准,建立文档系统,规定保洁物业公司定期对保洁员上岗职业培训。7月初新址办联合保洁物业公司进行了卫生保洁工作满意度调查,调查科室数29个(综合楼24个,性艾中心和病毒病所共5个),共有27份调查结果。满意率为96%,较满意率为4%,无一般满意、不满意。

(六)收发室运行情况

收发室所有人员严格执行收发室管理制度,按照收发室工作流程,及时、准确、规范地完成日常工作。承担了中国疾控中心"信封"、"爱心雨伞"的保管与领用工作。自昌平园区收发室建立至2010年8月底,收发室挂号信、特快专递全部做到当日通知单位或本人,所有收发邮件、信函都记录在案,邮件、信函丢失为零。

截至到8月份,中心交换站交换文件、信函、印刷品11.2万余件,交换收发文件、信函、印刷品2043余件,收发室分发各类挂号、快递邮件3871余件,分发各类平信邮件835

余件，分发全国各省印刷品 1221 余箱，分发主要报纸、杂志近 3.2 万余份。

（七）园区电话管理

及时开通了中心机关、餐厅、后勤楼、专家公寓、10KV 配电室、大门门卫等电话 336 部。逐步完成了长途、内线、来电显示、呼叫转移、虚拟平台等功能的扩充。

与中心办、财务处建立了电话管理制度，发布了《中国疾病预防控制中心昌平园区电话使用管理规定》，规范了开通电话及增加功能申请流程。

（八）园区绿化

一期室外绿化养护面积为 4.83 公顷。其中：铺种草坪 45 334m^2，乔木种植园区 1259 株、团山 602 株，灌木种植园区 2875 株、团山 438 株，花草种植园区 27 540 株、团山 10 119 株，栽植色带 770 株，竹类 132 株。以外还负责中心广场喷泉池水（面积 2000m^2）、团山人工湖水的管理（面积 3000m^2）。

二、后勤管理

（一）土地房屋管理

(1)根据国管局、卫生部的要求对中心及所属在京单位的土地房屋进行了详细的调查，完成了土地登记工作，同时对中心本级管理中尚未出售的 48 套公有住宅进行整顿，根据卫生部的批示，本着自愿购买的原则，出售公有住房 14 套，对尚未购买的公有住宅 34 套，统一换发中央国家机关公有住宅租赁合同，进一步规范了房屋管理。

(2)加强职工住房档案管理工作，及时将公有住房超标处理情况上报央产房办公室，为职工已购住房的变更上市提供方便。同时组织全中心在京单位对住房档案管理进行了升级培训，现与央产房办公室实现联网。

(3)完成职工住房补贴的予决算工作，审核发放异地调京职工补贴、一次性补贴、职务职称晋升补贴等共 87 人总金额 4 850 917 元。

(4)积极落实李克强副总理关于解决中心职工上班远，建设公共租赁住房的指示，迅速了解中央及北京市有关公共租赁住房的相关政策，积极走访有关部门，邀请北京市和昌平区住房和城乡建设委员会的领导到中心实地考察，同时深入探讨了建设公共租赁住房方式方法，为中心领导决策提供了依据。

（二）应急保障工作

(1)对 400 多种几万件应急储备物资实行严格的入库出库制度，对库内物资及时调库、分类，做到存放地点明确，库内物资摆放整洁、一目了然，取物迅速，为抢险救灾工作做好后勤物资保障。

(2)完成玉树、舟曲抗震抗洪后勤保障工作,共完成入库物资5340件,配发个人装备267套。

(3)参与卫生部玉树抗震救灾西宁后勤保障,做好灾区生活物资的采购运输,配合疾控应急办、传染病所协调移动生物安全实验室由西宁赴玉树运输工作。

(4)配合疾控应急办对应急库房的规划,完成搬迁方案和应用库存管理系统分仓库软件的使用。

(三)其他职能工作

(1)组织中心2011年大修项目的申报、立项、评审工作8项。卫生部批准6项,总金额11 446.55万元。积极主动协调督导各单位完成2010年大修项目,派出有经验的同志协助职业卫生所南纬路29号楼的修缮工程的管理。

(2)组织协调传染病所医务室为4个单位1100名职工提供医疗服务,全年就诊近7000人次,目前医务室可提供十几项服务,500多种药物基本满足职工就医需求。

(3)组织完成2010年度本级325名40岁以上职工及领导干部健康体检工作。建立并完成中心本级职工电子版健康档案管理,将纸制体检报告发到每一名职工,及时通知督促体检项目有异常的职工到医院复查,做到早预防、早治疗。

(4)对中心市内电话进行了整顿,整理合同12份,撤销11份。整理固定电话500余部,撤销固定电话350余部,撤销一拖30固定电话2部,办理过户手续25部,取消已变更用户名固定电话20部,整理移动电话合同4份,撤消移动电话29部付费手续,由后勤管理处办理了18部移动电话的变更手续。

(谭吉宾　杜光　王海东　王晓雪)

党 群 工 作

一、党委工作

(一)开展创建学习型党组织活动

中心党办通过发放学习材料、推荐学习书目等形式安排自学。组织开展了中心党员《论共产党员修养》学习和向马庆军、杨勇同志学习等活动。起草制定了《推进学习型党组织建设的实施意见》,精选了《沈浩日记》、《苦难辉煌》等5本有思想内涵、有正面引导作用的书向全体党员推荐,引导各直属单位或开展“读书季”,或集中交流研讨读书体会。

组织举办了“全国省级疾控系统党务干部建设学习型党组织培训班”,加强沟通、扩展思路,带动了疾控行业学习型党组织建设。组织中心职工参加了中央国家机关工委开展的“读书征文”活动,荣获二等奖5个,三等奖19个,优秀奖6个,并获优秀组织奖,激发了党员群众爱学习、好学习的动力。

(二)开展创先争优活动

紧密结合中心工作,丰富创先争优活动载体,组织广大党员在各种业务活动中创先争优。通过开展创先争优动员大会、专题研讨会、主题党日活动、党的知识竞赛,以及近期上下联动开展的参与度高、辐射面广、引导性强的十项专题活动,特别是一条创先争优活动宣言、一项“岗位闪光”的业务工作等形式,促进了中心创先争优活动的良性开展。召开中心深入开展创先争优活动的动员大会,并举办创先争优党务干部培训班,邀请中央国家机关工委组织领导和卫生部直属机关党委领导作专题讲座和形势报告。

3月,召开党内统计工作培训交流会,进一步强化中心党员档案数字化管理,不断完善中心党员数据库,全年共发展党员23名,另有30名预备党员按期转正。组织16名入党积极分子参加卫生部直属机关入党积极分子培训班,并全部以优异成绩毕业。做好中心各级党组织换届选举调查摸底、释疑解惑和规范操作等工作,2010年中心党委应换届选举的36个基层党支部中有27个已完成换届选举。

为庆祝建党89周年,以“重温入党誓词,坚定理想信念,积极投身创先争优活动”为主题开展党日活动,组织中心党员参观连续十年荣获“全国先进基层党组织”称号的昌平区郑各庄村党总支,学习他们在新农村建设中发挥战斗堡垒作用的先进经验,思考如何在疾控工作中发挥党组织作用。为配合主题党日活动，于 6、7 月份分别举办了以“爱党爱国、弘扬正气、岗位奉献、开创未来”为主题的党的知识竞赛的预赛和决赛，来自各直属单位和一、二总支共 16 支代表队参加比赛。

组织召开了以“贯彻落实《党员领导干部廉洁从政若干准则》，切实加强领导干部作风建设，深化医改任务落实，推进疾控事业健康发展”为主题的 2010 年专题民主生活会，会前广泛征求党内外群众意见，会后认真研究关系群众切身利益，群众反映强烈的上班路途远、住房困难、待遇低、工作压力大等问题和困难，积极向上级反映情况和争取政策，努力解决问题。

起草印发了《中国疾控中心党委关于建立党委常委党建工作联系点的通知》，提出了中心党委常委党建工作联系点联络员的六条工作职责，切实做好党建联系点相关工作。

在玉树灾区救灾防病工作现场建立了临时党支部，积极在救灾防病一线发挥党组织的战斗堡垒作用和党员先锋模范作用。分别组织向玉树、舟曲灾区捐款活动，全中心共募集捐款 45 万余元。2010 年，中心党委被中央组织部授予“抗震救灾先进基层党组织”称号。

（三）围绕中心工作，做好思想政治工作

9 月，举行救灾防病和支援灾区先进事迹报告会，与会群众反映强烈，起到了很好的典型引路作用。重视发挥《中国疾控中心报》对内交流、对外宣传的窗口作用，全年共编辑出版 13 期，计 80 个版面约 40 余万字。在中心网站首页设置了创先争优专栏，开辟了宣传思想工作新阵地。举办了中国疾控中心报 2009 年度工作总结表彰会暨通讯员培训班，表彰优秀通讯员 36 名，并邀请《健康报》新闻研究室专家做专业知识培训。

组织召开会议研究职工思想状况，由于中心搬迁新址后客观上带来交通、工作、生活的诸多不便，在职工中呈现一些副作用，针对这种情况，通过各级党组织鼓励党员干部克服当前困难，发扬疾控人无私奉献的精神。

作为政促会疾控分会秘书处，中心党办紧密结合学习型党组织建设、创先争优活动、医改任务和绩效考核等内容先后开展 3 次全国范围的培训、研讨、观摩、调研和经验交流，在思想战线引领全国疾控系统，促进了疾控事业全面发展。

二、纪检监察工作

（一）组织纪检监察干部传达学习中央纪委五次全会和 2010 年全国卫生系统纪检监察暨纠风工作会议精神

2 月 25 日，中心纪委召开纪委扩大会议，组织各直属单位党委书记、纪委书记、党办（监审室）主任学习胡锦涛总书记在中纪委五次全会上的重要讲话、贺国强同志的工作报

告和卫生部陈竺部长、张茅书记在2010年全国卫生系统纠风工作会议上的讲话精神、李熙组长的工作报告。各直属单位纪委、党总支、党支部按照中心纪委的要求，召开单位领导班子会议和党总支、党支部会议组织传达学习。

（二）履行监督职责

8月，中心纪委发文强调机关各处室、各直属单位要加强对资金使用和项目进展的监督，尤其是加强对科研课题、项目经费使用和运行情况的监管。

（三）执行“三重一大”事项集体讨论制度

一是按照驻部组局的要求，及时提醒中心办公室、中心党委办公室按时公开和上报有关“三重一大”事项的会议纪要；二是按照驻部组局的要求，组织人员对中心党委《关于“三重一大”事项必须经集体讨论决定的实施意见》（中疾控党发〔2006〕57号）文件进行修订。

（四）抓领导干部廉洁自律工作

1. *认真学习贯彻《中国共产党党员领导干部廉洁从政若干准则》（《廉政准则》）等党内法规* 10月12－13日，中心纪委召开纪委书记例会，集中学习《廉政准则》、《关于领导干部报告个人重大事项的规定》以及《用公款出国（境）旅游及相关违纪处分规定》，结合中心实际，逐条对照“52个不准”，分析查找易发、多发的问题和环节，并进行A、B、C 3个等级的廉政风险评估，使学习贯彻文件精神与中心工作实际紧密结合。同时，中心纪委通过开展为处级干部发放单行本、组织全体党员的答题活动、在《中国疾控中心报》刊登《廉政准则》规定的“52个不准”、协助中心党委召开以贯彻落实《廉政准则》为主题的民主生活会等多种活动学习贯彻《廉政准则》。

2. *坚持廉政谈话制度* 按照年度工作要点，中心纪委对中心管理的1/3所、处级领导干部分别进行廉政谈话，与新任职的5位所、处级干部进行任前廉政谈话。其中，组织纪检干部参加性艾中心、病毒病所、改水中心、职业卫生所、辐射安全所召开的民主生活会，与所领导班子进行集体廉政谈话。与中心实验室管理处、设备条件处、人力资源处、规划财务处、信息中心、疾病控制与应急处理办公室等十余个处室的负责人分别谈话。通过采取集中座谈和个别谈话，进一步强化领导干部廉洁自律和廉洁从政意识。

（五）开展反腐倡廉学习教育工作

1. *加大促进领导干部学习教育的力度* 以支部为单位，以学习贯彻《廉政准则》为重点，组织党员干部尤其是党员领导干部学习《中国共产党党员领导干部廉政准则》、《关于领导干部报告个人重大事项的规定》以及《用公款出国（境）旅游及相关违纪处分规定》等党内法规;组织集中收看《拒腐防变每月一课》电教光盘;为各直属单位提供《党风廉政建设》、《行政监察法》等文件资料和书籍教材,以供学习。有的直属单位注重廉政教育的制度化建设,制定了《中层干部勤政廉政学习教育制度》,坚持每季度组织中层干部集中学习。

2. 加强对全体党员和干部职工的反腐倡廉宣传教育　3月份组织以“推进反腐倡廉建设科学化”为主题的理论研讨征文活动,受到了部机关纪委的奖励;在《中国疾控中心报》开辟《廉政之窗》专栏,每月刊登党内法规及相关文件精神;在中心内网链接反腐倡廉优秀公益广告。有的直属单位利用宣传栏、门户网站、电子邮件等载体开展宣传教育活动,强化党员干部的廉洁自律意识。

(六)继续深入推进医药购销领域商业贿赂治理专项工作

认真贯彻落实卫生部《关于进一步深化治理医药购销领域商业贿赂工作的通知》(卫办发〔2010〕59号),加强对中心设备、物资招标采购的专家抽取、开标、评标等关键环节的现场监督,全年达200余次,涉及采购金额约1.5亿元人民币。在现场监督过程中,对相关环节中的不规范行为,能够当场予以纠正、提醒,并先后给予书面监察建议5次,督促相关部门及时整改;凡涉及招标采购的信访举报,均认真进行调查核实和反馈。

组织开展专项治理学习教育活动。针对中心外聘人员参与政府采购工作较多的实际状况,中心纪委对全球基金艾滋病、结核病等项目办参与政府采购工作的外聘人员进行统计。11月16日召开专题会议,对19名外聘人员进行集中谈话,组织学习《政府采购法》等相关法律法规,进行《卫生部政府采购工作实施细则(试行)》的知识答题测试。同时,在中心范围内组织观看《警钟长鸣》警示教育片,提醒干部职工面对各种诱惑要始终保持高度警惕,自觉筑牢反腐倡廉的思想堤坝。

(七)开展权力运行监控机制建设试点工作

作为卫生部首批试点单位,中心领导班子高度重视权力运行监控机制建设试点工作,成立领导小组和办公室,制定试点工作方案,加强工作指导,在人力、经费等方面提供保障。

1. 填报《权力明晰表》　认真做好试点的各项筹备工作,组织好文件学习、组织考察、开展培训、开会动员等。4-5月全面开展了摸清权力底数、填报《权力明晰表》工作。通过对机关32个处室报送的《权力明晰表》进行反复研讨、归纳、整理和征求意见,并根据驻部监察局的两次审核意见组织修改。10月12日,经卫生部党组审定,中心本级廉政风险权力共30项,其中A级15项、B级8项、C级7项。

2. 绘制权力运行流程图　根据卫生部党组审定下发的《中国疾控中心权力明晰表》,

绘制 A 级、B 级权力运行流程图，中心各位领导对分管处室绘制的流程图进行逐项把关。12 月 17 日，中心王宇主任召集由中心人资处、规财处、国合处、科技处、教育培训处、设备条件处、基建处等部门负责人参加的专题会议，对各单位绘制的流程图逐个研究、讨论，科学规范地绘制流程图。

（八）认真做好案件登记受理，充分发挥案件查办治本功能

2010 年收到信访件 27 件（其中重复件 7 件、上级转办 9 件）。中心纪委对每一封信访件认真核查，坚持做到件件有结果、次次有回音。配合司法机关完成了对有关案件线索的调查核实工作。

（九）贯彻落实卫生部直属单位党风廉政建设工作会议精神，切实加强纪检监察机构建设

8 月 20 日，卫生部党组印发了《关于加强卫生部直属单位纪检监察组织建设的意见》（卫党发〔2010〕31 号）（以下简称《意见》）。9 月 3 日，部党组书记张茅同志在卫生部直属单位党风廉政建设工作会议上强调了加强纪检监察组织建设的重要性和必要性，并对贯彻落实《意见》提出了明确要求。9 月 8 日，在中心主任办公会议上传达了卫生部会议的主要精神。10 月 12 日，中心纪委召开直属单位纪委书记例会，全面传达张茅书记的讲话和《意见》精神，并对贯彻落实《意见》提出了具体要求。为迎接 10 月 23 日驻部组局对中心贯彻落实《意见》情况的专项检查，协调中心人力资源处，结合中编办和卫生部人事司关于中心机构设置和编制调整工作，向中心领导提交了完善直属单位纪检监察机构设置和人员配置的建议。

（十）开展惩防体系建设检查工作

按照《关于对卫生部机关和直属单位惩治和预防腐败体系建设情况进行检查的实施方案》（驻卫监发〔2010〕2 号）要求，中心纪委布置了自查工作并安排了各单位之间的相互检查。12 月下旬，中心惩防体系领导小组对各单位自查和互查工作进行检查。

（十一）其他工作

协助起草《医药卫生系统专业技术人员道德行为规范》受驻部组局的委托，根据中心的安排，纪检监察室牵头，在有关方面的协助配合下，完成了《医药卫生系统专业技术人员道德行为规范》代行起草工作。因《规范》涉及医药卫生系统各类专业技术人员，7 月份，邀请中华医学会、营养食品所有关人员和中心机关相关处室负责人共同研讨、修改《规范》，并按要求将《规范》征求意见稿提交驻部组局。

三、工会工作

(一)工会建设

1 月,举办《新工会会计制度》及预决算培训班,30 余名工会干部和工会财务人员参加了学习培训。

10 月,在广州市举办全国省级疾控中心工会组织参与医改工作研讨会,26 个省级疾控中心的工会主席、党委书记或工会干部 46 人参加了学习和讨论。

12 月,制定下发直属各单位工会"职工之家"标准实施方案。

(二)维护职工合法权益

针对职工反映新址交通、食堂就餐、空调、供暖等问题,积极反映相关管理部门。配合行政部门落实职工带薪休假制度。调查 9 个直属单位和机关 2009 年度职工休假情况,并汇总上报中心领导。

(三)文体活动

3 月和 10 月,中心工会分别与上海疾控中心、河北省疾控中心共同举办全国疾控系统"世博杯"乒乓球比赛和"正定杯"乒乓球比赛,来自全国 26 个省级疾控中心 240 余名乒乓球爱好者参加了比赛。

11 月 5 日,举办中心首届职工趣味运动会,600 余名职工参加了活动。

6 月 11 日,举办 2010 年度中心乒乓球比赛,10 支球队 80 名队员参加比赛。

9 月,组织 310 名职工参加卫生部第六届职工运动会,26 支参赛队中获团体总分第七名。

新址开放职工健身活动场所,中心投入 14 万元添置健身设施。

(四)帮扶困难职工

为中心 7 名职工申请了困难职工子女帮扶金 1.2 万元,为 5 名职工申请阳光助学金 1 万元,"五一""十一"春节等重要节日走访慰问困难职工 30 余人次,发放慰问金 1.6 万余元。

(五)女职工工作

开展巾帼建功 20 周年庆祝活动,征集女干部职工征文 21 篇,并获卫生部妇工委授予的优秀组织奖;组织优秀集体女职工代表参加卫生部"三八百年"庆祝活动;推荐赴玉树灾区 2 名女职工代表参加卫生部妇工委"情系灾区,巾帼行动"座谈会;推荐 7 名女干部职工申报卫生部妇工委巾帼建功标兵、优秀妇女工作干部，并获得称号。

四、共青团工作

（一）创先争优活动

通过推荐阅读《苦难辉煌》书籍、“讲述我身边的先进集体和优秀个人”活动、图书“义卖”、支部书记讲团课、“我的才艺特长”展示、“青年社区 QQ”等载体，教育引导青年永跟党走、岗位建功。

（二）服务青年成长

与中心科技处共同举办了第五届青年科技人员学术报告会；与中国健康教育中心共同开展了“健康教育、走进基层”团日活动，向怀柔北沟村提供卫生防病知识和健康宣传手册 200 余本。推荐 2 名青年申报中央国家机关“五四”奖章候选人，病毒病所段招军研究员获中央国家机关“五四”奖章荣誉称号；推荐中央国家机关青年联合会第四届委员候选人 1 名，推荐卫生部青年读书会会员 1 名。

（三）文体活动

联合北京医院团委、卫生部人才交流中心团支部共同开展团干部培训工作；举办义务植树活动；开展“激情世界杯你猜我最棒”四强竞猜活动；组织 30 名单身青年参加百合网、石景山区妇联组织的婚恋交友活动和国药集团单身青年联谊会等活动。

五、统战工作

征集统战工作规律性认识征文 2 篇；配合中央国家机关统战部完成 120 份职工、人事、统战部门问卷调研；参与《关于开展归侨侨眷权益保护法》颁布实施 20 周年纪念活动；协助民主党派考核发展党员工作；选派民主党派人员参加中央国家机关统战部座谈会；举办了民主党派代表座谈会，推荐民主党派代表吴永宁和卢金星参加卫生部民主党派座谈会。

（孟宪平　韩璐　白雪平　沈婵　田申　李新焕　刘海龙）

直属单位工作概况

传染病预防控制所

一、青海玉树抗震救灾防病工作

2010 年 4 月 14 日，玉树发生了 7.1 级地震，造成了巨大的人员伤亡。为坚决贯彻落实党中央、国务院、卫生部关于确保:"大灾之后无大疫"的指示，传染病所根据中心指示，第一时间派出强有力的防疫队伍奔赴玉树灾区开展抗震救灾防病工作。

(一)灾区本是疫源地 灾后防鼠疫为关键

玉树属于喜马拉雅鼠疫疫源地，是目前世界上最活跃的鼠疫自然疫源地之一，旱獭是最主要的带菌动物。猎捕、宰杀和剥食旱獭等动物，可感染鼠疫。2007 年以来，每年都有动物鼠疫发生。2004 年周边地区也发生过人间鼠疫。由于地震可能会对旱獭的出蛰时间和习性发生影响，国际学术界非常关注地震后玉树是否会发生鼠疫的问题。美国 Olso 大学曾专门研究中国和中亚鼠疫的 Nils Christian Stenseth 教授在 Science 杂志发表评论说，"玉树地震创造了鼠疫暴发的有利条件。"

因此，预防鼠疫成为灾后防疫的首要任务。然而，当地没有检测鼠疫所必须的生物安全实验室，标本要送到远在 800 公里以外的西宁。如果发生疫情，可能会贻误战机。卫生部决定，派移动生物安全实验室到玉树。

(二)移动生物安全实验室上玉树 克服"高原病"运转开先河

2004 年，胡总书记从法国引进了只有少数发达国家才有的移动生物安全实验室，交中国疾控中心使用。移动生物安全实验室最主要的特点是，一旦遇到紧急情况，可在第一时间到达指定现场，快速开展检测工作，确定病原体，为控制疫情指明方向。

但实验室体积大，重量高，对桥的高度、路的宽度和承载力有一定要求。引进后，从未出过北京城。接到命令后，我们首先克服畏难思想，下定决心，排除万难，千方百计，完成任务。首先通过铁路将实验室运到西宁，然后翻山越岭于 4 月 30 日将实验室开到玉树。

玉树海拔 3500 米，超过实验室的允许海拔高度。刚一启动，警报频繁，设备拒绝运转。经过反复调试，收集到国内外第一份移动生物安全实验室在 3500 米以上高原运转的数据，开创了在高海拔地区使用该类实验室的先河。世界顶级学术杂志 Science 对我们的工作高度评价。

(三)立足长远 打造世界一流的鼠疫检测实验室

鼠疫检测是一项高风险工作。一要保证实验人员的安全,不被感染;二要做好试验垃圾的处理,不污染环境。必须要建立世界一流的鼠疫检测实验室,为确保灾后无鼠疫提供技术支撑。因此,我们开拓思路,立足玉树,放眼世界,以移动式生物安全实验室为主体,建立了包括实验区、生活区、停车区等配套设施的实验基地。在实验区,设立了配套板房实验室,高压蒸汽灭菌锅帐篷、实验准备间、动物解剖间、实验操作间等。在生活区建立了自来水供水系统、环保型冲水卫生间、太阳能淋浴间等,可满足工作需要,又保证了人员健康。

(四)即时检测 第一时间报结果 为决策争取时间

在鼠疫自然疫源地发现自毙动物,就可能是因鼠疫死亡,必须立即检测,采取措施。这在过去要在几天后才能够得到检测结果,可贻误战机。鼠疫检测实验室建成后,我们可即时检测,在接到标本后2小时,报告第一批检测结果,以后每小时一报,直到工作完成。这就能够为控制疫情赢得宝贵的时间。截止10月31日,已完成了36只自毙动物的检测,包括家犬、旱獭、羊、高原鼠兔和小家鼠等。检测结果及时报告,得到相关部门的好评。

(五)依靠团队精神 创造一流业绩

玉树县平均海拔4493.4米,严重的高原反应可威胁到健康和生命。赴玉树灾区的队员,大多数也有高原反应。但他们依靠团队精神,战胜困难,保持坚强的战斗力。截止目前,共派往灾区40人,(包括14名女同志),50%以上是党员,包括所领导班子全体成员、全国三八红旗集体成员、巾帼建功英雄等。

玉树鼠防工作将是持久战,我们已经做好了在灾区继续工作的充分准备,作为一支有着98抗洪、SARS动物宿主调查、5.12四川抗震救灾等实战经验的团队,我们将继续发扬"召之即来、来之能战、战之能胜"的光荣传统,担当起历史赋予的使命,为建设新玉树保驾护航。2010年8月,传染病预防控制所被中共中央、国务院、中央军委授予“全国抗震救灾英雄集体”荣誉称号。

二、甘肃舟曲救灾防病工作

2010年8月8日,一场特大泥石流袭击了甘肃省甘南州舟曲县城,给当地群众的生命和财产造成了巨大损失。传染病所研究人员主动了解灾情和当地卫生防疫需求,针对性的准备救灾防疫所需的仪器设备、试剂耗材,随后即携带所需物资奔赴救灾防疫的第一线。到达现场后,迅速融入卫生防疫领导小组的工作。

(一)根除蚊虫,切断虫媒疾病的传播途径

现场发现灾区水体中已有蚊蚴滋生,一旦孵化成蚊虫有传播乙型脑炎、疟疾等传染病的风险。工作组对各种积水中蚊虫幼虫孳生情况进行了调查,根据当地水体特点提出使用世界卫生组织推荐的对人畜毒性低、用量少、持续时间长、对鱼类没有毒性的安备。结果100%杀灭蚊蚴,彻底根除了蚊虫隐患。

(二)调查水源,确保生活饮用水安全

8月20日对舟曲城区临时供水明管管网系统水源进行现场考察后发现两处水源存在卫生安全问题,提出建议:优先采用水质便于控制的罗家峪水源作为主要供水水源,由政府出面征用水中和水源周边农田,给予相关农民一定的补偿。在水源周边设置围栏或警示牌,并派人巡查,严禁人畜进入。适度增加水质净化车等生活饮用水净化设施,作为辅助供水水源。持续做好生活饮用水卫生安全的宣传工作,自觉保护水源和供水管网。

(三)连夜制订高腐尸体卫生防疫处理方案

8月19日工作组受命组织国家、省、州、县各级卫生防疫人员和卫生管理人员连夜起草了《舟曲特大山洪泥石流灾害遇难人员后期高腐尸体卫生防疫处理方案》,该方案的实施对高腐尸体的处理提供了安全保障,取得了良好的效果。也为今后同类尸体的处理提供了参考。

(四)提出过渡期灾民安置点卫生防疫工作建议

工作组到建设中的灾民集中安置点考察了医疗、防疫、监督等卫生设施的设置情况,并对安置点周边环境和供水水源进行实地考察,针对性的提出建议:在灾民入住前,用氟氯氰菊酯对安置点周边和帐篷内外进行预防性杀虫;在周边积水坑投放“安备”预防蚊蚴滋生;对农家厕所杀虫灭蝇。灾民入住后,要加强垃圾和厕所的管理,及时清理、及时灭蝇。水井启用前,对水质进行全项检测,待合格后方可饮用。启用后,每日取样做主要理化指标和微生物检测。该项建议为渡期灾民安置点的卫生安全提供了有力保障。

(五)整合资源,抓住防疫工作的核心

根据现场防疫工作的实际情况提出了成立疫情信息分析组、完成水质检测、开展蚊蝇密度监测和蚊蚴监控工作、对22家餐饮点开展食品检测工作、开展实验室检验、建立疫情动态,生活饮用水检测,6个医疗点三个动态图示专栏、在重点区域摆放垃圾桶等建议,经卫生防疫领导小组例会通过，全部得到落实，对确保灾后无大疫发挥了关键作用。

2010 年 11 月，在舟曲救灾防病中发挥重要作用的卢金星同志被国家防汛抗旱总指挥部、人力资源和社会保障部、解放军总政治部授予“全国防汛抗旱先进个人”光荣称号。

三、携带 NDM－1 耐药基因细菌的应急检测工作

自 2010 年 8 月中旬国际上广泛报道在印度、巴基斯坦、英国等地发现携带 blaNDM－1 耐药基因的细菌以来，传染病所根据卫生部指示，依托传染病防治重大专项“传染病监测技术平台项目”，对我国病人分离菌株携带该耐药基因情况展开筛查。传染病所针对国外在 Genbank 上公布的 blaNDM－1 序列做参照(FN396876、AB571289)，设计了特异性引物，建立了筛检程序，下发来自北京、上海、浙江、天津、湖南、广东的十家医院在全国范围开展检测工作。

至 9 月 13 日，中国疾控中心传染病所完成 2032 株菌的检测，发现 2 株宁夏回族自治区 2010 年腹泻症候群分离可疑致病菌株 NDM－1 基因 PCR 筛检阳性，通过国际公认的 BD 全自动生化鉴定仪与 API20strep 手工生化鉴定条，确认该 2 株携带 NDM－1 耐药基因的菌株均为屎肠球菌(Enterococcus faecium)，通过序列测定获得了该 2 株菌所携带的 NDM－1 全基因序列，并与国外参考序列进行比对，一致性 100%。通过对 2 株菌的 16srRNA 序列进行比对，也确认为 2 株菌均为屎肠球菌(Enterococcus faecium)，与生化鉴定结果一致。9 月 21 日，通过中国疾控中心将结果正式汇报卫生部。

四、传染病疫情调查处理

(一)发热伴血小板减少综合征监测与调查

2009 年 5 月至 10 月，湖北多家医院先后共报告发热伴血小板减少综合征病例 93 人。2009 年 5 月 31 日接到中心湖北发热伴血小板减少综合征疫情通知后，传染病所开始介入发热伴血小板减少综合征疫情调查。经过半年多艰苦的实验室研究，从患者血液中分离到了一株病毒，并测序确认为一种新的布尼亚病毒，为领导决策提供了线索。2010 年 5 月进一步继续配合中心应急办开展发热伴血小板减少综合征的监测工作，派出工作人员对河南 5 个监测点的工作人员进行标本采集、保存及运送方法培训，无形体室和立克次体室负责完成了相关项目的实验室检测。

(二)安徽省蒙城县霍乱疫情调查处理

2010 年 8 月 14 日－9 月 5 日安徽省蒙城县共报告霍乱病例 38 例，8 月 23 日，传染病所腹泻病室赴当地协助调查处理霍乱疫情。工作组与当地政府和卫生部门密切配合，

确定了应急和群体性控制方案，充分发挥技术优势，在加强疑似霍乱腹泻病例监测、传染源追踪、实验室检测和人员培训方面做了大量有效的工作。霍乱疫情很快得到了控制，无死亡病例发生。经分析，此次疫情可能是由于目前已无法确定的某种或某类食品引起，由于早期患者没有得到规范的治疗成为传染源，污染了外环境，同时限于当地卫生与经济状况，以及餐饮夜市非常发达而卫生没有保障，使由单一食品引起的暴发转变为多因素引起的暴发。加之天气炎热、不良卫生习惯等因素的共同作用，导致了此次疫情的发生。

（三）新疆喀什地区莎车县伤寒暴发疫情调查处理

8月19日，应卫生部和中心指示，传染病所腹泻病室与中心应急办组成联合工作组前往莎车县，调查伤寒暴发疫情。至8月27日，全县共搜索到150例伤寒疑似病例，72例临床诊断病例和69例实验室确诊病例。通过流行病学调查、水源环境调查并结合实验室检测结果，证实这是一起由水源污染引起的伤寒暴发疫情。根据调查结果，工作组提出严格执行生活饮用水消毒措施并定期监测水质、查明巴扎水塔水源存在的安全用水隐患的环节、逐渐改变当地村民直接饮用生水的习惯及继续开展伤寒及发热病例监测等控制措施建议。有效控制了疫情。

（四）罗城县甲型副伤寒暴发疫情调查处理

2010年10月中旬，广西壮族自治区河池市罗城县发生甲型副伤寒局部暴发疫情，传染病所腹泻病室于11月6-7日赴广西罗城县调查处理疫情。对疫情期间的就诊病例共采集血液标本294份进行了病原学培养，分离到甲型副伤寒沙门菌79株，在疫情期间采集了水样135份，食品、调料33份、罗城县城区全部饮食从业人员及病人密切接触者粪便1017份，从一名健康者粪便中检出甲副伤寒沙门菌1株。工作组采取了迅速有力的防控措施，有效避免了疫情扩散及二代病例的发生。工作组通过调查证实疫情与自来水水源、食品无关，但饮用水源安全存在隐患，医院污水处理及排放需加强监管力度。

（五）四川乐至县钩体病疫情调查处理

2010年10月8日晚，乐至县疾病预防控制中心报告一起钩体病疫情。应卫生部疾控局、中国疾控中心指示，传染病所钩体室相关人员赴现场协助当地调查处理疫情。根据患者临床表现符合典型的钩体病发病特点、都有可疑疫水接触史、青霉素治疗效果以及实验室检测结果综合判断，本次疫情可确诊为钩体病疫情，乐至县共报告发生26例钩体病例。根据调查，工作组建议继续开展捕鼠工作，进行病原培养，明确感染钩体菌型；当地今后应组织力量开展钩体病相关监测，并在钩体病高发季节来临前1个月组织开展钩体病疫苗接种工作以及有计划的开展重点地区基层临床医务人员培训，提高医务人员诊治水平。

(六)西藏自治区林芝地区朗县人间肺鼠疫情调查处理

2010年9月，西藏自治区林芝地区朗县发生了一起人间肺鼠疫暴发疫情。鼠疫室相关人员携带鼠疫快速检测试剂、仪器设备及个人防护用品，于当日赴西藏林芝朗县处理疫情。在工作条件艰苦、样本分离鼠疫菌十分困难的情况下，通过采用鼠疫快速诊断方法，迅速的确定了疫情，为指挥部立即采取果断措施、避免疫情扩散赢得了时间。

(七)甘肃省阿克赛人间鼠疫疫情处理

2010年6月14日，应卫生部应急办要求，传染病所鼠疫室工作人员在第一时间赶到赴甘肃阿克塞调查人间鼠疫疫情，到达阿克塞县后，即前往实验室复核结果；随后进行流行病学调查，并召开疫情商讨会，对下一步工作提出具体建议。6月24日，疫情处理、接触者隔离观察9天后，无再发鼠疫病人。疫区解除隔离与检疫，疫情处理顺利结束。

五、公共卫生专项经费管理

组织相关专家完成了传染病所2010年公共卫生应急反应机制运行项目具体执行预算的编排和申报工作，包括细菌性传染病监测与调查、实验室检测技术储备、细菌性传染病分子分型监测网络建设和运转、罕见病原细菌实验室检测和分析技术的建立和储备、病媒生物控制、碘缺乏病、实验室保障(实验室安全标准化和服务平台技术建设)、信息保障、培训与应急演练以及机动经费在内的10大项共计1000万元，并分别于年中年末对各科室经费执行情况进行考察，督促执行进度。

六、传染病诊断技术储备

为有效应对细菌性传染病突发公共卫生事件，及时、准确、快速诊断突发或新发细菌性传染病，传染病所2010年进一步加强细菌性传染病快速诊断方法和其他诊断方法的储备性研究工作及相关试剂储备。

1.鼠疫杆菌　储备了鼠疫常规及快速检测试剂(培养基、噬菌体、PCR、胶体金诊断试剂、ELISA等)。已接收并鉴定了四川省、青海玉树地震灾区鼠疫监测中的鼠疫菌株，12月将接受西藏自治区送检的2010年鼠疫监测菌株。对锡乌张的长爪沙鼠鼠疫自然疫源地进行了现场调查。参加了对上海世博会提供保障的反恐实验室准备工作。

2.炭疽、蜡样芽胞杆菌　储备了炭疽常规及快速检测试剂(培养基、噬菌体、药敏试纸、PCR、胶体金诊断试剂等)。提取约100株保存菌株的DNA。完成了美国疾控中心关于炭疽血清抗体检测方法的技术转让,已在本实验室开展这项工作,拟于明年建立起标准化的炭疽血清抗体检测技术。收集了20株蜡样芽孢杆菌的菌株,对蜡样芽胞杆菌的PCR检测方法进行了优化和标准化。

3.土拉菌　土拉组已掌握了土拉菌生长最适宜的CHAB培养基的制备方法,储备了一定量的土拉菌抗原和抗体胶体金检测试剂,做好了现场调查和应急工作的试剂储备;建立了采用2种型特异性引物C1C4和RD1对土拉菌进行分型的方法;建立了采用土拉菌3种特异基因fopA、tul4和16S rRNA的PCR标准检测方法,对分离自我国北方地区的10株土拉菌,开展了以这3种基因为基础的系统进化分析方法;检测了61份内蒙古四子王旗标本和20份青海玉树标本,结果均为阴性。

4.类鼻疽　开展了类鼻疽现场调查,到海南省类鼻疽多发地区万宁县、三亚市进行类鼻疽调查,同时采集了相关环境各类样品110份。建立了类鼻疽伯克霍德菌PCR检测方法,完成了类鼻疽伯克霍德菌免疫血清制备,初步建立了类鼻疽伯克霍德菌的血清学验证方法。储备了类鼻疽常规检测试剂。

5.布氏杆菌　2010年布病的发病范围进一步扩大,云南、福建、海南省相继发现布病疫情。我们与中国疾控中心应急办对山西省、内蒙古和黑龙江省进行了7000余人的流行病学调查,完成3000份的血清标本的检测。与基层疾控中心在山西和内蒙古2个县旗开展了布鲁氏菌病流行特征分析及相关危险因素定量研究。对2010年的85株布氏菌菌种及资料进行整理,储备了布氏菌病相关试剂,改善布氏菌种保存方法,对Tb噬菌体进行了基因序列测定,完成了布氏菌属的鉴定多重PCR鉴定方法。

6.流行性脑脊髓膜炎　截至2010年9月,对全国31个省级疾控中心流脑实验室送检1971株流脑菌株进行菌株复核鉴定,有效菌株率为89.6%。对脑膜炎奈瑟菌MLST、PFGE以及porA序列等分子分型数据进行了整理,全部录入基于BioNumerics软件的数据库,并且与菌株表型资料以及流行病学资料整合,建立完善的数据库供PulseNet China以及全国流脑监测网的各级实验室查询、使用。目前,已录入1965－2010年分离自我国28个省份的流脑菌株1140株。为更好地提高我国流脑监测水平,实验室已经将所有数据库中非数据及菌种库中的菌株信息整理,分批次反馈至各省。

7.百白破　在百白破疾病病原学、血清学和分子生物学研究方面进行了重新规划,建立了白喉、百日咳实时荧光PCR快速检测技术方法,拟开展白喉毒力测定及相关基因检测。在山东潍纺地区开展健康人群的百日咳和白喉抗体血清流行病学检测。完成214份健康成人血清样本百日咳抗体和白喉抗体的ELISA检测,通过和北京地坛医院合作,在门诊就诊患者中开展了百日咳病例的筛查。

8.军团病菌　开展了军团菌多位点串联重复序列分子分型方法(MLVA)研究,对军团菌PFGE分型方法进行优化和评价。确定了军团菌PFGE分型方案,目前该方案已被多家国际实验室参考。建立和完善了环境标本中军团菌的 Real time PCR 检测方法,完成了 300 余株环境标本军团菌菌株的 PFGE 检测和 80 余株军团菌的 SBT 检测。

9. 流感嗜血杆菌　结合“山西省 1～45 岁健康人群脑膜炎奈瑟菌和 b 型流感嗜血杆菌携带状况及脑膜炎奈瑟菌(A、C、Y 和 W－135 血清群)自然免疫水平横断面调查”项目,完成了 800 健康人群流感嗜血杆菌带菌情况调查,分离鉴定流感嗜血杆菌菌株 120 余株,现正在进行 PCR 分型监测工作。

10. 肺炎链球菌　初步建立了本实验室的肺炎链球菌分子流行病学监测网络(PMEN)框架,进行了相关技术与流程可行性验证,并完成了部分实验材料的储备。对送检 45 株菌株进行鉴定、检测,使菌株具备完整的背景资料。初步建立了采用 PCR 技术的分型方法,进一步完善了肺炎链球菌的 PCR 分型方法,丰富了肺炎链球菌 PCR 分型引物的数据库。

11. 肺炎克雷伯杆菌　建立肺炎克雷伯杆菌 Real time PCR 快速诊断技术。完成了 155 份肺炎克雷伯杆菌基因和 121 株菌株的 NDM－1 基因检测任务。收集肺炎克雷伯菌株 66 株,均完成 PFGE 检测分析工作。建立的 PCR 血清分型的方法,完成了肺炎克雷伯杆菌 K1、K2 和 K5 血清型菌株的检测。

12. 无形体　对我国 10 省、市 38 区县 8800 农业高危人群及 2300 家畜无形体及立克次体血清进行流行病学、分子流行病学、病原学实验室调查及统计分析,以及我国部分地区无形体及立克次体病原分离监测。完成了无形体 msp2 蛋白、莫氏立克次体 groEll、恙虫病东方体 56KD 蛋白原核表达鉴定与斑疹伤寒荧光定量 PCR 检测方法的建立与评估。开展了无形体 MSP2 基因为基础的荧光定量 PCR 两钟探针方法的设计,条件优化及比较。

13. 立克次体　完成了立克次体、人群斑点热、恙虫病血清学监测检测工作,对 Q 热进行了重点动物羊 350 份的血清学监测。建立了斑点热立克次体、恙虫病东方体、贝氏柯克氏体的荧光定量 PCR 检测方法;改进分离培养方法;对“973”课题斑点热立克次体病原特征与致病机制研究,建立了细胞分离方法与蜱血淋巴的 diff－quick 分析法,对不同来源的分离标本进行带菌率筛查,建立基因特征谱。用 PCR 方法筛查蜱和动物组织标本 240 份;对医院送检的可疑患者标本进行了立克次体检测。研究了不同保存温度下埃立克体的存活时间与分离活性的关系,模拟分析了埃立克体的分离保存优化条件。

14. 霍乱弧菌　完成霍乱弧菌 34 株菌株的实验室复核、鉴定及分子分型工作,在发现一株携带霍乱毒素基因并导致感染者严重腹泻的拟态弧菌后,完成了检测报告以及关于开展产霍乱毒素的拟态弧菌监测的建议,并由所传染病办公室报至中心应急办。参与编写完成《霍乱现场处置规范》、《霍乱应急技术标准》两项规范和方案。

15. 伤寒沙门菌、副伤寒沙门菌　完成包括伤寒沙门菌 21 株,甲型副伤寒沙门菌 300

株，非伤寒沙门菌 150 株，副溶血弧菌 22 株菌株的实验室复核、鉴定及分子分型工作，参与编写完成《伤寒现场处置规范》，同时在中国 23 个省级疾控中心组织开展伤寒副伤寒沙门菌职能测试。在中美合作项目 6“加强省级食源性疾病应急能力”的组织实施中，承担了 8 个项目省的沙门菌分子分型比较分析工作，同时对发现的潜在暴发进行跨省市搜索。

16. 钩端螺旋体　完成 50 株菌株血清群和基因型鉴定工作，对实验室保存的 50 多株标准菌株和 500 多株现场分离株，每 1～2 月进行传代培养和保存。引入国外先进的商品化血清学检测技术开展血清学检测，提升实验室钩体病检测技术水平。建立和完善钩体核酸检测技术与钩体分子遗传学分类鉴定技术，进行相应分子遗传学数据库的建立和完善，完成国家级监测哨点——安徽省休宁、黄山区的现场监测点工作任务。

17. 结核分枝杆菌、巴氏杆菌、环状芽胞杆菌　继续展开结核病、巴氏杆菌、环状芽孢杆菌等方面的基础技术研究和储备，并顺利开展了中国结核分枝杆菌基因多态性及其株水平鉴定技术研究、结核病传播模式研究、结核病预警模式研究、结核病细菌学快速检测和药敏试验技术临床试验和分枝杆菌菌种快速鉴定技术研究等五项国家级课题的科研工作。

18. 莱姆病螺旋体　在广东、江西、黑龙江、河南等地开展了莱姆病监测与调查研究，对收集的血清进行了莱姆病血清学检测，建立了中国莱姆病螺旋体 Borrelia afzelli 基因型 WB 诊断标准，正在进行莱姆病病媒 Real - time 检测方法的建立和应用。通过 PFGE 方法完成了 16 株莱姆病螺旋体的分型实验，采用 MLSA 方法完成 110 株菌的分型与总结分析，5 株菌的全基因组测序工作正在进行。

19. O157 大肠杆菌　大肠杆菌、猪链球菌、志贺菌 完成志贺菌、O157 大肠杆菌、猪链球菌等全国监测病原的实验室监测工作。发展新型分子分型方法，完成猪链球菌的 MLVA 分型方法，福氏志贺菌、宋内志贺菌 MLVA 分型方法的建立。建立包括致泻性大肠杆菌、猪链球菌、志贺菌、单增李斯特菌、阪崎肠杆菌等相关传染病原的 Real - time PCR 快速检测方法，初步建立未知病原检测技术平台。

福氏 4c 志贺菌 2001 年首先在河南省发现，其分离率超过福氏 2a 血清型，连续 5 年成为该省福氏志贺菌第一优势血清型。随后我国其他省份相继也发现福氏 4c 菌株，我所研究人员经过基因组、单克隆抗体血清等研究证实，这一新血清型菌株并非福氏 4c，而应命名为福氏 Xv。从而证实我国存在一个新的福氏志贺血清型变种 FXv，福氏 Xv 血清型是志贺氏菌 46 个血清型中由我国科学家首先发现和命名的。

20. NDM - 1 耐药基因　协助展开携带 NDM－1 耐药基因的菌株调查工作，首先于国内报道发现携带 NDM - 1 耐药基因的菌株后，协助中国疾控中心项目执行管理办公室编写携带 NDM - 1 耐药基因细菌调查方案，制定了携带 NDM－1 耐药基因的检测程序与 NDM - 1 基因全长序列测定方法，共享于“传染病监测技术平台项目”其他工作单位使用。

21.小肠结肠炎耶尔森菌　在腹泻症候群小肠结肠炎耶尔森菌分子特征变异变迁分析中,发现了该菌致病最重要的毒力基因——粘附侵袭基因(ail)的一种新序列型。该序列型为国际上首次报道,与以往国内外发现的2个序列行存在较大差异,相关研究已撰写论文发表在SCI收录英文杂志上。

22.难辨梭菌　对一株难辨梭菌的北京分离株进行了全基因组测序,通过生物信息学分析、SNP分析对A、B毒素PCR检测引物进行评价,并设计流行病学调查表格,拟对山东济南某医院展开难辨梭菌院内感染调查。继中日友好医院后,建立河南济源难辨梭菌监测点,目前已经收集难辨梭菌百余株。

23.新型隐球菌　对某医院的真菌感染情况进行初步调查,并分离鸽粪标本,针对新生隐球菌的携带状况开展研究。对酵母状真菌标准菌株进行储备。

24.幽门螺杆菌　分离培养胃黏膜标本1094份,获得幽门螺杆菌菌株616株。完成了对500人份幽门螺杆菌样品培养相关培养基和试剂的储备。建立了幽门螺杆菌琼脂稀稀释法药敏试验参考操作程序,对全国18家医院分离的586株菌的9种幽门螺杆菌的根除治疗用一线和二线抗生素的E-test药敏检测,获得了多省份当年人群中幽门螺杆菌耐药水平的评估,制定了临床幽门螺杆菌个体化根除治疗方案,并与浙江大学一附院合作启动进一步临床评价工作。

建立了对幽门螺杆菌克林霉素耐药常见4个位点的real time PCR的检测方法,并进行了幽门螺杆菌临床分离株的耐药基因位点与耐药表形关系的实验室评价工作。

25.空肠弯曲菌　购买了新的弯曲菌种相关菌株,建立新菌种的鉴别技术。完成我国20株空肠弯曲菌菌株的血清学分型分析及PulseNet中空肠弯曲菌菌株44株,并储备相应试剂。完成57株弯曲菌10种抗生素敏感性检测与WHO FNT-2010参比实验室质量控制中关于弯曲菌鉴定及7种抗生素敏感性检测。开展了弯曲菌琼脂稀稀释法与E-test抗生素敏感性检测比较分析,优化了琼脂稀释法的标准操作程序。

建立空肠弯曲菌荧光定量PCR检测方法并完成了实验室评价,优化结肠弯曲菌PFGE分型分析技术方案。向全国各监测点及多家合作单位提供弯曲菌相关工作指导。

26.金黄色葡萄球菌　继续完成金黄色葡萄球菌菌株收集与试剂储备工作,开展了健康人和职业接触人群金黄色葡萄球菌携带情况调查。

建立了金黄色葡萄球菌real time PCR实验室检测方法,完成real-time PCR实验参数的优化与灵敏度、特异度、检测下限的评价。初步建立了基于毛细管电泳精确计算串联重复数的MLVA分型方法,完成了63株金黄色葡萄球菌8个位点的MLVA分型分析,以及深圳59株食物中毒菌株的肠毒素基因检测与100株耐甲氧西林金葡菌中NDM-1耐药基因的筛查。

27.猩红热链球菌　完成了6株贵州肾小球肾炎相关A族链球菌的基因组精细图及

比较基因组分析，及2株与贵州肾炎疫情暴发相关的优势菌型（emm 60型，emm 63型）的基因组完成图。完成了40株引起脓疱病、猩红热、化脓性扁桃体炎相关的A族链球菌临床分离菌株的分子分型分析。

28. *肺炎支原体* 与相关医院合作，收集临床呼吸道标本，完成了2008年至今分离到所有106株肺炎支原体临床分离株和8株ATCC标准株的菌株复苏和菌种保存工作，并且完成了106株临床株的菌浓度测定工作。

在重大专项项目支持下完成肺炎支原体探针筛选工作，自主建立肺炎支原体荧光PCR检测探针体系，效果良好，目前已进入公司进行中试，年底有望启动报批程序。初步建立了多种支原体的培养条件以及核酸检测技术，增加了科室支原体标准菌株储备，完善支原体检测能力，扩展支原体检测范围。

29. *鲍曼不动杆菌* 收集了2010年北京地区临床鉴定为鲍曼不动杆菌的分离株63株，通过核实鉴定57株为鲍曼不动杆菌。基于今年不动杆菌引发胃炎的报道，有目的的对500份胃粘膜标本进行了不动杆菌分离培养，购买了5株ATCC标准株，完成了9个种共13株不动杆菌ATCC标准株储备。储备了鲍曼不动杆菌常用的培养和鉴别培养基，可以开展大量的菌株培养工作，并储备相关鉴定试剂。开发了鲍曼不动杆菌鉴定real－time PCR检测方法，针对“超级细菌”的碳青霉稀类耐药基因blaNDM－1开展了PCR检测方法的建立和检测，开展了40株临床分离株的PFGE分型，并对其分性能力进行了评估。

30. *质谱平台* 完成4700型飞行时间质谱与Microflex的日常校正与维护，本年度共完成556个蛋白点的鉴定；210株金黄色葡萄球菌、200株鼠伤寒沙门菌的Bityper数据库的建立及种水平的super数据库；600多份胃黏膜标本培养杂菌鉴定、立克次体未知病原菌的鉴定。188份老年痴呆病人相关脑脊液的低分子量多肽谱分析、差异谱分析及基于2－DE的差异蛋白分析。

建立了基于质谱的重组菌的识别方法；建立了采用peaklist模拟建立蛋白识别数据库的方法，解决了不同仪器数据无法互用交流的瓶颈及完全依赖于搜索引擎及NCBI等已有数据库的问题。

31. *新布尼亚病毒* 初步研究发现引起我国湖北、河南两省类似于人无形体病的病原为布尼亚病毒科的一新病毒，由长角血蜱携带传播。

32. *狂犬病病毒* 与中国农业科学院特产研究所合作，初步研究发现我国内蒙古貉养殖场发生的狂犬病疫情由北极狂犬病毒（Arctic－like rabies virus）引起，该病毒与俄罗斯远东地区、韩国野生貉中发现的病毒有最近的亲缘关系。该疫情可能由当地野生貉传到家养貉群中。

33. *出血热病毒* 对汉坦病毒在我国人间及动物间的流行情况、地理分布、已发现的病毒及其宿主的种类、我国50年来的防治情况进行了综述评价。该文在《Emerging

Infectious Disease》上发表，体现了实验室在该领域的学术地位。现场流行病学调查及分子进化研究发现，我国的浙江沿海地区在鼠类中流行的II型汉坦病毒与国内国际上流行的病毒高度同源，提出了这一广泛分布流行的II型病毒可能来源于同一祖先，同时提出了在沿海地区应对当地的鼠类及随海运来的货船进行监测，以防止汉坦病毒的传播。

34.病媒生物　提交了《2009年病媒生物监测分析报告》，建立全国病媒生物监测网络；针对媒介生物抗药性监测中存在的主要问题进行了研究，对山东、河南、浙江等地病媒生物抗药性监测工作进行现场指导，参与完成部分疟疾消除媒介生物控制工作，在河南永城建立了疟疾控制现场工作基地。完成了本所标本馆标本的采集和维护，以及媒介生物的饲养和保种。

继续完成"重要病媒生物监测和传播相关病原体检测技术"的国家重大专项项目，对三峡大型水利工程建设传染病流行潜在传播危险性进行评估研究，构建了重要病媒生物交互检索系统，进行了全沟硬蜱感染巴尔通体的病理研究与猫栉首蚤宿主特异性分化研究，同时，对基于白纹伊蚊的我国登革热进行了综合预警技术研究。

35.巴尔通体　对巴尔通体的自然感染率进行了调查，从40只猕猴中分离到五日热巴尔通体，这是国内首次分离到该菌，也是国际上首次在猕猴中分离到该人类病原，继续进行巴尔通体检测诊断、分型技术研究，RAPD方法在巴尔通体分型中得到应用，目前已检测100余株巴尔通体菌株，对标准菌株进行克隆测序分析，筛选出汉赛巴尔通体、伊莉莎白巴尔通体和文森巴尔通体博格霍夫亚种特异性核酸分子诊断标识。PCR检测引物筛选：共计操作527份，目前实验正在进行中。

36.碘缺乏　2010年度，继续运行全国碘缺乏病实验室质量保障网络与全国碘盐监测网络；本年度全国开展碘盐监测2876个单位，其中包括2862个县(市、区、旗)和14个新疆生产建设兵团师，监测覆盖率达到99.79%。监测盲区：青海省玉树地区由于4月份发生地震，因此所辖的6个县本年度未开展碘盐监测。

2010年在儿童基金会的支持下，完成了高水碘地区监测和干预工作开展情况的调研与西部六省地市级实验室检测人员培训两项国际合作项目，完成了实验室计量认证和实验室认可的复评审工作。CNAS批准维持所有计量认证和实验室认可项目。

37.生物信息　建立了完善的生物信息团队，增购必要的计算机、分析软件、序列测定仪等，重新整合相关系统，进行资源优化整合，初步满足了生物信息分析的需要。

建立用于传染病控制的生物信息基础分析方法和手段，为各科室提供生物信息学支持。结合正在进行的项目，建立大规模生物信息分析工作流程，为以后的工作提供工具。现已建立了基因组注释等多个流程。建立用于传染病控制的基础生物数据库和网络体系，整合重要的与传染病控制密切相关的基础生物学、分子生物学、病原学和流行病学基础数据，构建基础数据库，为今后的传染病控制提供基础数据和网络平台。

38. PulseNet China　2010年度，完善了我国细菌性传染病实验室监测网络PulseNet China框架和工作流程，建立和完善PulseNet China管理文件和技术文件，对中心实验室各病种监测科室和菌种数据分析，以及网络实验室实验操作及数据传输等方面提供技术支持。开展了覆盖全国全部31个省疾控中心和检验检疫科学研究院，以及部分地级市的技术培训，并对省级疾控中心进行PFGE实验技能考核。

依据“PulseNet China网络实验室认可办法（试行）”和“PulseNet China网络实验室考核办法”，对拟加入网络的病原菌分子分型实验室进行了实验条件和能力的认可，截至12月底，11家省级疾控中心通过认可，PulseNet China工作委员会先期对上海、河南、北京进行入网合作协议签字和授牌。标志着服务于我国传染病防控的、以病原菌分子分型和信息比对查询技术为基础的实验室监测网络进入一个新的发展阶段。PulseNet China室负责全国实验室监测平台信息化工作，“疾控系统病原菌监测信息系统”进入测试阶段。现已开办了PulseNet China网站。

PulseNet China同亚太区PulseNet (PulseNet Asia Pacific)和国际网络(PulseNet International)积极联系，进行技术交流。完成亚太区PulseNet (PulseNet Asia Pacific)一年一度的PFGE技术考核，通过痢疾和沙门菌PFGE实验，得到亚太区网络的积极反馈。为PulseNet China与国际接轨起到了良好作用。

PulseNet China网络积极参与亚太区和国际网络的技术讨论、质量考核以及疫情协查工作，在海地出现霍乱暴发后，接到PulseNet国际网络发来的海底霍乱菌株脉冲场凝胶电泳(PFGE)分型协查的邮件，也积极比对搜索了PulseNet China数据库中的霍乱弧菌数据库，发现有相似、但不完全一致的带型的菌株存在。鉴于菌株其他生物学特征的异同，以及此次海地疫情尚未有详细的流行病学调查信息，这种关联度难以建立，但已显示出跨地区病原菌分子分型数据比对和信息提示的重要性、以及PulseNet实验室监测网络建议的必要性。

七、科研工作

（一）科研管理

1. 课题情况　2010年传染病所承担各类课题68项：国家“973”计划项目7项，国家“863”计划项目1项，卫生行业科研专项3项（含合作2项），国家科技支撑计划6项（合作），传染病重大专项20项（含合作17项），国家自然科学基金14项，国际合作项目7项，保密项目1项，卫生部及其它项目9项。

申报课题28项；中标课题9项：重大专项3项、“973”课题1项、国家自然科学基金项目4项、中国疾控中心青年基金项目1项；通过科技部“973”课题审计2项。

2. 科技成果

(1)成都地区儿童病原菌流行分布、耐药趋势及基因分型研究与病原菌菌种库建立，获四川省科技进步奖三等奖1项(参加)。

(2)葫芦岛市流行性出血热疫区分型与疫情预测研究,获葫芦岛市科学技术成果奖二等奖1项(参加)。

3. 论文、论著,专利　2010年传染病所发表各类科技论文约135篇,其中中文约97篇,英文约38篇;论著1部——《分枝杆菌分子生物学》。发明专利3项。

(二)教育培训与学术活动

1. 研究生管理

(1)顺利完成2010年研究生的招生等各项工作。2010年共招生26名研究生,其中博士7名,硕士14名,全日制MPH 5名。

(2)组织并监督完成二年级博士、硕士研究生的开题报告、中期考核工作。

(3)组织2010年毕业的统招博士生7人、硕士生9人及MPH硕士研究生7人的毕业答辩与学位授予工作。徐潇同志的博士论文"霍乱弧菌ToxR调控单元中毒力基因的调控机制研究"获得2010年中国疾控中心优秀博士论文二等奖。

(4)接收进站博士后1名,在站博士后2名。

(5)召开学位分委会会议,初审2010年博士、硕士研究生指导教师资格,协助中国疾控中心做好2011年接收推荐免试攻读硕士学位研究生工作。

2. 继续教育与学术活动

(1)接收进修人员41人,其中接收中国疾控中心进修项目人员10人。

(2)招收联合培养研究生18人。协助中国疾控中心教育培训处完成病原生物学学位课教学与"征集2010年MPH研究课题" 确定指导教师的工作。

(3)举办学术报告11次,约300余人参会。

(4)2010年1月9-12日,传染病所与传染病预防控制国家重点实验室成功举办了"传染病应对团山论坛第三届学术年会"。

(三)外事交流

1. 出访情况　共办理出访手续23批31人,其中短期22批30人,长期1批1人。

2. 外宾来访

(1)2010年4月30日—6月13日,美国佐治亚大学兽医学院的Allison Roebling和Laura Adams两位学生来华访问,并在传染病所人兽共患病室进行为期45天的进修。

(2)2010年7月20日,芬兰何秋水教授顺访传染病所并做题为"Pertussis is still with us"的学术报告,并与我国呼吸道传染病领域专家进行百日咳防控工作交流。

(3)2010年9月9日,法国驻京中法新发传染病合作项目协调员Yamina KABRANE

女士下午来传染病所访问，交流移动式安全实验室冬季保护注意事项。

(4)2010 年 10 月 17—19 日，美国 Tufts 大学生物医学院传染病科主任 Saul Tzipori 教授、冯汉平博士来传染病所进行学术交流活动。

3. 国际合作项目

(1)亚洲和太平洋地区流行的肠道病原菌实验室分型监测网络的建设(中—日合作项目)；

(2)全国碘缺乏病实验室质量保障网络的建立和运行；

(3)中国暴发相关 ST7 型猪链球菌毒力基因、致病机理及进化研究(中—加合作项目)；

(4)结核病细菌学快速检测和药敏试验技术临床试验(卫生部国际交流与合作中心与碧迪医疗器械(上海)有限公司)。

(四)实验室生物安全

1. 实验室搬迁工作　制定实验室搬迁计划，确定生物安全设备和菌种搬迁为搬迁工作中的重点。召开多次实验室主任、实验室生物安全员会议，讨论并制定生物安全柜消毒方案，搬迁运输方式，菌种统计运输方案。全程跟踪安全柜和菌种搬运过程，协调运输车辆、搬运工人等。

2. 组织生物安全培训工作　包括：新址实验室安全使用培训；医疗废弃物管理专题讲座；实验动物专题讲座；菌种及样本管理；组织人员参加中心组织的病原微生物航空运输培训班(9 人次)；实验动物从业人员岗位资格培训；高压灭菌器从业人员岗位培训；实验室管理体系文件编写培训。

3. 生物安全检查工作　迎接北京市卫生局检查两次、中心实验室生物安全检查 4 次；进行实验室自查自检 4 次。

4. 新址实验室维护

(1)生物安全柜检测和维修，共检测 41 台生物安全柜，维修 7 台。

(2)高压灭菌器使用培训和维修工作。

(3)帮助实验室与中国疾控中心有关部门协调、维修实验室基础设施及水路、电力、通风系统等。

5. 实验室管理体系完善

(1)建立新的实验室人员培训制度，修改管理体系文件，依据新《生物安全实验室通用要求》对传染病所实验室管理体系进行修改。改进实验记录模式，印制新实验记录本。

(2)明确实验室生物安全员职责，重新进行生物安全员聘用。

6. 生物安全三级实验室管理

(1)组织旧生物安全三级实验室整改。

(2)新址生物安全三级实验室评审准备工作,实验室体系文件编写,软件及硬件自审。组织人员进行实验室自控系统、门禁系统及高压灭菌器、污水处理系统操作培训。

(3)协调新址生物安全三级实验室仪器设备采购,搬运及安装。

7.日常生物安全管理工作

(1)菌种及样品交流工作:国内菌种交流工作,办理科研样品出入境准运证书11份。

(2)定期进行实验室检查工作,了解实验室工作情况,提醒违反生物安全管理的行为。

(3)协助实验室解决实验室设施、设备在使用中出现的问题。

8.人员健康监测　组织传染病所职工进行年度体检,共计体检人数297人,每名职工留取血液样品,分装血清,进行健康记录。

(五)设备条件管理

共办理直发试剂和耗材出(入)库金额为13 339 466.97元,2010年对全所购置及中国疾控中心无偿调拨的科研仪器设备进行了固定资产入库登记,入库仪器设备577台(套),入库总金额24 730 146.17元。

根据传染病所《传染病所基因合成测序类技术服务采购管理办法(试行)》"关于每6个月进行一次评估"的要求,组织5个实验室对测序公司进行了样品盲测,综合盲测结果进行评估,全年共开展2次评估工作,确保了"质量不降,价格不升"的管理目标。

(六)科技开发

组织完成传染病所下属企业国有资产年度财务会计决算报表和国有资产统计报表的统计上报工作。对所有来所的对外检测任务进行了样品登记,2010年全所共办理检验报告9份、实验结果报告4份。根据中国疾控中心组织的国有及国有控股企业"小金库"自查自纠工作要求,完成了对下属公司的自查自纠工作。

(七)《疾病监测》

加大组稿力度,与多部门联合组织专题,向更广泛的领域延伸,促进多部门、多学科和多领域的合作交流。不断加强审稿专家数据库建设,逐步构建国际化高水平的专业审稿平台。在审稿中,采用清华同方(CNKI)的学术不端文献检测系统进行稿件评审,大大提高了期刊审稿效率和审稿质量。不断优化远程采编服务平台,不断改进流程,提高编辑效率,≤180天刊出的稿件占统计总稿数的96%,一般稿件发表时间为3～5个月,对具有创新性优秀稿件还会在更短的时间内优先发表。2010年《疾病监测》杂志的影响因子已由2009年的0.822上升为0.962,呈现逐年上升趋势。

（八）《中国媒介生物学及控制杂志》

截至11月底共收到来稿529篇，刊出论文249篇，基金论文有77篇，占刊出论文总数的30.9％，其中国家自然科学基金项目占刊出基金论文的42.9％。出版了《第三届媒介生物可持续控制国际论坛论文集》，共计77.5万字。为更好地服务于读者，1990－2009年的过刊全部全文上传www.bmsw.net.cn。2009－2010年被中国科学引文数据库收录。2009年12月底和2010年8月分别被俄罗斯科学技术信息研究所（AJ，VINITI）和哥白尼索引（IC）数据库收录。进一步提高英文水平，增加中英文摘要及关键词，以有利于国外情报机构检索和收录，扩大作者及论文的国际影响力。

（九）《中华流行病学杂志》

全年出刊12期1460页，总字数321万；全年刊稿398篇，刊稿率26％；全年总印数48 000册。影响因子为1.436（上一年度为1.126）。为2004－2009年度中国科学技术信息所"百种中国杰出学术期刊"、2009年"中国精品科技期刊"和2010年"中华医学会优秀期刊奖"。

（十）图书馆工作

2010年累计订购中文图书107种（社科类）、外文期刊24种（纸本及在线）。全年外馆查询36次，查询文献2093篇。为新职工增加邮箱35个，排除各种故障40余次。

组建并完善了电子阅览室，将其中8台计算机联成局域网，并为11个科室项目组组建了局域网；向全所提供各种计算机应用软件。

八、党政工作

（一）党务基本工作

组织传染病所5个支部的换届选举工作，产生了新一届基层党支部。积极推进创先争优活动及各项工作的开展，成立了创先争优活动领导小组和办公室。制订了传染病所开展创先争优活动实施方案。

主动配合抗震救灾任务的完成，开展党的工作，提供坚强的组织、思想保障。我们在玉树抗震救灾鼠防工作中的努力受到了上级部门的肯定，并荣获中国共产党中央委员会、中华人民共和国国务院、中华人民共和国中央军事委员会授予的“全国抗震救灾英雄集体”称号。

(二)纪委工作

加强党风廉政建设,推动反腐倡廉工作深入开展,2010年年初与22个职能处室负责人签订了《传染病所党风廉政建设责任书》。继续贯彻落实"三重一大"工作制度,常规工作分工负责,相互配合,对涉及传染病所改革、稳定、建设、发展的重大事项,充分讨论,集体决定。

(三)财务工作

通过重新划分财务人员分工,明确职责权限,对经费管理业做到了专业化和细化。坚持实施改革财务工作流程,继续完善内部控制制度。增加了后台复核和稽核程序,加强了内部控制制度。

升级改造财务软件,实现计算机化管理,改进服务方式,财务通知及工资条的发放采用电子邮件告知形式。对药费、物业和管理费等个人报销信息采用手机短信告知形式,为职工提供更便捷的服务。

(四)人事工作

截至2010年11月30日,全所职工共265人,其中:专业技术职称193人,占全所人员72.8%;专业技术岗190人,占全所人员71.7%;已取得高级专业技术职称60人,占专业技术职称31%;已取得中级专业技术职称107人,占专业技术职称55.4%;博士60人,占全所22.7%;硕士46人,占全所17.4%;本科39人,占全所14.7%。岗位评聘工作是人事工作的重要内容之一,2010年圆满完成了岗位聘任工作。

目前,传染病所共有离退休人员182人。70岁以上123人,占离退休总人数的67.58%。80岁以上25人,占离退休总人数的14.36%,较之2009年增长4%,对住院治病的离退休人员及时探望,全年共计26人次,离退休超支药费共计620 192.13元,在工作人员严重匮乏及活动经费极为有限的情况下,积极稳妥地组织离退休职工开展适合的各项活动,丰富他们的业余生活。

(五)后勤工作

完成了新址搬迁工作,实现了新旧办公楼的平稳过渡,完成固定资产462件出入库、报废、调出、调入及资产转移、住房管理等工作,以及BSL-3实验室改造工程内容与旧实验楼修缮改造工程的申报预算等工作。

在玉树抗震救灾过程中,后勤服务中心的同志全程参与,圆满完成了上级领导交给的任务,在车辆运输、维修保障、综合服务、环卫保洁等方面做出较大贡献,保证了工作的正常运行。

（六）医疗门诊

全年门诊量6000余人次，受理医药费504 346.99万元。购药总金额430 000余元。完成传染病所公费医疗及中心机关等3个单位的药费统计管理，传染病所在职、离退休职工及学生共计443人的个人门诊及住院账户公费医疗累计费用1 261 892.15元。上半年离退休职工超支药费225 837.68元，总计1 487 729.83元。定期为居住在潘家园及草桥的离退休职工进行巡诊。

（夏辉　李新威　徐建国）

病毒病预防控制所

一、重大病毒病常规监测与防控

(一)疾病监测和常规疾病控制工作

2010 年,病毒病所按照流感、脊灰、麻疹、脑炎、出血热、登革热、肝炎、病毒性腹泻、朊病毒病等疾病监测方案及防控工作的要求,积极开展监测、标本复核、试剂提供、技术指导、培训和督导检查等各项工作。

1. 流感与禽流感

(1) 季节性流感监测:完成常规季节性流感病毒复核、鉴定工作,并进行抗原性和基因序列分析。为全国流感监测网络实验室提供常规流感实验室检测所需的标准检测试剂。

2011 年 1 - 11 月,对全国流感监测实验室网络采集并初筛阳性的 6639 份毒株进行复核鉴定,对 4185 株季节性流感病毒进行了抗原性分析;对 274 株流感病毒进行了序列测定(其中 131 株为全基因组序列)。按照监测方案的要求,开展了季节性流感病毒的耐药性监测,并初步建立了神经氨酸酶抑制剂生物学上的耐药检测方法。

为 411 家流感监测网络实验室提供标准检测试剂,如标准参照血清、抗原和 RDE,以及 MDCK 细胞和耗材等,并对澳大利亚和英国寄送的 96 份人血清进行了血清学抗原分析。

(2) 甲型 H1N1 流感监测:1 - 11 月,对全国流感监测实验室网络采集并初筛阳性的 3986 份新甲型 H1N1 流感毒株进行复核鉴定,对 1959 株新甲型 H1N1 进行了抗原分析,对 392 株甲型 H1N1 流感病毒进行了全基因组测序和耐药性位点分析。完成了卫生部组织的全国 31 个省(自治区、直辖市)省会城市甲型 H1N1 流感染状况快速调查,并为各省份统一制备和发放了抗原和 RDE,用于标本检测。同时,为了解甲型 H1N1 流感大流行不同阶段全国感染率和大流行不同阶段我国不同省份、不同年龄人群感染特点及变化状况,采用多阶段分层随机抽样方法,抽取北京、山东、河南、吉林、陕西、新疆、上海、安徽、湖南、广东、贵州和西藏 12 个省(自治区、直辖市),在于 1 月、3 - 4 月和 9 月开展了 3 次系列横断面调查,共检测 15 万份血清。

完成了与蒙古国合作进行的血清学项目,检测血清 5278 份。

(3) 禽流感监测:使用世界卫生组织疫苗株和2005-2009年分离到的部分毒株,通过HI实验完成了病毒间抗原关系的分析,制备世界卫生组织选择的H5N1不同分支的代表疫苗株种子13株,用以制备血清。

开展了职业人群监测中的环境标本监测和职业人群血清检测,截至11月底,共接收送检环境标本301份,鉴定核酸标本256份,分离病毒194份,分离病毒阳性标本56株;接收职业人群血清标本3368份。

6月,完成了2009年7例病例密接人群的HI检测工作,下一步将进行MN实验验证和抽样检测工作,并进行2010年1例密接人群的血清标本检测。

完成了全国411家流感监测网络实验室考核品的检测、制备、发放和考核结果的统计及反馈工作。同时,参加了世界卫生组织第七次和第八次核酸考核,两次结果均正确。

完成中国学校暴发甲型H1N1流感的流行病调查中山东、贵州两省2000多份标本的核酸提取及定量检测工作。

2. 肾综合征出血热、登革热等病毒性出血热

(1) 疫情监测:定期浏览《中国疾病预防控制信息系统》和《突发公共卫生事件报告管理信息系统》,分析并汇报登革热和肾综合征出血热等病毒性出血热相关疫情。处理和分析《传染病自动预警信息系统》发出的登革热和肾综合征出血热及基孔肯雅热的预警信息,及时报告疫情情况。每月及年底完成WHO Denguenet和西太平洋地区中国登革热疫情信息资料的提交等。

(2) 肾综合征出血热IgM抗体检测试剂盒已进入申报审批程序:基于出血热病毒核蛋白建立了IgM、IgG及核蛋白特异性总抗体检测试剂盒,其中,IgM抗体检测试剂盒包括胶体金法及酶免疫法两种检测方法。并于2009-2010年对肾综合征出血热IgM抗体检测试剂盒进行了临床研究,评价了其灵敏度、特异性以及准确度等临床性能指标。试剂盒已进入申报审批程序。

3. 乙脑/病毒性脑炎

(1) 乙脑及虫媒病毒检测与监测:2010年,完成2009年夏季在青海、江西、云南、贵州等11个省(自治区、直辖市)采集蚊虫的病毒分离工作。对采集到的81 421只蚊虫(包括2900只蜱)进行病毒分离。已经获得55株病毒分离物和数十批病毒基因扩增阳性的标本。

2010年夏季在我国湖北、湖南、安徽、福建和云南5省采集蚊虫标本约12万只。用以开展,病毒分离与鉴定。

(2) 发热及病毒性脑炎急性期血清标本的检测:通过大量血清学和分子生物学技术和方法,检测到我国病人和动物标本中存在多种我国新分离病毒的感染。首次在贵州、河北病人和猪血清标本中检测到我国新分离盖塔病毒IgM和IgG抗体阳性;在青海省发热病例和多种动物(如牛、羊、猪、鸡、鸭、兔)血清标本中检测到我国新分离THAV病毒

IgM和IgG抗体以及病毒中和抗体阳性;利用毛细管电泳法和RT-PCR对在云南省2009年夏季采集的126份临床诊断为病毒性脑炎病例的脑脊液标本开展多种病毒基因检测,结果4份脑脊液标本为版纳病毒基因检测阳性,但是未能获得核苷酸序列测定阳性,2份脑脊液标本乙脑病毒基因扩增阳性,经过病毒基因核苷酸序列测定证实为基因1型乙脑病毒,没有发现西尼罗、蜱传脑炎病毒等其他病毒基因扩增阳性和序列测定阳性。提示我国存在多种新分离虫媒病毒的人群和动物感染。

(3) 病毒性脑炎急性期标本的采集:2010年,湖南共收集发热和脑炎病例急性期血清标本96份,恢复期血清标本10份,CSF标本35份;湖北采集到发热和脑炎病人的血清标本499份,脑脊液标本60份;安徽采集发热或脑炎患者73份血清标本和3份脑脊液标本;福建采集发热或脑炎患者166份血清标本和4份脑脊液标本。

(4) 乙脑实验室检测质控考核:所有参与考核的21个单位,包括15个省级疾控中心(山东、河北、湖北、广西、山西、河南、湖南、安徽、浙江、四川、重庆、贵州、云南、广东和海南)和6个市疾控中心(济南市、石家庄市、宜昌市、贵港市、洛阳市和淄博市)均顺利通过考核。

为四川疾控中心鉴定5株蚊虫阳性分离物,经过RT-PCR和序列鉴定,均为乙型脑炎Ⅰ型病毒。

4. 狂犬病

(1) 各省区收集狂犬病标本的检测:完成江西(13份)、陕西(6份)、湖南(20份)、云南(7份)和贵州(8份)送检的阳性或可疑阳性犬脑标本的RT-PCR检测工作,并进行了N和G基因序列的扩增、测定和结果的反馈。

(2) 疑似狂犬病病人实验室诊断:完成北京市疾控中心送检2例疑似狂犬病病人咽拭子、脑脊液和血液标本(共5份)的RT-PCR检测、北京市地坛医院送检1例疑似狂犬病病人的脑脊液和血液标本(共4份)的RT-PCR检测,结果已反馈。

北京市地坛医院送检的另外2例疑似狂犬病病人的唾液、脑脊液和血液标本-40℃保存待检。

(3) 狂犬病血清学监测:检测狂犬病中和抗体的快速免疫荧光灶抑制试验(RFFIT)用于狂犬病例以及狂犬病暴露后治疗效果的评价是世界卫生组织推荐的方法之一。为此,以狂犬病标准毒株CVS-11为标准攻击毒,制备了三代病毒建立CVS-11病毒库,以国际标准抗狂犬病毒血清为对照血清,建立了RFFIT检测方法,共计检测血清样品1830份。

5. 克雅病　截至2010年11月15日,全国报送克雅病监测病例139例,其中散发型克雅病病例中确诊病例1例、临床诊断病例38例、疑似诊断病例20例;遗传型prion感染病例7例;不支持诊断为克雅病68例。

6．病毒性肝炎

（1）甲型肝炎：与河南省疾控中心合作，对河南局部甲型肝炎流行进行了年龄分布的监测工作，结果显示当前甲型肝炎发病年龄主要分布在2～8岁，甲型肝炎的重点预防对象依然是儿童。

（2）乙型肝炎：利用雅培大规模乙肝检测平台，着手对乙型肝炎在我国的流行趋势进行分析。对850例临床乙型肝炎病人的指标进行了全面的分析，初步结果显示我国乙型肝炎新发病例占临床就诊病例的10%以下，多数就诊病例为既往感染病例。

（3）丙型肝炎：自2008年以来，重点对河北省赵县有献血史的村庄进行全人群丙型肝炎抗体检测，发现这些高危村庄丙型肝炎抗体阳性率较高。其感染指标阳性率与献血次数成正相关，单献血浆者相对危险度大于献全血者，病毒基因型以1b和2a为主。目前我们采用队列研究方式，对该地区感染人群进行跟踪，样本采集工作已相继开展。

7．脊髓灰质炎

（1）截至2010年11月30日，全国脊髓灰质炎实验室网络共收集急性弛缓性麻痹（AFP）病人的8457份粪便标本，按世界卫生组织的统一要求，在L20B和RD两种细胞中分离病毒，28天内及时完成病毒血清型定型结果及时率为90.4%，14天内采集双份便率为90.8%，合格便标本的采集率为89%；AFP病例中分离到非脊灰肠道病毒（NPEV）分离534例，分离率为13.43%；脊灰病毒阳性分离89例，分离率为2.24%。

（2）截至2010年11月30日，对全国网络实验室来源于AFP监测系统等的182株脊灰病毒及来源于环境监测的103株脊灰病毒进行了VP1编码区核酸序列的测定和分析，未发现脊灰野病毒；在山西和云南省分别发现1株III型和II型VDPV，已及时上报卫生部及世界卫生组织。VP1区核苷酸测序结果7天内反馈及时率为87%，均达到了世界卫生组织关于及时率大于80%的要求（从2009年开始，世界卫生组织规定将型内鉴定完成的时限由14天缩短为7天，及时完成的合格率仍为80%以上，大大增加了完成指标的难度）。

（3）盲样职能考核：2010年组织全国31个省级疾控中心脊灰实验室（包括国家脊灰实验室）进行2009年度盲样标本分离和鉴定职能考核，均得到满分。同时，2010年国家脊灰实验室也参加了世界卫生组织对全球参比实验室脊灰病毒型内鉴定rRT-PCR方法的职能考核，并以满分的优异成绩通过考核。

（4）考核认证：2010年8月11-17日对12个省级疾控中心脊灰实验室（北京、河北、辽宁、黑龙江、广东、广西、四川、西藏、甘肃、青海、宁夏、新疆）进行现场认证考核，被考核省全部通过认证，其中西藏脊灰实验室首次通过世界卫生组织的认证，分数为95分。

（5）2010年国家脊灰实验室按照世界卫生组织要求对110株脊灰病毒进行Real-time PCR测定，并通过世界卫生组织认证，获得该项资格，2010年3月及11月以100分成绩顺利通过世界卫生组织2009及2010年的Real-time PCR职能考核。

2010年8月9-10日顺利通过了世界卫生组织专家对国家脊灰实验室进行的2010年度现场认证。

(6) 脊灰病毒环境监测:已经建立了一套成熟的环境样品采集、病毒浓缩以及病毒分离技术。以环境和健康人群脊灰病毒和非脊灰肠道病毒等为指标,建立人群中脊髓灰质炎、手足口病、红眼病、肠道病毒性脑膜炎脑炎等肠道病毒病发生和循环的预测预警方法。2009年选定山东、广东、云南3个试点开展环境监测项目。2010年在广州市举办肠道病毒环境监测技术培训班,将环境监测技术向新疆、西藏、广西、黑龙江、贵州、上海、深圳、甘肃疾控中心脊灰实验室推广,新的方法学已经在上述实验室中建立,并且完成了加标实验,部分省已经在污水处理厂中分离到脊灰病毒和非脊灰肠道病毒。

8. 麻疹、风疹、腮腺炎

(1) 麻疹、风疹和腮腺炎病毒的分子流行病学研究:麻疹:2010年1-11月共收到麻疹毒株227株,经基因序列测定和分析证实,除1株为A-VL(四川11月男童)、1株为D9基因型(宁夏12岁女童)、1株为d11基因型(云南1例缅甸病例)外,其余224株均为H1a基因型。已建议宁夏和云南疾控中心进一步深入开展相关流行病学信息调查,加强对接触者的密切监测,防止D9和d11基因型在我国的传播和扩散。

风疹:我国自1999年开始对风疹病毒进行分子流行病学监测,1999-2010年共从16个省分离到234株风疹病毒。其中,2009-2010年间,从9省共分离到47株毒株,通过基因亲缘性关系分析,我国2009-2010年风疹病毒分离株属于1E,没有发现曾在1999-2002年3省流行的1F基因型及其他基因型。1E基因型风疹病毒仍然是我国的优势基因型,各省在不同年份均分离到,没有明显的时间和地理分布倾向,不同省份之间也存在相同1E基因型风疹病毒的传播链。

腮腺炎:在1995-2010年间只检测到基因型F的腮腺炎病毒,并且在我国多个省份流行。

(2) 国家麻疹实验室和全国麻疹实验室网络建设和运转:网络的运转:中国三级麻疹实验室网络(国家麻疹实验室,31个省级麻疹实验室和331个地市级麻疹实验室)在2010年运转良好,整个实验室网络检测可疑麻疹/风疹病例2万余份,分离麻疹病毒227株。31个省级麻疹实验室和其中约95%的地市实验室开展常规的血清学诊断,为我国麻疹疫情的控制、麻疹疫苗使用策略和2012年麻疹消除策略的制订提供了重要的科学依据。目前已在全国建立了麻疹/风疹病毒毒株库和基因库。另外,建立了麻疹/风疹的实验室诊断标准,并为省级、地市级实验室在麻疹/风疹实验室监测方面提供技术支持,对全国31个省级实验室进行实验技术培训、组织对全国31个省级麻疹病毒室职能工作考核。

WHO西太区参比实验室。2010年8月9-10日,通过了HWO总部、西太区专家、全球麻疹专项实验室(美国疾控中心)和JICA相关专家对WHO西太地区麻疹参比实验室(国家麻疹实验室)进行的2010年度现场认证考核,得到了专家们的一致认可和高度评价。

网络管理和质量控制。2010 年，对全国 31 个省疾控中心麻疹实验室送检的血清进行了血清学复核检测，并在 14 天之内反馈了复核结果，再一次巩固和提高了各省麻疹实验室血清检测的工作质量，使实验室血清学检测更加规范化。2010 年，国家麻疹实验室和 31 个省市疾控中心共同接受 WHO 麻疹/风疹血清盲样考核。在进一步加强研制特异敏感的麻疹诊断试剂的同时，也对商品化的试剂盒进行了评估，选择敏感性、特异性的试剂应用于实验室网络，并常年对麻疹和风疹试剂的使用方法进行现场和电话指导。

9. *病毒性腹泻* 本年度完成了全国病毒性腹泻监测网络 17 个监测省份的培训、督导，由于本监测网络要求半年进行一次数据的上报和总结，收到 2010 年上半年的监测结果搜集完毕。

2010 年上半年共收到 5 岁以下腹泻住院患儿粪便标本及个案表信息 1587 份，对其中的 1116 份进行了轮状病毒 ELISA 检测，其中阳性 414 份(阳性率 37.09%)，对其中阳性的 246 份进行了轮状病毒 G 分型，296 份进行了轮状病毒 P 分型。

对除轮状病毒以外的杯状病毒、星状病毒及肠道腺病毒进行了 PCR 检测，共检测标本 1052 份，其中检出杯状病毒 179 份(阳性率为 17.0%)、星状病毒 34 份(阳性率 3.23%)及肠道腺病毒 21 份(阳性率 2.0%)。在同一份粪便标本中检出两种及以上病毒的比例为 4.6%(48 份)。5 岁以下腹泻住院儿童当中由于 4 种常见病毒所导致的比例为 51.0%。

10. *SARS－CoV、天花病毒、猴痘病毒*

(1) 开展 SARS 无害化免疫学新型诊断试剂的研制。

(2) 在北京 3 个医院建立呼吸道病毒感染相关监测点，并收集了大量临床标本。开展了人冠状病毒的病原学特点及早期快速特异性甄别技术研究。

11. *其他*

(1) 开展了 EBV、CMV 临床样本的检测、EB 病毒快速检测，用于早期诊断鼻咽癌和单核细胞增多症及不明原因的淋巴结肿大。

(2) 在广西鼻咽癌高发现场进行早期诊断技术改进及鼻咽癌发生的早期普查。

(3) 在河南、山西进行 HIV 感染状况及病毒株变异的调查研究。

(4) 呼吸道病毒感染预防和控制。在我国部分地区(湖南长沙，甘肃兰州等地)收集呼吸道感染儿童的鼻咽拭子或鼻咽抽吸物样本，进行呼吸道病毒的分离与鉴定(AdV、HBoV、KIPyV、WUPyV、RSV、HRV、IFVA、IFVB、PIV1－3、HKU1、NL63、hMPV)，研究和分析我国呼吸道病毒的流行情况。

(5) 开发并应用防控呼吸道病毒性传染病的新技术和新方法，包括：大肠杆菌生物药物技术平台，鼻腔喷雾药物和疫苗递送技术平台，VERO 细胞疫苗生产技术平台，微阵列生物芯片技术平台和环介导逆转录等温扩增技术(RT－LAMP)平台。

(6) 制作并电镜观察生物标本200余份。为外单位提供电镜形态学检测服务,共检测样品100余份。

(7) 针对新址工作的需求重新修订了常用仪器的SOP操作指南,并开展超速离心、激光共聚焦3-D扫描成像、倒置荧光显微镜数码影像、核酸/蛋白质凝胶电泳数码影像、流式细胞仪器检测细胞样品、Western红外扫描数码影像分析、抗体改造和药物结合位点等分析工作。

(二)技术性文件的起草和制定

(1)侯云德院士被国务院任命为“艾滋病和病毒性肝炎等重大传染病防治重大专项”专职技术负责人,参与多个国家级疾病防控相关文件的起草和制订。参与了甲型H1N1流感病毒和EV71的防控工作,包括制定防控策略和评估方案等。

继续编制生物信息数据库和相应的检索软件,为研制新药和新型疫苗奠定基础,截至目前已编写350多期。

(2)1-3月,每周参与《全国流感监测及甲型H1N1流感疫苗接种工作信息简报》的供稿,共14期;每周撰写《卫生部报国务院信息周报》(共14期)和报卫生部月报;每周编写和印制中文和英文《流感监测周报》(共47期);每日编写《人禽流感、不明原因肺炎和流感暴发日报》(共334期)。

(3)编写流感年度和阶段性总结报告:《2009年中国流行性感冒监测报告白皮书》、《甲流防控工作阶段性总结》、《青海玉树地震灾区发生人禽流感疫情风险评估》、《中国内地及其他国家和地区流感活动状况分析报告》、《2010年夏秋季甲型H1N1流感和季节性流感形势预测》、《近期流感监测工作主要情况及疫情形势分析》、《灾区疫情分析报告》、《近期我国大陆流感监测结果》、《2010-2011年冬春季节流感疫情分析预测报告》。

(4)制定《全国流感监测工作方案(2010年版)》、《全国流感监测技术指南》及《流感监测工作质量评估方案》;撰写《中国流感防控现状白皮书》。

(5)完成中国疾控中心组织编写的《2009年中国重点传染病及病媒生物监测报告》—登革热和肾综合征出血热。完成中国疾控中心信息中心主持编写的《中国2009年法定传染病发病与死亡报告》—登革热和肾综合征出血热。参与编写《发热伴血小板减少综合征监测方案》等。

(6)3月,撰写干旱重灾区省份疫情分析和预测报告—肾综合征出血热部分。完成青海省玉树州地震灾区重点传染病风险初步评估报告—肾综合征出血热和登革热风险评估。

(7)1月,协助卫生部完成《2011年度扩大免疫规划肾综合征出血热疫苗预算和测算依据》。

(8)3-4月,参与卫生部传染病防治综合项目“十二五”规划分析报告—自然疫源性疾病。主要完成登革热和肾综合征出血热分析。

(9)撰写发热伴血小板减少综合征危害评估报告。

(10)在卫生部疾控局的统一部署下,参与了我国《丙型肝炎实验室诊断规范》的编写工作。

(11)11 月,在免疫规划中心的统一协调下,参与了全国《甲型病毒性肝炎暴发疫情调查处置技术指南》的编写工作。

(12)参与"传染病诊断试剂联盟"技术文件的写作。参与"病毒技术方法"的写作。

(13)参与卫生部应急办《2011 年医改重大专项卫生应急相关项目方案》编写工作。

(14)协助卫生部完成有关病毒性疾病中央财政转移支付的编写和答辩工作。

(15)协助卫生部完成《狂犬病防治手册》第 2 版的编写和出版。

(16)参与我国乙脑预防控制手册编写。

(17)编写制定了新版《朊病毒病室实验室手册》。

(18)起草或制定腹泻室实验室手册、腹泻相关病毒 PCR 筛查技术、环境水体中诺如病毒的浓缩及检测方案、轮状病毒检测和鉴定手册。

(19)撰写第十二届天花研究顾问委员会报告。

(20)继续参加并完成了国家 2010 版药典病毒疫苗的修订工作。

(21)参与撰写 BSL-3 的 SOP(SARS 冠状病毒标准操作程序手册和猴痘病毒标准操作程序手册)。

(22)起草输入性脊髓灰质炎野病毒的实验室检测应急处理预案。

(23)中华人民共和国第 16 届世界卫生组织西太平洋地区消除脊髓灰质炎证实会议报告第四部分(英文版)。

(24)参与制定《手足口病诊断标准》、EV71 风险评估报告及河南、广东、湖南、广西四省区手足口病督导报告。

(25)参与《生物科学方法研究报告》病毒学分册的部分章节的撰写。

(26)翻译第二版《WHO 麻疹和风疹实验室诊断手册》,并继续向 31 个省级实验室人员免费提供 WHO《实验室生物安全手册》、《先天性风疹综合征和风疹监测手册》,第三版《国家麻疹实验室健康与生物安全手册》和第二版《中国麻疹实验室网络实验技术标准化培训班操作手册》翻译稿。

(27)参与起草卫生部—WHO 风疹和 CRS 监测项目的《风疹和 CRS 实验室诊断技术》。

(28)与中国疾控中心疾控应急办及河北省疾控中心一起制定《河北省 EV71 感染 IgM 快速诊断试剂盒应用评价调查实施方案》,于 2010 年 7-9 月在河北省石家庄、保定和承德的 8 个县实施。

(29)组织相关专家编制《克雅氏病诊断标准》,已通过 13 家单位函审。

二、疫情、突发公共卫生事件应急处理工作

(一)流感/禽流感

(1)全程参与甲型 H5N1I 流应急工作。2 月 5 日接收到贵州省疾控中心送检的 2 例疑似人禽流感病例 5 份呼吸道标本、11 份病例相关环境标本。对标本进行了核酸鉴定 H5N1 检测结果为阴性。排除病例感染 H5N1 亚型禽流感病毒。

(2)6 月,湖北省疾控中心报告人感染高致病性禽流感疑似病例,本所派专家参与血清学现场调查,并完成实验室诊断工作,鸡胚分离到一株 A/Hubei/1/2010 H5N1 亚型病毒,序列分析表明病毒属于 HA 分支 Clade2. 3. 2。

(二)手足口病(HFMD)

1. *全国 HFMD 实验室网络送检的临床标本/病毒分离株鉴定工作*　对河南、云南、山西省疾控中心送检的 1483 份 HFMD 临床标本(粪便、咽拭子、疱疹液)进行病毒分离,共分离 822 株病毒,并对这 822 株病毒及河北省疾控中心送检的 120 株肠道病毒进行了分子生物学鉴定;2010 年 4 月,对广西桂林市全州县暴发 13 例婴儿不明原因死亡病例的临床标本进行检测,在送检的 15 份粪便标本及 4 份咽拭子中,共分离到肠道病毒 6 株鉴定为 EV71 C4 基因型;完成长春市儿童医院手足口病例的共计 198 份便标本的处理及病毒分离工作,共分离到病毒 115 株;对包括湖南等 14 个省市送检的 HFMD 患者的 703 株病毒及 119 份临床标本进行了检测和鉴定,并对其中 299 株 EV71 毒株进行 VP1 序列测定和分析,证实 2010 年流行的病毒全部为 2005 年以来我国流行的优势亚型 C4a。

2. *收集整理*　我国 1987－2009 年的 EV71 病毒 VP1 区序列信息,进行系统的生物信息学分析,对我国流行 EV71 的进化特征和规律进行了研究。

3. *EV71、CA16 血清流行病学调查*　开展 EV71 疫苗临床前血清调查,对江苏和广西两个 EV71 疫苗试验基地送检的近 3000 份血清进行 EV71 及 CA16 血清中和抗体测定实验,目前已完成 880 份血清的鉴定工作。

4. *手足口病治疗和疫苗研究*　对某公司送检的高效价 EV71 免疫球蛋白进行了鉴定符合实验;完成了 EV71 免疫球蛋白标准品的滴定工作。

(三)发热伴血小板减少综合征

1. *应急监测*　5 月下旬,中国疾控中心启动发热伴血小板减少综合征监测,在湖北武汉、随州和河南信阳召开发热伴血小板减少综合征监测启动和培训会。7 月,参与制定《发热伴血小板减少综合征主要宿主动物与传播媒介调查方案》,并指导开展媒介和宿主动物调查培训和标本采集。9 月,本所专家参加了发热伴血小板减少综合征扩大监测方

案制定和培训指导；进一步制定了《标本采集质量控制要求》，以指导标本采集、保存和运送。

截至7月30日，共收到461份病例标本，其中湖北47份，河南50份、山东232份、江苏17份、河北59份、辽宁13份、安徽43份。

2. 实验室检测　完成了15株新布尼亚病毒分离和鉴定、分子生物学特征、血清学检测等工作，建立了基于病毒核蛋白的IgM、IgG和总抗体检测的ELISA方法、中和抗体检测方法和间接免疫荧光法（IFA）等多种实验室诊断方法。建立并初步评价了检测病毒核酸Real time PCR方法。确定了新布尼亚病毒和发热伴血小板减少综合征的致病关系。

3. 其他工作

（1）建立了基于患者外周淋巴细胞的人源噬菌体抗体库，获得了多株抗核蛋白基因工程人源抗体并完成了初步评价。疫苗正在研发中。

（2）Real－time PCR试剂盒已与公司共同研发，正在进行申报工作。

（3）获得了高效价的抗核蛋白动物血清。

（4）获得了20余株抗核蛋白鼠单克隆抗体。

（5）开展了病毒感染治疗和相关基础研究。

（6）体外试验初步评价了利巴韦林抑制病毒复制的效果。

（四）其他疫情应急处理工作及卫生保障工作

2010年度，病毒病所派出专家10余次，分别赴现场开展卫生应急处理及保障工作。

（1）派专家参加青海玉树、甘肃舟曲等卫生应急工作，为灾区提供快速诊断试剂等。为保障澳门回归10周年、上海世博会及广州亚运会和亚残运会的顺利举办，病毒病所积极梳理应急物资储备情况，并安排人员作为工作联系人，参与卫生保障工作。

（2）1月23－28日，派专家赴西藏对“西藏那曲6例不明原因死亡儿童”进行病原调查。对后来收集的腹泻儿童的8份腹泻样本进行ELISA检测，其中有2份分别为轮状病毒和腺病毒阳性。

（3）2－3月，参与了全国“两会”的疾病防控工作，并全程驻会，负责甲型H1N1流感防控工作以及周边地区疫情汇总及报告。

（4）4月，河南省某县发生甲型肝炎暴发流行，本所专家作为技术支持，参与疫情的分析处理，并对现场标本进行实验室分析，分析结果确定了甲肝病毒感染的基因型，并对IgM抗体进行了确证实验。

（5）5月，安徽疾控中心报告一例淮南市遗传型克雅氏病（CJD）病例。11月30日，本所专家在安徽省疾控中心、淮南市疾控中心的配合下展开此例遗传型CJD家系调查。

（6）7月底，四川省凉山州木里县发生一起家庭聚集性的多人不明原因死亡事件，8月4－12日，通过听取汇报、现场查看、走访相关人员等，初步调查结果不支持急性传染病暴发及常见毒物中毒,不排除其他性质中毒的可能性。

(7)9月13日,及时向广西和广东省疾控中心提供急性出血性结膜炎主要病原体EV70和CA24v的RT-PCR检测试剂,并积极与病例数居前几位疫情较严重的省级疾控中心(包括广东、广西、湖北和浙江)进行沟通,了解其实验室标本采集和鉴定情况。

(8)10月4-9日赴广东东莞处理基孔肯雅热疫情。从10份血清标本中,Real-time PCR检测基孔肯雅病毒核酸7份阳性,RT-PCR检测4例阳性。分离到4株基孔肯雅病毒。参与东莞疫区400余人份血清学本底调查。

(9)11月初,受卫生部应急办委派,前往广东省了解当地登革热疫情情况及防控工作,并前往广州市从化市了解当地一起诺如病毒引起的水源性群体性胃肠炎事件。

(10)脊灰野病毒株的确定。2010年邻国塔吉克斯坦输入性脊灰野病毒病例暴发流行。为了能够及早发现输入性可疑脊灰野病毒病例,迅速采取应急措施阻断可能的传播和循环,本所对疑似脊灰野病毒病例的标本采取了应急检测流程,保证在48小时内确定标本是否为脊灰野病毒。在6月1-3日和7月27-29日分别派专家紧急赶赴新疆维吾尔自治区和黑龙江省哈尔滨市,应对邻国塔吉克斯坦脊灰野病毒暴发工作。

(五)应急技术储备工作

1. 技术储备　SARS、肾综合征出血热、登革、埃博拉、马尔堡、拉沙热、裂谷热、肺综合征汉坦病毒、基孔肯雅、黄热病、新型布尼亚、多种病毒性腹泻病原或相关病原、甲型肝炎、戊型肝炎、人博卡病毒、人偏肺病毒、人冠状病毒、腺病毒、流感病毒、副流感病毒等呼吸道病毒和乙型脑炎病毒、森林脑炎病毒、西尼罗病毒、正痘(痘苗)病毒、猴痘病毒等的核酸和/或血清学检测技术及试剂。

2. 登革热诊断试剂配发　向北京、安徽疾控中心等提供300余人份登革热诊断试剂。

3. 肾综合征出血热试剂制备与配发

(1) 参与Mac-ELISA诊断试剂申报及临床试验。

(2) 为各省市疾控中心提供鼠肺抗原检测试剂近千人份。

(3) 为各省市疾控中心提供血清诊断试剂近千人份。

(4) 为各省市疾控中心提供病毒抗原片几百人份。

4. 手足口病快速检测　针对手足口病建立了等温扩增(LAMP)技术方法,成功应用于手足口病主要病原EV71、CA16的快速检测。

5. 病毒性胃肠炎相关样品的检测　病毒性胃肠炎相关样品处理和核酸提取方法的标准化;病毒性胃肠炎相关病毒多重PCR方法的建立;序列非依赖性核酸扩增技术平台的建立;新发病毒检测方法的建立;水体中肠病毒浓缩及检测方法的建立;液相芯片检测腹泻相关病毒技术平台的建立。

6. *建立结膜炎病原* 建立了EV70和CA24v双通道Real time-PCR检测方法，该方法可直接检测临床标本，使基层疾控中心对急性出血性结膜炎病原体做出快速鉴定。

7. *狂犬病快速检测方法制备及储存* 制备并储存了CVS株病毒细胞抗原片，该抗原片可以应用于快速特异性抗体的筛查。制备并储存了已知滴度的CVS株狂犬病病毒库，应用于狂犬病病毒中和抗体的检测和送检病例的诊断。与新疆维吾尔自治区疾控中心合作，研制抗狂犬病毒(核蛋白、CVS株和CTN株)抗原的单克隆抗体，目前正在进行特异性单克隆抗体细胞株的筛选和鉴定工作。

三、督导及疾病防控业务培训工作

(一)督导及调研

(1)1月，赴山东参加我国病毒性脑炎项目(AMES)的现场督导。

(2)3月18-21日，参加了卫生部组织的对湖南、河南的手足口病督导工作。

(3)4月13-16日，带队完成了中心组织的对广西、云南两省(区)旱情调研工作。

(4)4月初，派专家赴广西，参加桂林市全州县13例婴儿不明原因死亡病例的现场处理和实验室病原鉴定工作。

(5)4月27-30日派专家带领卫生部应急督导组，赴湖南长沙、娄底和广西桂林市督导手足口病防控工作，并向卫生部做书面督导报告。

(6)5月15-23日，作为卫生部指派的实验室专家，赴湖南和广西疾控中心对其手足口病实验室进行督导，检测其网络运转情况。

(7)5-7月，多次派专家在湖北、河南、山东等省督导、指导发热伴血小板减少综合征监测工作。

(8)6月1-3日和7月27-29日分别派专家紧急赶赴新疆自治区和黑龙江省哈尔滨市，应对塔吉克斯坦脊灰野病毒暴发事件。

(9)6月12-13日派专家赴上海，协助上海疾控中心制定世博会期间应对塔吉克斯坦脊灰野病毒暴发预案。

(10)6月，3名专家前往浙江宁波市进行省级病毒重点实验室指导工作。

(11)6月30日-7月2日和11月15-18日先后两次赴湖南省洛阳市进行乙脑等急性脑膜炎/脑炎疾病监测点现场督导。

(12)7月5日，参与了贵州省关岭地区泥石流滑坡后疾病预防控制现场督导。

(13)8月22-27日赴广西南宁市、贵港市和湖北省武汉市、宜昌市进行我国乙脑等急性脑膜炎/脑炎疾病监测点现场督导。

(14)8月，组织对3省(市)流感监测网络工作的中美联合督导工作。

(15)8 月 21－22 日,参加了四川省山洪暴发、泥石流灾害的现场评估和预防控制督导工作。

(16)8 月,赴山西对山西省 2010 年新发 VDPV 病例进行病例实地现况调查,并完成了实验室调查部分报告。

(17)9 月 8－16 日,带队参加了河南省商城县发热伴血小板减少综合征疫情调查和媒体应对工作。

(18)9 月 11－20 日,参加了天津、海南、广东、新疆、新疆建设兵团、江苏、山东、四川和重庆的卫生部麻疹疫苗强化免疫督导。

(19)10 月 27－29 日,就河南省疾控中心的克雅氏病监测工作情况、监测流程及进一步做好监测工作的重要性进行了督导考察。

(20)11 月中旬和 12 月 26－29 日,前往陕西省调查了解当地肾综合征出血热疫情形势及防控工作开展情况。

(21)11 月 9－11 日,考察甘肃省疾控中心脊灰实验室关于环境监测项目的准备情况。

(22)11 月 22－24 日,赴济南市进行乙脑等急性脑膜炎/脑炎疾病监测点现场督导。

(23)12 月 1－5 日,赴济南市、广州市及贵阳市,考察山东省、广东省及贵州省疾控中心脊灰实验室关于环境监测项目的准备情况。

(24)2010 年,2 次派专家前往广西人民医院指导鼻咽癌免疫治疗工作及赴苍梧指导鼻咽癌早期诊断工作。

(25)侯云德院士在 2010 年应邀到全国各地讲学 30 余次,并参加全国性疾病防控工作的调研和指导。

(二)会议与培训

1. 全国性业务工作会议

(1) 在江苏南京举行 2009－2010 年度全国流感监测工作总结会。

(2)2010 年 5 月 18－22 日,在北京市举办 2010 年度全国脊髓灰质炎实验室网络工作研讨会。

(3)6 月 22－27 日,在湖南举办 2010 年全国麻疹检测实验室网络工作研讨会。

(4)6 月 29－30 日,在北京举办发热伴血小板减少综合征标本采集方案研讨会,中国疾控中心、病毒病所及山东、江苏、安徽和湖北省疾控中心的相关人员参加了会议。

(5)8 月 24－28 日,在深圳市举办全国手足口病实验室网络工作研讨会。

(6)9 月 16－17 日,协助卫生部和中华预防医学会,在北京召开了 2010 年全国狂犬病防控高层论坛。会议还组织了“狂犬病防控策略专家论坛”,提出了“中国狂犬病预防控制建议”。

2. 全国性业务培训　完成全国性业务培训14次，其中含继续再教育项目8项，累计培训近2000人。

(1) 甲型H1N1快速血清学调查培训班，培训人数约100人。

(2) 一对一培训各省市疾控中心进修人数13人。

(3) 3月15－19日，在北京举办了《2010年中国麻疹实验室网络实验室新技术培训班》，对检测麻疹、风疹IgM抗体等的血清学方法和荧光定量等相关实验室快速诊断技术进行手把手培训，20余人参加。

(4) 6月21－30日，在北京举办中国大陆省级乙脑实验室检测技术手把手培训班，来自全国20个省市自治区疾控中心相关工作人员30人参加。

(5) 7月，在各省市分别举办哨点医院流感监测培训班，1000余人参加。

(6) 8月1－4日，在广东省疾控中心举办了肠道病毒环境监测实验室技术培训班，30余人参加。

(7) 8月，在湖南省长沙市举行了全国虫媒病毒病监测技术培训班，来自全国28个省市的149名学员参加学习班。

(8) 8月，在各省市分别举办新增网络实验室流感与人禽流感监测与防治技术手把手培训班，500人参加培训。

(9) 9月，在北京举办病毒性腹泻监测网络手把手培训班，会议为期7天，50人参加。

(10) 10月17－20日，在南京举办流感/人禽流感监测与现场调查技术学习班，173人参加。

(11) 10月17－29日，北京举办全国高级病毒学培训班，培训人数196人。

(12) 12月19－21日，在北京举办全国发热伴血小板减少综合征防控技术培训会，参会人数90余人。

(13) 8月9－13日，在北京举办2010年度全国脊灰实验室网络工作研讨会，60余人参加。

四、科研与教育培训工作

(一) 科研课题基本情况

1. 申报课题　共计50项，其中承担41项、参与9项。

2. 获准课题　共计3项，获准经费59万元，其中国家自然科学基金项目2项，获准经费50万元；中国疾控中心青年基金1项，获准经费9万元。

3. 在研课题　在研国际合作项目20余项；在研课题见下表。

课题类别	承担	参加	合计
科技重大专项	9	25	34
“973”计划项目	5	5	10
“863”计划项目	11	4	15
国家科技支撑计划项目	2	9	11
国家自然科学基金项目	15	3	18
其他国家级重点项目	2	3	5
卫生部有关司局及其他省部级资助课题	2	4	6
中国疾病预防控制中心青年科研基金	3	0	3
传染病国家重点实验室自主课题	4	0	4
合　　计	53	53	106

4. 到位科研经费　20 000 余万元，其中国家财政拨付科研经费 10 000 万元，国际合作项目经费近 3000 万元，横向合作经费 550 余万元。

5. 发表论文和著作、专利申请

(1)2010 年共发表论文 136 篇。其中发表英文文章 86 篇，影响因子 291.235，其中作为第一完成单位发表 66 篇，影响因子 213.28。

(2)出版学术著作 2 本，其中主编 1 本、参编 1 本。

(3)授权专利 1 项，新专利申请 10 项。

6. 病毒病所 2009 年科技学术会　根据所学术委员会的建议，4 月 29－30 日在北京举办病毒病预防控制所 2009 年度科技学术年会本所阮病毒室主任、中国疾控中心科技处处长董小平参加会议并讲话，李德新所长做了病毒病所 2009 年度主要科研工作总结，传染病所徐建国所长做了《新病原研究》的学术报告，梁国栋、毕胜利、魏强教授做了重点报告，12 名教授和 10 名科研人员做了各科室重点学术报告。200 余人参加了会议。

(二)研究生管理工作

1. 研究生招生与管理　2011 年招收硕士 11 名、博士 9 名，联合培养研究生 45 名，接收中国疾控中心 MPH 研究生 2 名。

2. 研究生获奖　11 月 2 日，本所 2007 级博士研究生论文《云南省(中缅佬)边境地区虫媒病毒调查及病毒分子特征研究》获得中国疾控中心优秀博士论文一等奖。7 月 6 日，本所 1 名博士和 1 名硕士荣获 2010 年中国疾控中心优秀研究生。

3. 博士后工作　3月2日，申报2010年博士后科学基金资助项目3项。完成6名博士后的开题报告和4名博士后中期考核。完成2010年基础医学博士后科研流动站评估工作。

五、国际合作与交流

(一)外事出访工作

1. 出访　短期(一个月以下)出访：办理出国报批手续90余人次；办理卫生部及中国疾控中心下达出国任务10余人次；协助办理出国手续3人次；赴台报批手续2人次；30天(不含)以上合作研究人员出访6人次。

2. 接待　办理接待来访外宾手续6批次，接待外宾20余人次；接待顺访、临访外宾10余批次，60余人次。2010年9月接待加拿大卫生部公共卫生署代表团一行8人、美国疾病预防控制中心主任Tomas Frieden访问团一行20人、香港卫生署代表团等。

(二) WHO流感参比和研究合作中心

2010年10月29日，本所国家流感中心接到世界卫生组织的正式通知，任命中国国家流感中心为全球第五家、发展中国家首家全球流感参比和研究合作中心。

六、举办黄祯祥先生诞辰100周年学术报告会

为了弘扬黄祯祥先生的爱国主义精神，传承黄先生严谨、创新的科研作风，纪念黄先生在医学病毒学领域的杰出贡献，2010年12月16日，本所举办了黄祯祥先生诞辰100周年学术报告会。会议由李德新所长主持。中国疾控中心王宇主任讲话并和宫新生副主任一同为黄祯祥先生铜像揭幕。黄先生家属、老同事、学生表达了对黄老先生的怀念和敬仰之情。曾毅、洪涛院士，中国疾控中心杨维中副主任，中山大学黎孟枫副校长和黄祯祥先生的外孙、美国哈佛大学王朝曦教授分别做了学术报告。李德新所长作了题为《薪火相传　大展宏图》的总结发言。

中华预防医学会会长、原卫生部副部长王陇德院士为纪念黄祯祥先生诞生100周年题词：“开拓创新载入史册　病毒学始祖　严谨求实　有口皆碑　杏林苑魂魄”。

七、实验室管理工作

(一)实验室生物安全管理

1. 生物安全培训　9月14日对新进所人员进行了生物安全培训，共计73人参加，对于不固定来所进修、学习的人员，采取以教学光盘为主进行实时培训，考核合格后，进入实验室进行专业技能培训，共培训25人。

邀请中国疾控中心基建处和实验室建筑施工方作了主题培训。

开展了BSL－3实验室培训,培训内容涉及双扉高压锅操作使用方法、污水处理系统的使用、进出BSL－3实验室程序和操作流程,以及新址实验室结构和消防安全、意外事故处理培训等。

2. *生物安全检查* 全所生物安全检查4次;接受中国疾控中心和北京市卫生局组织的专家检查共计5次:北京市卫生局1次、中心实验室管理处4次;BSL－3实验室(迎新街)现场调研1次。

3. *加强生物安全员的管理* 组织生物安全员参加中国疾控中心举办的实验室主任和生物安全员培训;每月召开一次生物安全员会,就本所在搬迁新址中涉及生物安全的实际问题进行研究讨论,对新址实验室使用过程中存在的问题及时上报相关部门解决。

4. *实验室相关人员健康检测工作* 9月,按照中心要求对实验室相关人员进行了体检,建立了血样本管理规定和流程。完成了健康档案的整理、体检血样和离所留样工作。

5. *举办生物安全周活动* 在中心第四届实验室安全周活动的总体安排下,本所举办了第六届生物安全周活动。以搬迁新址为契机,通过开展宣传、培训、检查等活动,为将病毒病所打造成一流生物安全实验室营造良好氛围,为使本所BSL－3实验室顺利通过认证认可打下坚实基础。

(二)BSL－3、BSL－2实验室建设

1. *完善新址BSL－3实验室建设* 按照《实验室生物安全认可准则》(GB19489－2008)和《实验室生物安全认可准则》(CNAS－CL05)的要求,配合中心实验室管理处、基建处进一步完善本所昌平新址BSL－3实验室设施设备的建设。解决了设备层漏水问题,完善监控室、UPS机房的门禁。完成绝大部分仪器设备的安装调试和实验家具定制工作。

2. *旧址BSL－3实验室改建* 根据《实验室生物安全认可准则》(GB19489－2008)和《实验室生物安全认可准则》(CNAS－CL05)的要求,2010年7月29日,中国合格评定国家认可委员会对本所旧址BSL－3实验室进行现场调研,并提出了设施改建的要求。

3. *BSL－3实验室认可准备工作* 根据中国疾控中心要求,本所成立了以李德新所长为组长的BSL－3实验室认可领导小组,根据新版GB19489－2008《实验室生物安全通用要求》进行相关BSL－3实验室文件体系改版,完成了BSL－3实验室安全手册改版工作。

4. *新址BSL－2实验室管理工作* 组织相关人员使用实验室压力检测专业工具,对1～6层BSL－2实验室、PCR室及生物安全柜风向、压力等各项参数进行测量,测量了10个实验室48个房间近100组压差测量数据,将不符合实验要求的上报中国疾控中心,并

协调中心相关部门安装压差表150块。

（三）完善感染性材料和废弃化学品的管理

按照感染性材料运输流程，与各省（市）疾控中心成功运输了人禽流感、出血热、克雅氏病、AFP、狂犬病毒等各类标本。2010年共计接收疑似甲型H1N1样本67次100余份；疑似AFP样本59次70余份；疑似CJD样本22次44份；疑似禽流感样本2次3份；季节性流感样本45次50份；狂犬流调血清样本5次1000份，其他感染性标本24次50份。办理对外提供毒株及本所接受国内外流感毒株、抗体、麻疹血清等手续11次。

完成了旧址的危险化学品集中处理工作。

（四）实验室质量管理

1. 编写《生物安全和质量管理认可文件》 制定了工作流程和工作方案，现已初步建立并编写完成病毒病所实验室管理认可体系文件。

2. 组织编写《实验室手册》 该手册涉及实验室的职责、结构功能划分、制度、风险评估、材料安全数据单（MSDS）、实验室的运行、检测的标准操作程序（SOP）、仪器SOP、各种意外事故处理报告等。

3. 实验室信息化建设 在中国疾控中心的统一安排下，每个实验室预装LIMS系统，目前已经进入试运行阶段。

（五）新址毒种库建设与高危毒种转运工作

1. 新址地下室毒种库建设 反复与毒种库监控系统建设单位磨合，使监控系统不断完善。5月中旬，组织专家组依据GB/T367－2001《视频安防监控系统技术要求》和GB50395－2007《视频安防监控系统工程设计规范》，通过听取施工方汇报、实地查看毒种库现场和监控室，并对监控人员进行提问、考查其实际操作能力等方式对毒种库监控系统进行验收。专家组认为本所新址地下毒种库视频布置符合国家相关标准要求，毒种库布局符合相关规定。视频监控人员培训上岗，掌握相关操作方法。

安装高危毒种冰箱温控报警系统，建立了新址毒种库管理制度、定期检查制度、出入管理制度。

2. 高危毒种转运 组织制定了详尽的转运方案和转运意外事件处理程序，成立了以李德新所长为组长的转运领导小组，规定了各相关部门的职责，从转运前准备、运送方式、运送要求、拟运送路线、样本交接、保障措施等6个方面对转运工作进行了细致安排，经本所生物安全委员会审核通过后上报中国疾控中心。中国疾控中心批准后，于12月10日，依据方案进行了转运演习。

12月15日,在中国疾控中心、北京市卫生局、北京市反恐办的帮助下,经武装押运,多车运输,将本所的高危毒种冰箱从迎新街100号高危毒种库成功转运至新址毒种库。

八、学术刊物编辑出版和图书管理工作

1.《病毒学报》 全年编辑出版6期,其中省市国家基金支持在本刊发表的论文占87%。医学病毒学论文占69.40%;动物病毒学论文占30.60%。

通过网络数据库(合作)发行与传播比上一年度有比较大幅度的提高。根据"中国知网"《病毒学报》发行与传播统计报告,2010年度(统计年度2009年度)《病毒学报》机构用户3441个,分布8个国家和地区,个人读者分布达14个国家和地区。

2.《中华实验和临床病毒学杂志》 全年编辑出版6期,共发表文章179篇。编辑出版3期重点号,分别是病毒性腹泻重点号、狂犬病病毒重点号、女性生殖道病毒重点号。重点号的出版,提高了《中华实验和临床病毒学杂志》的影响力。

3. 图书管理工作 全年订购中文期刊66种、交换刊10多种、外文原版刊22种、外文影印刊2种。

九、规范日常管理做好后勤保障工作

(一)财务管理

1. 合理编制预算 通过总结分析上年度预算执行情况,客观分析本年度国家有关政策对预算执行的影响,进行预算编制的上报。

2. 推动预算执行 通过预算编制把各项工作具体化,进一步将各项预算指标分解落实到各责任部门或责任人。

(二)人事管理工作

1. 人员基本情况 截至到2010年12月底,全所职工251人,其中专业技术人员211人,占职工总数的84%;高级职称74人,占专业技术人员的35%(正高职称30人,占专业技术人员的14%,副高级职称44人,占专业技术人员21%);中级职称91人,占专业技术人员的43%;初级职称46人,占专业技术人员的22%。管理岗人员18人(不含所级领导),占职工总数的7%;工勤人员22人,占职工总数的9%。

2. 岗位调整与聘任工作 完成岗位微调。本所专业技术人员高级岗、中级岗、初级岗的比例为28%、46%、26%。

3. 专业技术资格评审工作 完成了2010年度卫生部专业技术资格的申报工作。本

所共有24名同志通过评审，在网上公示。

4. 岗位招聘与人才引进　共接收“三生”13名，其中：博士4名、硕士7名、本科2名（京内3名、京外10名）。

9月28日组织召开引进人员面试考核会议，按照程序，录用了3名工作人员，分别来自美国杜克大学医学院、美国彭宁顿生物医学研究中心和法国路易巴斯德大学病毒研究所。

5. 外聘人员管理　截至2010年底，按人事代理形式聘用派遣员工44名。2010年新接收派遣员工9人，解除聘用劳动合同6人。为聘用的临时工作人员建立健全了失业、养老基金账户。

6. 职工教育与培训　9月份组织13名新职工参加中国疾控中心岗前培训和拓展训练。选派3名新职工下派锻炼2～3个月，分别是山东省疾控中心1名和江苏省疾控中心2名。

共接收疾控中心计划内进修人员1人、计划外进修人员6人，接收“西部之光”访问学者2名。

7. 离退休工作　截至2010年底共有离退休职工100人，其中离休职工3人、退休职工97人。

（三）综合行政管理工作

1. 新址搬迁工作　按照中国疾控中心及病毒病所搬迁的整体要求，本所于2010年3月1日起正式在新址办公并启用病毒病所新址对外办公电话及传真。

2. 公文处理工作　全年收文约400件，发文200余件。

3. 档案管理、新闻宣传、保密工作　接收研究生档案30余卷。配合中国疾控中心安排媒体采访4次，并将相关资料进行整理。下发《病毒病所关于开展2010年涉密载体清理工作的通知》，要求各处室按照通知要求，检查本处室计算机、存储介质的安全情况，贴注“秘密”标识，并将相关情况上报中心。

4. 住房补贴发放、物业费供暖费支付收取工作　按照新的《在京中央和国家机关住房补贴调整实施办法》，完成来所新老无房职工13人购房补贴的审核、测算和发放工作。按照本所物业费、供暖费报销有关规定，完成了职工物业费、供暖费支付工作。

5. 固定资产管理、采购、审计工作　完成病毒病所由旧址迁入新址后所购置的全所办公家具、会议室音响设备等固定资产的管理工作。2010年本所新增实验室设备357台，办公设备3401台，报废仪器设备78台。

共签订外贸合同26份。组织网上竞价采购80次，签订合同58份。邀标采购7次和公开招标3次，包括本所新址建设项目—第三期新址项目及流感流行预测预警平台建设项目、新址3～5层玻璃隔断工程采购、新址大楼纱窗采购、新址网络机房建设项目。

根据中国疾控中心要求，上报了病毒病所工程建设领域问题排查意见及2009年医疗卫生单位基建、修缮项目审计情况表；中心审计处派驻的内审部门负责人，从8月31日起进驻本所开展相关审计工作。上报中心《2010年预算执行情况报告》、《2010年病毒病所企业"小金库"重点检查报告》、《病毒病所企业"小金库"重点检查整改报告》。

6. 安全保卫工作　调整并强化了以所长为组长，各职能科室负责人为组员的社会治安综合治理领导小组。组织相关部门人员对重点部门、部位定期进行安全检查，查出隐患立即整改，全年开展保安人员灭火技能训练6次。制定和完善了本所的《门卫制度》、《危险品保管制度》、《车辆管理制度》、《消防安全制度》、《保安巡逻制度》、《安全目标管理责任追究制度》、《消防应急预案》，全年未发生安全事故。

(四)后勤保障工作

1. 修缮改造工作　调整了新址部分实验室电路，增加了开水间的上下水管道，增加了一层部分实验室的空调，改建了二氧化碳管路系统。

对旧址大楼的照明灯具实施全面维修更新；排除了旧址自来水主管道断裂故障；完成了西经路宿舍和旧址大楼的高、低压锅炉大修项目。

2. 后勤服务工作　完成了各类玻璃器皿清洗、实验垃圾和实验器材高压灭菌、各种液体配置、液氮二氧化碳提供、实验材料出入库、医疗和生活垃圾清运、各种标本运送，以及公务用车和食堂用餐等服务工作；保证了全所电力、用水供应。

安排学生住宿近130余人次；配合有关部门及时处理了发生于学生宿舍的麻疹、水痘疫情，保护了学生。

十、党群工作

(一)组织开展政治理论学习，营造争创学习型党组织的良好氛围

建立中心组及党员学习制度，组织召开了中心组成员、支部书记、室主任参加的中心组学习(扩大)会议，及时传达、学习中央及中心党委有关会议精神。安排全体党员职工学习党的十七届五中全会报告和全国人大政府工作报告；组织参加"中国疾控中心救灾防病和支援灾区先进事迹报告会"、"玉树抗震救灾主题展览"；举办"廉政建设知识竞赛"。积极开展读书活动，购买了《苦难辉煌》和《写在工作之余》等学习用书发给各支部和党员，倡导党员争做学习的模范，带头读一本好书。参加上级组织的读书征文活动，2篇获二等奖，1篇获三等奖。创新学习交流载体，整理刊出8期《病毒病所简讯》，为广大职工了解信息、交流体会搭建了良好平台。

(二)认真开展创先争优活动,发挥党支部的战斗堡垒和党员的先锋模范作用

1. *紧跟中心党委步伐,开展创先争优活动* 按照中心党委的部署和要求,病毒病所创先争优活动于2010年6月正式开始,成立了病毒病所深入开展创先争优活动领导小组和办事机构;制定了《病毒病所党委深入开展创先争优活动的实施方案》,确定以"筑坚强堡垒,树先锋形象,创和谐组织,促科学发展"为活动主题;以"五争五创"、"五比五看"为活动载体。制定了2010年6月-2011年6月《病毒病所创先争优活动计划安排表》,明确开展创先争优活动的目标、内容、步骤及要求。制定了《党员示范岗标准》、《岗位标兵争创标准》、《文明科室争创标准》等,为开展创先争优活动提供了可操作性强的评选标准。印制了病毒病所《创先争优活动手册》,支部、党员人手一册。收集党员创先争优宣言110余条并上报中国疾控中心党委。

2. *创新活动载体,激发党支部和党员创先争优的活力* 组织人员参加中心党委组织的主题党日活动,组队参加中心组织的庆祝建党八十九周年"党的知识竞赛",获第一名。两批次组织在职党员、职工赴革命圣地井冈山进行爱国主义教育。组织召开以"为正义而战"为主题的纪念抗美援朝60周年座谈会。

3. *各党支部密切联系实际,落实创先争优活动目标* 一支部开展"我心中的党,与时俱进漫谈"主题座谈会;二支部开展主题座谈会,重点就实验室管理及学生党员论文写作等具体事项进行了探讨;三支部召开了如何做一名优秀党员座谈会;四支部开展了"健康身体、健康心灵"主题户外活动;五支部围绕"入党为什么,入党做什么,如何做一名合格党员"进行了讨论,并集体学习了《中国疾病预防控制中心关于开展向"人民健康好卫士"马庆军同志学习的通知》,结合创先争优活动开展向模范学习活动;六支部围绕"我是一名党员,如何提高服务标准"进行了座谈;安排离退休党支部在病毒病所旧址召开了创先争优座谈会,20余名离退休党员参加了活动。

4. *在重大事件中奉献爱心,积极发挥表率作用* 玉树地震发生后,全所党员、职工、研究生共281人捐款21 855元;三个集体捐款30 000元。舟曲泥石流发生后,全所党员、职工、研究生245人向灾区捐款共计18 185元。

(三)加强组织建设,提高创造力、凝聚力和战斗力

1. *加强制度建设和组织建设* 坚持"民主生活会"、"三重一大"、"三会一课"制度。凡属三重一大事项均经所党委、所办公会议集体讨论决定。2010年初,组织召开了全所党员大会,报告了2009年党委工作及党费收缴管理和使用情况。

按照《中国共产党党章》和中组部的文件规定,完成党支部换届选举工作。

完成了"中国疾控中心党组织情况统计表"、"中国疾控中心党组织党员情况统计表"、

“病毒病所 2009 年党费收缴使用管理情况报告”总结、统计、上报工作。

2. 积极做好党员发展和政审工作　2010 年年初,上报了“病毒病所关于 2009 年发展党员情况和 2010 年发展党员计划的报告”。2010 年发展预备党员 2 名,转正预备党员 6 名。

(四)加强党风廉政建设,提高党员干部拒腐防变能力

1. 举办“警示教育”培训班　按照中心纪委的要求于 10 月 14 日举办了“警示教育”培训班,对中层以上领导干部和课题负责人进行集中学习培训,组织观看《警钟长鸣—治理医药购销领域商业贿赂》和《算一算七笔账—常思贪欲之害》,并进行座谈交流。

2. 建立“权力运行监控机制”　按照上级要求和部署,启动了权力运行监控机制建设试点工作,于 3 月 22 日成立了病毒病所权力运行监控机制建设工作领导小组和领导小组办公室,制定了工作进度,归纳提出了病毒病所权力明晰表内容并上报。

3. 加强对领导干部的监督,组织召开党员领导干部民主生活会　组织学习《关于加强卫生部直属单位纪检监察组织建设的意见》、《卫生部国家中医药管理局直属单位党风廉政工作会议》、《中国共产党党员领导干部廉洁从政若干准则》、《关于领导干部报告个人重大事项的规定》等文件;8 月 31 日和 9 月 2 日分别组织召开了党员、职工、统战人员参加的党员领导干部民主生活会的征求意见座谈会,对反映的意见和建议进行梳理、汇总(共计 109 条),并向上级党委和所党政班子进行反馈。10 月 9 日召开了党员领导干部民主生活会。

4. 做好重大项目招投标监督工作　对仪器、试剂、实验室改造等采购项目进行抽取专家和评标现场的监督工作 10 余次,对采购工作中发现的问题及时提出意见、建议。

(五)重视做好统战及群众工作,促进职工队伍建设

1. 加强与统战人员的沟通和联系　春节前夕,组织举办 2010 年统战人员茶话会。9 月2 日,组织召开由民主党派参加的党员领导干部民主生活会征求意见座谈会。11 月 8 日,组织召开了由党委委员、支部书记、九三学社社员、民盟盟员、台属、归侨侨眷等人员参加的“同舟共济十载,再创和谐辉煌”为主题的病毒病所第十届统战工作会议。

2. 重视共青团组织建设,为青年成长成才搭建平台　配合党委对团员青年做好思想政治工作;完成第一届“中央国家机关青年五四奖章”人选推荐工作,病毒病所腹泻室主任段招军获得“中央国家机关青年五四奖章”荣誉称号。完成卫生部直属机关共青团团员基本信息采集工作。组织团员青年参加中心组织的 2010 年世界杯足球竞猜活动。组织全所团员、青年职工、研究生在昌平新址进行了拓展培训活动。

（六）维护稳定促进和谐，送温暖送关怀营造健康氛围

认真贯彻落实上级党委维稳工作会议精神及要求，及时排查“三种人”和涉“法轮功”问题，不留盲点和死角。走访慰问解放前入党的老党员和长期生病的党员，积极作好困难职工的帮扶工作。利用“元旦”、“春节”、“七一”等节假日，开展送温暖、送关怀活动。

重大节日、重要时期和敏感时期安排专人值班，发现问题及时解决，消除隐患，确保稳定。

（李德新　苏晓婷）

寄生虫病预防控制所

一、疾控工作

(一)血吸虫病

1. 做好全国血防工作会议、省部联动等重点工作技术支持　积极配合卫生部疾控局做好在湖北武汉召开的全国血防工作会议的技术支持工作,参与完成会议资料准备、宣传画册编印等筹备工作。积极参与卫生部与湖北、湖南两省的省部联合防治血吸虫病行动工作的指导,有10余名专家和专业人员分别担任两省省部联动联系点的挂点专家,指导各联系点完成各项年度重点工作,并参与研讨和制定了湖南省部联动工作机制。

多次组织专家赴江西省开展部省联动现场调研,并指导制定以南昌市为中心的南鄱阳湖区沿岸血吸虫病防治示范区方案。

2. 积极开展各类现场专题调研,推进防治工作进展　为及时了解和解决血防工作的进展及存在的问题,组织专家就多个专题开展了现场调研和技术指导。赴江西省鄱阳湖区对洲滩利用的长效机制进行现场调研,研究和探索封洲禁牧的可持续发展模式;赴浙江江山、富阳进行血防工作现场调研,为制定监测地区血吸虫病防治方案提供依据;配合卫生部疾控局赴安徽省对血吸虫病防治工作开展了现场调研,指导帮助安徽省血防工作规划的制定;赴云南省开展当地传染源控制关键措施—集中式中温沼气站的现场调研及技术指导;组织专家赴湖南和湖北对急性血吸虫病疫情开展了现场核实工作和督导调研工作。

3. 发挥技术优势,分类指导,提高各地防治工作质量　受卫生部疾控局委托,在四川省彭山和安徽铜陵分别举办了山区和湖区血吸虫病县级血地办主任学习班,积极推行以传染源控制为主的血防综合治理措施。2010年组织7省流行区开展了重点地区哨鼠监测工作,为统一和规范监测工作,举办了哨鼠监测工作培训班,进一步提高监测工作质量,为提高各地防治工作的针对性提供了积极指导。组织开展了省级血吸虫病诊断参比实验室第一次室间比对工作,积极促进各省血吸虫病诊断参比实验室的工作质量的提高。

(二)疟疾

2010年主要围绕落实党和国家领导人对疟疾防治工作的重要批示精神,配合卫生部疾控局推动全国消除疟疾工作进程和全国消除疟疾行动计划的实施，为各消除试点提供技术指导和支持工作，并组织专家制定消除疟疾行动计划的实施方案和考核办法，整合现有的各类项目资源，为实现全国消除疟疾目标服务。同时，还积极组织开展对重点省疟疾防控工作的现场督导和调研，组织开展全国疟疾疫情监测工作。

1.《中国消除疟疾行动计划(2010－2020年)》及全球基金疟疾项目的启动　2010年7月29日在贵阳正式启动全国消除疟疾工作及全球基金疟疾项目。组织召开省级消除疟疾实施方案与工作计划编制培训会，指导全国24个疟区省（自治区、直辖市）在对疟疾防治形势、任务和需求科学分析基础上，编制省级消除疟疾实施方案与工作计划，并组织开展了基线调查工作。由本所领导带队组织专家分别对四川、山东、安徽3省全球基金疟疾项目启动及中央转移支付疟疾项目执行情况进行综合督导。与中国全球基金项目国家协调委员会组成联合督导组，对贵州省全球基金疟疾项目进行了专项联合督导，推动了各地全球基金疟疾项目、中央转移支付疟疾项目以及疟疾消除工作的开展。

组织专家起草了《我国消除疟疾关键技术研究项目建议书》，以推动我国消除疟疾关键科学技术问题的解决，为全国消除疟疾提供重要技术保障。

2. 做好援藏疟疾防治与联防联控的技术支持　组织8名专家赴西藏林芝地区墨脱县、察隅县开展疟疾现场流行病学调查，同时帮助西藏自治区研讨制定了消除疟疾的实施方案与工作计划。组织了相关专业人员分别参加了中部“五省”和南方“三省”疟疾联防联控的现场调查工作，对疟疾联防联控工作给予技术指导。

3. 参与组织2010年“全国疟疾日”宣传活动　配合卫生部疾控局征集和确定了2010年“全国疟疾日”宣传活动口号，准备了相关宣传材料，参与了部分省疟疾日活动。组织专家编写《输入性疟疾的诊治与管理》，并下发各疾控机构执行，以指导各地做好输入性疟疾防控工作。

(三)包虫病

在加强中央补助地方包虫病防治项目办公室建设的基础上，积极组织各项目省做好项目工作，并加强对重点省区防治工作的督导和技术支持。同时，挖掘自身潜力，整合资源，加大了对包虫病防治关键技术问题的协作攻关力度。

1. 配合卫生部疾控局组织包虫病防治项目工作　寄生虫所选派一名青年技术骨干赴四川甘孜州开展了为期半年的现场驻点工作，完成了省部联动包虫病防治工作的联系、协调等任务。此外，为进一步加强西藏自治区包虫病防治能力建设，推动西藏包虫病防治项目的实施，组织专家赴西藏措美开展现场技术支持和指导。组织开展青海、新疆、四川、甘肃、宁夏、内蒙古6项目省(区)包虫病防治项目的现场督导、犬粪棘球绦虫抗原检测试剂测评工作。对新疆建设兵团启动包虫病防治项目开展了现场调研与技术指导，并将新疆建设兵团 6 个师纳入到包虫病防治项目。在甘肃省召开了包虫病项目数据研讨会,对包虫病基线调查方案进行研讨。

2. 加大协作力度,加强对包虫病防治关键技术问题的攻关　在充分挖掘自身潜力,整合现有优势资源的基础上了,启动全所第一个专病防治规划—《寄生虫病所包虫病防治规划(2010－2015 年)》的协作攻关工作,率先组织开展了包虫病传播潜能现场工作、内蒙古锡盟、四川壤塘包虫病防治试点现场及诊断试剂和相关药物的研究攻关工作。

(四)寄生虫病综合防治示范区工作和土源性线虫病防治

1. 认真做好寄生虫病综合防治示范区的推广工作　多次组织专家对示范区 3 年工作进展与考核的数据进行整理和分析,及时对示范区考核评估进行总结。结果显示,8 个土源性线虫病综合防治示范区人群寄生虫感染率平均下降了 78.39%,2 个肝吸虫病综合防治示范区人群肝吸虫感染率平均下降了 83.13%,示范区成效显著,达到了预期目标。为进一步推广示范区工作经验,组织专家编制示范区推广方案。

2. 强化全国土源性线虫病监测工作　组织专业人员分别对云南勐海和广东高州土源性线虫病监测点开展了镜检复核,两地符合率均达到 95%以上。在云南洱源县及勐海县开展了人群旋毛虫感染血清学和流行因素调查,ELISA 检测发现当地人群旋毛虫病血清学阳性率较高。此外,对广东顺德地区开展了华支睾吸虫感染调查,采用改良加藤厚涂片法镜检,阳性率也较高。

(五)其他寄生虫病防治工作

1. 继续开展新疆喀什黑热病监测工作和甘肃动物源型黑热病防治试点　根据新疆喀什地区伽师县黑热病媒介监测方案,2010 年继续对伽师县当地媒介白蛉孳生地开展调查。在 4 个行政村设点监测,并对白蛉可能的栖息地如马扎(坟墓)、羊圈内墙壁缝隙等进行了调查。在四川省九寨沟县开展犬佩药浸项圈防治动物源性黑热病现场试点。

2. 积极推进广州管圆线虫病症状监测及传播预警试点　按照《广州管圆线虫病症状监测与传播预警试点工作方案》的要求,上半年在原定的监测试点范围组织开展了监测工作,下半年根据实际监测情况和专题研讨会专家意见,增加了广东省的清远和开平两个监测点。组织专家对景洪、昆明、厦门、福州等地监测工作情况开展现场督导。为规范监测工作,在云南景洪市举办了广州管圆线虫病防治与监测技术研讨班。

(六)寄生虫病突发疫情或事件应急处置

1. 及时启动青海玉树地震灾区救灾防病和包虫病流行因素现场快速评估　贯彻落

实了卫生部、中国疾控中心青海玉树地震抗震救灾紧急动员会精神，成立抗震救灾工作领导小组，做好人员、物资储备和保障工作，并针对灾区重点寄生虫病防控工作需要做好技术支持准备。组织专家撰写了《玉树震后棘球蚴病流行风险初步评估与应对建议》。为加强对灾区群众预防包虫病的健康教育宣传，紧急印制了4万份“预防包虫病—勤洗手吃熟食喝开水”宣传折页发往灾区。派出1名专业人员参加青海玉树地震灾区现场救灾防病。

为了解青海玉树地震灾后包虫病传播风险，由本所和青海省地方病预防控制所有关专家组成调查组，在巴塘乡安置点、赛马场安置点、加吉娘安置点，通过采集检测犬粪样，查看安置点人群饮水情况，询问受灾居民的方式，对灾区震后包虫病传播风险进行了调查，并结合调查，给当地人群发放包虫病防治健康教育材料，并进行包虫病防治知识的宣传。向卫生部提出了加强灾区包虫病防治工作的指导、针对无主犬投放驱虫饵药、编印藏汉文包虫病宣传材料，加强对灾区居民和援建人员的健康教育、严格限制未经驱虫的疫区犬外流等建议。

2. 积极参与甘肃舟曲特大泥石流灾害事件的救灾防病　派出1名专家参与中国疾控中心救灾防病工作。在为期8天的现场工作中，本所专家连续开展了水质取样监测和城区虫媒密度调查工作，针对灾区水质细菌严重超标、积水中蚊虫密度高，就预防虫媒传染病及症状监测等问题，提出了针对性措施、建议和意见。

3. 认真完成四川省内江市因疟疾预防服药导致群体性不良反应事件处置　四川省内江市发生一起因疟疾预防服药导致群体性不良反应事件，致1名儿童死亡。本所立即派人与四川方面联系了解情况，派出1名专家作为卫生部专家组成员，会同四川省开展了事件应急处置和调查工作。为汲取事件教训，进一步规范消除疟疾工作，确保我国如期实现消除疟疾的目标，事后对事件开展了详细剖析，针对事件暴露出的当地开展疟疾防治工作过程中存在的管理不规范、培训不到位、技术方案操作性不强、基层专业人员业务素质不过硬等问题，提出了改进建议，由卫生部对有关情况进行了通报。

4. 世博会应急保障　为做好2010年上海世博会寄生虫病相关卫生保障和应急处置准备工作，成立所世博会保障工作领导小组，制定了《寄生虫病所世博会卫生应急保障工作方案》，举办了世博会寄生虫病应急保障技术骨干培训班，对各部门技术骨干开展了培训和实践活动，并组织学员进行了寄生虫病突发事件应急处置案例的模拟推演。对实验室检测诊断及媒介生物鉴定能力进行梳理、确定检测试剂和药品需求、完善应急预案和工作流程、做好人员和技术储备等工作。

在世博会前出版了《城市大型国际活动中寄生虫病传播风险与防控》一书，介绍了大型国际活动期间可能引起输入传播和暴发的寄生虫病种类、风险评估方法以及常用的预防控制技术，为各类大型国际活动中寄生虫病预防控制的保障工作提供依据。

二、科研与项目管理工作

(一)积极组织项目申请,一批项目获资助

2010 年共申请到国内外课题 13 项,其中国家国际科技合作项目 1 项、卫生行业专项 1 项(参与),科技支撑计划世博专项 1 项(参与),上海市卫生局青年课题 2 项,上海市自然科学基金 1 项,中国疾病预防控制青年科研基金 1 项,WHO 卫生技术合作项目 2 项、中日间日疟合作研究项目 2 项,世界银行贷款研究项目 1 项(参与)。此外,提出 2010 年基础研究重大战略需求建议 3 项,上海市基础研究重点项目 3 项,传染病重大专项建议书 2 份。

(二)加强在研课题管理,组织好结题工作

2010 年在研项目共 40 项,包括:国家“863”计划 1 项,传染病重大专项 6 项(参与 4 项),科技支撑计划 5 项,卫生科技行业专项(卫生公益专项)3 项,国家自然科学基金 6 项(重大 1 项、面上 2 项、青年 2 项、参与 1 项),上海市自然科学基金 1 项,上海市科委标准项目 1 项,上海市卫生局青年课题 2 项,中国疾病预防控制青年科研基金 2 项,自治区科技支疆项目 1 项,中国准备第二次国家信息通报能力建设项目 1 项,纵向合作课题 3 项,国际来源课题 8 项(WHO/TDR 课题 4 项、WHO 课题 1 项、WHO/MOH 课题 2 项、日本课题 1 项)。在研项目总经费 6575 万元。

全年共有 16 项课题结题,其中国家“863”计划 1 项,科技支撑计划 4 项、卫生公益专项 1 项,国家自然科学基金 2 项(重大 1 项、面上 1 项),中国疾控中心青年课题 1 项、国际来源课题 5 项,纵向合作课题 2 项。

(三)专利申请有突破,论文发表有进展

发明专利申请数首次突破 10 项,全年牵头申请国家发明专利 15 项,专利《一种获取空间地理环境信息的系统和方法》、《恶性疟原虫药物抗性相关基因多态性检测芯片及其应用》获得授权。

作为第一完成单位发表学术论文 88 篇,其中被 SCI 专业期刊收录的 17 篇,主编专著 1 部,主译专著 1 部。

(四)科研平台建设

为活跃学术氛围,扩展知识,开阔视野,促进学科发展,举行“寄生虫病所 2009 年度在读研究生学术交流会暨学位论文进度汇报会”;完成中华预防医学会及中国疾控中心传染病基地项目继续教育项目 5 项,共计 237 余人参加;组织科研选题和撰写课题申请书,举

办学术讲座；组织开展科研诚信活动；建立了中华预防医学会医学寄生虫分会网站。

挂靠本所的卫生部寄生虫病标准专业委员会充分发挥作用，根据《2006－2015年全国重点寄生虫病防治规划》，《土源性线虫病控制标准》、《包虫病控制标准》和《裂头蚴病诊断标准》3个项目列入《2010年标准制（修）订计划》。另外，报批并已发布项目1项、报批待发布项目1项、已报批项目4项。

《中国寄生虫学与寄生虫病杂志》荣获2009年“中国杰出学术期刊”称号并获第四届华东地区优秀期刊奖；已被收录为“中国科技论文统计源期刊”（中国科技核心期刊）。经中国科学技术信息研究所统计，该刊总被引频次1091，在基础医学类47种期刊中列第5位，影响因子0.840，列第1位，综合评价总分68.2，列第2位。

三、国际合作与交流

世界卫生组织疟疾、血吸虫病和丝虫病合作中心继续被确认并发挥作用，全年举办第二届国际间日疟会议、疟疾镜检能力评估培训班、贫困所致传染病研究与控制学术会议、世界卫生组织热带病研究和培训特别规划署第33届联合协调理事会年会、环境、农业和传染病专题咨询委员会及合作伙伴第二次年会、亚洲血吸虫病及其他蠕虫病网络第十次年会暨气候变化和传播动力学建模培训班。

全年接待来访19批194人次，出访30批39人次。进一步提升了国际地位和影响力。

四、教育培训

招收研究生12名，其中博士研究生2名，硕士研究生6名，公共卫生硕士4名（包括统招和在职的MPH）。2010年毕业并获得学位证书8名，其中博士学位证书3名，硕士学位5名。

1篇博士学位论文被评为中国疾控中心优秀博士学位论文三等奖。2名毕业研究生在专业成绩和发表论文等方面均取得较为突出的成绩，被评为中心优秀毕业研究生。

1名博士后完成了博士后科研工作，如期出站，3名博士毕业生进入本所公共卫生与预防医学专业开展博士后科研工作，其中2名博士后申报国家博士后管理委员会第四十六批博士后科学基金面上资助项目。

对11名2010年培养期满并提出验收的人才（高层次1名、紧缺7名、优秀3名）进行验收评估，其中1位高层次培养对象提前完成工作目标；对9名培养期内的对象进行年度考核。

受卫生部疾控局委托，1名专业人员赴甘孜州挂职（州疾控中心副主任）锻炼半年，承担省部联动防治包虫病联系点的工作。挂职既锻炼了青年骨干，也拓宽了培养途径。

五、党群工作

开展爱国主义教育和职业道德教育活动,提高职工文明素质、丰富文明建设的内涵,提高单位的文明程度,并加大了检查落实的力度。在巩固本所获得第14届上海市文明单位称号的基础上,进一步推进了新一轮的文明单位创建活动,取得了良好的社会效果。

加大安全检查的力度,增添电子围栏、烟感报警器等技防、安防设施,提升了防范功能,顺利通过了"上海市治安安全合格单位"的验收。

六、行政管理工作

(一)部市共建工作取得实质性进展

卫生部陈竺部长和上海市沈晓明副市长对共建工作均给予高度关注和支持。9月16日,上海市沈晓明副市长率领市卫生局、市发改委、市科委、市财政局和市人保局等职能部门负责人来所调研后指出,部市合作共建寄生虫病所,有利于寄生虫病所的长期可持续发展、有利于国家及上海预防医学和公共卫生事业的发展,市政府将给予积极支持,并提出建设"中国热带病防治与研究中心"的设想。陈竺部长表示支持,并希望该中心建成后能在援非工作中发挥重要作用。

中国热带病防治研究中心项目已通过上海市公共卫生体系建设3年行动计划的初审。

(二)所庆六十周年与世博会同庆

通过举办60周年所庆系列活动,继承科研传统,弘扬疾控精神,推进我国消除寄生虫病的进程,提升本所的国际地位,更激励了年轻人为本所发展做贡献的激情,为本所可持续发展带来了新机遇。

为了确保世博平安,本着服务世博,奉献世博,保障世博的精神参与了世博食品检测工作,共检测样品126件。得到上海市卫生局的表彰,获得了上海市卫生局颁发"上海市卫生系统世博卫生保障先进班组"称号。

(三)优化了工作环境

完成了1号楼装修及外环境整治改造项目工程,对大楼装修采取修旧如旧,保持历史原貌的模式。改造后的花园更加美观。

(四)人事管理

1. 人员情况　截至2010年12月底,全所在册职工183人(其中待退休3人、居家修养 3 人、长病假 1 人，在岗职工 176 人）。专业技术人员 156 人，其中高级 36 人、中级 73 人、初级 47 人；职员 11 人；工人 16 人。本所退休职工 187 人，离休职工 8 人。

2010 年接收应届毕业生 10 人，其中博士 2 人、硕士 8 人。博士后进站 3 名。自然减员 7 人，博士后出站 1 人。由卓远人力资源发展有限公司外聘员工 9 人，其中全球基金项目 8 人。

由市保安公司聘用专职保安人员 7 人；由益建物业管理有限公司聘用保洁、绿化、驾驶员 6 人。

2. 工资福利　根据国家和上海市人事局有关文件精神，对 2009 年度考核为合格及以上等级的职工，增加一级薪级工资，并自 2010 年 1 月 1 日起执行。本所 170 人列入范围，人均每月增资 27.5 元。

3. 职称、考核　经卫生部专业技术职务评审会评定，2010 年本所 1 人取得研究员任职资格，7 人取得副研究员任职资格，2 人取得主任技师任职资格，1 人取得主管技师资格，4 人取得助理研究员任职资格。据上级和本所对工作人员年度考核规定，2010 年全所 168 人参加年度考核（不包括 6 位领导干部），考核结果为：优秀 29 人，称职 139 人。

（徐仁发　陶苾颖）

性病艾滋病预防控制中心

一、概况

2010年,性病艾滋病预防控制中心(简称性艾中心)承担艾滋病防治、丙肝防治和性病的健康教育与干预工作任务。

艾滋病防治工作继续以“减少新发感染,降低艾滋病病死率,提高艾滋病病人生存质量”为目标,继续在全国范围内开展了艾滋病防治数据信息系统数据质量评估,提高网络直报、自愿咨询检测等艾滋病防治综合数据信息质量;整合国际合作项目支持异性性传播主要表现方式调查、感染者发现晚原因调查、50岁及以上年龄组报告病例增长的流行因素调查、抗病毒治疗退出原因分析等艾滋病防治重点工作攻关。2010年累计报告艾滋病病毒(HIV)感染者/艾滋病(AIDS)病人379 348例,其中艾滋病病人138 288例,死亡报告72 616例,2010年每月新报告艾滋病病毒感染者4000例;美沙酮维持治疗门诊扩展到701家,累计覆盖吸毒人群突破29.5万;艾滋病抗病毒治疗人数已突破10万例,其中7272例已经更换为二线药物。另外,第二轮艾滋病综合防治示范区工作进展顺利;中国全球基金艾滋病项目正式启动并进展顺利。

性病干预工作与艾滋病干预工作整合开展,并且围绕《梅毒控制规划》的落实,制定了性病干预服务包,梅毒综合干预五年工作计划。

丙肝防治工作自2010年正式设立哨点87个开展丙肝监测,同时在1888个艾滋病检测哨点开展丙肝检测;在吸食安纳迦的人群中开展丙肝流行病学调查,撰写了《丙肝实验室检测技术规范》。

2010年9月21－23日,性艾中心吴尊友主任作为卫生部团外团成员,陪同温家宝总理出席联合国千年发展目标高级别会议,并在外交部安排下,在纽约召开艾滋病防治工作媒体通气会;11月22日下午,李克强副总理考察了性艾中心;12月1日,性艾中心吴尊友主任、首席专家邵一鸣研究员陪同温家宝总理考察了四川凉山州艾滋病防治工作。

二、防治工作进展

(一)艾滋病防治工作

为保证国家艾滋病防治数据信息质量,性艾中心对艾滋病病例报告、哨点监测、感染者/病人管理、自愿咨询检测、抗病毒治疗、社区美沙酮维持治疗和高危行为干预等相关工作的数据进行质量评估。通过省级自查和性艾中心对12个省(市)开展国家级核查,促进了全国艾滋病数据质量的提高。评估结果表明:艾滋病防治各数据质量可靠。

1. 疫情监测与检测

(1) 疫情报告:截至2010年12月31日,历年累计报告艾滋病病毒感染者和病人379 348例,其中艾滋病病人138 288例;死亡报告72 616例。2010年报告艾滋病病毒感染者48 249例,艾滋病病人34 188例(其中,由艾滋病病毒感染者发展而来的占53.6%),死亡报告18 987例(其中,既往死亡2010年报告的占26.4%)。

应用血清学方法(BED)在部分试点省和重点人群中开展了HIV-1新发感染检测。结果显示:2005-2009年,在艾滋病流行较早地区的静脉吸毒人群中,HIV-1新发感染率无明显上升或呈下降趋势;2008-2009年男男性行为人群(MSM)综合防治试点工作调查,三轮调查HIV-1新发感染率分别为3.33%、3.19%和4.06%,提示该人群整体艾滋病疫情严重;2010年15个试点省第一季度新报告的12 085份HIV-1阳性样本中总体新发感染比例为15.16%。

(2) 哨点监测:目前全国已建成艾滋病网络直报信息系统、哨点监测系统及专题流行病学调查等多种形式的综合监测系统。2010年,按照5年不变的原则,调整和扩展了艾滋病哨点监测工作。全国共设立HIV和HCV哨点1975个,覆盖13类人群。其中艾滋病(HIV)哨点1888个,覆盖8类监测人群,包括吸毒者、男男性行为者、暗娼、男性性病门诊就诊者、男性长途汽车司乘人员、男性流动人口、孕产妇和青年学生。所有HIV哨点和HCV哨点都全部检测HIV、梅毒和HCV,HIV哨点同时也监测艾滋病相关的高危行为。共监测848 614人,检测843 199人。监测表明:吸毒者哨点HIV抗体阳性率中位数1.0%(平均值4.5%);男男性行为人群(MSM)哨点HIV抗体阳性率5.2%(5.7%);暗娼哨点HIV抗体阳性率0.0%(0.3%);男性性病门诊就诊者哨点HIV抗体阳性率0.0%(0.4%);长途卡车司机哨点HIV抗体阳性率0.0%(0.05%);流动人口哨点HIV抗体阳性率0.0%(0.1%);孕产妇哨点HIV抗体阳性率为0.0%(0.1%);青年学生哨点HIV抗体阳性率0.0%(0.02%)。

(3) 自愿咨询检测(VCT):VCT是艾滋病预防、治疗、关怀和预防母婴传播等工作的切入点和枢纽。自2002年开始建立免费自愿咨询检测点,至2010年增加至9475个,这些咨询点分布在疾控机构、综合医院、性病皮防机构、妇幼保健机构、计生机构等。2010年,上报检测数据的VCT点7665个,共有1 925 458人次接受了检测前咨询服务,1 867 812人次接受了HIV抗体检测,22 570人次初筛结果阳性,其中95.2%的人被告知了检测结果。

2. 实验室网络化建设　全国以建成确证实验室318个,筛查实验室约8870个,覆盖92.9%的县级疾控中心。已经具备CD4检测能力的实验室360个,具备病毒载量检测能力的实验室 95 个,除西藏不具备病毒载量检测能力外,全国所有省份均具备 CD4 和病毒载量检测能力。本中心组织完成了艾滋病网络实验室的血清学检测能力验证、HIV 新近感染检测能力验证、CD4 细胞检测能力验证、HIV-1 病毒载量检测能力验证、滤纸片干血斑检测 HIV-1 DNA 能力验证和 HIV-1 耐药检测能力验证。

3. *监管场所监测* 2010 年前三季度全国共检测公安司法监管场所被羁押人员 923 884 人,检出 HIV 抗体阳性者 5548 人,占全部检测人数的 0.60%。

4. *专题流行病学调查* HIV 异性性传播主要表现方式调查表明:商业性行为是 HIV 异性性传播的主要原因(占 47.6%);我国 50 岁及以上年龄组 HIV/AIDS 报告病例增长的流行因素调查表明:传播途径以异性传播为主(占 84.4%),其次为同性传播(8.8%);在云南、河南和广西 3 省份调查发现现存活艾滋病病毒感染者和病人未进行抗病毒治疗原因依次为:因自觉健康而拒绝治疗、经济困难无法支付路费和治疗相关检测费而未治疗、因恐惧药物副反应而拒绝治疗和因担心个人信息泄露而拒绝治疗;在河南、安徽开展的新发现有偿采供血途径感染艾滋病病毒者调查表明:12.9%为经非采供血途径的感染者。近年来,全国每年仍有千人左右报告感染途径为有偿采供血的原因是由于大多数人当年未参加既往有偿献血员筛查,近几年才被检测发现。

5. *艾滋病病毒感染者/艾滋病病人管理* 随着《全国艾滋病防治主要措施落实质量考评方案》的推行,全国艾滋病防治工作质量逐年提升,从检测发现感染者,到对其进行随访咨询、CD4 检测、实施行为干预、提供抗病毒治疗等工作力度不断加大。截至 2010 年 12 月底,艾滋病病毒感染者/艾滋病病人首次随访完成率从 2009 年的 91.1%提高到 93.8%;艾滋病病毒感染者/艾滋病病人随访干预比例由 2009 年的 74.6%上升到 85.7%;随访到的艾滋病病毒感染者 CD4 检测比例由 2009 的 54.2%上升到 60.5%;当年新报告艾滋病病毒感染者/艾滋病病人的配偶/固定性伴 HIV 检测比例由 2009 年的 64.3%上升到 78.1%;既往报告艾滋病病毒感染者/艾滋病病人的非 HIV 阳性配偶/固定性伴 HIV 检测比例由 2009 的 54.5%上升到 66.7%。艾滋病病人得到规范随访、CD4 检测的比例分别由 2009 年的 78.5%上升至 84.3%、2009 年的 62.5%上升至 72.7%;完成 1 次病毒载量检测的艾滋病病人比例由 2009 年的 48.5%上升到 71.3%。

6. *重点人群干预*

(1) 经吸毒传播途径的干预:截至 2010 年底,全国 28 个省(区、市)共有 701 个社区美沙酮维持治疗门诊开诊,其中流动服药车 28 辆。累计覆盖吸毒成瘾者 295 182 人,在治人数 122 032 人,平均每个门诊在治人数为 174 人。剔除转诊、重复入组及特殊原因退出等多种因素,年保持率为 70.3%。清洁针具交换工作:全国有 537 个县(区)的 937 个针具交换点开展工作,月均覆盖吸毒者人数 39 504 人。

(2) 经性传播途径的干预:全国月均干预暗娼 481 842 人,月均干预覆盖率 53.4%(比 2009 年同期上升 11 个百分点);全国月均干预男男性行为人群 135 060 人,月均干预覆盖率 28.5%(比 2009 年上升 13.3%)。国家艾滋病哨点监测数据显示:卖淫妇女最近 1 个月每次都使用安全套的比例已经从 2006 年的 43.7%上升到 2010 年的 67.8%。

(3) 抗病毒治疗:一线药物抗病毒治疗:全国 1871 个县区累计 106 613 例成年艾滋病病人接受了抗病毒治疗,比 2009 年扩展了 50 个县,2011 年新增治疗成人艾滋病病人 25 732 例,较 2009 年增幅 31.5%。目前正在治疗成人病人 84 273 例(服用二线药物的有 7129 例),占累计治疗病人数的 79.1%。开展规范化抗病毒治疗后,艾滋病病人的年度病死率(包括治疗的和未治疗的)在逐年下降,从 2003 年的 28.9/100 人年下降到 2010 年的 14.8/100 人年。其中,已经接受抗病毒治疗的艾滋病病人的病死率从 2004 年的 10.2/100 人年下降到 2010 年的 4.6/100 人年。

截至 2010 年 6 月底,累计治疗的 80 360 名成人病人中有 22%的治疗病人终止治疗。经调查,终止治疗的原因为:死亡占 13%,停药/退出 6%(停药/退出原因为治疗副反应),失访占 3%。吸毒人群的治疗终止概率高于经性途径和经血液途径感染的病人。

儿童抗病毒治疗:覆盖 28 省的 340 个县(区),累计治疗儿童艾滋病病人 2175 人,比 2009 年上升 382 人。目前在治艾滋病儿童 1849 人中,服用二线药物的有 142 例。

耐药监测结果:病人耐药检测已完成 5587 例标本采集,获 2153 份耐药序列;HIV 耐药监测网络实验室发现,治疗 1 年的患者中耐药率在 5%以下;耐药警戒线监测发现耐药病毒已开始在新感染人群中传播,有些地区甚至已达到中度传播水平;从 2003 年 12 月起在河南确山和安徽阜阳的抗病毒治疗患者中建立队列,随访监测发现,河南确山和安徽阜阳的病毒抑制率分别为 50.8%和 56.8%;耐药率分别为 31.5%和 26.6%,病毒抑制失败患者对 NNRTIs 的耐药率最高(分别为 73.8%、71.9%),其次为 NRTIs 类药物(分别为 60.7%和 61.4%),其中对 NVP 的耐药率最高。

(4) 示范区工作:第二轮示范区整合现有的全国艾滋病防治重点县(区)和目前正在开展国际合作项目的县(区)资源,设立三类示范区。其中,第一类中央重点建设示范区 51 个,第二类中央与省(区、市)共建示范区 258 个,第三类国际合作项目县约 1285 个。为贯彻落实第二轮示范区工作方案,先后组织有关领域专家赴 15 省(市)24 个示范区进行现场督导,全面了解当地示范区工作情况,督促示范区工作开展,并为中央重点建设示范区提供现场技术支持,对省级示范区项目管理人员开展了项目管理及财务管理培训。

(5) 监督与评估:为及时、深入了解中央转移支付经费、各项艾滋病防治措施的落实情况,发现工作中存在的问题、探讨解决办法,组织了对湖北、海南、吉林、安徽、广东、湖南、贵州、四川、河南等 9 省份艾滋病防治工作综合技术督导;为促进对中国全球基金艾滋病项目和示范区项目工作的规范开展,还组织了对湖北、吉林、山西、西藏、安徽、福建、黑龙江、上海、河南、云南、新疆、广西、陕西、贵州、海南 15 省份项目工作的联合督导;受卫生部委托,对四川、湖南、江苏和重庆 4 省开展了所在省所有艾滋病国际合作项目的联合督导。

(二)性病防治工作

在哨点监测人群、美沙酮维持治疗门诊开展了梅毒血清学监测。

2010 年哨点监测结果表明,男男性行为者、吸毒和暗娼人群哨点的梅毒抗体阳性率分别为中位数 7.8%(均值 8.6%)、中位数 3.8%(均值 4.8%)和中位数 1.5%(均值 2.9%);男性性病门诊就诊者哨点梅毒抗体阳性率中位数 3.0%(均值 5.5%);其他人群哨点梅毒抗体阳性率整体水平较低,男性长途汽车司乘人员哨点梅毒抗体阳性率中位数 0.3%(均值 0.6%),孕产妇哨点梅毒抗体阳性率中位数为 0.2%(均值 0.4%)。围绕《梅毒控制规划》的落实,性艾中心制定了性病干预服务包,梅毒综合干预五年工作计划,拟通过加强大众宣传,在高危场所提供性病预防干预服务,在性病诊疗机构开展干预服务,依托自愿咨询检测门诊和美沙酮门诊开展性病干预服务等策略和措施加强性病的宣传教育和预防干预工作。

(三)丙肝防治工作

截至 2010 年底,全国共报告丙肝 158 758 例,较上年增长 15.8%。男女性别比为 1.4∶1。本年报告丙肝病例数排在前五位的省(自治区)依次为河南(27 667 例)、广东(15 519 例)、广西(9999 例)、新疆(9118 例)和吉林(8687 例),5 省合计报告 70 990 例,占全国丙肝报告总数的 44.7%。本年全国 29 个省份报告丙肝病例数均较去年同期出现不同程度的增长。

2010 年,我国正式设立丙肝监测哨点 87 个,同时在 1888 个艾滋病检测哨点开展丙肝检测;在吸食安纳咖的人群中开展丙肝流行病学调查,撰写了《丙肝实验室检测技术规范》。哨点监测结果表明,吸毒人群、肾透析人群 HCV 抗体阳性率较高,中位数分别为 44.2%(均值 41.8%)、6.2%(均值 6.4%);其他人群 HCV 抗体阳性率均较低,其中,男男性行为者、男性性病门诊就诊者和暗娼哨点的 HCV 抗体阳性率均为中位数 0.5%(均值 0.8%)。

2009 年以来,正逐步推进部分北方农村地区居民吸食安纳咖现象与丙肝流行相关因素调查,已于 2009 年完成对吉林省扶余县约 2000 名注射吸食安钠咖人员及其家属的 HCV 感染状况调查,2010 年该调查正在吉林、甘肃和山西省继续开展。

三、科研与学术交流

组织申请各类课题 8 项,中标 2 项;申报科技成果鉴定 1 项、中华医学科技奖 1 项。

2010 年在研科研课题 14 项。国家自然科学基金 5 项,科技部“973”项目 2 项,国际合作项目 2 项,传染病重大科技专项 4 项;卫生部应用性研究 1 项。其中,“十一五”重大科技专项《艾滋病新发感染检测方法及其应用研究》获取中国新感染检测(BED方法)的窗口期及4个校正系数;《艾滋病毒诊断技术研究与产品研制》完成“人类免疫缺陷病毒抗体检测试剂盒(重组免疫印迹法)”和“人类免疫缺陷病毒抗原抗体诊断试剂盒(化学发光法)”2种试剂盒的临床质量评估,并向国家药监局申报文号;“人类免疫缺陷病毒1+2型唾液抗体诊断试剂盒(免疫渗滤法)”也将获得国家药监局文号;跨膜型和分泌型HIVGag抗原编码基因及包含其的艾滋病疫苗获得专利授权一项。

审核自然基金年度进展报告7项、结题报告2项,签订了2项课题计划任务书。

据统计已发表论文140篇,其中英文论文63篇,SCI论文61篇,影响因子最高为47.05。

四、教育培训

现有各类在读研究生95人,其中博士29名,科研型硕士及MPH和协和公卫共66名;博士后进站2名(其中1名手续正在办理中),出站3名;毕业博士研究生9名、硕士研究生7名,应用型研究生(MPH)5名,协和公卫5名,均获得相应学位。

五、国际交流与合作

(一)外事工作

全年办理个人因公出国(赴港澳)41批次,76人次,访问国家和地区14个,共上交回国汇报及学习体会40余份;接待外宾来华75人次,接待外国代表团3批次58人;外国专家5人,其中合同到期2人,办理申请2人,并按外专局和中国疾控中心国际处的要求上报本年度外国专家自检报告。

(二)国际合作项目管理

多边合作项目:包括中国全球基金项目、联合国人口基金艾滋病项目,联合国儿基会艾滋病防治项目等,各项目进展顺利,资金、预算执行良好。

双边合作项目:艾滋病预防多学科应用培训研究项目(China ICOHRTA-2)、中美艾滋病防治合作项目(GAP)、中英艾滋病策略支持项目、中澳亚洲区域艾滋病控制项目(HAARP)中国子项目,各项目按照计划执行。

国际非政府组织项目:克林顿基金会艾滋病治疗与关怀项目、中国—默沙东艾滋病合作项目、比尔·梅琳达盖茨基金会艾滋病合作项目均按计划执行。

(三)重要活动

性艾中心协助国艾办、卫生部于2010年7月19日在维也纳成功召开第十八届世界艾滋病大会中国分会,分会主题为:“认识中国,艾滋病应对与挑战”(Eye on China: Response and Challenges on HIV/AIDS)。这是中国第一次在世界艾滋病大会上召开中国专题分会,在国际会议上发出来自中国的声音。此次会议加强了中国与世界在艾滋病防治领域的交流与合作。

六、实验室安全

组织完成实验室体系文件的更新和完善,协助实验室完成仪器设备强检122件(台),完成2次实验室安全员安全培训,组织实验室相关人员外出培训20余人次,配合中国疾控中心实验室管理处组织的飞行检查,督促实验室整改落实,全年无生物安全事故发生,获得实验室认证、认可通过;完善实验室管理系统(LIMS)建设。

七、制定技术指南、会议、培训与应急事件处理情况

(一)制定的重要技术规范、指南、方案、操作手册、工作报告

出版《艾滋病综合防治工作手册》,制定《全国艾滋病防治主要措施落实质量考评方案》、《全国HIV新发感染检测/监测方案(修订)》、《艾滋病快速检测流程及记录手册》、《中国艾滋病防治效果评估指南(征询意见稿)》、《联合国大会艾滋病特别会议核心指标构建指南》、《重点人群减少艾滋病感染预防技术研究干预手册》和实施方案、《国家免费艾滋病抗病毒药物治疗培训电子教程》、《全国艾滋病哨点监测实施方案(试行)》及操作手册、《艾滋病病毒感染者发现晚原因调查方案》、《第二轮全国艾滋病综合防治示范“面对面”宣传教育活动方案》、《成人机会性感染治疗手册》、《暗娼及男男性行为人群干预人数重复比例调查工作方案》、《中国艾滋病防治效果评估指南》、《第二轮全国艾滋病综合防治示范区督导评估方案(征求意见稿)》、《中国遏制与防治艾滋病行动计划(2011-2015年)》(征询意见稿)、《丙肝监测工作方案》、《丙肝防治教育手册》、《全国丙型肝炎病毒实验室检测技术规范》、《丙肝安纳咖专题流调方案》、《梅毒防控规划》(干预部分)、《性病防治管理办法(送审稿)》、《对入境的外籍感染者的管理办法》(草稿)、《抗病毒治疗信息系统耐药管理模块数据管理规范》、《全国艾滋病宣传教育工作指导方案》、《中国遏制与防治艾滋病行动计划(2006-2010年)》终期评估方案(送审稿)。

《2009年公安司法系统被羁押人员HIV抗体常规检测工作报告》、《2009年中国艾滋病防治主要国际合作项目进展报告》、《全国艾滋病综合防治数据信息月(季、年)报》(2009年年报,2010年月报、季报)、《国家艾滋病综合政策指数(NCPI)报告》、《中国2010年UNGASS〈艾滋病承诺宣言〉实施情况进展报告(2008-2009)》、《艾滋病防治白皮书》、《中国2009年法定传染病发病和死亡报告》(艾滋病部分)、《中国与美

国等国家艾滋病防治工作指标对比分析报告》、《最大限度发现HIV感染者的策略及其循证决策》、《抗HIV药物“西夫韦肽”的研究进展》、《国际合作项目应用性研究》、《社会组织参与艾滋病防治现状调查》、《HIV感染者配偶告知现状调查》、《“爱之关怀”参与艾滋病防治工作状况的评估研究报告》、《日本艾滋病疫情及其防治策略分析报告》、《2010年社会组织和社区小组参与艾滋病防治重点工作的建议》、《艾滋病病人异地治疗状况研究》报告、《关于对Jack Chow文章观点的分析及建议》、《取消外籍HIV感染者入境限制的影响分析》、《中国和美国预防控制梅毒的工作现状》、《对李泗良同志来信的回复——我国控制经性途径传播艾滋病的相关工作》、《艾滋病防治工作综合技术督导报告》(吉林、海南、安徽、广东、贵州、河南等12省)、《艾滋病综合防治示范区督导报告》(黑龙江、新疆、广西、上海、河南)、《广西壮族自治区艾滋病防治工作调研报告(初稿)》、《赴新疆维吾尔自治区伊犁州调研艾滋病防治工作报告》、《国艾委多部门艾滋病防治工作联合督导报告》(广东、贵州等)、《2010年艾滋病防治国际合作项目联合督导报告》、《艾滋病病毒感染者发现晚原因调查工作报告》、《我国与艾滋病相关的就业歧视现状及其应对策略》、《艾滋病社会性别分析》、《艾滋病防治工作中的保密现状调查》、《HIV-1新发感染检测报告》、《新发现有偿采供血途径感染艾滋病病毒者调查报告》、《2010年艾滋病网络直报工作督导报告》、《2010年艾滋病/丙肝哨点监测工作督导报告》、《我国部分省份HIV异性性传播主要表现方式调查报告》、《我国50岁及以上年龄组HIV/AIDS报告病例增长的流行因素调查报告》、《现存活艾滋病病毒感染者和病人未进行抗病毒治疗原因调查报告》、《2010年全国艾滋病/梅毒/丙肝哨点监测报告》、《全国艾滋病综合防治数据质量评估报告》、《联合国儿基会项目受艾滋病影响妇女与儿童社区关怀与支持项目最佳实践集》、《联合国儿基会项目青少年艾滋病感染脆弱性降低经验集》、《联合国儿基会项目受艾滋病影响妇女社区关怀与支持项目评估报告》(广西、新疆)、《实践案例—中国—联合国人口基金艾滋病防治与生殖健康服务合作项目》、《联合国人口基金第六周期艾滋病防治与生殖健康服务合作项目终线调查报告》、《联合国人口基金第六周期艾滋病防治与生殖健康服务合作项目总结报告》、《2010年全国HIV抗体诊断试剂临床质量评估报告》、《我国部分重点地区艾滋病病毒I型流行史调研报告》、《2009-2010年艾滋病毒(HIV)耐药现况调查报告》、《2009-2010年HIV耐药传播警戒线调查报告》、《2010年我国部分地区男男性接触者HIV-1耐药流行情况调查报告》、《HIV耐药监测策略和检测技术》、《2010年全国公安司法系统被羁押人员HIV抗体常规检测的数据分析报告季报》、《2010年凉山州艾滋病防治工作进展季报》、《2010年驻马店市艾滋病防治工作进展季报》、《中盖艾滋病项目管理手册(修订版)》、《中盖艾滋病项目督导与评估手册(试行版)》、《CHARTS项目2010年上半年工作进展报告》。

（二）重要会议和培训

重要会议包括：全国艾滋病性病防治工作年会；中国全球基金艾滋病项目启动会；2010年度药品需求计划制定启动会；2010年全国艾滋病检测实验室工作会议暨全国艾滋病检测技术规范培训班；2010年全国检测咨询研讨会暨师资培训班；2010年全国艾滋病抗病毒治疗耐药工作暨信息管理会议；中盖艾滋病项目2009年度总结会；第二届中国艾滋病疫苗论坛；2010年全国HIV－1新发感染检测工作会议；二线抗病毒治疗总结及培训会；全国艾滋病/丙肝/梅毒实验室检测网络及质控体系建设工作研讨会；第三届社会组织参与艾滋病防治工作研讨会；2010年HIV耐药新技术研讨会暨2010年HIV耐药监测检测培训班；抗击艾滋病企业社会责任高峰论坛；2010年全国艾滋病综合监测会议；2010年全国滥用阿片类物质成瘾者社区药物维持治疗工作总结暨无锡经验交流会。

重要培训包括：Spectrum疫情估计模型培训班（3期）；艾滋病病毒感染者配偶及固定性伴艾滋病检测咨询师资培训班；2010年国家级艾滋病哨点监测工作培训班；全国艾滋病病毒感染者/艾滋病病人随访管理培训班；男男性行为人群洗浴场所高危行为干预培训班；婴幼儿抗病毒治疗培训班；艾滋病实验室耐药性检测质量控制培训班；第二轮示范区财务管理培训班；全球基金艾滋病项目工作计划和规划制定省级培训班；2010年全国艾滋病疫情网络直报及数据分析省级和重点市师资培训班；2010年第二轮艾滋病综合防治示范区管理人员培训会；中国全球基金艾滋病项目财务管理培训班；抗病毒治疗点HIV耐药监测项目实施方案培训班；美沙酮门诊专业骨干人员培训（共3期）。

（三）突发公共卫生事件处置

全年处置突发公共卫生事件3起

（1）协助卫生部对湖北大冶一医院80多位患者因输血感染艾滋病事件进行了调查，并提出了解决建议。

（2）四川省报告中新科炬HIV快速诊断试剂质量问题调查。

（3）“自述不明原因病原体感染者”调查。针对一些人频繁反映他们在发生艾滋病相关高危行为后，出现艾滋病样症状，经多次检测，均未发现艾滋病抗体，经调查证实该人群未感染艾滋病病毒后，该人群仍反复以“HIV阴性感染”、“不明原因病毒感染”名义到卫生部请求帮助解决问题。受卫生部委托，性艾中心制定了《“自述不明原因病原体感染”事件处置工作方案》，力求积极、有效解决该人群涉及的公共卫生问题，防范可能出现的群体性事件。

（四）全国性督导和基层调研与技术支持

全年举办全国性督导 4 次，包括对湖北等 9 省的艾滋病防治工作综合技术督导，对 12 省的全国艾滋病防治数据质量评估，4 省的艾滋病防治国际合作项目联合督导，15 省的艾滋病综合防治示范区和全球基金项目联合督导，251 人次参加了督导；赴基层 123 次，约 232 人次参加了调研和提供技术支持。

八、机构设置

（一）现有机构与人事管理

性艾中心现设有办公室、监察审计室、人事党群办公室、规划财务室、实验室与后勤管理办公室、流行病学室、健康教育与行为干预室、治疗与关怀室、综合防治与评估室、参比实验室、病毒及免疫研究实验室、政策研究与信息室、国际合作项目管理办公室、示范区与中央转移支付管理办公室秘书处共 14 个科室，以及中国全球基金艾滋病项目、中英策略支持项目、中国—默沙东艾滋病合作项目、中国—比尔·梅琳达盖茨艾滋病项目共 4 个独立的国际合作项目办公室。同时，国务院防治艾滋病委员会办公室政策协调部和计划督导部 2 个部门设立在性艾中心。

现有在职工作人员 254 人（除学生外），其中编制内职工 117 人，聘用人员和借调人员 133 人（含合同制聘用 118 人、返聘 2 人、外籍 2 人、借调 13 人），博士后 4 人。2010 年新进编制内职工调入 11 人，调出 6 人、退休 1 人；编制外人员进出 101 人（进 45 人，出 56 人）；全年人员进出 119 人。组织、参与职工招聘会、竞聘会 21 次，完善机构，新成立了示范区与中央转移支付办公室，招聘、任免室主任、项目主管 11 人次（其中，增加了 5 名科室副主任、调整 1 名科室主任、1 名副主任岗位）。完成了人员工资、卫生防疫津贴、专家特殊补贴、岗位津贴、高风险特贴等福利待遇的发放工作；理顺了外聘人员的劳动合同，加强了外聘人员的管理，劳动合同签订率为 100％、社会保险缴纳率为 100％。

（二）机构变更

2010 年 4 月，经中国疾控中心批准，性艾中心成立示范区与中央转移支付管理办公室秘书处。进一步加强对示范区与中央转移支付专项基金的管理，加强对国际合作项目的整合管理；加强对云南德宏、河南驻马店、四川凉山州和新疆伊犁州 4 个艾滋病重点联系点的管理。

九、党、团、群、工会等工作

每月召开一次党委扩大会部署工作，并在中心内组织开展学习实践科学发展观活动及总结大会;继续做好党员的组织发展工作,3名党员转正、选送3名入党积极分子参加培训班,办理党员流转手续33人次。组织募捐活动3次(共62 147元),职工座谈会4次;组织心理讲座、秋游、举办各种体育比赛等共15项。其中,2010年6月份召开了性艾中心第一届职工运动会。

(吴尊友　刘玉芬)

慢性非传染性疾病预防控制中心

一、主要业务工作进展

（一）2010年中国慢性病监测项目进展顺利

2010年，中国慢性病监测项目列入中央财政转移支付地方项目。慢病中心作为项目具体实施单位，将中国慢性病监测项目作为2010年工作的重中之重，与上海瑞金医院等临床专业机构密切合作，依靠专家支持，依托全国疾控工作体系力量，确保顺利完成工作任务。

建立项目组织机构，成立了中国慢性病监测项目（2010）国家项目工作组和国家项目专家组；建立项目沟通机制，动态掌握工作进展；认真制定工作方案，进行预试验，做好前期工作准备；为全国162个监测点统一配送监测工具和实验室耗材；加强各省及监测点能力建设，8－9月，分别在北京、呼和浩特、太原、武汉、重庆和长沙成功举办了2010年中国慢性病监测六期培训班，培训1000余名基层技术骨干。9－12月，对每个省第一个启动现场调查工作的监测点均进行了技术指导和质量控制，对其他监测点实施情况进行抽查督导。为西藏等西部地区提供技术支持，国家项目工作组工作人员两次赴西藏对各监测点工作人员开展单独培训与技术指导，帮助解决工作困难，使西藏地区顺利完成现场工作。截至2010年12月31日，全国162个监测点已经基本完成了现场调查。

（二）慢性病社区综合防治工作

2010年，以落实医改政策为指导依据，以控制高血压、糖尿病、肥胖等慢性病为切入点，以全国慢性病综合防控示范区创建工作、中央补助地方慢性病综合干预控制项目暨卫生部维持健康体重和血压管理关键技术与应用项目、高血压社区自我管理项目、“十一五”科技支撑课题、西部农村地区人群慢性病疾病负担研究为工作重点，积极推进慢性病社区综合防治工作。

1. 中央补助地方慢性病综合干预控制项目进展顺利　2010年，重点完善技术规范和指南，编写出版《慢病综合干预医生工作指南》；加大重点人群随访力度；加强队伍能力建设，组织举办全国项目评估省级师资技术培训。

2. 支持和推动全国慢性病综合防控示范区创建工作　根据《卫生部办公厅关于印发2010年艾滋病等重大疾病防治项目管理方案的通知》(卫办疾控发〔2010〕149号),卫生部疾控局在全国开展慢性病综合防控示范区创建工作,慢病中心作为技术支持单位,高度重视此项工作,组织专家起草了相关技术方案,包括慢性病综合防控示范区管理方案、工作指导方案、考核评估方案等,为卫生部出台慢性病综合防控示范区相关文件提供了科学依据和技术支持。

3. 发展和推广慢病干预自我管理技术　围绕高血压、糖尿病等慢性病开展了相关专题项目和技术开发工作。

(三)以淮河流域癌症综合防治项目为依托,开展癌症综合防治工作

2010年组织、协调样品采集和现场工作,开展了人体生物样本血、尿中丙二醛(MDA)代谢水平的检测,完成了多环芳烃类化合物内暴露检测,共完成309人份血、尿样本检测。完成了环境水样、膳食样品及人体生物样本等样本检测数据的分析,并撰写了淮河流域癌症综合防治项目中期总结报告。

组织流行病学调查和实验室研究方案的设计与论证。召开淮河项目肿瘤预防技术方案研讨会,完善技术方案。举办了基层医生癌症预防与早发现能力培训班,提高基层人员能力。制作并初步完成了癌症预防控制视频宣传材料。翻译、审校WHO《国家癌症控制规划》等三本出版物。

(四)伤害预防与控制

继续推进全国以医院为基础的伤害监测工作;在辽宁省大连市和江苏省苏州市组织开展中国道路安全项目;在全国6省份7个城市继续开展儿童安全教育干预项目;加强多部门合作,在产品伤害监测、道路交通伤害、大学生伤害干预等领域开展合作。

(五)启动口腔健康工作

结合2010年中国慢性病监测项目,在湖北省天门市等3个监测点开展了口腔健康监测试点工作,为今后开展口腔健康工作做出了有益尝试。

二、加强科学研究工作,扩宽合作领域,积极开展学术交流与合作

2010年,慢病中心积极开展科学研究与学术交流合作,执行科研课题8项,其中国家级科研课题2项。共在国内外专业期刊上发表学术论著(文)35篇,主编(译)专业书籍9部,实现了历史性突破。

(一)加强科学研究工作

1. 重要慢性病风险评估体系与干预适宜技术研究及应用项目　已经完成肥胖、糖尿病风险评估模型的开发,完成十余种针对肥胖、糖尿病适宜技术及干预工具的开发和制作,并获得高度评价。

2. 环境遗传毒性物质暴露与风险评估关键技术研究("863"项目)　开展内暴露研究和生物标志物研究,初步锁定主要遗传毒性物质为硝基多环芳烃类物质,初步证明地下水污染受地表水补给影响,建立了遗传毒性物质测试技术,筛选了反映早期致癌效应的生物标志物。

3. 西部农村地区人群主要慢病疾病负担和防控策略研究　完成了方案设计和论证、现场培训和基线调查,收集、整理和分析基线资料;确定现场干预方案;现场干预。完成了《中国西部农村地区主要慢病疾病负担报告》。

4. 居民伤害全貌估算试点研究　在宁波市慈溪县开展慈溪居民伤害全貌估算方法学研究。已完成现场数据的收集工作。

5. 世界卫生组织(WHO)2010－2011 年正规预算项目　"慢性病预防控制能力建设项目"进展顺利,受中国疾控中心委托开展世界卫生组织 2010－2011 双年度合作项目—伤害监测与干预的评估指标研究。继续开展 WHO 减盐策略研究。

6. 成功申请世界银行贷款项目　中国慢性病负担和趋势预测研究。

(二)搭建学术交流平台,开展多种学术交流与合作

2010 年 3 月 30 日,慢病中心成功续任 WHO 慢病与社区综合防治合作中心,任期从 2010 年 3 月 30 日－2014 年 3 月 30 日。受 WHO 委托,承办"WHO 慢性病领域合作中心小组会议"。以中华预防医学会慢病分会挂靠单位为平台,开展学术交流活动,组织第三届中国健康促进与健康教育大会慢病分论坛、世界心脏病大会分论坛、第二十一届长城国际心脏病学会议分论坛,并联合举办了身体活动与健康科学大会。

与美国疾控中心在慢病行为危险因素监测、减盐与高血压防控领域的合作取得实质性进展。以中国慢病监测项目为契机,探索与临床专业机构合作的工作模式。

三、加强综合管理和队伍建设,促进慢病中心可持续发展

通过组织召开中层干部座谈会、海外归国人员座谈会、青年职工座谈会,广泛征求职工意见,积极进行慢病中心发展架构搭建。完成并上报《慢病中心机构设置及人员配置调整的建议》。

有计划地批准职工学位教育、鼓励和推荐职工参加业务培训。

2010年培养毕业研究生7人,新招7人,完成《慢性非传染性疾病》和《社区卫生与初级卫生保健》两门研究生课程授课任务。

四、党群工作

广泛开展争先创优活动,把党员的先进性和力量凝聚到实际工作中,通过开展争先创优活动,在2010年中国慢病监测等项工作中,广大党员充分发挥了先锋模范作用,带领全体职工,圆满完成工作任务。积极开展党风廉政建设工作,开展权利运行监控机制试点工作。

(赖建强　王卓群)

营养与食品安全所

一、行政管理工作

（一）人力资源管理

1. *人员状况* 营养与食品安全所的人员编制为300人，现有职工239人，各类专业技术人员201人，占全所职工的86%。其中高级技术职称人员87人，占专业技术人员总数的43%；中级技术职称人员55人，占专业技术人员总数的27%，初级技术职称人员60人，占专业技术人员总数的30%。专业技术人员中31人（15%）具有博士学位，55人（28%）具有硕士学位，42人（21%）具有学士学位，其他学历73人（36%）。

2. *领导班子人事变动* 马冠生副所长于2010年1－9月在世界卫生组织工作，10月回所。

（二）进一步加强预算管理，提高预算执行力度

本着“以收定支，量入为出，保证重点，兼顾一般”的原则，形成单位年度预算，使预算更加切合实际，利于操作。在预算执行中，按照财政批复的预算组织收入、安排支出。按照专项资金管理的有关规定，做到专款专用。建立了预算通报制度，对预算执行进度缓慢的，及时提醒，保证项目按计划执行。严格按照政府采购的要求和年度政府采购预算进行货物、工程和服务的支出，规范采购行为。

（三）加强财务监督，提高资金使用效率

定期检查预算执行情况，对项目进行全程监督，对不符合国家支出政策规定和预算标准的及时予以纠正。通过进行日常监督检查，及时发现在预算执行过程中存在的问题，及时整改，完善制度，堵塞漏洞，形成监督与管理并重，日常监督管理与专项监督检查相结合的财务监督工作新格局，充分发挥了资金的使用效率。

（四）强化制度建设和内部管理，提高工作效率

营养食品所职能部门完成了《职工手册》和《制度汇编（讨论稿）》，对各自职责内的制度和管理规定进行梳理和修改，共包括党群工作、行政管理、档案管理、安全保卫管理、人

事管理、财务管理、科研管理、外事管理、实验室安全管理、后勤管理等十个类别84项制度，大多数已经实施，部分正在征求意见。

(五)强化固定资产管理和采购管理

营养食品所对资产随时进行清查核对，进一步完善账目。2010年初完成了全所固定资产调账工作，保证了与财务资产账的一致。2010年固定资产完成新增仪器315件，金额225万余元的入账建档工作。完成了三批118件1 474 524元的资产报废减值工作。

在物资供应工作上，努力做好办公用品，医疗器械，玻璃器皿，化学试剂，试验用水、气五大类的购进管理与服务。一年来，购进办公用品90余个品种，100余种规格，约5万余件（包），154 000余元。医疗器械60余个品种，120种规格，约6882件（包），106 785元。玻璃器皿40余个品种，60种规格，约6161件（包），17 702元。购进378万余元的各种试剂400余个品种，500余桶的5000余元的试验用水、各类气体12 000余元，120瓶。

(六)梳理工作流程、严格管理把关

在建立健全制度基础上，进一步强化职能部门管理职责，组织梳理了“请示审批程序”、“公文发文程序”、“公章管理程序”、“集中采购程序”、“大额资金所务会审批程序”、“合同(协议)律师审查程序”等一系列工作流程，相关职能部门严格管理、严格把关，促进科学管理、规范管理。

(七)采取多项措施、提高工作效率

在强化管理同时，注意学习先进经验，提倡创新工作方法，实施了实验室信息管理系统(LIMS)、固定资产计算机化管理、内部财务控制措施等多项措施，提高了工作效率。

(八)继续做好综合治理，各项工作再上新台阶

通过加强组织建设、逐级签订了责任书、修订补充了应急预案、采取多种形式加强宣传教育、强化安全检查等多项具体措施，提高了职工群众群体防范意识和防范能力，为所内各项工作的正常开展提供了有力保障。为了确保工作安全，提高职工安全意识，多次对各处室进行安全检查，清除隐患。在重大节日、重大活动期间，加强安全管理，加强节日期间的值班制度，提高职工群众群体防范意识和防范能力。严格交通安全管理，对机动车驾驶员及职工进行交通安全教育，通过知识答题等形式，强化交通安全意识和消防知识。

（九）奖励与荣誉称号

1. 集体奖励与荣誉称号

(1) 2010 年 1 月获得北京市朝阳区交通安全委员会颁发的交通安全先进单位。

(2) 2009 年 9 月获得中国国家质量监督检验检疫总局颁发的中国标准创新贡献奖。

(3) 2010 年 10 月获得中国卫生监督协会颁发的“健康卫士杯”先进单位。

(4) 2010 年 10 月获得营养学会颁发的中国营养学会 2008－2010 年度营养科普工作先进集体。

2. 个人奖励与荣誉称号

(1) 赵云峰于 2010 年 1 月获得卫生部、药监局、中医局颁发的全国医药卫生系统先进个人称号。

(2) 高玉莲于 2010 年 10 月获得中国卫生监督协会颁发的“健康卫士杯”优秀个人称号。

二、技术支撑工作

（一）食品安全风险监测

2010 年，全国食品安全风险监测覆盖全国 31 个省市和新疆建设兵团，2010 年的重点任务是建立健全全国食品安全风险监测框架、开展相关监测技术培训、开展监测机构质量控制、建立起能够适应风险监测需要的组织体系和技术体系。对我国消费量较大的 16 大类 60 多种食品中常见的 112 种化学污染物、7 种重要食物病原菌和 3 大类食物中毒进行监测，并开展了三聚氰胺、真菌毒素污染、紫砂食饮具、β－内酰胺酶、硼、甲醛和铝的专项监测和应急监测，初步摸清了我国食品中重要污染物和食源性疾病发病状况，形成了具有中国特色并与国际接轨的食品安全监测体系，建立了一支从事食品安全监测的专家队伍。

1. 常规监测　营养食品所组织专家协助卫生部完成《全国食品安全风险监测体系发展规划》、《国家食品安全风险监测质量控制规划》、《2011 年全国食品安全风险监测计划》、《2010 年全国食源性致病菌监测工作手册》、《2010 年国家食源性疾病监测工作手册》等技术文件，参与食品安全风险监测能力建设等，为食品安全风险监测与评估建设指导原则的起草献计献策。全年共组织了包括系列监测检验技术、数据报告、食源性疾病判断等内容的 10 余次全国食品风险监测培训班。组织起草了《国家食品安全风险监测质量控制手册》，组织了实验室间比对和对各省的质量控制考核工作。通过培训和质量控制，提高了监测计划承担机构特别是 2010 年第一次参与工作机构的监测技术能力，为 2010 年监测计划的贯彻实施和参比实验室建设打下了良好的基础。组织开发了全国食品安全风险监测数据报告系统，为数据的网络提交和管理，实现监测数据的及时性和科学性奠定了基础。

2010年根据《中华人民共和国食品安全法》对食品安全监测的要求和卫生部食品安全监管工作的重点,结合国际食品安全普遍关注的问题,对食品污染物监测种类、项目和范围进行了调整,以保证最大程度地反映我国食品安全的实际问题。化学污染物和有害因素监测涉及29类食品和黄酒的加工过程。监测项目共124项:农药43种,无机元素23种,兽药27种,真菌毒素11种,食品添加剂12种,非法添加物质6种,食品加工过程中形成的有害物质2种。基本覆盖我国居民日常粮食、油、肉、水产品、蛋及蛋制品、奶与奶制品、蔬菜类、水果类、食用菌、饮料、酒、罐头制品、调味品、小食品和保健食品等主要食品。

针对我国食源性疾病发病率高、漏报严重、缺乏有效控制措施等现状,建立监测网并启用国家食品安全监测信息系统,实现食源性疾病暴发个案数据的网络直报,并通过连续、动态的食源性致病菌主动监测,进一步完善食源性疾病监测网络系统。

食源性疾病监测网监测食品中7种重要食源性致病菌(沙门菌、副溶血性弧菌、单增李斯特菌、出血性大肠杆菌O157∶H7、空肠弯曲菌、阪崎肠杆菌和金黄色葡萄球菌)及卫生指标(菌落总数、大肠菌群)状况。食源性致病菌监测涉及9类食品。监测项目包括8种常见食源性致病菌、卫生指标菌和寄生虫。对2010年监测的8大类17 892份食品的监测信息进行了汇总和分析,共获得监测数据517 238个。对2144株2009年食源性致病菌分离株的信息进行了整理,并冻存入库。目前已完成600余株副溶血性弧菌、1200株单核细胞增生李斯特菌、490株金黄色葡萄球菌、193株大肠杆菌O157分离株的鉴定和分析,包括生化和血清学鉴定、耐药谱测定、毒力基因和耐药基因检测、PFGE分型分析等。

组织开展由辽宁、上海、江苏、浙江、江西、河南、广西、四川8个省(市)参加的食源性疾病的主动监测试点工作,监测我国食源性疾病的流行趋势,为食源性疾病负担的研究提供基础。在借鉴WHO和发达国家监测经验的基础上,设计了适合中国国情的监测方案,包括社区人群调查和哨点医院监测,制定了《疾病诊断标准》、《居民知情同意书》、《社区居民食源性疾病患病情况调查表》、《粪便或肛拭标本致病菌检验方法》、《食源性疾病哨点医院监测结果记录表》、《食源性疾病哨点医院监测致病菌检测阳性病例随访记录表》等配套文件。经过培训和准备,此项工作已在上述试点地区开展。

建立了疑似食源性异常病例/异常健康事件报告和食源性疾病(包括食物中毒)报告系统。根据卫生部要求,组织起草了《2010年国家食源性疾病监测工作手册》,对疑似食源性异常病例/异常健康事件报告卡、报告流程、流行病学启动标准等内容进行研讨和修改。该工作手册已下发给各省级疾控中心,以便开展食源性疾病监测工作和进行二级培训时使用。通过召开各类培训会、起草网络直报标准操作程序、制作培训教材和培训视频资料、现场示范"疑似食源性异常病例/异常健康事件报告"、"食源性疾病(包括食物中毒)

报告”系统的网络填报过程等方式，对全国各省级疾控中心人员进行国家食源性疾病监测工作技术培训。食源性疾病监测网络上报系统 2010 年 10 月 1 日正式启动。截至 2010 年 12 月 17 日，共报告 4 个疑似食源性异常病例/异常健康事件和 129 起食源性疾病(食物中毒)。

2010 年 10－11 月，营养食品所派出多位专家参与了卫生部卫生监督局组织的全国食品安全风险监测工作督查，先后赴四川、河南、天津、广东等省市调研，督查风险监测工作，提出工作建议，帮助解决问题与困难。

2. 专项监测与应急监测　2010 年，出现了用 2008 年未被依法销毁的三聚氰胺超标乳粉（以下简称问题奶粉）为原料进行违法生产乳制品和含乳食品，致使部分流入消费市场的乳制品和含乳食品中三聚氰胺含量超过临时管理限量值的事件。为了解全国乳和乳制品食品安全状况，同时了解用问题奶粉生产的乳制品和含乳食品对健康的风险，营养食品所紧急组织制定了三聚氰胺专项监测方案，根据卫生部关于立即对乳制品及含乳食品中三聚氰胺进行检验的紧急要求，对全国市场上的乳和乳制品及含乳食品开展了三聚氰胺专项检验，全国 28 个省采集样品 4038 份。根据此次专项监测结果，及时对问题奶粉生产的乳制品和含乳食品对人体健康的影响进行了风险评估，并出具了风险评估报告。此外，针对“东垣问题奶粉”等事件，又开展了 2 次问题乳粉对健康影响的风险评估。2010 年开展的三聚氰胺的专项监测和风险评估对政府及时了解市场乳和乳制品食品安全状况及流向市场的问题奶粉生产的乳制品和含乳食品对健康的影响提供了科学数据。

为了解食品安全状况，发现隐患，针对可能危害大、涉及范围广的非食用物质和滥用食品添加剂，在 2010 年国家食品安全风险监测计划中进行了专项监测。目前上报了 11 种食品添加剂和 8 种违禁添加物共 9000 多个监测数据。对监测数据结果进行了分析，发现了存在部分食品添加剂过量添加和扩大使用范围、违法使用非食用物质等问题。

2010 年我国洪灾发生后，国家粮食部门发现新收的夏粮存在霉变情况，受到多种真菌毒素污染，对消费者的健康产生潜在危害。营养食品所组织专家协助起草了真菌毒素污染应急监测方案，对超标样品进行了复核检验，提出了对策建议。

据媒体报道，目前市场上存在许多以普通陶土为原料、用化工制剂增色生产的假冒紫砂壶。为明确这些标示为“紫砂”的产品对消费者健康的可能危害，营养食品所组织专家及时制定全国紫砂食、饮具容器卫生质量专项监测方案，协助卫生部在北京、浙江、福建、广东、江苏 5 省市组织开展标示紫砂食饮具容器卫生质量专项检验。受卫生部委托，国家食品安全风险评估专家委员会根据本次专项抽检结果，对标示紫砂食饮具的可能健康风险进行了初步评估，并将评估报告上报卫生部监督局。

营养食品所组织卫生、农业、质检、食药等部门的相关实验室对生鲜乳中 β-内酰胺酶检测方法进行了验证和比对。在此基础上，对来自 32 家省级疾控中心的实验室人员进行了技术培训,为生鲜乳中本底调查工作的开展奠定了基础。营养食品所制定了生鲜乳中β-内酰胺酶本底专项监测方案,在内蒙古、辽宁、黑龙江、吉林、河北、甘肃、山东、北京、四川及上海10个省(市)设立监测点。利用杯碟法对乳头奶、原料奶和液体奶中β-内酰胺酶进行定性检测。为了加强质量控制,统一下发了β-内酰胺酶、培养基等关键试剂和标准菌株。结果显示,在检测的498份乳头奶样本中,71份呈阳性,检出率为14.26%;415份原料奶样本中,158份呈阳性,检出率为38.07%;526份液体奶样本中,139份呈阳性,检出率为26.42%。营养食品所对16份乳头奶阳性样本进行了菌株分离、β-内酰胺酶产生和药敏试验。综合以上监测和研究结果,提示我国养殖业存在抗生素的滥用,多重耐药菌尤其是抗内酰胺类抗生素菌株可能是生鲜乳中内源性β-内酰胺酶产生的主要原因。本次调查将在全面了解奶牛乳房炎的患病及抗生素使用情况的基础上进行综合分析,获得β-内酰胺酶本底值的真实情况。

鉴于部分食品中天然存在一定量的硼和甲醛，且我国个别省市食品中违法添加硼砂、硼酸以及甲醛的现象普遍，严重危害消费者的健康，因此急需了解我国主要食品中硼和甲醛的本底含量，以区分“天然存在”和“违法添加”的硼和甲醛，为食品安全监管提供技术支撑。已针对黑名单中的硼酸、硼砂和甲醛进行了专项监测，目前数据正在分析评价中。鉴于目前部分食品中滥用含铝食品添加剂的现象依然存在，已对含铝食品进行了专项监测。

3. *食品安全风险监测预警与食品安全检验预警*　按照2010年食品安全风险监测计划要求,在组织各省(自治区、直辖市)开展食品安全风险监测过程中,对2010年前三季度监测数据进行了汇总分析,发现存在一些食品安全问题,立即完成了《食品安全风险监测中发现问题报告》,起到了食品安全风险监测预警作用。

在营养食品所开展科研课题研究和对外出证检验工作中,也发现了沙丁胺醇、违禁工业染料、河豚毒素等一些食品安全隐患,迅速提交了相关报告,引起相关部门的关注,卫生部针对部分问题发布了全国预警。

(二)食品安全风险评估

1. *承担国家食品安全风险评估专家委员会秘书处工作*　营养食品所承担国家食品安全风险评估专家委员会秘书处工作,负责专家委员会的日常事务工作,起草了《食品安全风险评估实施指南》、《食品安全风险评估报告撰写指南》、《食品安全风险评估数据需求及采集要求》等规范性文件,组织召开专家委员会第2次、第3次全体会议等,有力推动了专家委员会的制度建设,还从技术层面起到指导全国食品安全风险评估工作实施的重要作用。通过“边工作,边培养,边提高”的方式,将学到的风险评估基本理论和方法应用于食盐加碘、三聚氰胺、紫砂煲、镉、铝等相关评估工作中,逐步摸索出适于我国国情的风险评估工作程序和技术方法。

2. 组织完成《中国居民碘营养状况的风险评估》 《中国居民碘营养状况的风险评估》是我国迄今为止遵循国际公认的风险评估原则和步骤所完成的第一份完整的食品安全风险评估技术报告。在这项工作中，营养食品所组织专家，起草制定工作方案、收集分析现有数据、开展风险评估，撰写评估报告，提交到国家食品安全风险评估专家委员会第2次全体会议上审议。该报告已在卫生部网站全文公布，并被多家媒体报道。这项工作为政府继续实施"因地制宜"的科学补碘策略提供了依据，科学的回答了"我国实施食盐加碘政策后居民碘营养状况是否过量"的问题，在一定程度上消除消费者关于食用碘盐和碘过量的顾虑，真正体现了风险评估在风险管理（政策制定）和风险交流（解疑释惑）中的重要作用。

3. 完成2010年优先开展的4个评估项目 《中国居民膳食镉暴露的风险评估》、《中国居民膳食铝的风险评估》、《我国主要食物中硼的本底含量调查》和《我国部分食物中甲醛含量的现况调查》是由营养食品所负责的4个优先评估项目。项目启动后制定了详细工作方案，在收集并分析现有数据后，有针对性地组织完成了专项监测和数据采集，并在此基础上开展风险评估。已经完成这4个优先评估项目的数据采集和分析，初步评估结论和相关建议已在2010年11月16日召开的国家食品安全风险评估专家委员会第3次全体会议上向全体委员通报并讨论通过，已提交卫生部。这些项目的实施及其结论可为我国食品安全标准的制（修）订或食品安全的监管提供技术依据。

4. 提出多个风险评估科学意见或工作方案 营养食品所2010年针对等外糖处理、野生菌中的尼古丁、豆制品中硼砂（硼酸）、小麦中的真菌毒素、茶油中的苯并芘、烤鸭油中有害因素、聚氯乙烯保鲜膜、食品包装材料中双酚A、食糖中亚硝酸盐、6号抽提溶剂及正己烷、明胶制品、硫氰酸钠、鲜橙染色物质柑橘红2号、面粉处理剂过氧化钙、碳酸氢铵中磺酸盐物质、"一滴香"等，先后提出了食品安全风险评估的科学意见或工作方案，这些意见或工作方案为相关部委确定特定食品安全问题的工作方向和管理措施提供了科学依据。

在协助卫生部处理各类突发应急的食品安全事件中，风险评估作为一项重要的技术依据，对这些事件的顺利解决和处理发挥了重要作用。如非法使用2008年未销毁的三聚氰胺掺假乳粉生产多种乳制品和含乳食品、圣元奶粉疑致性早熟、小龙虾致横纹肌溶解征、反式脂肪酸等事件，均是风险评估在食品安全事件中充分应用的具体例证。

5. 建立毒性物质数据库 建立数据库的目的是为食源性危害风险评估进行危害识别和剂量效应关系描述提供科学数据，同时作为确定食品中食源性危害的检索参考工具。已初步确定了可能违法添加的非食用物质名单、可能滥用的食品添加剂品种名单、禁用的兽药及其他化合物、禁用农药名单、有残留最大限量的农药、有使用卫生标准等物质名单。收集和整理的资料包括基本信息（物质的中英文名称、理化性质、用途、应用范围）、毒理学资料（代谢、遗传毒性、急性毒性、亚急性毒性、亚慢性毒性、生殖和发育毒性、慢性毒性和致癌、人群资料等)、污染或中毒案例、主要临床表现(症状)、可能污染的食品及国内外管理法规等。可以用两种方法进行查询。目前数据库软件已建立,入库有毒有害物质共600个,已有400多个资料齐全。

6. 承担全国食品安全整顿工作办公室专家组秘书处工作

(1) 制定第四批、第五批《食品中可能违法添加的非食用物质和易滥用的食品添加剂名单》黑名单及使用说明:第四批黑名单包括食品中可能违法添加的非食用物质15种,食品中易滥用的食品添加剂4种,列入考核评估的违法添加的非食用物质5种和滥用食品添加剂2种,声称功能食品中可能违法添加的化学药品155种,列入考核评估的12种。第五批黑名单包括食品中可能违法添加的非食用物质5种和易滥用的食品添加剂4种。此外,还对卫生部公布的前几批"黑名单"物质提出修改建议。其中第四批黑名单已由全国食品安全整顿工作办公室印发,第五批黑名单也已上报卫生部。

(2) 协助起草抽检工作方案并对全国抽检结果进行汇总和分析评价,撰写2010年全国食品安全整顿抽检工作总结报告:协助卫生部起草了《全国食品安全整顿督查和抽检工作方案》。截至2010年4月底,大部分省、直辖市、自治区食品安全整顿办公室或食品安全综合协调部门报送了抽检结果。营养食品所负责组织收集、整理、核对全国抽检数据。有10个省按照要求完成了全部8类32个项目的食品抽检,有4个省和5个省分别完成了7类和6类食品的抽检。有8个省未报送结果,其他省分别完成了部分类别食品的抽检。通过此次抽检,初步了解了24个省、直辖市、自治区8类产品的食品安全状况,为2010年底全国食品安全整顿评估考核工作提供基础指标,为监管处罚提供了客观证据,提示了下一步监管工作的重点,同时通过报送结果,了解了各省、自治区、直辖市开展食品安全整顿抽检工作情况。

(3) 协调解决皮革水解物问题:针对明胶协会对已公布黑名单中关于明胶水解物的建议(将"皮革水解物"改为"铬皮水解物",鉴定方法采用测定"铬含量"(GB6783)的方法),受卫生部委托,专家组召开研讨会,邀请卫生部、农业部、质检总局、工信部、工商总局、中国日用化工协会明胶分会、内蒙古伊利实业集团股份有限公司及内蒙古蒙牛乳业(集团)股份有限公司等20余名专家讨论乳与乳制品中皮革水解物检验指标适宜性等相关事宜。根据专家意见和多次协调,解决了明胶协会关于皮革水解物的异议。

(4) 整理食品安全信息,进行解疑释惑:在"圣元奶粉疑致性早熟"、"南京小龙虾致横纹肌溶解症"和"反式脂肪酸"等食品安全事件的处置中,积极开展信息收集和整理工作,为事件的科学处理和科普宣传提供背景资料,如编写《小龙虾致横纹肌溶解综合征"十问"》科普知识问答、反式脂肪酸管理及相关知识,已在卫生部、疾控中心网站上发布。此外,为了使消费者更好了解黑名单中物质的危害及预防措施,组织完成了对前四批黑名单中的物质的性状、用途、食品中的非法使用或滥用、危害等信息的搜集整理工作,在卫生部网站公布或出版科普小册子供消费者查询。

(三)营养与食品安全突发事件应急现场处置和应急检测

1. *“圣元乳粉疑致儿童性早熟”事件处置* 媒体报道有婴幼儿因食用圣元乳粉导致性早熟的事件发生后,中国疾控中心迅速响应,派出专家参加了卫生部专家组,积极组织专家对国内外乳和乳制品中激素含量相关文献进行检索研究,初步掌握了乳和乳制品中雌激素天然本底含量范围。同时就相关问题派出专家通过媒体、网络开展科普知识宣传和交流,参与编写了“儿童性早熟与牛奶雌激素相关问答”、“事件后期工作建议”等,同时指导、协助北京市疾控中心对乳粉中雌激素和孕激素含量进行检测,组织开展了2007年母乳监测中母乳混样和2007年总膳食研究中乳与乳制品的雌激素和孕激素检测,积极参与检验结果的评价,为事件的迅速处置和相关舆论的平息做出了贡献。

2. *开展小龙虾致横纹肌溶解症的相关工作* 2010年8月份,我国南京地区陆续发现20例食用小龙虾相关横纹肌溶解综合征患者,引起政府和消费者的关注及媒体的炒作。根据卫生部监督局要求,本所派出专家赴南京开展现场流行病学调查、样品采集、实验室检测和病例随访等工作。此外,积极组织专家查阅国内外类似病例相关文献资料,组织北京市疾控中心和江苏省疾控中心对采集小龙虾样品及患者血液和尿液标本,分别进行了900多种横纹肌溶解综合征相关化学物质的筛查,对6种聚醚类抗生素、10种大环内酯抗生素、23种受体激动剂、15种镇静剂、3种苯胺和硝基苯胺类化合物、2种重金属进行了检测,均未发现可能引起横纹肌溶解的已知化学物质。通过组织临床救治、食品安全、流行病学、食品检验、公共卫生应急处置等领域的专家研究认为,南京发生的小龙虾疑致横纹肌溶解综合征与国际上时有报道的HAFF病基本一致,具体的致病原因,还需要进一步研究探索。形成“关于对南京食用小龙虾相关横纹肌溶解综合征病例的初步研究报告”上报卫生部监督局,同时撰写“小龙虾致横纹肌溶解综合征”科普知识材料,通过网络与消费者、媒体沟通交流,为解决和平息小龙虾事件提供了技术支持。

3. *参与青海玉树地震、甘肃舟曲特大山洪泥石流和成县特大暴洪等灾害期间的灾区食品安全应急工作* 按照卫生部、中心的具体要求,成立了营养食品所抗灾防病应急队伍,并派两名中青年业务骨干,随中心抗灾防病工作组和专家组三次前往受灾地区,开展灾后的食品安全工作。到达灾区后,提出了青海玉树地震灾区饮食卫生要点、食品卫生宣传要点、食物中毒预防和处理工作要点和青海玉树地震灾区食品卫生状况快速评估指导意见,还根据当地高寒地区的特点提出了救灾人员营养需求参考指标等。在舟曲,同卫生部应急办和甘肃省卫生厅一起研究制定了舟曲、成县灾区食品安全工作指导意见和灾区食品卫生状况快速评估要点。同时,根据当时灾区炎热潮湿的气候及食品容易腐烂变质而引发肠道疾病的特点,建议当地增加肠道疾病观察点等。

4. *反式脂肪酸问题* 鉴于媒体对反式脂肪酸不科学的报道引起社会的广泛关注,本所组织专家撰写反式脂肪酸科普知识,迅速在卫生部网站、中心网站上发布,同时积极组织专家通过网络、报刊宣传反式脂肪酸科普知识。

三、参与起草和修订营养与食品安全领域的标准、法规和管理办法

(一)食品安全国家标准审评委员会秘书处

1. 食品安全国家标准审评委员会成立　根据《食品安全法》规定,卫生部在原卫生部食品卫生标准专业委员会和全国食品添加剂标准化技术委员会的基础上组建了食品安全国家标准审评委员会,于2010年1月20日召开了成立大会,并开展了相关工作。《卫生部办公厅关于委托承担食品安全国家标准审评委员会秘书处等工作的函》(卫办监督函〔2010〕112号)委托营养食品所承担标委会秘书处工作,具体职能包括:食品安全国家标准审评委员会秘书处工作;食品安全标准的咨询、答复、研究和交流;协助拟订食品安全国家标准制(修)订计划,督促检查标准制(修)订项目执行情况;标准草案上报、公开征求意见,协助对外通报评议;食品安全地方标准备案。

食品安全国家标准审评委员会由卫生部部长陈竺任主任委员,下设常务副主任委员、副主任委员、秘书长和副秘书长等职务。委员会下设有10个专业分委员会,包括350名专家和20个单位委员:污染物、微生物、食品添加剂、营养与特殊膳食食品、食品产品、生产经营规范、食品相关产品、检验方法与规程、农药残留、兽药残留分委员会。

委员会成立大会之后,组织召开了审评委员会工作会议。审评委员会秘书处相关人员向各位委员介绍了食品安全国家标准技术审查要求,详细介绍了各分委会重点审查标准的内容,填写审查表注意事项,以及表决机制和在审查过程中需要注意的问题;介绍了国内外食品安全标准的情况,以及通报了乳品安全国家标准草案情况。

2. 组织召开食品安全国家标准审评委员会主任会议　食品安全国家标准审评委员会自成立之日起,召开了四次主任会议,审议了《委员会章程》、《委员会主任委员、常务副主任委员、副主任委员分工安排》和《委员会秘书长和副秘书长分工安排》,听取了秘书处对前期各专业分委会标准审查总体情况的介绍,审议通过了246项食品安全国家标准。

3. 审评委员会及秘书处工作制度建设　为保障食品安全国家标准审评委员会工作的顺利进行,加强秘书处的建设,保证食品安全国家标准质量,根据《章程》的规定,秘书处起草了《食品安全国家标准审评委员会秘书处工作制度》、《食品安全国家标准编写要求》,对产品、规范、检验方法等标准编写了标准模板,以方便起草者的标准编写。《食品安全国家标准审评委员会秘书处工作制度》和《食品安全国家标准编写要求》已报卫生部。

4. 组织召开了审评委员会分委会会议　2010年1-12月上旬,食品安全国家标准审评委员会共召开了18次分委会会议。按照标准审查要求,各分委会对专业范围内的送审标准进行了技术审查。

5. 承担各分委员会秘书处工作　组织污染物及真菌毒素基础标准修订,审议并通过

了乳制品标准清理中涉及到的《生乳》等15项乳制品产品的微生物限量标准。组织《食品中致病菌限量》基础标准的制定，初步完成了《食品中致病菌限量标准》（征求意见稿），目前已上报卫生部待上网公开征求意见。组织开展了食品添加剂标准清理，审查了96项食品添加剂质量规格标准和《食品工业用酶制剂》，审查通过了11个食品添加剂新品种和15个食品用香料新品种列入食品添加剂使用卫生标准名单。确定了产品标准整合原则，对产品标准体系框架与工作计划进行了研究，组织食品包装材料标准的起草，审查了29项食品相关产品标准，通过了25项。组织《食品企业通用卫生规范》（GB14881）的修订，组织营养与特殊膳食相关食品安全标准的制（修）订，组织检验方法相关标准的制（修）订。

6. 标准的日常咨询、答复和专题研讨　2010年收到卫生部、中国疾控中心等转来要求提出回复意见的标准问题来文近百份，绝大多数都给予了书面回复。其中，对食品微生物学检验复检、辐照食品相关标准、低聚果糖和聚葡萄糖用于婴幼儿配方食品的安全性等重大问题组织了专题研讨，提出了回复建议。

（二）食品添加剂行政许可

根据《卫生部办公厅关于调整食品添加剂新品种行政许可工作程序的通知》（卫办监督函〔2009〕1013号），营养食品所自2010年3月开始承担食品添加剂新品种行政许可的组织技术评审、征求意见、起草批准文件等工作。建立完善的食品添加剂行政许可相关制度，起草了《食品添加剂新品种行政许可工作程序》、《食品添加剂新品种行政许可申报和受理规定》、《食品添加剂新品种行政许可文件和样品处理规定》、《食品添加剂新品种行政许可档案管理规定》、《食品添加剂新品种技术评价和审查规范》及《食品添加剂新品种（含扩大使用范围使用量的食品添加剂）技术评审细则》等管理或技术文件。建立食品添加剂新品种行政许可专家库，聘请了44位符合条件的医学、农业、食品、营养、工艺等领域以及食品添加剂的生产、应用、检验、安全性评价等方面的专家，组成食品添加剂新品种行政许可技术审查工作专家库。收到食品添加剂新品种（含食品添加剂扩大使用范围、使用量）申报220余份，已受理190余份资料。共组织召开了4次食品添加剂新品种评审会，完成了170余种食品添加剂新品种的技术审查工作。

（三）跟踪国际标准

继续做好国际食品添加剂法典委员会主持国工作，成功召开第42届国际食品添加剂法典委员会会议。参加会议的有60个成员国、1个成员组织（欧盟）及24个国际组织的201名代表。

参加国际食品法典委员会会议，及时了解国际食品标准工作进展。组织相关法典委员会的参会报名工作，到10月底为止，卫生部共有21人次参加了9个国际食品法典委员会的会议(包括CCFA、CCPR、CCCF、CCFL、CCMAS、CCGP、CAC、TFAMR、CCNFS-DU)和1个食品卫生法典委员会的实际工作组会议。并将于11月派出7人次参加第17届亚洲协调委员会和第42届国际食品卫生法典委员会会议。对相关法典议题和标准进行审议、研究,会前组织预备会,协助准备参会口径,组织对通函内容进行研讨并提出回复意见,开展法典信息交流和宣传活动,发行《中国食品法典通讯》,组织了国际食品法典培训研讨会。

组织回复食品安全相关WTO/SPS通报评议意见,积极回应世贸组织成员对我国通报的食品安全国家标准的意见。截至2010年10月31日,WTO共向各成员通报SPS措施1187项,其中通过国家WTO/SPS通报咨询点从卫生部转发营养食品所的与食品安全相关的SPS通报共244项。通报数量比2009年明显增多。各成员对食品添加剂(包括酶制剂和营养强化剂)相关的SPS措施比往年明显增多。通过征询专家意见330人次,根据内容对其中10项通报向卫生部转发了评议意见,涉及真菌毒素、添加剂使用限量、反式脂肪酸、二氧化硫检测方法等内容。

2010年6月派员参加了第48次WTO/SPS例会,就墨西哥蒸馏酒中甲醇、韩国泡菜中大肠菌群、欧盟就我国添加剂规格标准通报评议期过短三项议题分别准备了答复口径,并与对方进行了双边磋商。会后将相关内容转发食品安全标准审评委员会秘书处,与标委会进行协调并供其制(修)订标准时参考。

通过借鉴国外经验,完善我国食品安全标准体系,使其满足保护公众健康和食品安全监管工作需要。

(四)承担的重要食品安全标准制(修)订项目

1. 完善乳品质量安全标准　本次工作对164项乳品相关标准进行了梳理整合,并经食品安全国家标准审评委员会审议通过,最终整合为66项乳品安全国家标准,并于2010年3月26日在卫生部网站进行了公布。乳品安全国家标准包括乳品产品标准15项、生产规范标准2项、检验方法标准49项。

乳品安全国家标准充分听取社会各界意见,在原国家标准制标程序的基础上增加了在公开向社会广泛征求意见的环节,乳品安全国家标准征求意见稿在卫生部网站公开征求社会各方意见近两个月,收到并处理国内外反馈意见2000余条。

乳品安全国家标准与以往乳品标准比较,严格遵循了《食品安全法》要求,突出了与人体健康密切相关的限量规定,在食品安全风险评估的基础上确保了标准的科学性,参照国际食品法典的标准格式,精简了标准文本结构,确保了卫生部对标准统一归口解释的权威性和唯一性,基本解决了现行乳品标准的矛盾、重复、交叉和指标设置不合理等问题,形成了统一的乳品安全国家标准体系。

2. 食品安全基础标准清理　为贯彻《食品安全法》及其实施条例,按照《国务院办公厅关于印发食品安全整顿工作方案的通知》(国办发〔2009〕8号)的要求,由卫生部组织开展食品安全标准清理完善工作,制(修)订食品中农兽药残留、有毒有害污染物、致病微生物、真菌毒素限量以及食品添加剂使用标准,其中农药残留和兽药残留由农业部负责开展具体的工作。本次清理工作的主要是对现行食用农产品质量安全标准、食品卫生标准、食品质量标准和行业标准中强制执行的标准进行清理,解决标准缺失、重复和矛盾的问题。

按照卫生部的部署,成立了污染物和真菌毒素、致病性微生物、食品添加剂等三个标准制(修)订工作组,各组分别起草了工作方案。为保持四项标准的食品分类的协调一致,专门召开会议讨论了四项标准的食品分类问题,统一了食品分类原则,污染物和真菌毒素、致病性微生物限量标准食品分类均参照《食品添加剂使用卫生标准》中食品类别进行。

根据《2010年食品安全国家标准清理工作方案》的工作安排,2010年7月完成食品中污染物、真菌毒素、致病性微生物限量标准和食品添加剂使用标准的起草工作。食品中污染物、真菌毒素和致病性微生物限量标准草案以现行食品卫生标准中污染物、真菌毒素和致病性微生物限量规定为基础,清理整合了食用农产品质量安全标准、食品质量标准和食品行业标准中强制执行的指标;食品添加剂使用标准草案将2007－2010年卫生部批准的食品添加剂纳入到了《食品添加剂使用卫生标准》,并借鉴国际组织和其他国家关于食品工业用加工助剂和食品用香精香料的管理规定和使用规定,开展我国使用情况的调查,制定了食品工业用加工助剂名单及使用原则,以及食品用香精香料使用原则。8月,卫生部对食品安全国家标准《食品添加剂使用标准》、《食品中污染物限量》及《食品中真菌毒素限量》进行了为期两个月的公开征求意见。《食品中致病性微生物限量》也已由卫生部公开征求意见。

3. *修订食品工业用加工助剂的使用规定* 参照第42届国际食品添加剂法典委员会(CCFA)讨论通过的加工助剂物质使用指南,结合我国食品工业用加工助剂的使用情况,制定了我国食品工业用加工助剂的使用原则。对于通过本次调查获得的200多种物质的500条规定,根据不同的物质的安全性和国内外使用情况采取了不同的处理方式。

4. *制定食用香料的使用原则、《复合食品添加剂通用安全标准》,修订《食品营养强化剂使用标准》* 收集和翻译了国内外相关资料,广泛调研我国现状,结合目前生产水平和经营情况,参照召开多次工作会议完成了标准送审稿,报相关标准分委员会审查。

5. *食品添加剂质量规格标准指定工作* 目前,我国允许使用的食品添加剂品种(包括香料)近2580种,其中有质量标准的仅170余种。为了完善食品添加剂的质量标准,卫生部开展了食品添加剂质量标准的指定工作,计划立项103项食品添加剂质量标准等工作,卫生部委托营养食品所承担食品添加剂质量标准的指定工作。营养食品所迅速对现行质量标准进行了梳理，并按照食品安全国家标准审评委员会食品添加剂分委员会第一次会议讨论通过的质量标准指定程序，指定了变性淀粉、聚丙烯酸钠、维生素D胆钙化醇等27种食品添加剂的质量标准，其中变性淀粉和聚丙烯酸钠的质量标准已正式发布。

6. 修订《预包装食品标签标识通则》和《食品营养标签通用标准》 受卫生部委托，营养食品所承担了上述两项标签基础标准的修订任务。在中国食品工业协会及相关机构的协助下，以现有标准和法规为基础，对预包装食品标签的通用要求和食品营养标签的要求进行了梳理，并形成新的标准征求意见稿。目前两项标准均已完成征求意见。

(五)食品包装材料清理

为落实卫生部等七部门《关于开展食品包装材料清理工作的通知》要求，营养食品所承担了食品包装材料清理工作，先后组织起草了《食品包装材料清理工作程序》、《食品包装材料清理工作申请资料要求》、《食品包装材料清理资料审查要点》，于2010年2月在营养食品所的网站上对外公布。截至2010年6月1日，共接收申请者提交的纸质版和电子版的清理资料3299份，对所有接收到的申请资料进行汇总、整理、编号、排序，发放接收凭证，形成最终的资料汇总表。并对表中的每个物质类别进行查询和标注，按照其他国家批准情况对申请物质进行了详细的分类。截至11月份，供组织召开了四次清理工作组会议，目前已审查完成食品原料和食品添加剂类物质、新添加剂物质和新树脂资料约500份。

(六)其他食品安全国家标准清理工作

根据卫生部、农业部《关于印发2010年食品安全国家标准清理工作方案的通知》(卫办监督法〔2010〕106号)，卫生部印发了《2010年食品安全国家标准清理完善工作安排》，并于2010年8月3-4日在山西太原召开了食品安全国家标准清理工作会议，清理工作正式开始。

《清理工作安排》共涉及202项食品卫生标准，包括18类(74项)产品标准，99项检验方法标准(其中包括61项理化检验方法、15项微生物检验方法、23项毒理)、5项生产经营规范、24项食品相关产品标准。受卫生部委托，根据《清理工作安排》，秘书处组织各标准项目承担单位，按照标准项目开展工作。

(七)相关法规、政策起草情况

参与起草了《食品安全国家标准管理办法》、《食品安全国家标准制(修)订项目管理规定》等法规，已由卫生部发布实施。还参加了《国家重大食品安全事故应急预案》修订和

《食品安全事故调查处理办法》、《食品安全事故信息报告管理规定》、《食品安全事故现场卫生处理与流行病学调查技术规范》等法规的起草工作。

（八）做好标准宣传贯彻工作

乳品安全标准发布后，协助卫生部主动公开标准文本，方便各方下载和查询。为卫生部起草了《乳品安全国家标准问答》、派出专家参加卫生部召开的新闻发布会、协助卫生部举办培训班、设计制作宣传画、举办网络有奖知识问答等多种形式，普及乳品安全标准及乳品安全知识，动员各方积极贯彻实施乳品安全标准。

四、营养领域工作

（一）中国居民营养与健康状况监测

在 2009 年 8 个省（直辖市）营养监测试点工作的基础上，2010 年，营养食品所组织了中国居民营养与健康状况监测。其目的在于将十年一次的全国营养调查转变为每年常规开展的营养监测，定期在全国范围内收集国民营养与健康状况信息，分析和发现存在的营养与健康问题及相关危险因素。中国居民营养与健康状况监测可以动态掌握和分析我国居民营养与健康状况及其变化，有针对性地提出营养改善准则和措施，为政府部门制定居民营养健康改善政策提供科学依据。同时也为贯彻落实卫生部《营养工作规范》、推动各级营养工作能力建设、在全国开展营养与健康工作，都发挥着重要作用。营养食品所负责组织日常工作、提供技术支持，目前中国居民营养与健康状况监测已在全国全面开展。

现已确立了全国城乡分为 4 层共 150 个监测点的总体方案，按照营养监测内容编写了调查问卷和工作手册，制订了血生化监测指标的标准方法和程序，举办了四期全国营养监测技术培训班，对全国 31 个省市自治区以及城市疾控中心的业务骨干近 600 人进行了培训，派出近 50 人次赴各省对二级培训和现场工作进行质量控制和指导。

（二）完成卫生部《营养改善工作管理办法》起草工作

受卫生部疾控局的委托，承担了组织起草卫生部《营养改善工作管理办法》草案的任务，组织开展了营养规章的起草、研讨及修改等工作，先后组织召开了多次专家会议，邀请卫生部、儿基会、营养学会、大专院校、相关省市疾控中心和营养食品所营养处室的专家，征求各方面的意见。2010 年 8 月卫生部正式发布了《营养改善工作管理办法》。

（三）协助组建营养标准专业委员会

从 2009 年开始，组织卫生部营养标准专业委员会筹备工作。先后召开了 2 次协调会,加强与卫生部有关部门的协调,取得管理部门的认可,起草了组织框架、标委会章程等技术文件。

2010年11月23日,营养标准专业委员会正式成立。卫生部营养标准专业委员会秘书处挂靠在营养食品所。卫生部营养标准专业委员会的主要任务是提出营养标准发展规划和标准年度制、修订计划的建议,审议营养标准,为卫生部营养工作的开展提供咨询和技术保障,推动营养标准在卫生领域和全社会的宣传、贯彻。

目前该专业委员会正在组织专家积极研究建立营养标准体系框架,制定营养标准今后五年发展规划和2011年营养标准制(修)订计划。

(四)继续开展营养领域科研项目

"十一五"期间,国家科技支撑计划确定了《营养膳食对健康影响的研究》项目,营养食品所在研究项目中承担了我国成年人膳食能量代谢及关键技术研究、我国重点人群铁和钙需要和膳食评估应用研究、我国儿童维生素A需要量及膳食评估新技术研究、贫困农村地区儿童营养缺乏改善适宜技术的研究和以膳食营养为主的儿童肥胖综合防控技术的研究等多项课题,还在国家自然基金、达能基金等众多科研项目中承担了中国青年膳食蛋白质参考摄入量的研究、植物来源β-胡萝卜素在人体内转化为维生素A的效率研究等多项营养领域研究课题,均按计划进展顺利,这些研究都为有效指导国民营养改善提供强有力的技术支持。

(五)营养干预

2010年,由政府或联合国儿童基金会等其他机构支持的多项营养改善项目继续开展,在四川、贵州、青海等省的部分乡镇村孕妇、乳母、儿童等脆弱人群进行营养与健康状况抽样调查的基础上,对灾区特殊人群营养状况进行了评估,开展了灾后5岁以下儿童和育龄妇女营养状况和健康状况的调查,并向儿童提供营养素补充品。组织制作了婴幼儿辅食营养包宣传片、宣传册及婴幼儿辅食营养包使用指南,应用于汶川地震灾区和玉树地震灾区、千年项目等多个婴幼儿营养改善项目。

在全球营养改善联盟的资助下,2010年6月铁强化酱油二期推动工作正式启动,铁强化酱油宣传教育、社会营销、渠道建设等工作已全面开展。组织了2010年强化食品宣传周启动仪式,多方位推动强化食品的应用。

(六)积极开展营养科普教育工作

为了更广泛的宣传营养与健康知识,提高大众的营养与健康知识水平,2010年应邀参与报纸、期刊、电视、网络等多种媒体的20多次采访,进行大众营养与健康知识的宣传。

五、科学研究

（一）课题管理与科技奖励

1. *在研课题的管理* 承担的国家重点基础发展规划项目（973项目）1项、国家高新技术发展计划（863计划）4项、国家“十一五”科技支撑计划7项、卫生公益性行业科研专项1项，其他重大专项课题3项均按计划进行，承担的19项国家自然基金课题中，有6项已结题并提交结题报告。其他项目及横向课题按计划进行。

2. *新课题申请* 2010年度营养食品所通过多渠道积极参加30项课题的申请，其中农业部转基因重大专项、卫生公益性行业科研专项、“十二五”科技支撑项目、国家自然科学基金20项（其中青年基金7项）、北京市自然科学基金7项和中国疾病预防控制中心青年基金2项。截至到10月底，共获得各类基金资助合计8项，其中农业部转基因重大专项1项、国家自然基金面上项目4项、青年科学基金2项、中国疾病预防控制中心青年基金1项，获得资助8000多万元，其他课题的中标情况正在陆续发布中。

2010年9月，科技处农村科技司发起“十二五”国家科技计划农村领域首批预备项目征集工作，科技处组织全所技术力量，积极响应卫生部科教司和中国疾控中心科技处的号召，撰写项目推荐书，有4个项目进入国家科技计划农村领域预报项目目录。

国家“十二五”科技支撑计划《食品污染物监测标准物质研究》（800万元）已经首轮入围。

3. *科技奖励* 根据国家科学技术奖励工作办公室的相关规定，对《中国居民营养与健康状况调查》和《食品安全快速检测系列方法的建立与配套设备的研制》进行推荐并公示。

《食物血糖生成关键因素和血糖生成指数预测模型研究》项目于2010年2月份推荐参加2010年度中华医学科技奖的评审。

“食品中氯丙醇污染控制技术研究”的2010年福建省科技进步奖，初审通过，已在网上公示。

《中国食物资源营养评价指标体系及应用研究》申报2010年中华医学会科技奖，已通过初审并公示。

《经济高速增长时期中国居民营养变迁的队列研究》获得营养学会营养科技奖一等奖；《食物血糖生成指数基础研究及其体外预测模型的建立》获得营养学会营养科技奖二等奖；《第三代保健食品的研究开发及技术平台构建》获得浙江省医药卫生科技奖一等奖。

（二）学术活动

2010年1月15日，营养食品所组织召开了“2009年学术报告年会”，共报告课题23

项,涉及营养和食品安全领域最前沿的研究领域。

六、国内外交流合作

1. 派出　2010年,营养食品所共派出出国(境)人员75批,114人次(本所人员105人次,外单位人员9人),出访国家20余个。其中包括赴中国台湾4批,5人次,赴中国香港2批,7人次。长期出国人员2人,长期出国回国人员1人。在派出人员中,参加国际会议人员90人次,执行课题协作及访问、考察、学术交流任务22人次,长期出国执行国际合作课题任务2人。

2. 引进　2010年接待来访外宾4批,20余人次。接待顺访外宾50余人次。

3. 国际合作课题管理　2010年度本所在研国际合作课题共12项,包括联合国儿童基金会资助5项,达能基金课题2项。

2010年度本所新申请国际合作课题共11项,包括联合国儿童基金会资助7项,达能基金课题1项。

七、教育培训

(一)在职职工培养

采取多种形式提高职能部门管理人员和专业技术人员的水平和实践能力,除了派出人员参加国内各种专业培训外,还利用各种途径开展国外培养,其中长期出国培训1人。鼓励在职职工攻读研究生学位,2010年全所有在职硕士2人,在职博士9人。

(二)研究生培养

目前营养食品所共有硕士生23名,博士生26名,在站博士后6人,联合培养研究生26人。

2010年共招收录取研究生新生17名,其中硕士生8人、博士生9人,经过严格审核和面试考核,共有3名博士毕业生进入营养食品所从事博士后研究工作。组织对2008届在所8名硕士和9名博士研究生进行了中期考核。7名硕士研究生、11名博士研究生、3名MPH研究生完成毕业论文答辩。2011年营养食品所计划招收硕士生和博士生共19名。

(三)其他来源研究生及进修人员的培训管理

2010年在营养食品所的委托培养研究生共计20余人,今后每年仍将有一定数量委托培养研究生来营养食品所从事研究工作。通过与中国疾控中心教育培训处和所内各业务处室联系,2010年安排协和公卫研究生和MPH研究生2名入所进行课题研究,接受各类进修培训和实习人员共计20余人。

八、科技期刊

(一)《中国食品卫生杂志》

2010年《中国食品卫生杂志》通过建立网站和采编平台、多方面对杂志进行宣传、缩短发稿周期、向专家约稿等措施，提高稿件质量和数量。2010年共处理新来稿300篇，2009年未刊登的存稿50篇，共350篇。刊登文章150篇，大幅减少了标准、法规文件及其他内容，文章刊出量占90%，共出版约120万字，其中重大课题文章刊出率为80%，基金论文比45%。2009年度影响因子0.828，总被引频次903，他引率0.940，五年被引频次549，五年影响因子0.854。

(二)《卫生研究》

《卫生研究》连续被CA、IM、MEDLINE、AJ和中文核心期刊等国内外著名数据库收录。2010年度共收到来稿510篇(10月26日前)，加上2009年的存稿128篇，共处理稿件638篇，编辑出版6期。每期发表约42篇文章，约39.19万字，共出版225.14万字，刊登文章约250篇，其中重大课题刊出率为70%，高于国家优秀期刊标准。继续保证了所刊文章的质量。

九、技术服务工作

(一)样品受理及技术档案工作

营养食品所严格按照质量管理体系的要求进行样品受理和对外咨询服务工作。2010年，完成176个样品受理，涉及功能评价、安全性评价、菌种鉴定、菌种毒力试验、稳定性检测等检测项目。

(二)质量体系运行有效

1. 内审　按照管理体系要求，2010年4月27日，营养食品所组织所内审员对管理体系进行内审，内审员分为资料组和现场组。通过内审员的督查和审核，共查出一般不符合项20余项，涉及12个处室，针对存在不符合项的处室，下发了整改通知，限期整改，整改结果由内审员跟踪并验证。此次内审对保证营养食品所质量管理体系的有效运行起到了积极的作用。

2. 盲样考核　为做好世博会的技术支持，提升检验检测能力，结合营养食品所承担项目开展了质控样品盲样考核工作。盲样考核样品包括购自FAPAS的标准品及留样复测，项目包括:钙、维生素A、铅、砷、汞、镉、硒，考核涉及6个检验处室，通过分析、比对，检测结果在合格范围内,检测结果良好。

3. *实验室管理系统(LIMS)运行工作* 顺利地完成了局域网络建设工作,2010年5月1日正式运行。实验室管理系统(LIMS)也已上线试运行。

(三)实验室安全

1. *实验室安全日常管理* 营养食品所坚持贯彻"一日两查"制度,室安全员负责监督,室主任每周查看记录表格并签字确认,所安全生产委员会定期检查并发布安全通报。全年所里进行20次安全大检查,质量控制办公室每周巡查一次,接受中心实验室管理处监督检查和突击检查7次,其中4次下发整改通知,营养食品所认真进行整改并上报整改报告4份。

2. *第四届实验室安全周活动* 2010年,组织实施了第四届实验室安全周活动。在中国疾控中心安全周主题"实验室安全—永恒的主题"的基础上,结合目前营养食品所工作实际,提出营养食品所口号为"安全质量出自我手",组织开展了"自查自纠举一反三"、"应急实战演练"、"实验室管理知识考试"实验室安全周活动。

十、党群工作

(一)加强党的思想建设,坚持理论学习,提高党员干部的理论水平和工作能力

1. *坚持中心组理论学习制度* 按照学习计划,营养食品所中心组集中学习了《中国共产党员领导干部廉洁从政若干准则》、《胡锦涛同志在中国共产党第十七届中央纪律检查委员会第五次全体会议重要讲话》、《政府工作报告》等相关内容,并下发了《七个怎么看—理论热点面对面2010》、《论共产党员的修养》、《苦难辉煌》等学习资料,通过集中学习和自学情况撰写了学习心得。

2. *召开党员领导干部专题民主生活会* 营养食品所所党委于9月末召开了以贯彻落实《党员领导干部廉洁从政若干准则》切实加强领导干部作风建设,深化医改任务落实,推进本所营养与食品安全事业科学发展为主题的领导干部民主生活会。

(二)开展创先争优活动

(1)营养食品所所党委召开了创先争优活动动员大会,全体党员、入党积极分子参加了大会,并邀请了中层干部、民主党派代表及工、团委员到会。会上,所党委以"争创先进党支部,争当优秀共产党员"为题进行了动员。要求广大党员深刻认识开展创先争优活动的重要意义,积极行动起来,创建"五个好"先进党支部,争当"五带头"优秀共产党员。

(2)起草了营养食品所深入开展创先争优活动的实施方案并成立了营养食品所创先争优活动领导小组及下设工作办公室。实施方案已印发各支部。按照创建先进党支部要做到“五个好”和争当优秀共产党员要做到“五带头”的具体要求印发到每位党员。

(3)结合创先争优开展主题党日活动。营养食品所党委紧紧围绕“积极投身创先争优活动”的主题,要求各支部以多种形式开展主题党日活动,把创先争优活动“推动科学发展、促进社会和谐、服务人民群众、加强基层组织”的总体要求作为这次主题党日活动的目标要求。各支部已通过不同形式开展了主题党日活动。

(三)推进创建学习型党组织建设,开展读书活动

为进一步推动营养食品所学习型党组织建设,大力营造和形成重视学习、崇尚学习、勤奋学习的浓厚氛围,营养食品所党委购买了《推进学习型党组织建设学习读本》下发各支部,要求各支部围绕学习型党组织建设、“创先争优”活动的进一步开展,调动广大党员干部读书学习的积极性,并为党员购买了《论共产党员的修养》、《苦难辉煌》两本书下发每位党员。同时参与中心党委关于开展“读书与实践”征文活动。共收到征文26篇,评出优秀征文15篇,其中7篇征文参加中国疾控中心党委征文评选活动。

(四)坚持党风廉政建设,加强党风廉政建设的学习和宣传,加大反腐倡廉工作力度

1. *开展权力运行监控机制建设试点工作* 按照《中心权力运行监控机制建设试点工作方案》通知精神,所党政领导高度重视,及时召开了所党政联席会,并结合本所工作情况,确定了本所开展该项工作的组织机构,组织学习了卫生部、中心下发的相关文件;传达了中心召开的权力运行监控机制建设试点工作会议精神;传达了参加卫生部培训的相关内容,决定权力运行监控机制建设试点工作在营养食品所正式启动。同时上报了本所权力明细表。

2. *开展中层干部勤政廉政教育活动* 集中学习了《胡锦涛同志在中国共产党第十七届中央纪律检查委员会第五次全体会议重要讲话》、《卫生部关于进一步深化治理医药购销领域商业贿赂工作的通知》等主要内容,下发了《新编党员领导干部廉洁从政规范手册》,结合学习情况撰写学习心得体会。

3. *任职前廉政谈话* 所党委对新聘任中层干部进行了廉政谈话,并向新任职中层干部发放了《新编党员领导干部廉洁从政规范手册》。

(五)加强思想政治工作,营造和谐的工作氛围

(1)强化职工思想教育,多种形式开展活动。结合职工学习情况,组织了《政府工作报

告》、《消防知识》、《保密法》等答题活动，“七一”前夕组织党员进行了《论共产党员修养》知识答题活动。

(2)举办一年一度的春节联欢会；召开了 2009 年度党群干部年会；举办了通讯报道工作培训；组织职工春游“黄花城水上长城”；举办乒乓球比赛及第六届职工拔河比赛暨趣味运动会。

(3)坚持编辑出版每月一期的《工作简报》，为了更好的宣传创先争优活动，开辟了“创先争优”活动专栏；定期更换宣传橱窗板报，并制作了创先争优活动展板。

(4)积极参加中心纪委征文活动；各党支部积极组织党员及所在处室的职工参观了在军事博物馆举办的《玉树不倒，青海长青——玉树抗震救灾主题展览》；同时开展向青海玉树、甘肃舟曲灾区捐款活动，两次共捐款 58 640 元。

(5)“春节”、“七一”前夕，开展慰问离退老党员、困难党员活动。

(6)为保障职工的身体健康，了解职工健康状况，安排了 2010 年度 40 岁以上的职工体检工作，共计 152 名职工参加体检。

(六)落实各项政策，认真做好离退休职工服务工作

为丰富离退休职工生活，营养食品所组织离退休职工开展春游和秋游活动；及时看望慰问生病住院的离退休职工；春节前开展了对离退休老党员、老干部的慰问活动。为离退休职工办理就医合同医院，方便职工就近医疗，并及时办理医疗费报账手续。

(韩宏伟)

环境与健康相关产品安全所

一、卫生保障和公共卫生应急事件处理

（一）救灾防病工作

1. *玉树地震救灾防病工作* 环境所先后派出3名专家加入中国疾控中心抗震救灾卫生防疫队，赶赴玉树地震灾区参加救灾防病工作。第一批、第二批工作组队员用所携带的饮用水快速检测设备及所里紧急开到灾区的饮用水应急检测车，在灾区全面开展饮用水安全监测和环境消毒等方面的工作。

按照青海疾控中心的要求，环境所于地震当天就发往灾区水质理化速测箱一套。此后又按灾区的现场情况和检测需要，及时向灾区发去余氯速测盒30盒、氨氮速测盒10盒、亚硝酸盐氮速测盒3盒、硝酸盐氮速测盒15盒及配套试剂60余套。为灾区的饮用水卫生快速监测提供条件。

2. *甘肃舟曲特大山洪泥石流灾害卫生应急工作* 环境所先后派出3名专家作为卫生部赴舟曲泥石流灾害医学救援组的成员，工作40多天，开展灾后防病工作。专家们根据灾区情况，向救灾指挥部提出了在灾区设立集中供水点统一供水；在人群密集区合理布局厕所；规范环境消杀工作的建议，并被采纳。

根据灾区需要，环境所还及时免费为舟曲、成县等灾区提供了多台饮用水卫生监测设备，及时帮助灾区培训检测人员，协助确定灾区饮水水质检测指标和检测频率。环境所为灾区饮水安全提供的技术支撑，使灾区饮用水安全得到了保障。

（二）上海世博会、广州亚（残）运会卫生保障

在上海举办世博会和广州举办亚（残）运会期间，环境所根据卫生部和中国疾控中心下达的卫生保障任务，成立上海世博会卫生保障领导小组、广州亚（残）运会卫生保障技术专家组，并设饮用水安全现场保障、公共场所安全现场保障、现场消毒处理、饮用水检验和公共场所检验5个小组。各组开展应急演练，确保仪器状态稳定、试剂准备充足、人员培训到位和实验室安全措施齐备。在上海世博会、广州亚（残）运会开（闭）幕时间里，主要专家处于待命状态，重要仪器24小时运行，随时应对上海世博会、广州亚（残）运会卫生保障需求。

(三)编制《基层灾害环境卫生应急工作指南》

针对近年环境卫生应急事件数量增多,复杂性增大的特点,环境所在全国爱卫办和联合国儿童基金会的支持下,组织有关专家编制《基层灾害环境卫生应急工作指南》。指南内容包括灾害发生后的环境卫生工作需求、供水、消毒、传病鼠类的危害和治理、灭蚊蝇技术、灾区垃圾收集与管理、临时居住点环境卫生设施的卫生要求等。为使指南具有更好的科学性和可操作性,2010 年 12 月 1－5 日环境所在河南省洛阳市举办了培训班,培训班邀请联合国儿童基金会专家介绍国外灾害发生时环境卫生应急工作经验,并就《指南》内容进行了研讨。

二、环境与疾病监测点建设

(一)空气污染与疾病监测

2010 年,环境所继续开展空气污染与疾病监测工作,截至 2010 年 12 月底,通过对北京、太原、武汉、哈尔滨、上海、南京、张家港、深圳等 8 个城市的监测,统计气象监测数据 91 990 条;大气污染监测数据 82 482 条;社区大气污染补充监测数据 2038 条;室内空气污染监测数据 428 条;大气污染空间分布监测数据 560 条;人口资料 115 份;死亡 240 548 例。监测工作还对小学生问卷调查 30 个文件;监测小学生疾病症状 5325 人次;对小学生进行健康体检 10 397 人次;测试小学生肺功能 14 820 人次;对中老年问卷调查 12 个文件;中老年人慢性阻塞性肺病调查 8 个文件;中老年人冠心病调查 9 个文件;中老年人疾病症状监测 128 229 人次;中老年人健康体检 1806 人次;中老年人肺功能测试 1215 人次。

环境所组织有关专家和财务人员于 2010 年 6 月、7 月、8 月分别对深圳市、江苏省和上海市疾控中心进行了监测点项目开展情况及下拨经费使用情况的督导检查,并于 8 月在江苏省南通市组织召开了“空气污染与疾病监测点项目中期工作总结会”。项目工作组还不断完善空气污染与疾病监测系统软件,对各监测点使用过程中发现的问题进行整理、分析、不断改进和完善,对使用中不熟悉的监测点进行业务指导,督促各监测点按时报告各类数据,对监测数据进行备份等,使监测报告数据和质量得到较大提高。

(二)城市饮用水监测点建设及网络试点评估

2010 年,环境所继续开展城市饮用水卫生监测工作。截至 2010 年 12 月底,全国 15 个省市共有 83 个县市作为城市生活饮用水卫生监督监测点。

在水质监测方面,在全国 83 个县市共建立 3313 个监测采样点,其中市政供水出厂水 277 个、市政供水二次供水 1171 个、市政供水末梢水 1499 个;自建水厂出厂水 119 个、自建水厂末梢水 247 个。共监测 38 736 个样品。

在水性疾病监测方面，建立普通监测点 76 个，哨点监测 66 个(含医院、学校和幼儿园)。获得水性传染病监测数据 361 016 条、死因监测数据 449 044 例、医院水性疾病监测数据 50 201 条、学校学生水性疾病监测数据 18 501 条、幼儿园儿童水性疾病监测数据 18 905 条。

按照《卫生部监督局关于开展城市饮用水卫生监测网络试点评估工作的通知》，环境所组织专家编制《城市饮用水卫生监测网络试点评估工作评估组织方案》；组织有关专家采用座谈、实验室考察、现场考察、查阅资料等方式对北京、河北、吉林、黑龙江、广东、上海、江苏、浙江、福建、湖南、四川、重庆、甘肃、青海、宁夏等 15 个省、市、自治区的城市饮用水监测点的组织管理、监测方案实施和数据信息管理三方面进行评估。评估工作中总结的经验、发现的问题、收集到的建议为今后饮用水监测工作的进一步开展提供了政策和技术依据。

(三)医院感染——消毒监测

2010 年，全国医院感染——消毒监测项目继续实施。目前共有监测省市 8 个，分别是黑龙江、吉林、山东、江苏、上海、浙江、湖北、广东。本年度进一步完善监测方案，监测内容包括医院供应室清洗、消毒、灭菌效果，手术室空气、重点科室一般物体表面、医护人员手消毒效果等，内镜清洗消毒效果，口腔科用水细菌菌落数，压力蒸汽灭菌器灭菌效果等。全年共进行了 4 次监测，监测三甲医院 10 家、二甲医院 16 家，收集监测数据 3 万余个。

(四)化妆品不良反应监测

受化妆品监督管理工作职能由卫生部划归国家药品食品监督管理局的影响，工作任务关系尚待理顺。但化妆品不良反应监测工作一直没有停止，2010 年年初，环境所编制并向国家药品食品监督管局提交了《2009 年化妆品不良反应监测报告》。截至 2010 年 12 月底，各监测机构共报告化妆品不良反应 1597 例。

(五)重金属污染健康危害监测

为贯彻落实国务院重金属污染防治综合实施方案，环境所全面开展重金属健康危害监测与防治工作。2010 年组织制定了全国环境重金属污染健康危害监测指南(该指南已由卫生部下发各省卫生部门)；在全国 7 个省监测了 1448 名孕产妇、1448 名新生儿、2915 名小学生的 10 余种重金属负荷水平，获得近 10 万个数据；初步建立了重金属生物样本库；开展了多个重金属污染现场的调查；研制了人体重金属负荷的生物监测方法和质量保证体系；完善和修订了《环境污染健康影响评价规范》；制定了五个重金属污染健康危害判定标准。

三、卫生监督和公共卫生服务

(一)卫生监督抽检

按照卫生部2010年卫生监督抽检工作安排,环境所承担涉水产品和消毒产品的卫生监督抽检计划拟订、样品测定、技术咨询、结果汇总和报告等工作。完成了涉水产品抽检、消毒产品卫生监督抽检工作。完成的涉水产品抽检工作包括:生活饮用水输配水管材监督抽检数据汇总、核对和报告撰写;42种水化学处理剂检测、数据分析和报告撰写;18台净水器检测、数据分析和报告撰写等。完成的消毒产品卫生监督抽检工作包括:戊二醛类消毒剂、抗(抑)菌制剂(膏霜剂型)、抗(抑)菌制剂(卫生安全评价报告)、用于传染病防治的消毒剂和过氧化氢低温等离子体灭菌器共5类产品的抽检;制定了消毒产品中丙酸氯倍他索和盐酸左氧氟沙星测定方法;对115种消毒产品中9种抗生素和7种糖皮质激素进行检测;对71个次的省、自治区、直辖市报送的2万余个数据进行汇总;提交卫生部监督局抽检工作报告4份等。

(二)样品检验检测

环境所通过规范产品检测运行程序,优化工作流程,检验样品种类和数量稳中有升。截至2010年12月底共受理化妆品424件、消毒产品25件、涉水产品278件、检验技术市场服务样品1021件。

(三)环境卫生和健康相关产品安全技术咨询、技术培训、技术服务和技术评估

(1)回复卫生部监督局和中国疾控中心转来的国家环境保护部《环境监测管理条例》、《大气污染防治法》、《水质氨氮的测定连续流动分析法》、《有机过氧化物储运安全规范(征求意见稿)》、《重金属污染综合防治规划》等国家环境保护法律、法规、标准及防治规划的意见共26件;回复卫生部征求《涉及饮用水卫生安全产品分类目录》(征求意见稿)意见1件;回复卫生防护距离相关标准与技术咨询5件;答复政协十一届三次会议000642提案(《关于加强我国电磁辐射危害防治研究的提案》)1件;回复国家食品药品监督等部门法规标准等征求意见5件。

(2)向卫生部、中国疾控中心提交《饮用水水表卫生安全评价规范(征求意见稿)》、《饮料、瓶装水砷含量监测有关资料》、《城市饮用水卫生监测网络试点工作评估组织方案》、《环境与健康信息化工程建设规划》、《儿童血铅超标环境卫生相关资料》、《城市饮用水卫生监测网络试点工作评估组织方案》、《公共卫生人才队伍建设研究报告》、《甘肃舟曲县泥

石流灾害饮用水卫生监管工作要求》、《环境重金属污染基线调查与健康监测技术指南(初稿)》、《2009年全国城市饮用水监测网络试点地区实验室水质分析质量控制报告》等10余份。

(3)向世界卫生组织提供《中国环境与健康管理评估报告》(中英文版)、《中国气候变化与居民健康报告》。

(4)发挥实验室技术优势，为地方政府或卫生部门提供仲裁检验。7月份对呼伦贝尔市鄂伦春自治旗水污染事件的饮水水样进行仲裁检验，共采集2份水样，对94项《生活饮用水卫生标准》(GB5749－2006)的水质指标和135项其他水质指标进行了检测，为当地水污染评价提供依据；8月份受福建省政府委托，对福建紫金矿业污染事件中的饮水水样进行仲裁检验，测定了4份水样中18项重金属、pH和氰化物指标。

(5)组织完成6家卫生学评价、15种专用清洗设备、8家甲级专业清洗机构的技术评估或技术评估复核工作。

(6)完成19项环境影响评价任务。

四、卫生标准制(修)订

2010年环境所制(修)订卫生标准主要为：公共场所系列标准、化妆品卫生标准、化妆品卫生化学检验方法标准、卫生防护距离标准和环境污染健康损害判定标准等。其中，修订的公共场所系列标准包括公共场所通用卫生要求、公共场所设计规范、公共场所管理规范、公共场所评价规范和公共场所卫生检验方法5部分。修订的化妆品卫生标准与1987年标准相比，仅禁用物质就由原来的近400种增加到1200多种，化妆品卫生化学检验方法由1987年版标准的4种方法增加到40种；卫生防护距离标准继2009年完成12项标准的制(修)订任务，又完成了13项标准的修订任务；环境污染健康损害判定标准包括铅、汞、砷、氟、镉和铬等6种元素环境污染健康损害评定标准。

此外，还对25项空气中化学污染物的检验方法标准进行修订，其中22项已经完成新方法的补充及验证工作，正在进行标准文本及编制说明的撰写，另外3项也开始了新方法的补充实验；对6项消毒标准、5项化妆品标准进行制定或修订，部分标准已形成征求意见稿。

五、环境与健康科研研究与成果

(1)2010年，环境所组织申报国家自然科学基金8项、北京市自然科学基金4项、卫生行业科研专项项目1项、中国疾控中心中青年基金项目3项、2011年基础研究重大战略需求方向建议书2项、北京市科技新星计划1项、2010年申请的课题预算近4843万元。现已获准课题4项，获得科研经费2000余万元。横向课题10项，国际合作项目4项，卫生部等委托项目13项。2010年科研课题获得总经费达2600余万元。

(2)2010 年列入环境所科研计划的课题 46 项,总经费达 532.42 万元,“十一五”国家科技支撑计划项目 7 项(其中作为牵头单位的项目 3 项),主要有“我国重点环境化学污染物健康危害监控技术研究”,“农村安全供水水质检测与水源性疾病监测技术及设备开发”、“淮河流域水污染与肿瘤相关性评估”、“建筑室内生物污染控制与改善关键技术研究”、“监测检测专用仪器产业化示范”、“农村安全供水消毒技术与装置开发”、“环境污染健康损害判定标准研究”等。环保公益性行业科研专项 3 项、环境保护部项目 1 项、863 计划 1 项,国家自然科学基金 4 项,北京市自然科学基金 1 项,中心青年基金项目 2 项,国际合作项目 3 项、科研院所专项 1 项,卫生部委托项目 13 项,横项合作 10 项。

(3)“十一五”国家科技支撑计划项目中的“农村安全供水水质检测与水源性疾病监测技术及设备开发”、“监测检测专用仪器产业化示范”、“农村安全供水消毒技术与装置开发”年底已经顺利结题,“环境污染健康损害判定标准研究”已完成课题研究。我国重点环境化学污染物健康危害监控技术研究,课题组研制“血中铅、镉、汞等元素的 ICP/MS 分析方法”、“血清中有机氯农药和多氯联苯分析方法”、“尿中邻苯二甲酸酯代谢物的 LC/MS/MS 分析方法”和“尿中多环芳烃代谢物的 LC/MS/MS 分析方法”;9 月份在江苏盐城召开了中期总结会;已基本完成现场调查和样品采集工作,正在进行调查表的输录和实验室检测;依据“尿中多环芳烃代谢物的 LC/MS/MS 分析方法”测定尿中多环芳烃 12 种代谢物,已完成 1239 份样品中的大部分样品测定;依据“血清中有机氯农药和多氯联苯分析方法”测定血清中 25 种有机氯农药和 18 种多氯联苯,已完成 888 份样品中的大部分样品测定。

(4)2010 年,环境所科研人员在中英文核心期刊、杂志和国内、国际会议上发表了近 110 篇论文。

(5)2010 年,环境所金银龙同志分别获得中国科协“全国优秀科技工作者”、中国卫生监督协会“健康卫士”称号;王友斌同志获得中国纺织工业协会科学技术 2 等奖。

六、教育与培训

2010 年,环境所接收中国疾控中心委派的 2010 年度第一、二期疾控专业进修人员 3 名;接受基层疾控中心申报的进修人员 3 名(苏州市疾控中心、鞍山市疾控中心、潍坊预防医学院各 1 名);接受首钢工学院、华中科技大学同济医学院的实习人员 2 名。2010 年本所对 4 名硕士、1 名博士进行了招收复试工作;对 2009 级博(硕)士生共 8 人进行了开题报告考核;对 2008 级博(硕)士生共 7 人进行了中期考核;对 2007 级科研型研究生、2008 级 MPH 与 2007 级 USPH 共 10 人在论文答辩前进行了预答辩工作。

按照中心要求,组织专家进行 2011 年研究生入学考试环境卫生学命题工作、2010 年 MPHUSPH 环境卫生学的授课工作。

2010 年本所举办各类培训班 10 余次,培训人员 1000 余人;召开各类研讨会、专家会等30余次。

七、实验室安全管理

(1)在中国疾控中心组织开展的第四届实验室安全周活动中,环境所以科室为单位开展实验室安全法规、安全知识、安全实际操作培训与应急演练及安全自查等工作;检查实验室进出入管理、剧毒化学品标准溶液/致癌致畸致突变化学品/危险化学品/易致毒化学品/菌毒种的保管、领取、使用及废弃物处理情况;对各科室安全管理问题、漏洞和关键控制点调查汇总,分析与梳理;为科室配备大体积利器储存装置97个、急救箱中急救药品17类;发放《实验室生物安全通用要求》(GB 19489－2008)共45份;对全所15台生物安全柜进行检测。

(2)开展质量管理体系的内部审核与管理评审,对质量管理体系文件进行修订。通过国家认证认可监督委员会卫生行业评审组组织的计量认证资质认定监督评审;通过国家食品药品管理局组织的对化妆品检测机构的资质认定复审。

(3)建设实验室信息管理系统,针对个性化需求进行调研,对LIMS静态数据进行整理并确认运行模式。参加了CNAS的PPT提供者组织的2次能力验证计划。安装、调试并运行了高分辨率GC－MS。

八、国际合作

(1)2010年与西班牙MDG基金合作项目“气候变化与健康”项目办公室设在环境所。办公室协助翻译、校对、起草多份西班牙气候变化项目相关文件,其中校对西班牙气候变化项目相关教程、翻译西班牙使团提供的评估概要,为项目中期评估的顺利进行做了前期准备。在WHO专家的支持下,完成了环境健康监测体系评估、环境健康指标体系以及环境健康监测与指标体系培训手册等3个报告和文件的撰写。

(2)环境所作为世界卫生组织西太平洋地区供水与环境主题工作组的主席单位,2010年编译了世界卫生组织第三届儿童环境与健康国际会议有关资料;编写、收集、汇总东南亚国家供水与环境卫生发展状况调查表;撰写东南亚国家供水与环境卫生发展现状报告。

(3)2010年,环境所短期出国考察及参加研讨会共19人/次,出访国家和地区为美国、韩国、日本、老挝、智利、菲律宾、新加坡、台湾等。出访人员参加的国际会议和考察访问活动包括:亚太地区环境卫生部长级会议、体外动物替代实验方法培训、促进环境污染健康损害赔偿制度建设、两岸护理学术会议、WHO健康影响评估会议、世卫供水卫生工作组水质会议、二手烟实验室检测能力技术交流、WHO烟草试验室网络第二次方法验证会议、第二届环境与健康区域部长级论坛、美国国际铜业协会环境与健康项目交流、第四届东亚及东南亚国家气候变化与健康论坛和日本环境卫生监测体系考察等。

(4)2010年环境所长期出国执行任务共2人/次,出访国家为美国。出访任务为参加在耶鲁大学举办的由美国卫生研究所支持的空气污染与人群健康的 Fogarty 培训项目。

九、行政管理

(一)所务管理

1. 完善规章制度　为进一步宣贯所规章制度,将 2009 年发布的 40 项规章制度和继续有效的 30 项规章制度进行汇编,并专门组织中层以上干部学习、讨论,使大家对规章制度有了更全面的了解。

2. 重大问题会议制度　2010 年,所班子成员共召开了 15 次所行政办公会议,内容包括研究工作安排、经费预算、规章制度建设、人事管理、机构调整、科技开发管理、实验室能力建设等。

2010 年,环境所共召开了 5 次中层干部会,内容包括研究和布置 2010 年工作、落实"小金库"检查工作、开展创先争优活动、落实世博会和亚运会卫生保障、预算执行情况检查、消防安全、机构调整和实验室质量管理等。

3. 规范公文运行　为进一步规范公文运行,对《环境所公文处理办法》进行了学习和培训。2010 年,所收文 436 件,其中卫生部来文 54 件、中国疾控中心来文 342 件、其他单位来文 40 件;发文 160 件,其中上报文 37 件、便函 115 件、所发文 8 件。

4. 强化档案管理　收集整理 61 卷公文档案、120 卷课题档案和 40 卷研究生课题档案;收集整理 181 个专题的照片档案。

5. 做好保密工作　为更好的贯彻保秘法,向各处室发放《保密法》单行本 210 余本;在两个工作区张贴《保密法》宣传画;组织全所职工开展保密知识竞赛;开展以计算机及其存贮介质为主体的保密工作检查;制定环境所保密工作规定。

(二)人事管理

2010 年接收硕士生 7 名(其中 3 名为本所培养的研究生)、本科生 4 名;办理退休人员 4 名,调出职工 2 名,调入职工 1 名。

至 2010 年底,环境所在编人员 231 人,其中正高 29 人(研究系列 25 人,技术系列 4 人);副高 50 人(研究系列 26 人,技术系列 24 人);中级 67 人(研究系列 36 人,技术系列 31 人);初级 49 人(研究系列 45 人,见习 4 人);行政管理人员 11 人;技术工人 12 人;后勤服务处 13 人。

(三)财务管理

完成了 2010 年度每月的预算执行情况表、经费使用表等报表、各种统计报表、医药费报表,完成了 2010 年公共卫生突发应急反应机制项目预算书、2011 年公共卫生突发应急反应机制项目预算，2011 年项目预算及 2011 年中央部门预算编制的“二上”工作。核算各部委、中心拨款经费项目共计 118 个，横向课题 359 个。协助本所课题负责人和会计师事务所，完成并通过“十一五”课题的审计检查。协助本所项目组成员完成了对 3 个城市（3 个单位）的财务督导工作，并出具督导报告。

根据《中国疾病预防控制中心关于开展 2010 年“小金库”专项治理重点检查的通知》（中疾控审发〔2010〕454 号）的要求，完成了本所“小金库”专项治理“回头看”及下属企业“小金库”自查自纠及各项整改工作。

（四）党务工作

1. *创先争优活动* 按照中国疾控中心党委的要求，成立了创先争优活动领导小组和领导小组办公室，制定了《中国疾控中心环境所党委关于深入开展创先争优活动的实施方案》和《环境所党委关于推进学习型党组织建设的实施方案》。根据中国疾控中心部署的创先争优活动 10 项工作内容，本所制定了开展活动的具体工作计划和时间安排，召开了各党支部书记会议，进行了布置。开展“两优一先”推优活动，并制定了本所具体评选条件和评优办法。各党支部围绕创先争优“五个好、五带头”标准，组织全体党员结合工作实际，立足本职岗位，开展党员公开承诺活动，并凝炼为一句誓言，作为自己工作生活的行为规范。

围绕建党 89 周年，各党支部按照中国疾控中心党委关于开展主题党日活动的通知精神“积极投身创先争优活动”，在所党委以“学习科学发展观，增强党性意识”为主题的指导下，以各党支部为单位，积极组织党员开展主题党日活动。

响应中国疾控中心党委和团委共同组织开展的党的知识竞赛活动，环境所两支代表队分别获得第二名和第四名。

2010 年 12 月份，所党总支组织开展评选优秀共产党员活动。经支部推荐，全体党员大会的评选，评选出 15 名优秀共产党员。

2. *权利运行监控机制建设* 按照《中国疾控中心关于印发〈卫生部权力运行监控机制建设试点工作方案〉的通知》（中疾控监发〔2010〕63 号）要求，本所成立了权力运行监控机制建设工作领导小组和领导小组办公室，分别于 2010 年 3 月 17 日召开了首次权力运行监控机制建设领导小组和办公室工作人员会议。于 3 月 24 日组织召开了业务科室主要负责人会议，对第一步工作计划的开展进行了部署，并组织了第一次《权力明晰表》申报工作。

10 月 21 日再次召开了领导小组和工作小组会议，在第一次《权力明细表》的基础上，再次进一步归类汇总，部署了第二次《权力明细表》的申报工作，并确定了权限的风险等级。经领导小组开会讨论修改通过，本所于 11 月 1 日申报了 23 项权力。

3. *党的思想建设* 为进一步推动学习型党组织建设、大力营造和形成重视学习、崇尚学习、勤奋学习的浓厚氛围，根据《中国疾病预防控制中心党委关于组织参加卫生部直属机关党委读书征文活动的通知》要求，所里开展“读书与实践”征文活动，共征得投稿5篇。

为全面提高全体党员、职工的法律意识和法律素质，增强社会主义法制理念，认真开展“五五”普法教育活动，所党委参照《“五五”普法干部读本》及《社会主义法治理念学习读本》两本书，所党委结合工作实际，组织全所职工开展了“五五”普法知识测试活动。组织党员、职工参观玉树抗震救灾主题展览；编制《工作简讯》、《救灾防病工作简报》，制作宣传展板，展示本所疾病预防控制、救灾防病应急等重要工作。

4. 组织发展　2010年所党总支积极做好组织发展工作。各党支部在对入党积极分子进行教育培养的基础上，发展新党员9名；对4名发展对象进行考核、政审，转正1名预备党员。

5. 反腐倡廉工作　根据卫生部党组印发《关于加强卫生部直属单位纪检监察组织建设的意见》和张茅书记对部直属单位党风廉政建设工作提出的七条要求，所里认真总结回顾了2007－2010年党风廉政建设工作取得的成绩、存在的问题以及如何抓好党风廉政建设工作的意见和建议等情况，并将总结报告上报中国疾控中心。

为推进反腐倡廉工作制度化，所组织中层干部学习了所内15项党务工作制度。根据工作制度，本所纪检监察人员全程对本所的重大事项进行监督，包括仪器设备招投标，会议室装修，研究生复试、三生招聘，经费预算等。

为加强党风廉政建设工作，切实提高党员干部廉洁自律和拒腐防变的自觉性，以各党支部为单位，组织全体党员和职工收看反腐倡廉警示教育片《警钟长鸣》。

（五）安全保卫

为落实《卫生部“安全生产年”活动实施方案》，针对建立健全安全生产制度、排查整治重点部门部位、落实安全生产责任、开展安全生产宣传教育四个工作目标，修改完善了《环境所社会治安综合治理委员会职责》、《安全使用电器设备规定》、《剧毒化学品安全管理规定》等16项安全生产方面的规章制度；将有毒化学品使用、用电和防火作为重点部位，相关部门作为重点部门；所长与各室主任签订安全生产协议，落实安全生产责任；开展火灾警示教育，普及安全生产知识。

为加强以提高检查消除火灾隐患、组织扑救初起火灾、组织人员疏散逃生、消防宣传教育培训四个能力为重点，切实做到消防安全自查、火灾隐患自除，火情发现早、小火灭得了，能火场逃生自救、会引导人员疏散，消防设施标识化、消防常识普及化。1月22日召开了消防安全座谈会，所班子成员、各室安全员参加了会议，会议就2010年消防工作重点进行了讨论和交流。10月27日，所召开了安全生产工作会议，所领导、各处、室(中心)主任、安全员及110多名职工参加。此次会议贯彻落实了卫生部“安全生产年”活动的实施方案和市、区、属地有关部门的文件精神，同时加强了秋、冬季安全防火、安全保卫工作及危险化学品库的管理工作。12月14日组织各室安全员到北京消防教育培训中心进行消防知识、逃生技巧和灭火知识培训。

（六）职工文体活动

组织职工开展乒乓球比赛，并组队参加中国疾控中心举办的乒乓球团体赛，荣获团体冠军；全国疾控系统乒乓球团体赛；组织职工参加卫生部第六届职工运动会，参加了羽毛球比赛及田径比赛，承担疾控中心代表队的广播体操、入场式的排练和表演；组织职工参加疾控中心首届职工趣味运动会，获得团体总分第二名的好成绩。

组织开展环境卫生整洁活动。9月29日下午，由所综合治理委员会成员及研究室代表组成的评委对两个工作区的实验室、办公室和职工宿舍区的卫生状况进行检查评比。对评比产生的优秀处室和职工宿舍授予“卫生标兵”的流动红旗的鼓励并以资奖励。

组织职工联欢、编排文艺节目及演出；组织职工开展春、秋游等活动。分期组织职工进行生物安全体检和40岁以上职工健康体检。

关心老职工和生活困难职工；组织离退休职工春游、秋游；组织部分离退休职工参加中国疾控中心举办的合唱队和象棋比赛；走访慰问困难职工及生病住院职工。

（七）后勤服务

为配合南纬路工作区实验楼的加固改造，本着满足基本工作需求和合理布局的原则，对南纬路工作区用房进行了重新调整。为保护职工健康和节约能源，夏季空调使用前对两个工作区276台分体式空调和实验楼通风空调系统进行清洗保养与维护。

对潘家园改造区的道路广场进行翻新改造；对行政楼308会议室装修改造；调试、安装了高分辨GC/MS，并建立相应的实验室环境。

（耿莉　姚孝元）

职业卫生与中毒控制所

一、职业卫生与中毒控制工作概况

2010年，本所紧紧围绕职业卫生职能调整，在中国疾控中心的领导下，以技术支撑、中毒救治等工作为依托，积极协助卫生部和中国疾控中心做好各类突发职业病、化学中毒、职业病诊断与鉴定、职业病报告管理、职业病防治宣传、培训、教育、基本职业卫生服务试点及职业病防治能力建设等技术支持工作，推动职业卫生与中毒控制工作稳步开展。

二、职业卫生与职业病防治技术支撑工作

(一)积极做好职业卫生监管职能调整方案的技术支持工作

为协助卫生部做好职业卫生监管职能调整工作，根据卫生部、中国疾控中心要求，本所派专家随同中编办、卫生部等调研组赴广东、福建等地开展调研并随同卫生部监督局前往中编办、安监总局、人社部等部委沟通、协调方案调整等事宜，多次组织召开所内外专家会议，研究草拟卫生部门职能调整方案并多次组织专家积极研究分析职业卫生职能调整可能对本所及各级职业病防治机构工作产生的影响，草拟了《职业病防治技术机构能力建设方案》等技术指导性文件，以进一步做好职能调整后职业病防治机构能力建设和工作开展。

(二)筹备和组织《职业病防治法》宣传周工作

受卫生部委托并经中国疾控中心同意，负责拟定了《2010年〈职业病防治法〉宣传周活动方案》，确定2010年度《职业病防治法》宣传周活动主题为“防治职业病造福劳动者”。

(三)基本职业卫生服务试点工作

积极做好第一批基本职业卫生服务试点后期评估工作，起草制定了后期评估方案并先后派出3批专家和年轻工作人员随同卫生部、中国疾控中心和卫生部卫生监督中心领导前往福建、贵州和广西开展中期评估工作。根据试点工作领导小组的要求和部署，积极做好第二批试点启动相关工作。

（四）职业病防治项目实施工作

受卫生部委托并经中心同意，起草了《重点职业病监测技术方案》及《〈重点职业病监测技术方案〉实施技术指导与质量控制手册》等技术指导文件。分别在云南、河北、新疆兵团、浙江、广西、贵州、北京、河北、吉林、宁夏和山东等地协助完成10期尘肺病诊断医师培训考核工作，共监考50场次，考核1227人，现已颁发合格证书500份；12月，本所派出五批专家和年轻工作人员随同卫生部监督局赴贵州等10省（自治区、直辖市）开展职业病防治项目督导和调研工作。

（五）组织实施新生代农民工职业病防治课题工作

7月，受卫生部监督局委托，根据中国疾控中心工作安排，本所组织开展了新生代农民工职业病防治课题工作。课题对河北等10省（直辖市）农民工较为集中的煤炭、冶金、建筑等14个行业62家企业的5700名新生代农民工职业病危害状况、防护设施设置情况、职业健康监护情况、职业病防治管理情况、对职业病危害防护及法律保障的认知水平、心理健康状况及对职业卫生服务需求等情况进行了调查。根据调查结果并结合文献资料、职业病报告资料等综合分析了当前农民工职业病防治存在的主要问题，提出了有针对性的对策和建议，为制定相关政策提供依据。

（六）参与粉尘与高毒物品危害治理督查行动

11月，根据卫生部要求并经中国疾控中心同意，本所李涛所长、邹昌淇研究员和张敏研究员随同安监总局、卫生部、人社部及中华全国总工会组成的督查组，赴江苏、福建和广东开展粉尘与高毒物品危害治理督查行动。

（七）参与职业病突发事件的调查处理

4月，根据卫生部要求并经中国疾控中心同意，本所李涛主任医师、李德鸿研究员、陈永青研究员等组成专家组随同卫生部等五部委联合督查组赴贵州省会同贵州省政府对贵州施秉恒盛冶炼厂职工患尘肺病事件开展督查工作。本所专家在贵州期间积极协助联合督查组做好技术支撑工作。

8月，李涛主任医师随同卫生部监督局领导前往深圳市参与处理唐建友职业性苯中毒事件，并为事件的妥善处理提供了技术指导。

（八）重大、突发事件卫生应急技术支持工作

积极做好青海玉树地震卫生应急响应。玉树地震发生后，本所积极响应，根据中国疾

控中心要求,紧急组织所内专业人员收集、讨论有关高原地区作业职业卫生防护技术资料并将提出的青海玉树地震卫生应急救援人员职业防护建议上报中国疾控中心;派专家为中国疾控中心赴灾区的抗震救灾防病工作队员开展高原职业卫生防护知识培训,并印制、发放《高原卫生防护手册》,根据中国疾控中心统一安排,4 月 18 日,张宏顺副主任医师随中国疾控中心抗震救灾工作队赴玉树地震灾区开展卫生救援工作。

5－10 月,根据中国疾控中心要求,本所将上海世博会卫生保障纳入本所年度应急保障重点工作,积极做好各项应急保障工作。

6 月中下旬,为做好江西洪涝灾区的卫生应急救援工作,根据中国疾控中心统一部署,本所上报 4 名副高级技术职称人员作为中国疾控中心预备队员,并启动所内应急工作程序。

10 月,本所张宏顺副主任医师随同中国疾控中心亚运卫生保障工作督查组赴广州开展卫生保障督查工作;同时,召开所内亚运卫生保障动员会,部署实验室检测、应急物资储备等工作。

三、突发化学中毒事件应急处置及现场指导工作

1 月 13 日,本所派马沛滨主任医师随同卫生部监督局领导前往深圳市督办调研深圳市群发正己烷中毒事件,为事件妥善处理提供技术指导。

4 月 24 日,受北京市卫生监督所邀请并经中国疾控中心同意,孙承业研究员、马沛滨主任医师赴北京市怀柔区协助北京市有关部门调查处理怀柔水岸山吧餐厅突发群体食物中毒事件。

5 月 30 日,新疆塔城地区托里县发生群发性有毒植物中毒事件,本所 24 小时中毒热线接到托里县医院求救电话后,立即会同中国科学院植物所等部门对引起中毒的可疑植物作出形态学鉴定,并及时提出现场救治的建议。

6 月 8 日,根据环境保护部要求并经中国疾控中心同意,孙承业研究员随同环境保护部工作组赴广西平南县,开展广西平南浔江死猪漂浮事件健康影响分析工作。

7 月 14 日,根据卫生部应急办要求并经中国疾控中心同意,孙承业研究员随同卫生部专家组赴四川内江处理内江预防服用抗疟药物引起的群体事件。

7 月 16 日,根据中国疾控中心要求,孙承业研究员、谢立璟助理研究员随同卫生部专家组赴云南红河州,协助当地开展弥勒县花口村猝死事件的现场调查工作。

8 月 3 日,根据卫生部应急办要求并经中国疾控中心同意,张宏顺副主任医师、孟聪申研究实习员随同中心专家组赴四川凉山州,协助当地处理果里县不明原因聚集性死亡事件调查工作。

8 月 9 日和 23 日组织专家对贵州省疾病预防控制中心转来的“关于贵州省黄平县天马村不明原因死亡事件调查报告”展开讨论并提出事件处理建议。

继续协助有关部门做好儿童铅中毒应急处理技术支持工作。5 月,根据中国疾控中心要求并受甘肃省疾控中心委托,完成 200 份血样的实验室检测工作。

四、职业卫生技术指导与管理工作

(一)组织开展 2010 年度职业卫生检测实验室比对和标准物质复制工作

对活性炭管中有机物定性、血铅、粉尘中游离二氧化硅含量、滤膜锡和硅胶管中甲醇进行考核。全国 76 家疾控中心及企业相关实验室参加了考核,共返回结果 284 项,其中合格 2091 项,合格率 72.3%。44 家职业卫生技术服务甲级资质机构全部参加了比对。开展了滤膜铅、镉、锰、锌、镉,冻干牛血中汞、冻干人尿中镉,活性碳管中苯、甲苯、二甲苯、正己烷、甲醇、乙酸丁酯、乙酸乙酯、三氯乙烯、四氯乙碳标准物质复制和定值工作。

(二)职业卫生技术服务机构现场认证工作

对申请化学品毒性鉴定机构甲级资质的广西职业病防治研究院等 4 家单位进行了现场评审。

(三)职业卫生技术服务机构资质认证和续展工作

对申请建设项目职业病危害评价机构资质续展的河北省职业病防治院等 10 家单位开展了现场评审。

(四)技术咨询服务

对四川省疾病预防控制中心、兵器工业卫生研究所、河北省疾病预防控制中心、辽宁省职业病防治院等 20 多个疾病预防控制机构、职业病防治机构、卫生监督机构以及行业、企业职业卫生机构提供了游离二氧化硅含量检测及建设项目职业卫生评价技术咨询服务。

五、职业卫生培训、宣传与教育工作

(一)职业病诊断医师培训

2010 年共举办全国职业病诊断医师及师资培训班 3 期,参加培训人员 338 人,其中尘肺病诊断医师资格培训班 1 期(北京),112 人;职业中毒诊断医师师资培训班 1 期(武汉),111 人;物理因素职业病诊断医师师资培训班 1 期(浙江),115 人。

(二)西部职业卫生骨干培训

2010 年,分别在银川、贵阳举办西部职业卫生骨干培训班,共 241 人参加培训。

(三)企业管理人员与专业人员培训

先后在天津、江苏举办 2 期培训班,共培训 249 人。在 GE 项目推动下,与中国航空工业集团联合举办职业卫生培训班,120 人参加了培训。6 月在上海举办企业职业卫生管理研讨会。

(四)突发化学中毒事件应急处置培训

9 月,在成都协助卫生部应急办举办针对化学中毒医疗救治基地学员的全国突发中毒事件应急处置培训班,培训班围绕化学中毒检测技术、化学中毒事件医学救援、医疗机构应对突发化学品中毒现场处置等展开授课。来自各有关机构的 80 名学员参加了培训。

(五)职业卫生技术服务人员培训

9 月和 11 月先后举办 2 期"职业卫生技术服务机构专业技术人员培训班",共计培训各类人员 553 人。

(六)研究生教育培养工作

2010 年,招收博士研究生 2 名,硕士研究生 4 名;组织接收 MPH 学员 2 人、协和公卫学院硕士(USPH)1 名。3 名博士研究生、9 名硕士研究生顺利完成研究生答辩毕业。

2010 年,接收 8 名进修人员。

六、职业卫生与中毒控制科研工作

(一)制定本所"十二五"科技发展规划

为统筹做好本所"十二五"期间科技发展工作,本所以科学发展观为指导,组织动员全所力量,编制了职业卫生所"十二五"科技发展规划。规划共提出职业健康风险评估技术等 17 项重点研究领域和关键技术,对指导本所未来 5 年科技发展重点方向,提高本所科技创新能力和促进相关人才培养具有重要意义。

(二)在研课题

2010 年,本所主持或参与的科研课题 31 项,其中"十一五"国家科技支撑计划项目 3 项(1 项分题主持)、卫生行业专项 1 项、国家科技重大专项专题 1 项、科研院所技术开发研究专项 1 项、环保公益性行业科研专项 1 项、国家自然科学基金课题 12 项、国际及港澳台合作课题 2 项、“863”分题 1 项、中国疾控中心青年科研基金项目 1 项、所青年科技基金项目 5 项；除 1 项“十一五”国家科技支撑计划项目和 1 项卫生行业专项项目根据工作需要延期结题外，其他科研课题均按计划进行。

（三）申报课题

2010 年，本所组织申报各类课题、项目、建议、需求共计 13 项。其中国家级项目主要有：国家自然科学基金项目 7 项、环境化学与生态毒理学国家重点实验室开放基金项目 1 项、中国疾病预防控制中心重点实验室建设项目 1 项和青年科研基金项目 2 项。在申报的 7 项国家自然科学基金项目中，孙承业研究员和许建宁研究员申请的 2 项面上项目获得资助；郑玉新研究员申请的中国疾控中心重点实验室建设项目获得资助。

（四）科研进展与结题情况

《卫生安全重要技术标准研制》于 2010 年组织了课题预验收和结题会。截至 12 月底，该课题已颁布标准 18 项，报批标准 57 项，出版专著 3 部，发表论文 86 篇，申请并取得实用新型专利 2 项。

2009 年底中标的 5 项所青年科技基金项目于 1 月份正式启动。

2010 年度报送国家自然科学基金项目进展报告 8 份、结题报告 1 份；完成 2009 年度国家自然科学基金管理工作报告 1 份。

（五）获奖情况

由张敏研究员主持的“大型企业职业病防治理论体系的创立和防治模式研究”项目获得中国职业安全健康协会科学技术奖一等奖，李涛所长主持的“重要职业病和职业危害调查与防治技术研究”项目获得中国职业安全健康协会科学技术奖三等奖，李朝林研究员主持的“化学品安全测试关键技术研究”项目获得中国石油和化学工业科学技术奖一等奖，郑玉新研究员获“十一五”国家科技计划工作先进个人。

（六）科技人力储备

2010 年，推荐第 3 届中华医学会科技奖评审委员 10 名、北京市自然科学基金评审专家 11 名、北京市科学技术奖励评审专家 10 名。

（七）学术交流

4－11 月，先后邀请挪威国家职业健康研究院海勒．约翰森博士、美国 Hamner 卫生研究所 Melvin Ernest Andersen 教授、中国健康教育中心李英华副研究员、拜耳作物公司总部毒理学专家 Dr. Bernhard Stahl 和美国威斯康星大学麦迪逊国家环境健康科学研究所分子毒理学中心 Colin R. Jefcoate 教授来所作学术报告。

(八)中毒救治与应急相关科研工作

《常见有毒动物、植物、真菌标本库建设》项目将于 11 月结题,共收集有毒动物标本 200 种、有毒植物标本 530 种(包括 80 种有毒蘑菇标本),采集标本 2000 件。

卫生行业科研专项"中毒第一现场关键技术研究"项目和"十一五"课题"急性职业中毒现场救治处置技术研究"按期开展;"重金属环境污染风险重点防控区划分及风险分级技术研究"项目完成前期调研后进入实施阶段。

七、职业病与中毒预防控制工作

(一)职业病报告管理

3 月,完成 2009 年职业病统计报告工作,为 4 月卫生部召开的职业卫生专题新闻发布会提供了数据基础;为支持各省职业病报告工作,进一步强化职业病报告网络体系建设,本所从工作经费中拿出 32 万元用于补助各省开展职业病报告相关工作。

(二)淮河肿瘤预防控制项目

4 月,召开胞质分裂阻滞微核细胞实验经验交流会;8 月,研究骨干参加了淮河流域癌症综合防治项目管理培训班;在项目实施中,注重加强对地方疾控部门的业务指导、培训和帮助,基本建立了"现场工作以当地疾控工作人员为主,结果分析工作以本所科研人员为主"的工作模式。

(三)健康促进企业试点项目

完成了河北国华沧东发电有限公司试点项目阶段验收工作;启动山东兴辉化工有限公司等企业健康促进试点项目并开展了现场调查工作;分别在郑州、北京召开了"工作场所健康促进模式研讨会"和"北京市健康促进企业试点干预方案研讨会"。

(四)职业卫生信息工作

《职业卫生与中毒控制信息》编印发行 6 期。2010 年在重点宣传国内职业卫生与中毒控制各项工作进展和成果外,还设立专版详细介绍有关国际组织职业卫生与职业病防治工作进展,如 2010 年国际职业病名单及其颁布情况、国际职业卫生法规进展、国际公约解读等。

（五）“国家化学中毒救治远程会诊系统”项目

8月，分别与黑龙江省第二医院和重庆市职业病防治院开展了突发中毒事件处理技巧和南京小龙虾肌溶解事件远程会诊讨论；10月，与深圳市职业病防治院实现远程会诊视频连接测试。

八、职业卫生与中毒控制技术咨询与服务工作

（一）中毒热线服务

2010年，面向公众及专业机构的医务人员提供24小时中毒相关的热线信息咨询服务4572例。在完成中毒热线服务的同时，建立了咨询服务数字化管理，将咨询内容纳入数据库存储。

（二）中毒科普宣传

为让公众正确认识和区别有毒植物，5月15日-6月30日，在中国科学院北京植物园举办，由中国疾控中心与中国科学院北京植物园联合主办、本所具体承办的“有毒植物科普展”科普宣传活动。同时，结合公众的需求和关注的中毒相关热点问题，本所专家在健康报、家庭医生报等媒体上撰写多篇通俗易懂的大众科普文章为公众普及中毒相关知识。

（三）建设项目及工作场所职业病危害检测与评价

2010年度，共开展建设项目职业病危害预评价2项，控制效果评价5项，对上述评价项目均开展了职业卫生现场调查、类比企业调查和职业病危害因素现场检测。其中，福建LNG站线项目职业病危害等4项控制效果评价、预评价项目已完成，中国疾控中心二期职业病危害等3项预评价、控制效果评价工作尚在开展中。

（四）化学品毒性评价工作

2010年，受理农药相关样品496个、化学品34个、理化检测空气样品600个、药物残留检测样品15个，应急检测人血样200份、人呕吐物及植物样品30份；发出农药登记毒理学试验报告1997份（其中英文报告49份）、化学品毒性鉴定报告250份（其中英文报告92份）和常规理化检测及应急检测报告20份；新签技术服务合同27份，其中分包合同4份。

（五）毒物检测工作

执行中毒检测24小时值班制，完成公安部物证鉴定中心送检的生物样品5份，检测

项目为铊。5月,完成甘肃省疾控中心血铅中毒200份血样实验室检测工作。

(六)实验室质量管理工作

7月27日,接受卫生部计量认证中期监督检查评审组对本所开展的检查工作,针对评审组提出的整改意见,及时组织整改落实工作。

11月2日,顺利通过北京市卫生监督所对本所技术服务工作开展的监督检查。

九、重要工作会议和学术活动

9月27日,配合中国疾控中心,在北京召开全国职业病报告工作会议。会议期间,来自全国各省级职报单位的43名代表就如何进一步做好职业病报告工作进行了讨论和经验交流。

11月26日,本所在江苏省镇江市召开全国职业病防治技术工作会议。与会代表就如何贯彻落实全国职业病防治工作座谈会会议精神,适应职业卫生监管职能调整,做好职业病防治技术工作展开了深入的研究和讨论并提出建议。

11月,协助国家自然科学基金委员会承办主题为“毒理学和健康风险评定的关键科学问题”的第49期双清论坛,来自全国毒理学领域的55名知名专家和学者参加了会议并就国际热点研究领域、我国研究现状、重点研究领域及方向等进行了讨论。

十、国际交流与合作

(一)出访及来访

2009年,共接待外宾来访19批68人次,分别来自美国、南非、日本、德国等国家和地区。

2009年,因公出访9批18人次,出国任务以参加国际会议、考察交流、培训学习、项目合作等多渠道发展为特点,按照《卫生部关于严格因公出国(境)管理工作的通知》的要求,对每位出访人员发放《中国疾控中心出国(境)人员行前教育手册》,并要求提交学习心得和回国报告。

(二)国际合作项目

2010年,签署3项WHO合作项目,分别为“煤矸石制砖职业安全健康环境交流活动项目”、“室内外环境监测体系研究项目”和“工作场所健康促进行动计划”,目前各项目进展顺利。“中澳职业健康监护技术和职业病诊断鉴定制度研究”项目和JICA“加强中国职业健康科技能力计划”也已通过审核程序进入最后审批阶段。

十一、挂靠学会工作

1. 职业卫生标准委员会

(1) 标准制(修)订:2010 年发布职业卫生标准 11 项,报批标准 14 项(含已发布标准),送审标准 20 项。

(2) 追踪国际标准:在梳理我国职业卫生标准体系、追踪 ACGIH 职业接触限值及其制定依据基础上,对日本、香港、台湾等国家和地区的化学物质、物理因素职业接触限值及应用等进行了追踪,为调整和制(修)订我国职业接触限值提供了科学依据。同时对 OECD 等关于纳米的技术标准继续展开追踪并与新加坡等地开展了交流。

(3) 标准宣贯:9 月组织召开职业卫生标准培训研讨会;同时积极利用挂靠单位《职业卫生与中毒控制信息》的平台宣传职业卫生标准,在挂靠单位的网站上设立专版,发布职业卫生标准,使政府部门、用人单位、技术机构能准确掌握国家标准的执行情况,做好标准的宣贯。

2. 职业病诊断标准委员会　根据卫生标准制(修)订工作计划,对新制(修)订的 6 项诊断标准进行了预审和终审;积极协助卫生部做好标准的搜集、整理、复查和清理工作。

3. 职业病诊断鉴定技术指导委员会　3 月 29 日,国家职业病诊断与鉴定技术指导组在北京召开第 3 次全体会议;为配合职业病防治法修法工作,指导组于 6 月 11 日在北京召开职业病诊断鉴定制度研讨会,针对当前职业病诊断存在的问题,对职业病诊断鉴定制度修正思路进行了充分的研讨;认真做好信访咨询的答复工作,截止到 12 月,共答复卫生部监督局、地方诊断鉴定机构及群众来信 16 次。

4. 中华预防医学会劳动卫生与职业病分会　3 月,召开分会各学组组长工作会议,对学会全年工作、学组换届工作进行了布置;12 月,与中华预防医学会职业病防治专业委员会联合主办全国劳动卫生与职业病学术会议暨顾学箕教授诞辰 100 周年纪念会。

5. 中华预防医学会职业病专业委员会　9 月,在上海召开职业病专业委员会常委会。

6. 中国职业安全健康协会职业卫生专业委员会　10 月,中国职业安全健康协会职业卫生专业委员会 2010 年工作年会暨学术交流会在上海召开。

7. 中华预防医学会卫生毒理分会与中国毒理学会工业毒理委员会　会同中国毒理学会生化与分子专业委员会联合举办主题为“化学品与健康”学术会议。

8. 中国健康促进与教育协会企业分会　召开企业分会第三届委员会第二次委员代表大会暨职业健康促进学术会,举办健康就是生产力—职场健康促进研讨会暨企业分会工作场所健康促进学术会议。

9. 中国卫生监督协会职业卫生分会筹备工作　在中国卫生监督协会的指导下,积极筹备成立职业卫生分会。

十二、安全管理工作

(一)“5.18”火灾事故

5月18日16时20分左右,本所中毒控制部机房因空调着火发生火情,本所立即组织人员疏散并通知断电,同时迅速报告领导和中国疾控中心主管部门。经消防部门现场勘查确定,“5.18”事故为一般空调着火事故,故对本所作出不罚款、不通报、不作书面检查的处理意见,要求本所吸取教训,加强安全管理并尽快清理现场,恢复正常工作秩序。“5.18”火灾事故反映出本所在安全生产方面存在管理漏洞,日常安全管理检查制度落实不力,安全生产隐患排查不够,职工安全意识薄弱。对此,本所认真汲取事故教训,举一反三,先后召开所班子、中层干部及全所职工大会,通报事故情况及现场勘查与火灾发生原因等情况,组织相关人员召开事故分析会,从检查梳理、完善消防安全规章制度,增强职工安全意识入手,进一步完善应急组织和消防安全预案,对全所空调、电气设备、电源插座等安全隐患进行全面检查,配备防火装置,加强值班及重点部位巡视工作。针对所地下室冰箱储存间通风不畅问题,及时改装地下室通风系统,建立值班制度,及时排除安全隐患。

为进一步提高全所职工的消防安全意识和自救能力,2010年7月1日,开展了全所消防安全培训,邀请北京市消防培训中心老师结合有关火灾案例为本所全体职工进行一次以如何报警、如何灭初级火灾、如何使用灭火器、灭火毯、如何逃生、如何自救、如何组织疏散等方面的消防知识讲座。

(二)实验室安全管理

根据中国疾控中心要求,组织开展第四届实验室安全周“三个一”活动,即举办一次实验室安全工作经验交流会、开展一次“集思广益话安全”问卷调查活动和组织一次实验室安全隐患排查活动。积极配合中国疾控中心做好实验室安全检查工作,对检查中发现的问题及时督促整改并上报中国疾控中心。做好废弃化学物处理工作,全年联系公安机关共处理高度化学品6kg、含汞废液2kg、一般化学品92kg。实验室安全管理系统即LIMS系统建设如期展开,目前正根据实际需求整理静态数据。

(三)剧毒化学品安全管理

根据剧毒化学品管理有关要求并结合本所工作实际,进一步加强了剧毒物品的管理工作,对毒品库中所存试剂进行逐一核实、登记,建立试剂清单目录,做到分类管理;积极配合属地公安部门,做好月度毒品库例行检查工作并通过电子信息系统将检查结果及时上报相关管理部门。

（四）加强值班管理与安全检查工作

加强与属地公安部门、地区安委会及中国疾控中心的安全工作沟通和协调，先后与公安部门、地区安委会签订有关安全责任书；同时落实层层负责制，强化部门安全工作负责制。根据卫生部“安全生产年”活动安排，结合本所实际，于 4 月 20 日下发了贯彻落实安全生产年实施方案，要求各部门要严格执行各项安全管理制度，坚持与日常监督检查结合起来，认真检查本部门落实各项安全制度落实情况，狠抓隐患的排查治理工作，切实解决影响安全的突出矛盾和问题。要求各部门加强防火防盗设施及压力容器、地下空间、应急库房等重点部位的安全隐患排查，强化对易燃、易爆等危险化学试剂的清理工作；加强对用电设备的安全检查。

十三、行政管理工作

（一）新闻采访

为提升本所专业技术人员风险沟通和应对能力，7 月在北京举办风险沟通交流培训会。根据卫生部和中国疾控中心的安排，本所先后安排所领导和有关专家接受人民日报、健康报等平面媒体采访 12 次。

（二）合同审查

继续认真细致做好合同管理工作，截止到 12 月 31 日，共提交律师审查合同 54 份，卫生部、中国疾控中心的规范合同 85 份、政府采购规范合同 72 份。

（三）档案工作

截止到 12 月 31 日，共收集各类档案 306 卷。整理各类档案 1100 卷，其中包括 2009 以前及 2009 年部分文书和科技档案、历年技术服务机构资质等材料；借阅利用档案 39 次。继续聘请飞狐软件公司开展档案数字化整理工作，不断提升档案管理水平。

（四）保密工作

完善制度，加强管理。根据中国疾控中心要求并结合本所工作实际，编制了出国人员携带计算机及电磁介质审批表，加强对出国人员计算机、电磁介质的管理。

利用多种形势宣传《保密法》知识，增强保密意识。为职工购买了《中华人民共和国保守国家秘密法》并下发职工和学生人手一本；为所领导及各部门负责人发放了《中华人民共和国保守国家秘密法释义》。组织党政主要领导、保密办公室成员及相关人员参加了卫生部组织的《保密法》释义讲座。利用文字与图片相结合的形式，制作 1 期题为《信息化条件下的窃密、泄密与保密》的宣传展板，张贴《保密法》宣传画。制作保密工作五条禁令卡片下发全所职工。落实保密工作管理责任制，与各部门负责人签订了保密工作责任书。

(五)“小金库”专项治理和财务检查工作

根据中国疾控中心要求并结合本所工作实际，完善相关制度并加强管理，继续做好“小金库”专项治理工作。

(六)人力资源管理工作

做好2010年卫生部专业技术职称评审工作，对所内17名专业技术人员开展初评。

2010年共接收应届高校毕业生7人，其中博士1人、硕士4人、本科2人；2010年办理调出手续2人。

(七)南纬路29号楼大修工作

为做好29号楼大修相关工作，本所多次召开所长办公会和中层干部会，研究、解决本所大修相关工作并适时向全所职工进行通报。9月，按照大修项目办公室统一部署，开展了全所实验、办公用房需求调查；同时，在中国疾控中心协调下，积极联系大修期间临时周转用房。

(八)设备购置

全年共购置仪器设备96台，总金额133.6万元。其中专用设备39台，总金额89万元；一般设备57台，总金额44.6万元。

（聂武　滕林　李涛）

辐射防护与核安全医学所

一、概况

（一）人事与财务

1. 人事　2010 年根据实际工作需要，对处室设置进行了调整。组建了纪检监察审计室；撤销了后勤服务中心，将其人员并入后勤管理处和保卫处。

机构调整后，设有 9 个职能处室（所办公室、人力资源处、财务处、科技处、质量管理办公室、党群工作处、纪检监察审计室、后勤管理处、保卫处），10 个专业处室（核事故与放射事故应急办公室、辐射防护与建设项目评价室、政策标准研究室、放射诊疗设备质量控制实验室、辐射流行病学研究室、放射生物学研究室、毒理学研究室、辐射检测与评价室、信息中心、科技成果推广处）。

2010 年度在职职工 153 人，离退休职工 176 人，其中所领导 5 人，中层干部 30 人。年内接收新进三生 4 人，引进博士后 1 人。

12 月 20 日，中国疾控中心任命丁库克为辐射防护与核安全医学所副所长（试用期一年）。

5 月 28 日，本所聘任聂振勇为纪检监察审计室主任（试用期一年）。

6 月 9 日，聘任张伟为质量管理办公室主任、田梅为毒理学研究室主任、刘建香为辐射流行病学研究室主任、侯长松为辐射防护与建设项目评价室主任、姜晓燕为政策标准室主任、拓飞为辐射检测与评价室副主任，试用期均为一年。

12 月 30 日，聘任秦斌为所办公室主任、郭鲜花为信息中心主任、胡京钢为后勤管理处副处长，试用期一年。

2. 财务　本所重视财务监管，各项支出严格按预算执行。2010 年，实现收入 4648.39 万元，完成收入预算 5193.29 万元的 90%。实际支出 4540.17 万元，完成年度支出预算 5820.23 万元的 78%。其中，收入预算中包括了 2010 年财政未拨付的 2007 年-2010 年由本所垫支的专家特贴 1217 万元，若去除此因素影响，实际支出和实际收入应相应增减 1217 万元，实际完成收入预算的 113%，完成年度支出预算的 99%。

2010 年专项卫生工作经费 550 万元，执行 512.11 万元，完成 93%。

2010 年大购大修专项经费 600 万元，执行 477.7 万元，完成年初预算的 79.6%，未完成款项为项目未款,待项目验收合格及工程保质期届满后支付。

按照《中国疾控中心关于认真贯彻卫生部开展“小金库”专项治理和财务检查的工作方案的通知》要求,继续认真开展“小金库”专项治理和财务检查自查工作,对查找出的问题,按照中国疾控中心的要求,认真进行整改。

(二)规章制度完善与执行情况

本年度继续完善所内规章制度建设,新制定《研究生管理规定》、《综合治理管理办法》、《监控设施管理办法》和《职工考核管理暂行办法》等 4 个规章制度。修订了《档案查询借阅制度》、《青年科学研究所长基金实施管理办法》、《科技工作奖励管理办法》和《公有电话管理规定》等 4 个规章制度。全年召开党政联席会、所务会、所长办公会等各类会议 16 次,对所内重大决策、重要干部任免、重要项目安排和大额度资金的使用进行了研究,做出会议决定 126 项。

(三)项目招标与合同审查管理

年内顺利完成 581.32 万元仪器设备和物资的招标采购工作。由于严格按照国家的有关法律规定履行招标程序,纪检、审计人员全程参加项目招标,未发现违法违规行为。

为进一步加强合同管理,组织编制了“合同管理”系统,可对各类合同进行电子化网上审批,加强了送审合同主要内容的程序审查和过程记录,为权力运行监督提供了有效的条件保障。全年共签署 125 份各类合同,均未发生违法违纪现象。

(四)保密安全与信息管理

保密工作按计划进行,按保密要求逐级签订了《计算机安全保密责任书》、按季度组织涉密计算机和非涉密计算机的使用安全检查,每次安全检查均有完整的检查纪录。请卫生部保密办负责人对全体职工进行了保密安全专项培训。2010 年未发生保密安全责任事故。

本所网站信息丰富,及时反映放射卫生领域的最新动态与所内工作信息,信息发布数量在全中心各部门中名列前茅。

二、业务工作进展

(一)抓住机遇,开拓放射卫生新局面

2010 年国家对职业卫生监管部门的职责进行调整。在卫生部和中国疾控中心的支持下,作为国家级专业技术机构,本所积极参加职能调整协调工作,提出了在卫生部职责中应明确卫生部在医疗机构放射性危害控制监管,以及放射防护器材和含放射性产品检

测、个人剂量监测技术服务机构资质认定与管理中的职责的建议。此建议被卫生部和中编办采纳，明确了卫生部的职能和工作定位，这对全国放射卫生工作的有序开展和可持续发展具有重要意义。

（二）履行技术支撑与技术指导职能

1. 参与法规、预案的制（修）定及编制“十二五”规划　年内，根据陈竺部长提出的加快推进《放射损伤防治管理条例》立法进程的要求，本所积极推进《放射损伤防治管理条例》立法工作，并针对网上各界和各部委提出的意见，对《放射损伤防治管理条例》进行了再次修改。

组织专家对《职业病防治法》、《职业病目录》、《城镇污水处理厂污染物排放标准》、《危险货物限制数量及运输要求》、《危险货物例外数量及运输要求》等6项工作提出了意见与建议。参与国家核应急、卫生监督、卫生应急和国家疾病预防与控制“十二五”规划的起草工作；编制完成《2010－2020年医药卫生人才发展规划—放射卫生（防护）人才队伍建设》、《核电厂周围居民健康监测规范》和《中国疾控中心辐射安全所机构设置和人员配置调整的建议》等重要规范方案。

2. 承担放射卫生领域的监督管理任务

（1）放射卫生监督管理的技术支持：作为国家级专业技术机构，完成了放射卫生年度计划、重要通知的起草和放射卫生领域内重要专项调研等工作。全年总计提交技术文件60份，其中包括技术方案12个、专项工作报告7份；技术规范/应用指南12个；建设项目职业病危害预/控制效果评价报告书17份；工作建议6份；全国性工作计划2份；其他技术文件4份。

受卫生部委托，组织专家完成了对辽宁省疾控中心的“建设项目职业病危害评价（放射防护）资质（甲级）”及“放射防护器材和含放射性产品检测资质”续展的现场技术考核工作，以及对中国辐射防护研究院的“建设项目职业病危害评价（放射防护）资质（甲级）”续展的现场技术考核工作。

（2）医用辐射防护监测网：为加强放射诊疗活动中的辐射防护，有效保护广大医护人员和患者的健康权益与生命安全，苏旭所长在2010年5月5日卫生部第八次部务会上就我国放射诊疗的现状及其对策进行了专题汇报，引起了卫生部领导的高度关注，陈竺部长和张茅书记指出各司局应密切配合，切实加强医用辐射安全管理。会议决定成立由陈啸宏副部长、马晓伟副部长牵头，监督局具体负责，有关司局共同参与的卫生部医用辐射防护领导小组。9月2日卫生部医用辐射防护领导小组第一次会议决定，中国疾控中心辐射安全所协助卫生部开展全国辐射防护监测网试点工作。

根据会议要求，本所完成了《医用辐射防护监测网试点工作方案》、《医疗机构放射诊疗防护基本情况监测方案》和《医疗机构放射诊疗设备安全防护与质量安全控制监测方案》等技术文件编制。完成了《医用辐射防护监测信息系统》的编制与调试工作,协助卫生部在成都、满洲里、北京举办4次研讨会和培训班,广泛征求意见和完善监测方案,并对试点省份的监督员和技术人员进行专项培训。

(3) 卫生部放射工作人员职业健康管理系统:本年度是“卫生部放射工作人员职业健康管理系统”全面推广应用的一年,本所作为该系统运行、维护、管理和数据质控的技术支撑机构,为保障该系统的正常运行,举办了三期系统应用培训班;对河南、贵州、云南、吉林、新疆等地的主要监测机构进行了现场培训和具有针对性的技术指导;完成了《个人剂量监测数据汇总统计报告》。

该系统运行状况良好,截至目前共授权142个监测机构和32个监督机构使用,有66个监测机构上报个人剂量监测数据记录共277 111条,覆盖9773个用人单位75 031人;试用用户已上报职业性放射性疾病报告19例,放射工作单位职业健康管理报告220份。继续为监测机构提供系统授权、核发电子钥匙,并完成年内到期的用户数字证书的更新,全年核发电子钥匙58枚,更新证书150个。

3. 开展放射卫生专业培训与技术指导　本年度,本所获卫生部批准为“全国放射卫生培训基地”,为不断提高全国放射卫生专业人员的整体水平,组织有关人员根据国际放射卫生的发展态势,充实培训教材。按计划完成了7个全国性培训班和专业会议。共计899人参加了培训,其中709人获国家级继续医学教育一类学分证书。

组织专家赴多省市进行调研评估,先后开展了“江苏、上海、内蒙古、江西、广西、四川核辐射救治基地情况调研”、“上海世博会安全保障应急准备”等专项调研与评估。受卫生部委托,组织了“全国放射工作人员个人剂量监测系统比对”、“全国放射性核素γ能谱分析方法比对”、“全国水中总α总β放射性测量比对”和“全国生物剂量估算方法比对”等4项技术比对。全年接收浙江省疾控中心等4省市的5名专业人员来所进修。

4. 进行建设项目职业病危害评价与技术服务　本年度受卫生部委托,组织专家会议,完成了22份建设项目职业病危害评价报告书的审查工作,承担完成了17份建设项目职业病危害评价报告书的编制工作。

在放射防护器材防护质量检测管理、放射工作人员健康监护与个人剂量监测管理、医用设备检测服务及质量控制等方面做了大量工作。全年对外出具各类检测报告573份、校准报告302份。

(三)做好放射卫生标准委员会工作

2010年放射卫生标准委员会积极配合卫生部开展政策、法规和标准的清理与修(制)定工作,按计划完成了标准审查、报批等工作。《核电厂职业照射监测规范》和《锡矿山工作场所放射卫生防护标准》2项标准已经卫生部发布,并于2010年12月1日起施行。

标委会秘书处加强了办公规范化管理,制定了《秘书处工作制度》、《用章管理制度》和

《档案管理制度》。按照卫生标准工作量化评价表进行了自评价,2010 年 3 月接受卫生部检查,标委会秘书处的工作得到充分肯定。

2010 年 11 月 15－19 日召开“卫生部放射卫生防护标准专业委员会第六届第四次全体委员工作会议”,审议并通过了“核与辐射紧急状态威胁类型”、“C 型臂 X 射线机检查放射防护标准”、“临床核医学质量控制与患者放射防护标准”等 5 项放射卫生防护标准送审稿。

(四)积极开展核事故医学应急准备与响应工作

1. 贯彻落实全国卫生应急工作会议精神

(1) 修订所内应急工作手册:根据全国核和辐射突发事件卫生应急工作会议的要求,修订完善了《中国疾控中心辐射安全所核和辐射事件及重大活动卫生应急工作手册》,新一版的应急工作手册,进一步理顺了所内应急响应流程,明确了相关部门的职责分工与应急准备措施。同时,对所内人员进行了宣贯培训。

(2) 参与国家应急规划、预案的编制:协助卫生部编制核应急能力建设“十二五”规划、修订《国家核应急预案》,指导地方建立健全核和辐射应急体系,不断提高核和辐射应急响应能力。

2. 做好核与辐射医学应急保障的基础工作　2010 年在总结建国 60 周年的核与辐射医学应急保障经验的基础上,为做好上海世博会和广州亚运会期间的核与辐射医学应急保障,组织开展了核和辐射应急医学救援队伍演练和应急值班工作,按计划完成核和辐射应急物资储备,对核和辐射损伤救治基地建设进行了系统指导。

(五)开展科学研究与公共卫生专项工作

2010 年围绕放射卫生与核事故卫生应急工作,积极组织科研公关,解决放射卫生与核应急中的关键技术问题,按时高质量完成了 2007 年卫生行业科研专项“核与辐射事故医学应急关键技术及公众防护对策研究”和 2008 年国家科技支撑计划“放射诊疗中职业危害控制关键技术与风险评价研究”等重大课题研究。

本年度围绕公众和政府关注的公共卫生热点开展了核事故医学应急与救援、辐射危害因素检测与评价、放射性职业危害控制等科学研究,15 项在研课题进展顺利。年内有 1 项课题获国家自然科学基金支持、1 项获国际原子能机构支持、3 项获军控核查办支持。有 2 项重点科研课题通过了相关部门组织的项目验收。

本年度积极组织力量,多方争取,在项目资助上获重大突破。“辐射危害控制与核辐射卫生应急处置关键技术研究及其应用”项目获卫生行业专项 2800 万元的资助,反恐项目获 307 万元资助。

“辐射危害因素检测与评价”、“核应急实验室运行维护与突发公共卫生事件处置”、“放射卫生信息管理”等10大项(46个子项)的公共卫生专项按计划完成。

组织召开了2010年科技奖励暨学术年会;根据本所科技奖励办法对2009年度9项获资助的课题组、在正式刊物上公开发表学术论文的48名作者给予了奖励;组织编制了《中国疾控中心辐射安全所2009年度学术论文集》。

本年度共有中英文学术论文72篇在学术期刊上发;参编专业书籍2本;申请实用新型专利“医用磁共振设备三维分辨力多功能性能检测模体”1项。

(六)编辑出版

1.*《中华放射医学与防护杂志》* 本年度《中华放射医学与防护杂志》按时发刊,文章质量不断提高。继续推进网络化进程,期刊网站实现论文出刊1个月内可在网上查询中英文摘要,扩大了杂志影响。

2.*《实用辐射防护与剂量学概论》* 为详细介绍放射卫生领域的最新进展,促进我国放射卫生机构技术水平与国际接轨,组织有关专家编制了《实用辐射防护与剂量学概论》一书,全书约130万字,将由中国原子能出版社出版。主要包括剂量学的物理基础、放射生物学基础、放射性与辐射、射线与物质相互作用、防护及基本剂量学量、剂量测量方法、外照射剂量监测及估算方法、个人剂量和场所监测仪器、内照射剂量监测及剂量估算方法、辐射防护基础、辐射防护屏蔽设计方法、放射诊断及介入操作中的剂量学、放射治疗中的剂量学、临床核医学中的辐射防护剂量学、职业照射与健康监护、我国全民受照剂量水平、辐射防护中的数据处理和不确定度估算方法等内容。

3.*《多排探测器计算机X射线断层摄影(MDCT)的患者剂量控制》(ICRP 102号出版物)* 本ICRP出版物主要针对多排探测器计算机断层摄影(MDCT)的患者剂量控制,包括MDCT的辐射剂量、与SDCT的差异以及影响剂量的因素、辐射风险、患者剂量控制的职责等。出版物建议,用户需要理解患者剂量和影像质量之间的关系,对患者剂量给予足够的重视,尤其要关注重复多次扫描患者的辐射危险和剂量控制。

4.*《人体染色体畸变检测实用手册》* 为指导医疗卫生机构开展人体染色体畸变检测工作,本所组织人员将临床染色体病诊断和电离辐射诱发染色体畸变分析技术进行总结整理,编辑了包括染色体病、电离辐射诱发染色体畸变、脆性X染色体、肿瘤染色体异常、姐妹染色单体互换和微核等检测技术在内的技术书籍。该书已交付人民卫生出版社出版。

5.*《中国放射卫生进展报告》* 由本所组织开展,历经近3年编写修改的《中国放射卫生进展报告》一书完成了出版稿,经编委会审查,将交由中国原子能出版社出版发行。

6.*公共卫生信息监测通报与核应急信息特刊* 为使政府相关部门及时了解放射卫生的相关信息,全年收集整理、编辑印制《公共卫生事件(放射卫生)媒体相关信息监测工作通报》72 期。

全年编辑出版《辐射与健康通讯 · 放射卫生与核应急信息特刊》12 期，编写《辐射安全所工作通报》23 期。

三、教育培训

（一）研究生培养

研究生培养工作按计划完成，全年指导、培养研究生 23 名，其中硕士研究生 17 名、博士研究生 6 名。指导在站博士后 1 名。有 3 名硕士研究生、1 名博士研究生顺利通过答辩，取得相应学位。

为加强学科建设，更好地培养高端科技人才，提升本所科学本研究水平和能力，2010 年本所放射医学作为基础医学组成部分，积极参与了中国疾控中心组织的基础医学一级学科博士学位授予点的申报工作。

（二）职工在职教育

本所努力为职工提供多渠道的学习机会，全体职工注重在职学习已形成风气。本年度对新进职工进行了岗前培训，组织放射工作人员参加北京市组织的专业培训。年内有 1 名职工考取博士研究生，有 11 名职工晋升职称。

四、国际交流与合作

2010 年为开拓视野，继续加强国际交流，与世界卫生组织等保持密切联系，积极开展双边合作。全年接待外宾 3 批 9 人次。16 批 24 人次出访日本、菲律宾、奥地利等国参加放射卫生领域的国际交流。

在核与辐射事故医学应急方面积极开展与世界卫生组织和国家原子能机构等国际组织的合作，作为 WHO－REMPAN 的成员单位，完成了 WHO－REMPAN 关于能力情况的调查，积极向 WHO－REMPAN 的电子刊物投稿，增进各成员单位之间的交流与学习。

五、实验室安全管理与能力建设

（一）实验室安全管理

认真贯彻落实实验室安全管理相关法规、各项规章制度和上级要求，对放射防护安全和实验室安全管理体系再次完善，修订并颁布了《质量手册（第四版）》，修订了《程序文件》，下发了涉及实验室安全的准入制度的《关于进一步加强实验室安全管理的通知》，制定了《实验室使用酒精灯操作管理要点》，起草了《放射性同位素辐射安全管理办法（征求意见稿）》。

逐级落实各项实验室安全管理责任，组织实验室人员参加辐射安全和防护的培训、实验室主任及安全员培训、放射工作人员培训、实验室监督员培训、内审员培训、实验动物培训、质量管理体系培训等实验室安全培训。完成新增计量认证人员资格审批。

截止到2011年12月31日，所内共有112件放射性同位素、5台含源装置、3台射线装置。由于认真落实放射源安全管理的各项措施，对放射源使用进行动态管理，做到了放射源账物相符，全年未发生放射源安全管理事故。

为进一步加强放射源安全管理和积累应急体系建设经验，组织放射性物品库防盗窃反恐演练，检验了相关安保设施的运行状况，提高了相关部门及人员的安全保卫和事故状态下应急响应能力，年内根据所领导分工，孙全富副所长负责本所放射防护领导小组工作。

(二)完成实验室资质认定(计量认证)复评审

在计量认证复查和扩项现场评审中，对评审组提出的整改意见逐一落实，按时完成整改报告的编写，取得了计量认证证书。

(三)组织开展质量管理内部审核

本年度按照《质量手册》规定，对重要岗位的相关人员职责履行情况进行了审核，审核涉及全部6个实验室、涵盖了7个职能部门，审核覆盖了质量管理体系的所有过程(要素)。

(四)实验室信息管理系统(LIMS)建设

按中国疾控中心的统一部署，完成本所实验室信息管理系统(LIMS)建设的需求细化、初步设计、软件初步编制工作，提升了本所检测工作的管理水平。

(五)成功应对实验室突发事件

10月29日，所内实验人员在实验中突发意外火情。实验操作人员、保卫干部和本所义务消防员，立即采取正确有效措施，火情得到了及时有效的控制，未对实验室设备和设施造成重大影响。此次火情及时有效的控制，得益于本所平时对职工安全防火知识和应急响应意识的培训。在此次意外火情事件处置过程中，所领导高度重视，多次召集会议，分析原因，要求举一反三，强化实验室安全管理，消除一切安全隐患。

(苏旭　秦斌　李晓颖)

农村改水技术指导中心

一、项目管理和业务工作

(一)农村饮水安全工程监测和农村饮水水质监测

2010 年围绕这两项监测工作任务,组织开展了 2010 年度农村饮水安全工程水质卫生监测和网络监测工作;在西南、东北、华中等地区组织监测技术基层能力培训会,培训县级监测技术骨干近 300 人;组织召开全国资料审核会议,对全国 30 个省份近 15 万条数据进行集中审核,监测农村饮水安全工程 28 816 处;组织召开农村饮水安全工程水质卫生监测专家撰稿会,完成监测的技术报告和工作报告;12 月在广西南宁召开监测总结会,介绍 2011 年的监测方案,部署 2011 年监测工作。起草了全国农村饮水监测的质量控制和能力调研方案,并组织实施。

(二)农村饮水安全工程卫生学评价和饮水安全计划试点工作

2010 年组织开展"农村集中式供水工程卫生学评价试点"项目。5 月在北京进行启动培训,6－10 月完成试点工程的现场评价和评价报告撰写,11 月在云南昆明召开总结研讨会。该项目在北京、浙江、湖北、重庆和云南 5 个省(直辖市)分别选择了 2～3 座当地水处理工艺具有代表性的集中式供水工程开展卫生学评价,完成供水工程卫生学评价报告 11 个和总结报告 1 份。其中,9 月在北京举办农村集中式供水工程卫生学评价技术培训班,培训内容包括卫生学评价的组织管理、农村集中式供水工程有关技术、卫生学评价技术要点和评价方法、农村水厂水质管理和运行监测等。

(三)淮河流域癌症综合防治项目(二期)工作

淮河流域癌症综合防治项目(二期)自 2007 年开展以来,到 2010 年基本完成第一阶段工作任务。2010 年改水中心围绕淮河流域农村饮用水水质卫生监测开展以下工作:完成 2009 年淮河流域农村饮用水水质卫生监测数据分析和报告编写;组织召开淮河流域农村饮用水水质卫生监测工作研讨会议;开展现场督导检查,2010 年 4 月初制定《淮河项目农村饮用水水质卫生监测工作督导技术方案》,并分别对江苏、山东、河南、安徽 4 省 14 个项目县开展淮河项目农村饮用水监测工作情况进行了现场督导;开展饮用水水质卫生监测能力调查。

(四) 典型地区农村饮用水水质全分析本底调查

饮用水水质全分析项目首次在省级范围内开展。以江苏省作为试点,对 40 个具有代表性的农村集中式供水设施的出厂水进行 103 项水质分析工作。2010 年7－10月对上述供水设施的出厂水进行了采样和分析工作,并于 7 月份和 8 月份分两次对有关市、县(区)疾控中心的监测进行了现场督导检查,采取听取汇报、现场采样、查看实验室质量控制和抽检部分检测指标等,在督导过程中对发现的问题及时进行了指导。2010 年 10 月份,实验室根据实际情况抽检了 13 份水样 10 个项目指标进行复核。

(五)南方地区农村生活污水处理效果研究

通过对上海金山区、江西省南昌市青云谱区各两个不同污水处理设施的现场调查采样、实验室检测,对现有的生活污水处理方式进行处理效果的研究,选择适宜的技术类型,为生活污水处理设施的建设提供依据。通过对试点地区 4 处生活污水处理系统进行现场调查,结果显示居民总满意度有了一定提高,系统周边环境大气中 H2S、NH3 含量达标,经过处理的生活污水总合格率显著提高。

(六)农村健康危害因素监测试点工作

改水中心 2010 年开展了农村健康危害因素监测试点,试点工作在安徽、山东和河南 3 省 6 个县进行。该工作旨在及时了解和掌握农村健康危害因素现状,建立农村健康危害因素监测体系,搭建农村健康危害因素监测网络和数据信息平台,为预防和控制农村健康危害因素对人群健康造成损害提供科学依据。

(七)北方高寒地区适宜改厕技术的研究

为探讨适宜在北方寒冷地区推广使用的卫生厕所类型,在对 4 个高寒省份现场调研的基础上,对原始卫生厕所进行深层分析和研究,并对深坑防冻式卫生厕所进行科学、规范的改良,开发寒冷地区使用的具有无害化处理效果的卫生厕所。对东北三省和内蒙古自治区进行了现场调研,对当地存在的卫生厕所进行科学分析,设计出新型防冻卫生厕所,在吉林省两个县现场建造了 6 座卫生厕所,后续将通过对其防冻和使用效果的观测以及对粪便进行无害化效果监测来确定上述厕所的无害化处理效果。

二、教育培训与研究生管理

2010 年度新录取硕士研究生 2 名,新毕业 1 名科研型硕士研究生和 2 名公共卫生硕士研究生，接收西藏自治区疾控中心进修人员 1 人。

完成国家级继续医学教育项目第二期农村集中式供水工程卫生学评价技术培训班和全国农村饮用水水质卫生水质监测培训和资料审核培训会，培训学员约 100 人。

三、国际交流与合作

（一）完成的国际合作项目

1. *农村供水设施风险分析快速评估工具开发与应用*　在浙江、山东、广西等省（自治区）开展农村供水设施卫生学风险因素调查，将调查收集的风险因素进行分析整理，从中筛选出主要的风险因素，对风险度进行半定量评价。通过现场调查发现：农村供水设施的卫生学风险涉及水源到用户的各个环节；风险发生的频率大小不等，有些属于高风险因素，如水源污染、消毒不当、储水池未按要求清洗等，有些则属于低风险因素。本项目为进一步做好农村饮用水水质卫生管理工作奠定了基础。

2. *农村实施饮水安全计划推广总结研讨会*　为总结试点成果、交流经验和探讨如何进一步发挥饮水安全计划在保障农村供水水质卫生安全方面的作用，促进该方法在我国农村集中式供水设施中的应用，在世界卫生组织的资助下，2010 年 5 月在北京召开了总结研讨会会议，中国疾控中心有关领导、北京市疾控中心领导、试点省份和下一步将要开展饮水安全计划（WSP）推广试点的省份、北京市 WSP 试点水厂的代表参加了会议。北京、浙江和广西就 WSP 在农村水厂的应用进行了专题介绍，各试点省份的代表在会上进行了发言，有关省份的代表也参加了会议和讨论，对该项工作取得的阶段性成果进行了较好的总结，交流了经验，并参观了北京市建立的 WSP 示范水厂—丰台区的王佐镇水厂，听取了水厂的介绍和 WSP 在控制水质安全上发挥的作用。

3. *召开农村饮水水质卫生监测基层能力培训会*　培训会于 2010 年分别在贵州省贵阳市和湖北省武汉市举办，主要内容包括监测与评价、现场卫生学调查、水样采集、运输与保存、质量控制、网络直报、数据管理与分析等。来自贵州省、广西壮族自治区、重庆市、四川省、云南省、陕西省、湖北省、湖南省、山东省、山西省、河北省、河南省和安徽省等省份及其 90 余个农村饮用水水质卫生监测县的疾病预防控制中心技术人员共 120 余人参加了培训。

（二）出访与来访

1. *出访*　陶勇研究员、张荣研究员 2010 年 10 月 23－27 日参加在美国北卡罗来纳州举办的水资源发展领域的健康影响评价原理与实践培训会和水与健康：科学与政策国际学术会议，并在会上作了“不安全水、卫生设施与卫生行为的相关疾病负担研究”报告。

2. *来访*　2010 年 8 月 30 日，美国俄亥俄州立大学梁松博士/助理教授、加州大学伯克利分校职业与环境卫生中心 Zlizabeth Carlton 博士来改水中心商议在我国血吸虫病流行地区开展改厕的效果评价方面的研究合作事宜。双方介绍了各自的工作范围以及现在开展的工作,希望以后加强在农村改厕效果评价方面的合作。2010 年 11 月 9 日,俄亥俄州立大学区域发展研究中心所长、地理系杰出教授 Danneil Sui 博士,俄亥俄州立大学公共卫生学院助理教授梁松博士来改水中心进行技术交流,探讨开展利用 GIS 技术进行水质监测、改厕效果评价事宜,并达成了初步合作意向。

(三)其他

中国贫困农村安全饮用水与环境卫生战略研究项目获亚洲开发银行与中华人民共和国财政部举办的第二届技术援助项目奖提名奖。

(陶勇　董国庆)

妇幼保健中心

一、全国妇女儿童保健技术指导及培训

（一）妇女常见疾病保健工作

(1)重大公共卫生服务项目妇幼卫生项目。编写《重大公共卫生服务项目妇幼卫生项目督导方案》、《重大公共卫生服务项目妇幼卫生项目绩效考评方案》。开展农村妇女宫颈癌检查基层人员培训项目。负责农村妇女宫颈癌检查项目的国家级数据管理、审核、汇总工作。协助卫生部对河北、山西、辽宁等12省(自治区、直辖市)的基本公共卫生服务项目和妇幼重大公共卫生服务项目的督导调研。

(2)修订完善《全国妇女常见病筛查工作规范》、《妇女常见病筛查管理办法(讨论稿)》,《妇女常见病筛查技术指南》、《关于建立妇女"两癌"综合防治体系的指导意见(讨论稿)》和《妇女"两癌"综合防治体系建设方案(讨论稿)》。

(3)继续开展淮河流域癌症综合防治工作中出生及出生缺陷监测工作,完成2010年月报和2009年监测数据年度分析报告。对河南和安徽两省4区县进行督导、质量控制。举办"淮河流域出生及出生缺陷监测工作会议"及监测数据分析培训班。

（二）妇女孕产期保健工作

(1)修订完善《孕产期保健工作管理办法(讨论稿)》及《全国孕产期保健工作规范》。编写《孕产期保健技术指南》、《产科出血防治适宜技术指南》。

(2)启动并实施"中国农村地区产后出血防治试点项目",开展基线调查、举办产后出血防治适宜技术培训班。

（三）预防艾滋病母婴传播工作

工作覆盖面扩大到全国所有地(市、州)的1156个县(市、区),覆盖640万名孕产妇(约占全国孕产妇的44%)。启动预防艾滋病、梅毒和乙肝母婴传播工作,开展艾滋病、梅毒或乙肝感染孕产妇筛查、感染孕产妇及所生儿童的综合干预服务。编写《预防艾滋病、梅毒和乙肝母婴传播工作实施方案》。举办6期师资培训班,培训各省省级和地州级师资和技术骨干近900人次。协助卫生部组织对4个省的8个县(市、区)进行全国预防艾滋

病母婴传播工作督导。信息系统的使用已覆盖全国 31 个省及新疆生产建设兵团的 282 个地(州、市)、约 1200 个县(市、区)。参与起草《国务院关于加强艾滋病综合防治工作的通知》、《中国遏制与防治艾滋病行动计划(2011－2015 年)》、《中国预防与控制梅毒规划(2010－2020 年)》、《全国艾滋病防治工作进展报告》,《UNGASS 中国报告》等。定期撰写全国预防艾滋病母婴传播工作进展报告及数据分析报告。统计各省预防艾滋病母婴传播婴儿抗病毒药品使用情况并根据需求调配下发药品。开展了“预防艾滋病母婴传播服务模式研究”、“预防艾滋病母婴传播项目效果评价研究”、“预防艾滋病母婴传播服务成本测算研究”、“预防艾滋病母婴传播综合干预技术研究”、“预防艾滋病母婴传播督导与评估体系研究”等应用性科学研究。组织编写《预防艾滋病母婴传播督导与评估体系》、《妇女艾滋病及母婴传播预防服务指南》、《生殖健康领域医务人员主动提供艾滋病检测与咨询服务技术指南》等技术文件。

(四)儿童保健工作

1. 儿童保健服务有关规范的制定与培训工作　组织制定《儿童保健技术规范》,继续修订《托儿所幼儿园卫生保健工作规范》,编写儿童伤害系列指南之《儿童溺水干预技术指南》。编写《儿童减灾指南》,并在江西和四川分别进行了预实验,协助卫生部编写《中国儿童发展规划纲要(2011－2020)》。组织全国妇幼保健机构开展《托儿所幼儿园卫生保健管理办法》培训。

2. 儿童保健技术研究工作

(1) 中国母乳喂养婴儿生长速率监测与标准值研究:完成我国经济状况较好地区 2490 名城市婴儿和 1058 名农村母乳和部分母乳喂养婴儿 0～12 月龄体格发育指标的纵向随访研究,获得我国母乳喂养婴儿生长轨迹的相关数据库,填补了我国近年在这个领域的空白。

(2) 全国 0～6 岁儿童期单纯肥胖症干预研究:在全国 10 个城市继续开展 0～6 岁儿童期单纯肥胖症的干预研究,开展项目督导、收集、整理数据、项目阶段总结等工作。在亚太营养会议上报告了中国应对营养不良和营养过剩双重负担的经验,得到与会代表的高度评价。

(3) 中国婴儿睡眠健康促进研究:继续在全国 10 家医疗机构开展现场研究。组织开展贝利婴幼儿发育测评培训、组织专家对各研究单位实行现场质量控制。目前 10 个监测点已顺利完成研究对象的收录工作,均严格按照项目方案要求开展现场监测以及数据上报等工作。

(4) 城市婴幼儿营养与喂养干预研究:开展基线调查;编写印发医生培训手册、家长宣教手册,录制专家讲座光盘并组织培训。

(5) 中国儿童饮食行为研究:在全国 23 家项目单位开展现场调查工作,了解我国 7

个月至4岁儿童饮食行为问题的流行情况及影响因素，以及抚养人喂养行为和寻求帮助的途径，共收集有效问卷5977份。10月启动25家项目单位“儿童饮食行为临床干预研究”的现场调查和干预工作。

（6）北京市0～6岁流动儿童意外伤害调查：启动“北京市0～6岁流动儿童意外伤害调查”研究，参加特殊困难环境下的儿童健康与心理干预方法培训。

（五）妇幼保健机构信息化建设

1．全国妇幼卫生信息化建设规划相关工作　组织编写《全国妇幼保健信息系统建设规划(2011－2015年)》。制定“基于区域卫生信息平台的妇幼保健信息系统技术解决方案”、“基于卫生信息平台的妇幼卫生管理平台建设技术解决方案”。新增3家“基于区域卫生信息平台的妇幼保健信息系统规范化建设试点示范工程”试点单位，组织各试点单位编写试点工作方案与建设方案。举办3期“2010年全国居民健康档案和妇幼保健信息系统建设标准与规范培训班”。

2．全国妇幼保健机构监测工作　继续开展“全国妇幼保健机构资源与运营状况调查”，完成了2009年度全国县级及县级以上妇幼保健机构资源与运营情况资料的收集，撰写分析报告并下发。

3．国家生命登记系统试点工作　举办了“出生登记管理信息系统”培训班，召开生命登记系统的项目总结会。完成了分析生命登记系统试点城市项目期间数据分析报告的撰写。

4．中国妇幼保健网建设　完成“中国妇幼保健网”新版页面切换工作，59家上线网站的日常运行维护。

（六）提供政策依据及相关技术支持

1．妇幼保健机构建设标准研究　撰写“全国妇幼保健机构建设与发展规划”及“中央预算内专项资金项目妇幼保健机构建设指导意见”。对妇幼保健机构的床位、房屋面积、各类功能房屋面积比例等进行测算，撰写“妇幼保健机构建设标准”初稿，提交卫生部。

2．全国县级妇幼卫生工作绩效考核标准研究　组织修订“县(市、区)妇幼卫生工作绩效考核标准”和“全国县(市、区)妇幼卫生工作绩效考核方案”。

3．妇幼保健人才队伍建设规划研究　组织专家撰写“妇幼保健人才队伍建设规划研究报告”和“妇幼卫生人才培养25180工程”方案。开展妇幼保健机构继续医学教育需求调查，制定“妇幼保健机构专业技术人员继续医学教育管理指南”。

4．农村卫生相关课题研究　开展中国农村初级卫生保健发展纲要(2011－2020年)

研究、乡村一体化管理体制与运行机制研究、药品零差率在乡村两级医疗机构的实施情况研究，基本公共卫生服务均等化面临的挑战和对策研究、乡镇卫生院和村卫生室绩效考核办法研究、乡村两级医疗卫生机构国家基本公共卫生服务项目职责分工及经费分配研究。

5. 起草相关技术报告 受卫生部委托，撰写“关于加强妇幼卫生体系建设的指导意见”、“妇幼卫生现状与存在的问题”、“中国妇女儿童健康发展报告(2010)”。参加中国疾控中心《西藏卫生事业发展规划》、《十二五科技发展规划》和《妇幼卫生学科进展》编写工作。参与撰写“消除对妇女一切歧视公约”政府报告中的妇女健康部分。协助妇联修改《女性健康知识100问》科普手册。撰写“树立中国女性全程保健意识”。

(七)全国妇幼保健机构沟通与交流

组织召开2010年全国省级妇幼保健机构院长年会及院长管理培训班、中国妇幼保健论坛、中华预防医学会妇女保健分会第十届妇女保健学术会议、全国省级妇幼保健机构办公室主任工作研讨会、儿童保健工作管理培训暨经验交流会议、全国托幼机构卫生保健工作会议等。

(八)母婴保健法律法规证件管理工作

撰写国家《出生医学证明》管理信息系统工程建设规划，推进电子防伪《出生医学证明》建设及母婴保健法律证件信息化建设工作，组织论证相关需求及技术方案。加强母婴保健法律证件督导工作并协调解决督导过程中发现的问题。修订《出生医学证明管理工作指导手册》并筹备全国培训。完成2010年度“母婴三证”印制采购项目的招标采购工作，协调解决印刷质量问题。启动2011年度“母婴三证”印制采购项目工作。

(九)学术刊物出版

1.《中国妇幼卫生杂志》《中国妇幼卫生杂志》于2010年1月正式出刊，2010年共出版发行6期杂志，发表80余篇文章。每期印刷7000册，发至全国3000多家妇幼保健机构。

2.《孕·育》杂志 《孕·育》杂志为妇幼中心主办的面向孕产妇人群的健康教育读物。2010年出刊3期，每期印刷5万册，免费向全国各级妇幼保健机构发放。

二、对外交流与合作

(一)国际合作项目

1. 联合国-西班牙千年发展目标基金文化与发展项目妇幼卫生子项目 修改、印刷下发母子系统保健服务包，组织现场培训。举办产科出血防治适宜技术培训班、新生儿危重症救治培训班。为项目县申请新生儿辐射抢救台、新生儿暖箱、新生儿窒息复苏教具、血细胞分析仪等十种设备并下发。开发项目县的健康教育材料。

2. 世界卫生组织项目

（1）妇幼卫生服务包成本测算项目：确定妇幼卫生基本服务包内容，开展现场调查。完成“妇幼卫生基本服务包成本测算及评价指标体系研究”WHO双年度报告。

（2）农村卫生服务能力项目：组织专家编写农村卫生人员妇产科培训大纲。参加卫生部中央补助地方公共卫生专项资金项目督导检查。

3. 儿基会项目

（1）预防艾滋病母婴传播项目：开展预防艾滋病母婴传播及艾滋病儿童治疗与关怀成本测算研究，在河北、广西和云南的5个县（市、区）进行了的现场调查。接受UNITAID向中国政府捐赠预防艾滋病母婴传播工作所需的药品和物品，筹备发放相关事宜。开展“预防艾滋病母婴传播项目效果评价”研究。开展了项目终末调查，对项目进行全面评估。

（2）母子系统保健项目：本年度重点开展了项目的周期总结活动。分别对四川、贵州、西藏、青海、广西、新疆等项目县进行了评估督导。完成国家级的项目周期总结报告。

（3）妇幼卫生重建支持项目：组织专家对甘肃省礼县、四川省都江堰市、什邡市、汶川县和茂县的项目工作进行了督导。在各项目地区开展县、乡级医务人员临床进修工作。举办儿童保健培训班、临床进修基地师资培训班和强化培训班、孕产妇危重症评审师资培训班。在3个项目试点县开展孕产妇危重症评审工作并进行督导。

（4）城市流动人口妇幼保健服务项目：在项目地区开展了项目终末调查，共调查流动人口孕产妇和5岁以下儿童看护人共3012人，定性访谈90余人。撰写项目终末评估报告和项目终期总结报告。

4. 人口基金项目

（1）生殖健康/计划生育第六周期项目：修订《反对针对妇女暴力的医疗干预指南》、《反对针对妇女暴力医疗干预评估手册》。举办青少年心理辅导技能培训班、邀请美国教授，分别在承德县、浏阳市组织医务人员进行培训。继续开展多部门合作促进青少年保健服务提供和利用的干预性研究试点、针对妇女暴力医疗干预试点。开展项目终线调查，进行终末评估。翻译孕产期保健动画片、制作生殖健康宣传民间文艺材料并下发。正式上线运行“青少年生殖健康网站”。

（2）生殖健康应急服务项目：为青海玉树地震灾区捐赠一批生殖健康应急服务物品包。撰写培训教材，对青海省玉树地震灾区相关人员进行了生殖健康应急服务培训，培训40余人。

5. 中澳项目

(1) 农村地区妇女常见病防治策略研究项目:采购彩超设备并下发至各个项目县。举办中澳合作农村地区妇女常见病防治策略研究项目健康促进培训班。对项目县进行督导和技术指导。

(2) 改善乡村两级卫生机构诊疗规范的策略研究项目:召开中澳“改善乡村两级卫生机构诊疗规范的策略研究”项目经验交流会。举办国家、市、县、乡村各级的项目培训班及开展扩展培训。积极申报了中澳卫生与艾滋病第三轮项目“促进农村地区基本公共卫生服务项目策略研究”。

(3) 探索农村地区建立新生儿窒息复苏有效机制试点项目:按计划主要开展了国家级督导和 NRP 复训观摩工作。各项目单位按照项目方案认真落实各项活动,组织培训和复训、投入资金添置复苏设备、组织协调新生儿窒息复苏现场抢救等工作。

(4) 促进中国农村贫困地区儿童保健系统管理:修改家长宣传资料并下发。对全部项目县进行国家级督导和培训,培训项目地区市、县、乡级人员 600 余人。撰写、审阅并确定了项目专栏文章十余篇,发表于《中国实用乡村医师杂志》。

6. 卫生部—嘉道理慈善基金会“农村社区健康促进”项目　开展项目终末评估工作,对全部 16 个项目县和 42 个项目乡进行了督导。开展乡镇卫生院房屋建设活动,采购相关设备共计 630 万元。开展项目地区参与式需求评估和参与式健康教育活动,为 5600 余名高血压患者建立了健康档案,并进行随访管理。指导各项目县建立贫困救治制度,各项目地区实际减免人数为 28 350 人,减免总金额为 770 929.4 元。对所有项目地区农村居民开展了面对面的健康状况和行为入户调查,对妇女进行了血红蛋白测量,对 3 岁以下儿童进行了身高、体重和血红蛋白测量。

开展了“贫困农村少数民族地区高血压疾病负担研究”,“社会性别视角下的中西部农村地区健康公平性研究”和“乡村医生养老保障机制研究”。举办合理用药和产科培训班。组织编写了项目简报。

7. 宣明会项目　撰写“四川地震重建子项目—孕产妇及儿童紧急救助体系能力建设试点项目”建议书。

(二)国内横向合作

1. “亨氏杯”妇幼保健事业成就奖　与亨氏联合有限公司、亨氏营养科学研究所共同举办“亨氏杯”妇幼保健事业成就奖评审及颁奖大会,表彰和奖励对中国妇幼保健事业有突出贡献的工作者进行合作。

2. 开展“在妇幼保健机构开展分子遗传医学检验项目”　成立基因检测项目全国专家技术指导组,召开基因检测专家组会议;讨论在全国设立“妇幼保健分子遗传医学研究专项计划”的可行性;举办了 1 期“基因检测在妇幼保健中应用培训班”。

三、制定技术指南、会议、培训与应急事件处理情况

制定技术规范、指南、方案、操作手册、管理办法等共 140 个。举办全国性会议 21 个，参加人数约 1870 人。举办各类培训班 60 次，培训人数 4522 人次，内容涉及孕产期系统保健服务包、产科出血防治适宜技术、预防艾滋病母婴传播、青少年生殖健康、儿童保健服务、儿童营养与喂养、新生儿窒息复苏技术、妇幼卫生工作绩效考核、妇幼保健信息系统建设、地理信息系统在妇幼保健工作中应用等多个领域，提高了省级专业技术人员及项目地区技术人员的工作能力；完成进修 2 人次。赴基层调研 92 次，约 515 人次参加了调研。

四、内部管理工作

（一）人力资源管理

目前妇幼中心各类人员 88 人，2010 年接收毕业生 2 名，办理调入和调出、聘用和解聘手续 25 人次。完成在编职工的岗位调整与聘用工作。2010 年共申报职称 8 人，毕业生转正定级 2 人。

撰写妇幼中心关于机构设置及人员配置调整建议报告，重新核定了本中心各部门工作职能。规范聘用人员薪酬管理。

（二）科研、继续教育管理

组织中国疾病预防控制中心第二届青年基金的申报工作，中标 1 项。

2010 年招收硕士研究生 3 人、博士研究生 2 人、推免硕士研究生 1 名。组织完成4 名研究生答辩和学位申报工作。组织完成 3 名硕士研究生导师申报工作。完成中国疾病预防控制中心公共卫生硕士研究生班 2010 年“妇幼保健学”课程（40 学时）的教学组织工作。完成 2010 年 11 个继续医学教育项目的执行与汇报，2011 年继续医学教育项目新申报项目 2 个，备案项目 7 个。

2010 年共发表论文 62 篇，出版论著 7 本。

（三）外事工作

进一步规范外事管理工作，2010 年办理因公出国出访手续 18 人次，国际交往促进了妇幼保健中心与国际相关机构的交流。

（四）财务管理

积极落实“小金库”专项治理和财务检查“回头看”工作，重点加强会议费、劳务费、培训费、印刷费和咨询费等管理；进一步完善项目经费的委托拨付制度；加强内部审计工作。

建立预算执行情况月报告制度,每月初向主管领导汇报专项经费执行情况,对执行进度缓慢的项目及时予以督促。2010 年工作经费的预算执行率达到 100%。

(五)妇幼中心门户网站及系统维护

开展妇幼中心门户网站的日常维护;全年发布工作动态等信息共 132 篇。

完成了妇幼中心工会论坛的搭建、防垃圾邮件网关和 VPN 升级等工作,保障了妇幼中心各系统的正常运行。

(六)行政后勤管理

2010 年共处理各类公文 825 件,其中收文 410 件、发文 330 件。收集整理档案 125 盒,共 2195 件。

进一步完善合同、印刷、采购及固定资产管理,规范资产采购、调拨、报废等程序,开展大规模固定资产清查 2 次,确保了固定资产账账相符、账卡相符、账物相符。完善职工住房档案、进一步规范物业费供暖费发放。

顺利搬迁南纬路办公区,完成南纬路办公区的装修、电话移机、网络建设、办公家具采购等工作。

(七)党群工作

1. 党务工作　开展权力运行监控活动，优化权力运行流程。积极开展“创先争优”各项活动。大力开展学习型党组织建设各项活动，购买学习书目等发放给党员及群众进行传阅；积极开展“读书与实践”征文活动。组织全体总支、支部委员参加专题培训会，组织党员干部职工到井冈山进行革命传统教育。参加卫生部党校 2010 年春季学习班。组织本中心全体党员和职工开展庆祝建党 89 周年主题党日活动。积极开展精神文明宣传创建活动，荣获《中国疾控中心报》颁发的 2009 年度优秀组织奖及 2009 年度“优秀通讯员”。开展批评与自我批评，提高民主生活会质量。注重对新选拔任用干部的任前廉政教育，有效地做好了事前防范工作。2010 年，发展预备党员 1 名，3 名积极分子被列为发展对象。

2. 工会工作　荣获“全国维护妇女儿童权益先进集体”。增补 2 名工会委员。规范兴趣小组的管理，增加生活技能小组。组织“低碳生活坐言立行”、庆祝“三八国际妇女节”系列活动、“我用行动换蓝天”植树活动、参观“玉树抗震救灾主题展览”。积极参与玉树、舟曲以及“向实行计划生育的贫困母亲献爱心”等捐款活动。完成 2010 年职工体检工作。2010 年共慰问结婚、生育、生病及亲属去世职工 15 人次。

3. 共青团工作　组织全体团员青年赴“北大红楼”和天安门广场分别参观了“北京新

文化运动纪念馆”和人民英雄纪念碑，重温“五四”精神。

五、其他

（一）中国卫生思想政治工作促进会妇幼保健分会工作

组织召开妇幼分会一届三次常务理事（扩大）会议、首届二次理事大会，完成妇幼分会常务理事、理事单位、副会长等增补工作。开展“加强和改进思想政治工作，优化妇幼工作的人文环境”、“国际形势与中国外交”培训。开展妇幼分会主题征文、制作画册。

（二）中华预防医学会妇女保健分会工作

组织召开“2010 宫颈癌高峰论坛”、“产科生命支持（ALSO）项目师资培训”、“出生缺陷防治高级培训班”、“中华预防医学会妇女保健分会第十届妇女保健学术会议”等。完成中华预防医学会妇女保健分会第四届委员会换届选举，本中心王临虹副主任当选为主任委员。

（三）其他

协助“中国控制吸烟协会吸烟与疾病控制专业委员会”成立妇幼卫生学组；完成中国妇幼保健协会妇幼卫生信息专业委员会的申报工作。

（聂妍　薛艳萍）

挂靠单位工作概况

地方病控制中心

一、地方病防治

（一）国家重大公共卫生项目—消除燃煤型氟中毒危害项目

协助卫生部制定了“卫生部与贵州省省部合作消除燃煤污染型氟中毒危害项目考核评估方案”。协助卫生部对贵州省、湖南省开展了针对改炉改灶执行情况的综合督导检查。同时，按照卫生部疾病预防控制局的要求，承担消除燃煤污染型氟中毒项目省份每月上报项目实施进展情况，并编成“地方病动态”，向项目省份反馈，从总体上达到了促进项目进展的目的。

（二）中央补助地方公共卫生专项资金地方病防治项目

协助卫生部组织执行了2009年度中央补助地方公共卫生专项资金地方病防治项目，制定了技术方案，并开展了项目启动、培训、技术指导和督导检查等工作。

2010年4月，2008年度中央补助地方公共卫生专项资金地方病防治项目总结暨2009年度项目启动会议在河南郑州召开。会上，总结了2008年度项目执行情况，讲解了2009年度项目管理方案和技术方案，并培训了EPI INFO数据库相关知识。

为了解2009年度中央补助地方公共卫生专项资金地方病防治项目执行进展情况和目标任务完成情况，评估项目执行质量，及时发现和指导解决项目工作中存在的技术问题和难点，中国疾控中心地方病控制中心于2010年6月份，向各项目省了解项目进展情况并撰写项目进展报告。于2010年7月组织开展对河北、山东、内蒙古、甘肃和西藏5个地方病重点省（自治区）的技术督导工作。于2010年8月，根据卫生部疾病预防控制局印发的《关于组织开展2009年度中央补助地方地方病防治项目督导的通知》，收集各项目省督导自查结果进行汇总分析，并向卫生部汇报了督导自查的基本情况。目前正在撰写2009年度项目总结报告。

在2008年度项目完成后，地病中心编印了“2008年度中央补助地方公共卫生专项资金地方病防治项目子项目技术报告”和“2008年度中央补助地方公共卫生专项资金地方病防治项目各省报告”汇编，发放至相关单位和各项目省。

协助卫生部编制了2010年度中央补助地方公共卫生专项资金地方病防治项目管理

方案和经费预算,制定并下发了2010年度项目技术方案。

(三)《全国地方病防治规划(2011-2015年)》编制、论证

在协助卫生部初步完成《全国地方病防治规划(2011-2015年)》后,于2010年8月,参加了卫生部在浙江省舟山市举办的重点地方病"十二五"防治规划(2011-2015年)编制研讨会,对在征求意见阶段各省上报的意见进行了讨论。会后,组织有关专家对征求各省意见后形成的征求意见稿进行评估、论证工作,并提出论证意见。10月,受卫生部委托,在贵州省贵阳市召开会议,对《全国地方病防治规划(2011-2015年)》论证意见进行研讨、修订。

(四)《全国重点地方病防治规划(2004-2010年)》终期考核评估方案数据库的编制

在协助卫生部完成《全国重点地方病防治规划(2004-2010年)》终期考核评估方案的基础上,于2010年2月编制了《全国重点地方病防治规划(2004-2010年)》终期考核评估方案数据库,并将该数据库放在地病中心网站上,供各省下载、使用。

(五)完成了沿海地区居民碘营养状况调查的总结工作

2010年1-4月,经过4次调查结果分析会的讨论与修改,2010年5月完成了沿海地区居民碘营养状况和膳食碘摄入量调查报告,以及辽宁、浙江、福建3省沿海地区居民碘营养状况调查技术报告,并在2010年5月15日召开的中国防治碘缺乏病高层论坛上进行交流。调查结果表明,由于我国沿海地区主要的水产品(鱼、虾)碘含量及居民的主要水产品消费量并不高,水产品不是膳食碘摄入的主要来源,而食盐中的含碘量及食盐的摄入量对于膳食碘的摄入量影响很大,盐碘才是膳食碘的主要来源;根据国际控制碘缺乏病理事会规定的标准和本次调查的尿碘、水碘、盐碘及盐摄入量数据,沿海地区居民的碘营养状况总体水平上是适宜的。鉴于这种"适宜"是建立在目前的碘盐浓度标准和碘盐覆盖率的基础上,因此,沿海地区还应继续坚持以食盐加碘为主的综合防治措施。

(六)完成了8个省份碘缺乏病省级达标考评及报告总结工作

根据海南、重庆、四川、云南、甘肃、新疆、青海和西藏8省(区、市)的申请,2010年9-11月,由卫生部、发展改革委、财政部、工业和信息化部组成的国家考评验收组,按照《实现消除碘缺乏病目标考核评估方案》(卫办疾控发〔2008〕214号),对上述8省(区、市)进行实现消除碘缺乏病目标达标考核验收。地病中心有6位专家参加现场考评及考核评估报告的起草工作。考核验收结果显示:四川、重庆、云南、甘肃、海南达到了省级实现消

除碘缺乏病目标；青海、新疆和西藏达到省级基本实现消除碘缺乏病目标。

（七）开展了“部分城市居民对实行食盐双轨制认知程度的调查”

为了解在全民食盐加碘防治碘缺乏病15年后，我国是否具有在市场上同时供应碘盐和不加碘食盐（“双轨制”）防治碘缺乏病的群众基础，2010年4月底，设计了调查方案，编写了数据库，并组织2000年已实现消除碘缺乏病目标的17个省份对其省会城市和部分沿海城市居民进行了电话调查。结果显示，这些城市居民对碘缺乏危害的认知程度差异较大，自主选购碘盐和不加碘食盐的比例差异也较大，目前，我国还不具有开展食盐“双轨制”防治碘缺乏病的群众基础，只能先开展试点工作。

（八）新疆自治区饮茶型氟中毒流行情况调研

在中国疾控中心经费支持下，2010年8月24－28日，地病中心专家对新疆阿勒泰地区哈萨克族聚居区的饮茶型氟中毒流行情况进行了现场调研，调研组根据2007年全国饮茶型氟中毒流行现况调查的结果，挑选阿勒泰市和富蕴县的两个乡4个村，按照当年调查年纪较大、茶氟摄入量较多的原则，走访了40户哈萨克族农牧民家庭，现场询问了砖茶饮用情况，采集了水样、茶水样和尿样，同时对受访者进行了临床氟骨症检查。现场调查结果表明，当地居民砖茶使用量相对较高，年均砖茶消耗量在7kg左右，病情检查未发现有临床氟骨症患者。经实验室测定，本次所采集的水样氟含量均值为0.6mg/L；茶水氟含量均值为2.09mg/L；尿氟均值为1.95mg/L。本次调研结果表明，当地饮茶量和砖茶含氟量均较高，尿氟含量也处于较高水平，但病情非常轻，这一现象是否指示饮茶型氟中毒存在民族分布特征的差异，需要深入研究。

（九）氟砷检测实验室质量控制

开展了2009年全国地方病防治机构氟砷检测实验室质量控制考核工作的总结，向考核合格实验室发放了合格证书。完成了2010年含氟、含砷实验室质控样品的制备工作，并召开了2010年质控工作会议，布置了本年度的质控任务。进行了氟砷检测中心国家实验室检测质量认可申报的准备工作，目前正在按照相关标准和要求进行试运行，准备提出认可申请。

（十）西藏昌都地区儿童大骨节病病情及防治措施现状调查

在中国疾控中心经费支持下，地病中心组织国内相关专家6人，于7月8－23日对西藏昌都重点病区进行了儿童大骨节病病情及病区防治现状调查。共调查6个县11个乡86个病区村的适龄儿童病情及其家庭所在地防治现状。病情数据提示，昌都大骨节病重病区目前整体病情基本稳定,结合近年西藏重点病区监测结果提示,西藏病区总体病情基本达到控制标准,但其中仍有个别村的病情还较严重,如左贡县中林卡乡有3个村的儿童X线检出率超过20%;除丁青县外,其他5个县有9个村检出三联症患儿;特别是在八宿县吉达乡、芒康县措瓦乡、左贡县中林卡乡学龄儿童中检出6例临床Ⅱ、Ⅲ度病人,此种病例在我国其他病区已不复存在。针对这类病情较重的村需加强病情监测和防治措施的落实工作。病情调查结果结合病区基本情况分析提示,在目前病情呈散发状态下,病情检出的严重程度主要还是与病区乡(村)的经济收入、主粮结构和外购比例、适龄儿童体内硒营养水平等因素密切相关,三者间经济是基础,物质交流和硒营养水平依托于经济发展。

二、重点地方病监测、年报统计及标准工作

(一)全国重点地方病监测

1. *召开全国重点地方病监测总结会* 11月20-21日,协助卫生部组织召开了全国重点地方病监测工作总结会,对2010年饮水型氟中毒、饮水型砷中毒、饮茶型氟中毒、克山病和大骨节病监测工作进行了总结,并就2010年监测工作实施过程中存在的主要问题、如何提高2011年监测工作质量及监测方案本身存在问题等有关议题进行了讨论,另外各研究所分别组织专家进行了X线片集体阅片和病例讨论。

2. *复核大骨节病部分病区2009年监测结果* 2009年西藏、内蒙古、黑龙江部分病区病情监测数据存在较大疑点,为核实病情于2010年5月分别赴黑龙江孙吴县和内蒙古扎兰屯进行了复查,孙吴县检查四所小学350名学生,检出干骺端阳性儿童8名,远低于该县2009年上报的监测结果(24/270);复读2009年和2010年内蒙古扎兰屯地区(莫旗、阿荣旗、三岔河)7个村688名儿童X线片,检出率为4.21%(2009年上报监测数据为10.13%)。7月赴西藏昌都复读昌都地区2009年监测所摄600张儿童X线片,八宿县吉达乡普拉村X线阳性率为2.71%、芒康县嘎托镇普拉村为5.05%(其中1～100号X线片因质量问题无法诊断)、丁青县协雄乡协雄村为1.05%,而2009年3县上报数据分别为11.00%、11.00%和10.00%。本次复核结果与2010年病情调查结果比较接近,应符合病情实际。上述3地X线复核结果提示,目前各地X线诊断的把握尺度还存在较大差异,为加强监测质控,监测所对X线阳性片必须通过集体会诊作出诊断,以保证监测质量。

(二)年报统计工作

1. *2009年度地方病年报统计工作* 完成2009年度地方病防治工作调查表数据收集、核对、汇总工作。于2010年2月25-28日在江苏省扬州市组织召开地方病年报统计工作会议。会议核对、确认并汇总2009年全国地方病防治工作调查表数据;研讨、交流各

省撰写的地方病年报分析报告以及地方病年报统计工作流程及经验，重点就如何提高地方病年报数据质量，建立乡、村级数据库进行讨论。

2. 碘缺乏病网络直报系统　开展了碘缺乏病网络直报系统需求调研工作，先后对云南、宁夏、新疆和内蒙古 4 省(自治区)8 个县进行调研，主要了解建立碘缺乏病网络直报系统的网络配置、人员配备、碘缺乏病基础数据库等基本情况。调研县疾控中心地病科均配有计算机，网络连通，人员多为兼职，数据尚未完全整合入总数据库，但每年度基础数据建全，具备开展网络直报条件。

3. 地方病基本信息收集　撰写各省地方病基本信息情况，主要包括碘缺乏病、地方性氟中毒、地方性砷中毒、大骨节病、克山病的病区范围，受威胁人口，现患病人情况和防治措施落实情况等。并与各省进行复核确认。这些数据来自地方病年报表、2009 年燃煤型氟中毒改炉改灶需求调查、碘盐监测。这些地方病基本信息，为制定我国地方病防治策略与措施，落实规划目标，了解地方病防治进程起到了重要作用。

4. 完成新版《全国地方病防治工作调查表》改版工作　按照卫生部《关于修订全国卫生业务统计调查制度的要求》的文件精神，组织专家对《全国地方病防治工作调查表》进行了改版修订工作。修订工作从现场防治与科学研究工作的实际需要出发，对年报表的数据指标项目进行深入详细讨论后进行了增减，更新了填表说明。

5. 完成新版《全国地方病防治工作调查表》省级培训工作　2010 年 10 月 15 - 17 日在江西省九江市召开了新版年报的培训工作，来自全国 30 个省(市、自治区)及新疆生产建设兵团的 40 名地方病统计人员参加了会议。会议讲解了新修订的全国地方病工作年报表(包括克山病、大骨节病、碘缺乏病、高碘性甲状腺肿、地方性氟中毒、地方性砷中毒)填表指标说明，对克山病、大骨节病、水源性高碘要求以乡为单位上报数据;并汇总氟、砷 2005 - 2009 年中转项目数据库，发给相应各省，争取建立村级数据库。

6. 撰写国家地方病监测管理信息系统(2011 - 2015 年)项目建议书　为了及时、准确、可视化地分析与反映地方病病情、防治措施落实情况、人员队伍及科研设备的配置情况，实现地方病防治的信息化管理，为地方病防治工作提供良好、高效、实用的网络平台和应用系统平台，拟利用现代信息技术，建立国家地方病监测管理信息系统。

(三)标准工作

1. 标准上报　按时上报了“地方性砷中毒病区控制”、“氟斑牙诊断”、“克山病诊断”、“大骨节病预防控制措施效果判定”、“地方性氟中毒病区划分”、“大骨节病病区控制”和“水源性高碘地区和高碘病区的划定”7 项标准。

2. 2010 年地方病卫生标准制(修)订计划　向卫生部卫生监督中心上报了“2010 年度地方病卫生标准制(修)订计划”，并已获得批准。2010 - 2011 年拟制(修)订“大骨节病消除”、“燃煤污染型地方性氟中毒消除”、“尿中砷的高效液相色谱—氢化物发生—原子荧光光谱测定方法”、“尿中氟化物的测定方法—离子选择电极法”和“燃煤污染型地方性氟中毒消除标准”5 项标准。

3. 完成“食用盐碘含量”和“食品添加剂碘酸钾”标准上报　按照《食品安全法》的规定和卫生部卫生监督局的要求,将“食用盐碘含量”和“食品添加剂碘酸钾”两项标准上报至国家食品安全标准委员会,并按照要求完成了征求意见后的修改工作。

4. 卫生部地方病标准专业委员会2010年度工作会议　2010年11月在厦门漳州召开了卫生部地方病标准专业委员会2010年度工作会议。会上,秘书处对第六届卫生部地方病标准专业委员会2010年工作进行了总结汇报;审议了2个标准送审稿,“大骨节病治疗效果判定”和“煤及土壤中总氟测定方法高温热水解—离子选择电极法”;讨论了“食用盐碘含量”、“地方性砷中毒控制”和“水源性高碘地区和高碘病区的划定”3项标准;确定了2011年地方病卫生标准制(修)订计划。

三、技术咨询

(1)2010年9月,卫生部成立卫生部疾病预防控制专家委员会,孙殿军主任当选卫生部疾病预防控制专家委员会副主任委员、地方病防治分委会主任委员;申红梅主任助理当选地方病防治分委会副主任委员;另有4名同志当选地方病防治分委会委员。

(2)2010年10月,在广西自治区北海市召开中国地方病协会第四届换届会议,孙殿军主任当选为副会长,申红梅主任助理当选为常务理事,另有6名同志当选为理事。

(3)协助卫生部对贵州省、云南省开展了针对医改重大专项执行情况的综合调研。

(4)协助卫生部制定了“十二五”消除重点地方病危害项目低氟砖茶价格补贴项目和损坏炉灶更换项目的管理方案和技术方案。

(5)协助水利部完成《农村安全饮水工程规划(2010－2013年)》饮水不安全人口的复核确认工作。

(6)参加了卫生部监督局组织的饮茶型氟中毒防控工作部委协调会,在会上对卫生部完成的饮茶型氟中毒防控工作内容进行了汇报。

(7)协助卫生部完成了人大、政协两会关于地方病方面的13条提案的回复。

(8)为了解杭州市碘营养状况,2010年杭州市拟开展调查工作,碘缺乏病所专家应邀赴杭州对该调查方案的科学性、可行性等方面进行了论证,并提出了建议和意见。

(9)协助卫生部制定了北京市取消燃煤污染型氟中毒病区现场评估技术方案和北京市怀柔区大骨节病病区控制考核评估方案。承担了硒检查工作。

(10)12月16日,应陕西地方病防治所邀请,对陕西省大骨节病病区停止补硒措施进行科学论证。鉴于陕西省在全省范围内已实现了控制大骨节病的目标,专家组成员一致建议,陕西省在全省病区县应停止实施硒盐防治大骨节病措施,在停止硒盐措施后,需加强病区大骨节病病情及人群硒营养水平的监测。

四、学科建设

1. 中央财政支持地方高校发展专项资金项目申请　2010 年 7 月，联合公共卫生学院共同申报了流行病与卫生统计学科中央财政支持地方高校发展专项资金项目。

2. 黑龙江省流行病与卫生统计学重点学科带头人梯队建设　2010 年 5 月，按照黑龙江省人保厅的要求，上报黑龙江省流行病与卫生统计学重点学科 2008 - 2009 年度省重点学科带头人梯队建设自评报告和成果统计表；10 月参加了省人保厅组织的重点学科带头人梯队建设工作汇报，汇报了本学科 2008 - 2009 年度建设成果。

3. 编写教材和专著　组织相关专家对《地方病学》专著进行修稿补充，目前该书内容已经报至人民卫生出版社，一审工作正在进行；组织专家对《地方性氟中毒防治手册》进行了修改。

4. 中华医学会地方病分会换届工作　2010 年 10 月 30 日，在广西自治区北海市召开了中华医学会地方病学分会常委会，讨论了换届事宜。于 2010 年 12 月 13 日，在山东省济南市召开了中华医学会第七届地方病学分会换届会议，申红梅主任助理当选为主任委员，王铜所长为副主任委员，高彦辉为常委兼秘书长，另有 6 名同志当选为委员。

五、科学研究

1. 中标科研课题情况　2010 年组织申报国家、省、市等各级各类课题 20 余项，中标卫生部行业基金 1 项，题目为"碘相关疾病的预防与干预研究"，承担其中"碘缺乏病监测体系的完善"和"高碘地区居民碘相关疾病防治和监控"两部分内容，经费 255 万元；中标国家自然科学基金课题 4 项，其中面上项目 3 项，分别为"氟、铝和茶多酚对破骨细胞氯通道蛋白 7(CLC - 7)活性的影响及调控机制"、"砷代谢酶基因多态性对地砷病易感性及尿砷甲基化代谢水平的影响"和"趋化因子在碘诱发自身免疫性甲状腺炎中的作用机制"；青年基金项目 1 项，为"碘致甲状腺疾病敏感人群的筛选"。

2. 在研课题管理情况　目前，地病中心共承担各级各类课题共 45 项，科研经费 1111.34 万元。各项课题均按计划进行。

3. 获奖情况　"中国饮茶型氟中毒流行机制与防治措施研究"分别获教育部科技进步二等奖和中华医学科技进步二等奖。

六、人才培养

（一）研究生培养

(1) 2010 年地病中心招收硕士研究生 12 名，博士研究生 2 名。毕业博士 3 名、硕士研究生 17 名。目前地病中心在读硕士研究生 44 名，在读博士研究生 10 名。

(2)完成了研究生选修课地方病学、流行病学方法、医学分析质量控制的教学工作。

(3)在研究生学院的组织下,完成了2007级研究生答辩、2008级研究生中期考核、毕业考试,2009级研究生开题、中期考核,以及2010级研究生的面试及入学等工作。

(二)地方病防治人员培训

1. 执行继续教育项目　2010年执行国家级继续教育项目2项,即"全国地方病高级业务骨干培训班"和"克山病监测及防控技术培训班"。

(1)2010年7-8月,分别在成都市、兰州市、吉林市及南京市举办4期全国地市级地方病防治业务骨干培训班。这四期培训班聘请了国内知名流行病学、项目管理、健康教育和新闻传播等专家做专题讲座。来自全国各省的地市级地方病防治业务骨干300余人参加了培训。

(2)为加强能力建设,提高各级克山病防控队伍业务水平,2010年9月24-28日在黑龙江省哈尔滨举办了全国克山病监测及防控技术培训班。来自辽宁、山东、河南、吉林、黑龙江、陕西、河北、甘肃、四川、重庆、山西、湖北、内蒙古和云南14个省(区、市)疾控中心,以及克山病所的职工及研究生40余名代表参加了培训。

2. 举办专项培训班　对来自新疆的10名碘缺乏病防治专业技术人员进行了为期一周的甲状腺B超检测技术培训。

3. 项目申报　申报2010年国家级继续医学教育项目3项。

七、健康教育

1. 第17届防治碘缺乏病日　起草了第17届全国防治碘缺乏病日通知、活动方案,参与设计主题宣传画。参加了卫生部疾控局组织召开的"防治碘缺乏病日"多部门协调会。为中央电视台第10频道《健康之路》栏目编辑"防治碘缺乏病日"科普宣传片提供相关资料。协调《健康报》在"5·15"期间报道有关防治碘缺乏病科普知识。协调《健康时空》栏目在"5·15"期间录制、播放有关碘缺乏病科普节目。

2. 地方病防治宣传教育资料库建设　2010年继续面向全国卫生行政部门及地方病防治专业机构收集地方病防治宣传教育资料并进行整理,不断充实健康教育资料库内容,并为相关省份提供地方病防治宣传资料。

八、国际合作

(一)减轻砷中毒项目

1. 地方性砷中毒数据整理研讨会　在联合国儿童基金会的资助下,2010年6月1-4日在陕西省西安市召开了地方性砷中毒数据整理研讨会。在会上讲解了地方性砷中毒地理信息系统的相关知识，对数据入库说明及格式进行了详细讲解。会后，各项目省均对本省的地方性砷中毒数据进行了清洁、整理，并上报地病中心。

2. 饮水型地方性砷中毒典型病区居民经济负担调查　在联合国儿童基金会的资助下，地病中心组织专业技术人员，于 2010 年 10 月分别在山西省山阴县和内蒙古自治区杭锦后旗开展了饮水型地方性砷中毒典型病区居民经济负担调查。本次调查从饮水型砷中毒对健康和社会经济的危害两个方面，综合评价饮水型砷中毒的疾病经济负担基础性数据。调查数据初步分析表明，地方性砷中毒病区居民癌症的死亡率较非病区高，病区居民癌症患病率较非病区高，砷中毒导致的经济负担以肝癌、肺癌等癌症以及心脏病等砷相关疾病为重，砷致皮肤改变导致的经济负担较轻。

3. 地方性砷中毒网络会议　为了交流协作组各成员单位的工作经验，促进各单位之间的交流与合作，地病中心于 2010 年 11 月，在甘肃省兰州市召开地方性砷中毒网络会议。

（二）碘缺乏病项目

1. 中国防治碘缺乏病高层论坛　在联合国儿童基金会资助下，2010 年 5 月 15 日，受卫生部疾控局委托，与卫生部新闻宣传中心在北京联合举办了以“科学补碘，持续消除碘缺乏病”为主题的中国防治碘缺乏病高层论坛。来自联合国儿童基金会、WHO 以及国内的知名专家在大会上针对国内外碘缺乏病防治进展、我国沿海地区居民碘营养状况和膳食碘摄入量调查结果、部分城市居民对实行食盐“双轨制”认知程度和碘对甲状腺疾病影响等热点问题进行了深入的交流。会议特别邀请了卫生部、工业和信息化部、国家工商总局、国家质检总局、国家广电总局、全国妇联、中国残联、国务院妇儿工委办公室、中国盐业总公司等有关部门代表，联合国儿童基金会、世界卫生组织和全球微营养改善联盟驻华代表处的代表和专家参会。

2. 《食盐加碘消除碘缺乏病》条例修订　受卫生部疾病预防控制局委托，在联合国儿童基金会项目经费支持下，于 2010 年 3 月和 4 月，分别组织专家赴重庆、上海对碘盐生产、市场供应等有关情况进行政策性调研。于 2010 年 3 月、4 月、7 月和 10 月，在重庆市、南昌市、舟山市、贵阳市召开 4 次《食盐加碘消除碘缺乏病危害管理条例》研讨会，初步完成《条例》的修订工作。

九、学术交流与宣传

1. 学术交流　12 月 14－15 日，在山东省济南市召开了中华医学会第六届地方病学分会青年委员会学术会议。出版的《中国地方病学杂志》质量继续保持较高水平，并获中华医学会优秀期刊奖。

2. 《中国地方病防治史展》布展工作　2010 年年初，完成《中国地方病防治史展》

(《史展》)展览馆装饰工程的审计工作,并在北京召开了《史展》内容研讨会,出席会议的有原卫生部主管地方病的老领导和现任领导及专家共计20人,针对目前《史展》稿提出修改建议。先后召开的5次审稿会议,中心领导及各所负责同志参加了会议,对《史展》内容进行了集中审阅和修改。同时,对《史展》展出内容的文件和实物进行了查找,并根据展出内容进行布展设计。根据展出空间,对《史展》布展稿文字内容进行了精简和修改,并对布展稿重点内容进行了英文翻译和多次校对。

3. 宣传工作　完成了2010年中心各所处室网页的更新工作,及时报道了地病中心工作新闻;发行了14期《地方病动态》。

(孙殿军　申红梅　魏红联)

性病控制中心

一、积极协助卫生部贯彻落实梅毒防治规划，起草制定相应技术文件

积极协助卫生部及中国疾控中心的领导，组织编写《中国预防与控制梅毒行动计划(2011－2015年)》、《中国梅毒防治督导评估方案》、《全国梅毒检测技术规范》、《医疗机构性病规范化医疗服务指导意见》、《医疗机构性病防治指南》、《性病规范化服务培训手册》、《性病防治体系建设与发展规划》、《西藏公共卫生发展规划(2011－2020年)研究专题研究报告》(性病相关内容)等重要技术文件。

2010年，性病中心通过积极申报，获批组织编写尖锐湿疣、生殖器疱疹、性病性淋巴肉芽肿和软下疳的卫生部行业标准。此外，还参与编写或修订国家有关法规、规划与方案，其中包括第3个艾滋病防治五年行动计划(性病防治内容)、《性病防治管理办法》(修订)、《中国传染病防治白皮书》、《性病防治知识要点》、《传染病防治实施办法》等重要法规及技术文件。

二、进一步健全性病监测点疫情报告网络，加大梅毒病例报告及督导、核查力度

(一)制定全国性病监测工作目标与计划，下发工作要求文件

2010年1月制定全国性病监测工作年度计划，3月制定并下发《2010年全国性病疫情监测工作要求》和《2010年全国性病监测点监测工作要求》。各省和各监测点根据国家要求积极开展工作，基本达到年初制定的目标。

(二)定期完成对全国梅毒与淋病疫情、105个国家性病监测点疫情分析

定期(按月、年)完成全国梅毒与淋病疫情分析报告，与艾滋病疫情合编成《全国艾滋病性病综合防治数据信息月报》，在规定时限内上报卫生部，并及时反馈到31个省份性病预防控制机构。全年度完成12份月报和1份年报。

完成对全国105个性病监测点性病疫情按季度和年度进行分析，撰写分析报告，在规定时限内上报卫生部。同时，将全国性病监测点性病疫情季报与年报及时反馈到31个省份和105个国家级性病监测点。

(三)按季度和年度对全国性病疫情报告质量进行考核

根据《全国性病疫情管理工作季度与年度考核指标评分办法(试行)》,按季度和年度对全国 31 个省份性病疫情管理工作进行考核,考核指标有:性病病例报告及时性、准确性、完整性,性病疫情分析报告与工作总结,反馈情况等。考核后及时将考核结果上报卫生部,同时反馈到 31 个省份疾病预防控制中心或皮肤性病防治所,并抄送至各省卫生厅疾病控制处,对加强和促进性病疫情管理工作起到重要作用。

(四)对 5 个省份国家级性病监测点进行现场督导与技术支持

按照《性病监测工作督导实施方案》,2010 年 9 - 11 月组织专家分别对山东、云南、四川、内蒙古、安徽 5 个省份 11 个国家级性病监测点开展现场督导与技术支持。督导内容包括:落实 2010 年性病监测工作要求情况,性病疫情管理情况,性病病例记录、传染病报告卡填写、传染病疫情登记簿记录、网络报告与审核、数据分析与反馈、病例报告准确性与完整性、疫情管理制度等。针对督导中发现的问题提出解决办法,及时撰写督导报告反馈到被督导地区。

(五)制定梅毒报告质量考核指标

2010 年 5 月制定全国性病防治工作质量考核指标,根据卫生部要求,将梅毒病例报告质量考核指标作为优先考虑考核指标纳入艾滋病防治工作考核体系。即:梅毒报告病例现场核查的比例(指标 17)、梅毒报告病例现场考核的准确率(指标 18)。中国疾病预防控制中心于 2010 年 10 月 14 日以“中疾控办发〔2010〕434 号”正式下发。该考核指标对促进我国梅毒病例报告质量起到积极推动作用。

(六)加强国家级性病监测点监测工作经费预(决)算管理

2010 年 8 月下旬收到卫生部下拨工作经费后,9 月以发文形式下拨经费至各省疾控中心或皮肤性病防治所。每个监测点 1 万元,主要用于培训、督导和漏报调查。为加强国家性病监测经费预(决)算管理,要求各省性病预防控制机构上报国家级性病监测点 2009 年工作经费决算和 2010 年工作经费预算情况。

(七)梅毒病例报告数据准确性分析

收集各省上报梅毒病例报告准确性现场核查数据,对数据进行整理、汇总与分析,计算各省梅毒病例报告准确性的核查比例及符合诊断标准的准确病例所占比例。根据 2 个指标权重进行评分。

（八）全国31个省份性病监测工作年度疫情报告与工作总结数据收集与整理

收集各省上报性病疫情分析报告、工作总结及年度报表，对报告资料进行整理、汇总与分析，根据结果对各省性病监测工作进行年度总评。

三、继续加强全国性病实验室质量管理和能力建设，提供技术支持

（一）全国实验室质量控制工作

完成2010年度梅毒、淋病、沙眼衣原体实验室检测质量控制品制备工作，制备梅毒质控品1430份、沙眼衣原体1200份、淋球菌1300份。完成2011年沙眼衣原体质控品制备抗原提取工作。对梅毒检测质控品进行稳定性、破坏性实验以保证质控品质量。

完成2010年全国性病实验室室间质量评价活动，对省级性病中心实验室、全国淋球菌耐药监测点、全国性病国家级性病监测点及部分自愿参加性病检测实验室进行梅毒、淋病、沙眼衣原体检测室间质量评价工作。

（二）淋球菌耐药检测工作

对2009年度全国淋球菌耐药监测网络16个监测点1431株淋球菌耐药监测结果进行收集、汇总和分析，完成中国2009年淋球菌耐药监测及质量控制工作报告，并根据WHO西太区耐药监测计划的要求完成2009年度WHO西太区耐药监测分析及报告。

对全国淋球菌耐药监测网络进行强化管理，分别与11个点签定加强工作质量协议，以保证加强点能够保质保量完成监测任务。2010年对所有耐药点上报资料实行网上上报，现处于网上上报资料技术指导阶段。

完成2010年度淋球菌耐药质控品制备以及抗生素分装：制备质控品90份，发放全国14家耐药监测点，分别是广西、广东、广州、天津、深圳、湖北、福建、上海、辽宁、海南、新疆、陕西、四川、浙江，室间考核样本计42份、抗生素粉计110份，并向辽宁、天津、河北等点提供参考菌株计12份；各点耐药室间质评考核结果及临床菌株药敏检测结果于2010年12月31日前上报，预计15个点完成1500株药敏检测。

完成全国18个耐药监测点菌株收集及实验技术方面指导工作，分析出现问题原因，并给以解决。

（三）试剂评估

1. *梅毒检测试剂*　组织广西、河北、天津、湖南、四川等5个省级性病中心实验室共同参加2010年梅毒试剂评估工作，于11月7－11日完成近6000份标本次试剂评估检测

任务。其中检测梅毒特异性抗体ELISA试剂9种,每种试剂检测352人份;检测梅毒特异性抗体快速试剂5种,每种试剂检测352人份;检测梅毒非特异性抗体试剂8种,每种试剂检测308人份,对结果进行统计分析后将根据敏感性和特异性对各类试剂进行排序,为各医疗卫生机构选用试剂提供依据。

2. 沙眼衣原体检测试剂　完成5种沙眼衣原体“胶体金”检测试剂评估,其中4种(兰州雅华、南京黎明、杭州艾康及上海凯创)Ct快速“抗原”诊断试剂和1种(潍坊康华)快速“抗体”诊断试剂评估。

3. 淋球菌检测试剂　完成目前市场上淋球菌快速检测试剂调查工作,现有10余种淋球菌快速检测试剂。

(四)提供技术支持

对江苏、海南、广西、广东、安徽、内蒙古等省(自治区)性病实验室工作进行现场督导和技术指导,并及时完成督导报告。参加由海南省卫生厅组织的省级性病实验室验收工作。

四、推广规范化性病诊疗服务,定期组织督导、检查

2010年度,该中心组织对贵州、安徽、广西、河南、湖北等5个省(市、自治区)22所相关医疗机构开展性病诊疗服务规范化情况及性病诊疗现状现场检查,其中包括公立综合医院、民营医院、专科医院(皮肤性病防治机构)、疾控中心性病门诊等。旨在了解督导省级性病主管行政部门对性病管理、经费配套、性病防治工作重视情况,被督导检查医疗机构性病门诊设置(设施)、人员配备及结构、性病诊疗标准、干预服务、疫情管理、人员培训情况等。

五、加强信息平台建设,做好对外宣传与交流合作

全年编发《性病情况简报》8期12 000册,分发到全国各省市性病防治机构及国家性病监测点等;定期完成性病中心网站更新与维护,全年刊登各类信息74篇(其中防治动态27篇、疫情监测15篇、实验检测15篇、规范化医疗服务4篇、消息报道13篇),访问量16万多,点击数300万;接待性病艾滋病热线求询者1500余人次。

全年接待国内外来访17批128人次。其中国际《科学》杂志亚太分社主编、WHO/TDR代表团等国外来访7批40人次,国内各相关机构、省级性病防治机构及性病监测点参观访问10批88人次。

六、推进重大专项课题实施,促进研究点地区性病艾滋病工作整合

2010年组织完成课题研究进展汇报会2次,课题实施工作讨论会8次,随访调查技

术培训 2 次，数据库管理培训班 1 次，终期调查技术培训 4 次，现场督导及技术支持 22 次，财务专项督导 4 次，下发文件 10 次，技术报告和其他课题材料 6 份，提交课题自查报告 4 次。完成对 10 个研究点三个目标人群 1 万余人队列随访调查，同时完成实验室检测质量控制、资金归垫核算等课题管理工作。

通过重大专项课题实施，取得一批研究数据和初步结论：局部地区低档 FSW 梅毒感染率 9%～30%，HIV 感染率达 1.2%～1.9%，均高于研究点当地历年 HIV 哨点监测结果；研究点 MSM 人群感染梅毒、HSV 等性病促进 HIV 感染和传播，深圳 MSM 队列 HIV 新发感染率达 8.3/100 人年，说明本课题抓住 HIV 和性病感染及传播重点人群（低档 FSW 和 MSM），也是常规性病艾滋病防治工作的重点、难点和突破点。表明今后在艾滋病流行严重地区，应关注性病流行与艾滋病经性传播途径/流行模式叠加等问题。

七、积极协助、支持相关机构及社会团体的横向合作

2010 年 11 月在北京举行疾病预防控制专家委员会成立大会上，性病中心 3 名专家当选卫生部疾病预防控制专家委员，性病中心专家积极参与有关会议；参与性艾中心组织的性病艾滋病综合技术督导 8 次；参与妇幼中心制定预防 HIV、梅毒、丙肝母婴传播实施方案。此外，还利用性病中心自身优势开展一系列的特殊人群综合干预及现场试点工作，积极支持非政府组织、草根组织加强能力建设并提供技术支持。

八、组织召开的重要会议与培训

2010 年组织召开全国性会议 10 余次，其中包括全国淋球菌耐药监测会议、全国性病监测点监测方法专家研讨会、第五届全国性传播疾病防治学术研讨会、性病实验室质量管理工作研讨会、全国性病监测工作会议、高危人群梅毒快速检测方法应用研讨会，《性病规范化医疗服务指导意见》和《性病规范化服务培训手册》编写会、《梅毒检测技术规范》专家研讨会等。

组织举办全国性培训班近 10 期，其中包括性病疫情管理培训班、监测点性病诊断标准与检测方法培训班、RCC 全国性病管理培训班、性传播疾病实验室诊断技术培训班、两期性病门诊医生开展 MSM 人群干预技能培训班。

此外，该中心协助、支持和参与各省组织会议或培训 50 余期，包括：江苏太仓监测点、安徽、新疆、吉林、四川、山东、湖北、重庆与上海等举办性病疫情管理培训班提供师资，为各省、市级性病预防控制机构、医疗机构及社会团体举办的各类相关培训提供师资及技术支持。

九、教学培训

2010 年性病中心招收硕士研究生 2 人；在读博士 7 人、硕士 2 人；毕业博士生 3 人。

本中心内设临床基地,同时也作为中国皮肤科医师协会性病临床培训基地,全年接收性病临床或检验进修生 28 名,接受本所轮转研究生 11 名,为全国各级医疗机构和疾病预防控制机构培养人才。

十、科研成果

(一)科研项目

2010 年获得科研课题/项目:梅毒螺旋体膜蛋白的表达及致病机制的研究(江苏省自然科学基金)、依托性病门诊开展艾滋病发现与管理(中盖项目,18.56 万元)、性病防治综合管理方案制定(中默艾滋病项目,2.5 万元)。

在研课题/项目:防治性病对预防艾滋病的作用研究(国家科技重大专项课题)、“包皮环切在我国艾滋病疫情流行严重地区重点人群推广模式的研究”(国家科技重大专项担任共同负责人)、创新药物研究开发平台建设(国家科技重大专项担任共同负责人)、梅毒免疫相关基因的单核苷酸多态性的研究(国家自然科学基金)、淋球菌固有免疫的研究(美国 NIH 项目)、通过提供梅毒筛查与治疗服务加强艾滋病的检测、监测和干预(中澳卫生与艾滋病项目)、西藏流行病调查(中澳项目)、以筛查为重点的梅毒防治(WHO 项目)、梅毒螺旋体对阿奇霉素耐药(美国 UNC)。梅毒防治试点项目已于 2010 年 2 月结题,评为优秀。

(二)发表论文、著作

性病中心全年 SCI 杂志发表文章 6 篇,国内核心期刊杂志发表文章 31 篇。主编《性传播疾病》、《医务人员性病艾滋病外展服务手册》、《女性服务者行为监测手册》等。参编著作《国家处方集》、《中国临床皮肤病学》等。

(葛凤琴)

麻风病控制中心

一、业务工作

2010 年，协助卫生部制定全国消除麻风病危害行动计划(2011 - 2020)、全国消除麻风病危害行动计划(2011 - 2020)起草说明、全国麻风防治规划(2006 - 2010 年)终期评估方案、2011 年中央转付麻风项目管理方案和经费预算、2011 - 2015 年消除麻风病危害行动计划培训项目和财政部麻风病防治项目专家论证报告。

(一)疫情监测

承担全国麻风病疫情监测任务，定期向卫生部和 WHO 报告全国麻风病疫情年度报告。2009 年度，全国累计新发现麻风病患者 1597 例，发现率 0.12/10 万。截至 2009 年底，全国各省(自治区、直辖市)共有现症麻风患者 6603 人。有 278 个县(市)麻风患病率>1/10 万，其中 46 个县(市)患病率>1/万。完成全国麻风病疫情资料的录入、汇总、整理、反馈及报表质量考核工作，分析全国麻风病流行状况。按计划完成全国麻风病防治管理信息系统(LEPMIS)软件开发。2010 年 7 月开展 LEPMIS 预实验，9 月在全国正式启动，标志着我国麻风病防治进入了信息化时代。

(二)现场防治

指导贵州、浙江、安徽、江西、湖南等省有关现场开展麻风健康教育模式试点。组织国家手术医疗队 4 批，分别在云南、贵州、湖北、安徽、江苏、江西和湖南省的麻风现场，为 813 例麻风畸残者实施了矫治手术。相关防治人员赴云南、四川、浙江、江苏、安徽、海南、江西、广西、湖南、河南、内蒙、江西、新疆、广东、福建等省(自治区)，帮助培训麻风防治骨干 700 余人，提高了现场医护人员对麻风病的诊断水平。收到 WHO 提供麻风 MDT 药品 2 批，按要求进行保管和分发，保障我国麻风患者的药品供应。

(三)现场督导

本中心工作人员深入云南、四川、贵州、湖南、广东、广西、湖北、浙江、安徽、海南、江苏、新疆等省(自治区)麻风病现场督导检查，了解各省(自治区)麻风病防治工作情况和规划实施进度;并对全国麻风病"十一五"规划中期评估结果进行分析;对防治工作中存在的技术问题进行指导和评估,了解麻风病防治工作情况和规划实施进度,及时发现问题,提出改进意见和建议。

(四)科普宣传及麻风节活动

设计印发麻风宣传张贴画 4 万张,编印《麻风防治资讯》4 期 9500 册,组织翻译世界卫生组织《进一步减少麻风病负担的全球强化策略(2011 - 2015 年)》及其《实施指南》套书 6000 册,向全国免费发放。完成《基层医生麻风病防治手册》的编写,印刷 8000 册已分发全国各省。完成"中国疾控中心麻风病控制中心"网站日常维护工作。收集、整理和考证有价值的麻风史料。协助卫生部拟定"世界防治麻风病日"主题词和起草多部委联合开展麻风节活动文件。组织召开所院"2010 年世界防治麻风病日"座谈会;本中心张国成副主任陪同卫生部张茅书记深入山东省济南市麻风病医院慰问麻风患者和麻风防治工作者。

(五)重要会议

2010 年 3 月,在湖南长沙组织召开 2010 年全国麻风病防治工作年会。卫生部疾控局、中国疾控中心应急办公室、中国疾控中心麻风病控制中心有关领导,全国 28 个省、自治区、直辖市(天津、西藏和青海因故缺席)及新疆生产建设兵团麻风病防治业务负责单位,以及 26 个麻风病重点省份卫生厅(局)疾控处和防病局、中国疾控中心麻风病控制中心等 90 余名代表参加了会议。会议总结 2009 年度全国麻风病防治工作;报告"十一五"全国麻风病防治规划中期评估结果;通报 2009 年度全国麻风病疫情;部署 2010 年麻风病防治重点工作;介绍中央转移支付麻风病防治项目方案;交流各地麻风病防治工作典型经验;研讨全国麻风病防治"十二五"规划的编制方案。4 - 12 月分别在广西、南京、上海召开麻风病技术研讨会 3 期。4 月在安徽合肥召开全国麻风病防治管理信息系统研讨会。7 月在江西南昌召开全国麻风病防治管理信息系统(LEPMIS)预试验启动会。8 月在安徽马鞍山召开《全国麻风病监测方案》讨论会。9 月在四川成都召开了全国麻风病监测方案暨 LEPMIS 标准病历专家扩大研讨会、全国麻风病防治管理信息系统启动会。

(六)国家级培训

2010 年 6 月,配合中央财政转移支付麻风防治项目,在湖北仙桃举办全国麻风病细菌学检查培训班 1 期,培训 23 个省、市级麻防实验室检测骨干 35 名。利用省级皮肤科年会,为海南、广东、内蒙古、山东和湖南等省(自治区)的综合性医疗机构皮肤科医师提供麻风病防治知识培训,共培训皮肤科医师 1250 余人。帮助江西、广东、浙江、安徽、广西、湖南、新疆等省(自治区)开展 LEPMIS 培训。

二、科研及成果

2010 年,本中心开展 2005－2009 年全国流动人口和儿童麻风病防治情况调查,2006－2009年全国氨苯砜抗麻风治疗过敏情况等专项调查。承担的科研项目包括:WHO 统一联合化疗项目(2003 年至今);雷公藤多甙治疗Ⅱ型麻风反应的现场研究(2006 年至今);麻风利福平耐药研究(2008 年至今);麻风复发病例耐药监测;麻风神经损害现场研究。在国内外杂志发表中、英文论文 15 篇(其中 SCI 发表 2 篇);出版《基层医生麻风病防治手册》。

三、国际交流与合作

接待世界卫生组织、荷兰麻风救济会、比利时达米恩基金等非政府麻风组织官员、友好人士的访问和现场考察。10 月,张国成参加 WHO 召开全球麻风病防治规划研讨会;11 月,沈建平参加 WHO 召开麻风耐药监测会。11 月在上海召开了中国—荷兰合作项目暨麻风病防治技术研讨会。

四、荣誉与表彰

张国成、严良斌、孙叶梅被中国残联、卫生部评为全国麻风畸残康复工作先进个人。沈建平被中国科技协会评为全国优秀科技工作者。张国成、严良斌、沈建平被选为卫生部疾病预防控制专家委员会结核病麻风病防治分委会副主任委员、委员。

(严良斌)

结核病防治临床中心

一、重要会议

(一)结核病诊疗医院工作会议

受卫生部疾控局委托,临床中心于2月2日组织召开了全国结核病诊疗医院工作讨论会。来自卫生部疾控局、医政司以及全国部分结核病诊疗医院院长近30人参加。会议讨论了结核病诊疗医院在结核病控制中的重要作用,提出了下一步工作设想:建立以患者为中心的医防合作机制;加强耐多药患者的管理;建立结核病临床诊疗培训基地,服务于全国结核病防治临床工作人员;建立结核病会诊平台,共享结核病高技术诊疗服务等,并建议为保证结核病专科医院工作的可持续发展,应将结核病专科医院工作纳入下一个结核病控制十年规划(2011-2020年),给予相关政策扶持。

(二)全国医疗机构结核病诊疗工作研讨会

10月12日,临床中心参与筹备、卫生部疾控局组织的全国医疗机构结核病诊疗工作研讨会在北京召开。会议就医防合作中存在的各种问题,如明确结防机构、专科医院和综合医院职责,加强归口管理,加强宣传教育工作,加大结核病防治工作的政策支持力度,改善专科医院及综合医院的实验室水平,加强综合医院呼吸科培训,制定医疗机构结核病诊疗规范等,提出了针对性的建议。

(三)召开“2010年全国结核病学术大会”

与中华医学会结核病学分会合作,于9月16-17日在上海召开了2010年全国结核病学术大会,近500余人出席了会议。主要就“结核病相关疾病”、“结核病治疗新进展”、“结核病诊断新技术”、“结核病防治领域新方法”、“耐药结核病防治”等领域进行了专题讨论与交流。本次学术年会共接收稿件276篇,评选出9篇优秀论文并在闭幕式上进行了颁奖。会议邀请了中国大陆、香港,英国、美国、日本的知名专家学者就结核病不同领域内容做了大会报告。本次大会在人数规模、投稿数量、报告质量均比上一次大会有较大幅度提高,本次大会的召开将对促进结核病学术交流,推动新技术新方法的应用起到巨大作用。

(四)组织召开结核病合并糖尿病国际研讨会

为深入交流和探讨结核病和糖尿病相关问题,从而为结核病合并糖尿病控制献计献策,临床中心同国际防痨和肺部疾病联合会联合举办了“国际结核病合并糖尿病研讨会”。国内外糖尿病和结核病领域30余位知名专家参加了会议,Anthony Harries、纪立农、李琦、高微微、操敏等分别就国际结核病与糖尿病的现状及相互影响、目前国际研究进展、中国糖尿病流行及诊疗现状、中国结核病合并糖尿病诊疗现状及北京胸科医院结核病合并糖尿病的流行趋势等进行了报告。与会人员就报告内容进行了充分的交流,并就下一步研究方向进行了热烈的讨论。本次会议是探讨糖尿病合并结核病的良好开端,为今后结核病合并糖尿病的控制工作起到了积极的推动作用。

二、工作进展

(一)疾病预防与控制

1. 结核病诊疗医院工作　结核病诊疗医院工作是国家结核病防治规划的重要组成部分。临床中心围绕规范结核病诊疗医院诊疗工作、发挥专科医院优势这一思路,开展具体工作。

(1) 结核病诊疗医院调查:为了解全国结核病诊疗医院现状,为今后制定相关政策提供有力数据,卫生部疾控局以及医政司委托临床中心开展全国结核病诊疗医院调查。为了保证调查工作质量,3月8-12日对陕西省结核病医院和深圳市第三人民医院组织开展了预调查,对新疆肺科医院以及湖南胸科医院开展调研。问卷调查自9月20日正式启动,11月30日结束。目前已收到调查问卷205份,正在进行数据录入及分析工作。

(2) 制定《肺结核病临床路径》:制定疾病临床路径是规范疾病诊断治疗的重要手段。2010年临床中心与中华医学会结核病学分会合作,组织专家制定肺结核病临床路径。11月完成初稿,12月初稿征求专家意见。

(3) 结核病专科医院住院治疗失败患者调查:受卫生部疾控局委托,临床中心于9月15-30日对北京胸科医院和309医院住院患者进行调查。本次调查住院患者369人,发现首次治疗不规范是导致治疗失败的重要原因。

2. 参与全国第五次流调验收工作　临床中心12人次参加了全国第五次流调对安徽、山东、上海、浙江、山东、广东、福建、海南、广西等省(自治区、直辖市)的验收工作,为其提供技术支持。

(二)公共卫生管理与服务

1. 督导　2010年,临床中心先后有20余人次参与卫生部疾控局、贷款办、全球基金等组织的各项督导。

2. 完成北京胸科医院临床结核病实验室检测工作　集菌涂片镜检 3168 份，MGIT 960 培养 1200 份，罗氏培养 9728 例，药敏试验 1521 例，定量 PCR 2016 例。

(三)培训

为进一步提高结核病培训工作，2010 年卫生部在临床中心设立“全国结核病防治培训基地”。为了使培训工作与时俱进，不断适应和满足各级结防机构人力资源对新知识、新技术及新技能不断提高的需求，并逐步将培训工作规范化和系统化，临床中心以保证培训师资质量和教学质量为立足点，力求提高培训效果，使各类学员能在培训中着实有所收获，提升结防人员为规划服务的能力。

1. 培训教材的编写　为满足结核病防治培训需要，临床中心组织相关专家进行教材编写。结核病培训教材包括四大模块：影像学、实验室、结核病治疗和规划管理。教材形式多样，包括授课用 PPT、课后扩展阅读资料、图库、操作视频及题库等。教材本着由浅入深、务求实用，与实际工作密切相关的宗旨编写，适用于初学者及结核病防治基础和经验较少的医务人员，以期规范结核病诊治和管理行为，提升结防系统人力资源能力，更好的服务于结核病防治规划。

2. 举办第一期全国结核病防治新职工培训班　首期全国结核病防治新职工综合技能培训班于 2010 年 11 月 20－12 月 10 日在北京胸科医院开班，全国各省、自治区、直辖市结防机构 37 名新入职结防人员参加培训。本次新职工综合技能培训历时 3 周，内容涵盖结核病基础学、防治规划管理、结核病诊断、结核病治疗及预防等内容，采取理论授课、实验室操作、现场督导实习等形式，授课师资均为各专业领域顶尖专家，师资共计 39 名。

3. 举办“抗结核治疗不良反应诊疗培训班”　结合《抗结核药品不良反应诊疗手册》，临床中心于 2010 年 8 月 25－27 日在云南省大理白族自治州举办了抗结核治疗不良反应诊疗培训班，来自 30 个省的 60 名学员参加了学习。结核病防治资深专家马玙、朱莉贞、屠德华、端木宏谨、高微微、高孟秋、李亮、陆宇等参与授课。本次培训通过师生互动、现场答疑、理论与实际紧密结合等方式，围绕常用抗结核药品特性及其不良反应、药物不良反应、抗结核药品不良反应分类及临床表现、耐药结核病不良反应、抗结核药品不良反应的处理原则及方法、不良反应登记报告、常见不良反应有关症状的鉴别诊断等内容进行了系统培训。学习班为来自全国各地结核病防治领域同仁们提供了良好的学习、沟通交流的平台，提高了全国基层结核病防治人员抗结核病不良反应诊疗处理的理论水平和临床诊治能力。

4. 组织耐多药结核病控制培训班　为进一步规范和提高医务工作者对耐药结核病的诊治能力，及早发现病患并施以正确的治疗，减少耐药结核菌的传播，保护大众健康。

由世界医学会支持，中华医学会外联部协调，临床中心和中华医学会结核病学分会于2010年4月15－16日在安徽省联合主办了耐多药结核病控制培训班。来自全国部分省、市结核病专科医院及结核病防治机构约40名学员参加了此次培训。本次培训以世界医学会医学继续教育课程《耐多药结核病控制》为依托，内容涉及耐药结核病疫情，耐药结核病的化学治疗、外科治疗及综合治疗，耐药结核病的细菌学基础，耐多药结核病与HIV感染、感染控制及耐药结核病患者治疗监测及管理等方面。国内外知名专家世界卫生组织驻华代表处高级官员Fabio Scano、韩国国际结核病研究中心金尚材教、北京市结核病胸部肿瘤研究所马玙、傅瑜、李琦、李亮等专家参与授课。通过本次培训，使结核病专科医院及防治机构人员对耐药结核病的诊治得以进一步提升。

5. *为各地提供结核病技术咨询和教学*　为帮助各地开展结核病培训工作，临床中心先后派遣30余人次作为师资赴各地进行结核病培训。

（四）健康促进

1. *组织召开"遏制结核　健康和谐"研讨会*　临床中心和中华医学会结核病学分会于3月18日在北京协和医院联合主办了"遏制结核　健康和谐"专题研讨会。研讨会共安排4个讲座，包括肺结核的临床诊断和鉴别诊断、诊断结核病及其耐药性的最佳实验室方法、综合医院结核病诊断方法及中国结核病防治规划工作。通过这次讲座使协和医院的医务人员更新了对结核病的认识，提高对结核病的警觉性，增强对结核病的早期发现能力，减少结核病在院内的播散。通过本次研讨会建立了综合医院和专科医院交流经验，互通信息的平台。

2. *组织开展"3·24"大型专家义诊和健康咨询活动*

（1）3月24日上午，临床中心和北京胸科医院/北京市结核病胸部肿瘤研究所、中华医学会结核病学分会共同主办了大型专家义诊和健康咨询活动。本次义诊活动较前增加了结核病人的心理咨询、营养咨询和感染防护咨询，为患者提供心理疏导和干预、提供饮食调配、感染防护及相关注意事项指导。活动期间发放了《结核病防治百题问答》宣传手册及"健康丝带联系你我　同心协力共抗结核"宣传折页。本次义诊咨询共惠及300余名患者，得到患者一致赞誉。

（2）3月24日，临床中心、中华医学会结核病学分会与山东省卫生厅在山东省泰安市联合举行"医防合作送医下乡防治结核"大型系列活动启动仪式，暨"3·24"世界防治结核病日咨询义诊活动。系列活动包括启动仪式、走访社区、记者采访、专家咨询义诊、文艺表演，专家授课培训和疑难病例讨论。来自北京、上海、济南及泰安当地医疗机构的结核病诊疗和防治专家，对前来咨询问诊群众进行的交流和答疑，帮助他们解决实际遇到的病患问题，受到了群众的欢迎。齐鲁晚报、泰安市电视台、泰安日报、泰山晨刊、泰安市广播电台、泰山有线电视台等对活动进行了报道。

(3) 临床中心先后组织专家接受来自中央电视台、北京电视台生活频道,中央人民广播电台家庭健康时空栏目、搜狐在线等多家媒体关于结核病控制的采访。协助卫生部完成了结核病宣传片现场拍摄工作。

3. 网络宣传　利用临床中心网站,积极进行结核病防治信息宣传及咨询。目前,临床中心教学及培训所有材料均可在网上自由下载。同时开展的网络咨询板块也受到防治人员、患者以及其他网民的热烈欢迎,浏览量明显提高。

4.《结核病防治健康教育》发行　继续出版《结核病防治健康教育》两期。通过改版,《结核病防治健康教育》更贴近基层。

(五)科学研究

1. "十一五"重大专项的组织实施　2010 年,临床中心对参与的"十一五"重大专项 3 个课题,包括《耐药结核病治疗方案研究》、《复发结核病治疗方案研究》、《耐药结核病发生及预警因素研究》进行具体实施工作,按工作计划对各项目实施单位进行督导及培训,保证了课题实施质量和进度。本年度各课题分别举办了课题中期汇报会,对课题的实施情况进行了阶段性总结,交流项目实施经验,为下一步工作的顺利开展奠定了基础。目前三个课题进展基本顺利,现场研究工作已接近尾声。

2. 北京市科委结核病防治课题

(1) 结核病防治关键技术研究课题:为保证课题顺利实施,组织相关专家和各课题单位编写了《课题实施方案》及《课题技术操作手册》。并于 2 月 8 日召开"结核病防治关键技术研究"课题启动暨培训会议。本课题组专家、课题实施单位负责人和主要工作人员共计 40 余人参加了会议。

(2) 对接课题—耐药结核病治疗方案的研究:通过临床中心项目办的有效组织和实施,截至 2010 年 6 月 30 日"对接课题—耐药结核病治疗方案的研究"顺利完成既定目标,为课题的成功申请和启动作了巨大贡献,为国家传染病防治"十一五"重大专项课题做了大量的前期基础准备工作,也为今后申请"十二五"重大专项课题奠定了良好基础。课题组于 2010 年 9 月 8 日参加了北京市科委举办的课题结题答辩会,与会专家一致认为本课题完成了任务书所规定的目标和考核指标,本课题顺利结题。

(六)图书出版与教材编写

1. 受世界卫生组织委托,组织起草了《结核病治疗学》　本书旨在满足结防机构与医疗机构工作需要,为实际工作提供具体指导和参考。《结核病治疗学》初稿已于 5 月形成,将于 2010 年底定稿。该书内容既吸收了以往结核病学等书籍的经典内容,又突出本书特色,同时具有前瞻性,对目前正在研发的药物及治疗方法进行了介绍,是结核病治疗领域全面、权威的书籍。

2. 受中华医学会结核病分会委托，组织编写《结核病名词词典》 该书是我国第一次颁布结核病医学名词词典，在学术上具有权威性，在结核病专科上具有国内的权威性和完整性。《结核病名词词典》第二稿已于2010年6月形成。目前该词典正在修订过程中，预计明年出版。

3. 与中华医学会结核病学分会合作 对已经出版的《临床技术操作规范》和《临床诊疗指南》进行了修订，规范医疗机构结核病诊疗行为。

4. 参与《中国防痨史》的编写 临床中心积极参与《中国防痨史》的编写工作，目前负责的部分内容初稿已完成，正在对初稿进行修订并补充图片等信息。

（七）国际交流与合作

1. 学术交流 2010年，临床中心有9人次出国参与学术交流，接待15人次国际专家访问。

2. 为全球基金及其他国际结核病项目提供技术支持

（1）为培训班提供师资：临床中心为第五轮中国全球基金耐药监测培训班承担授课任务3次；为耐药项目培训班承担授课任务3次；为Damien基金会耐药培训班承担授课任务1次。

（2）为项目实施提供技术咨询：临床中心15人次为各项目实施提供技术咨询服务，包括全球基金耐多药结核病项目环丝氨酸进口问题、盖茨基金项目FDC的使用及耐药病案的设计等。

（3）临床中心作为工作组成员为全球基金提供技术支持。

（八）人力资源

1. 能力建设 为进一步提高临床中心人员的综合素质和能力，临床中心人员分别了参加了哈佛公共卫生学院举办的感染控制培训班、国际防痨及肺部疾病联合会举办的领导力培训班、Damien基金会举办的培训师培训等。2010年共有10人次参加各项全国培训。经过培训，临床中心工作人员尤其是新生力量的工作能力得到了很大提高。

2. 获奖情况 世界银行贷款/英国赠款结核病控制项目在我国成功实施，中国疾控中心结核病防治临床中心荣获该项目“先进集体”奖；端木宏谨、赵丰曾、邹级谦获特殊贡献奖，李亮、赵雁林获先进个人奖。李亮获北京市“十百千工程”百级人才奖励。

（九）国家结核病临床实验室

2010年10月，国家结核病临床实验室在前国家结核病参比实验室的基础上成立，实验室将立足于国家结核病防治工作,发挥实验室技术优势,为国家结核病防治规划提供更好的服务。2010年国家结核病临床实验室(前国家参比实验室)的工作仍然主要围绕国家规划开展,工作的中心是提高实验室服务质量工作,围绕此重心开展了一系列培训和督导工作;结合目前实施的国际合作项目,将实验室技术水平提升到新的高度;实验室一如既往地在加强全国结核病实验室网络建设、加强人力资源建设方面给以高度关注。

1. 顺利完成国家参比实验室的工作移交,成立了国家结核病临床实验室　根据卫生部疾控局的统一部署,国家结核病参比实验室迁移至国家疾病预防控制中心;原国家参比实验室更名为国家结核病临床实验室,继续为国家结核病防治规划提供实验室技术支持。

2. 国家结核病临床实验室的硬件建设　实验室从2010年开始建设负压实验室,施工进展顺利,预计2011年第一季度完成全部实验室扩建、改建和重新装修工作。

3. 前国家结核病参比实验室/国家结核病临床实验室2010年开展工作

(1) 全国结核病耐药性基线调查工作顺利完成:出版发行了基线调查总报告——《全国结核耐药性基线调查报告》;召开全国结核病耐药基线调查总结会。

(2) 为第五次全国结核病流行病学调查提供全方位的实验室服务:2010年2月实验人员参与了第五次全国结核病流行病学调查(流调)手册定稿研讨会;3月参加了对各省实验室人员流调的实验室培训,并参与流调手册的修订稿研讨;4月参与对北京流调工作督导;6月参与对山东流调工作督导。

(3) 继续执行卫生部国际合作项目:中国卫生部—盖茨基金会新型诊断技术推广项目进展顺利;中国卫生部国际合作司—梅里埃基金会结核病防治合作项目进展顺利。2010年4月15-16日对梅里埃项目浙江省结核病实验室进行专项督导;2010年5月28日在北京召开了管理委员会会议。

(4) 督导工作:配合规划(4月规划督导和12月联合督导)及各项目(全球基金、达米恩、梅里埃项目、盖茨项目)分别参与了对多个省、地市、县级实验室督导和评估。对实验室检测服务中存在的问题提出相应的解决方案,并为下级实验室提供技术支持。

(5) 培训工作:2010年对15名来自全国不同省市进修人员进行了系统培训。

(6) 质量保证工作:对27个省(自治区、直辖市)省级参比室开展药敏试验熟练度测试,并下发药敏试验质控菌株。

(7) 科研工作:继续完成“十一五”重大传染病防治项目“结核病流行规律研究”项目;申请获批“国家自然科学基金(面上项目)”1项;完成新的结核病实验室诊断技术评估3项。2010年发表论文5篇,其中SCI 1篇。

(李亮　岳淑敏)

鼠疫布氏菌病预防控制基地

业务工作进展

(一)鼠疫防治

在甘肃省发生人间鼠疫一起,发病1人,死亡1人;在西藏自治区发生人间鼠疫一起,发病6人,死亡1人。内蒙古、青海、西藏、甘肃、新疆、四川等6省(区)48个县(市、旗)发生动物鼠疫疫情,检出鼠疫菌213株(动物157株、媒介56株),抗体(IHA)阳性材料178份,抗原(RIHA)阳性材料13份。

(二)布氏菌病防治

全国共有28个省(自治区、直辖市)有病例报告,报告发病总数35 043例,报告发病率为2.63/10万,与2009年比较疫情下降5.55%。其中,陕西和河北疫情下降明显,分别较2009年同期下降了43.41%和18.43%。

(三)疫情处置

1. 6月12日甘肃省阿克赛县发生一起人间鼠疫疫情,受卫生部应急办委派,鼠布基地基地派出2名专家深入疫区,协助当地处理疫情。

2. 西藏自治区朗县于9月11日发生人间鼠疫疫情,发病6人,死亡1人。卫生部应急办组织了由王文杰副主任带队的11人工作组,鼠布基地丛显斌书记参加,深入疫区,协助当地处理疫情。

3. 内蒙古自治区长爪沙鼠疫源地动物鼠疫疫情活跃,鼠布基地派出2位专业人员深入疫区,了解疫情情况,并向卫生部作了专题汇报。

(四)督导调研

1. 7月份派出2个工作组,第一组于7月11－23日对云南的弥勒、砚山,贵州兴义,广西隆林等国家级鼠疫监测点进行了检查指导;第二组于7月14－18日对内蒙古的扎鲁特旗和科右中旗国家级鼠疫监测点进行检查指导。

2. 9月份派出2个工作组对青海、甘肃、河北3省进行鼠疫防控工作督导;随后到河北省皮张集散基地蠡县调查是否有旱獭皮张的交易和加工情况。

3. 8月11日-9月12日对新疆、内蒙古、黑龙江、陕西、河南、山东等6省(自治区)9市(州、盟)12个县(市、旗)的布病疫情及防治工作情况进行调研。

(五)技术咨询

主持起草了《全国鼠疫防治"十二五"规划》;协助卫生部制定《卫生部突发公共卫生应急指挥与决策系统建设》;起草《关于提高鼠防人员待遇的建议》;制定《鼠疫防治机构及人员现状调查方案》和《国家级鼠疫监测点鼠疫数据库方案》;协助卫生部制定《疾控系统应急实验室建设及鼠疫实验室仪器设备装备标准》;参加了青海省鼠疫菌库建设及标准的论证,全国鼠疫实验室建设及仪器设备标准的制订;制定了《西北地区开展鼠疫防控工作督导方案》;组织修订了《布鲁氏菌病监测标准》。

(六)抗震救灾

2010年4月青海省玉树县发生7.1级地震,从4月18日-6月1日,鼠布基地先后向玉树地震灾区派遣专业技术人员共7人,根据卫生部和抗震救灾指挥部的安排,参加了医务人员鼠疫防控知识培训,保护性灭獭工作及灾区鼠疫防控工作督导检查,并对灾区鼠疫防控工作开展评估。

(七)人员培训

(1)承担了北方8省(自治区)鼠疫联防办公室在黑龙江省举办鼠疫防治培训班的授课任务。

(2) 分别在卫生部举办的"西藏卫生应急培训班"及全国鼠疫防控培训班、内蒙古鼠疫防控培训班、贵州鼠疫防治技术培训班上授课。

(3)为山西省各市临床医生进行布病诊断和治疗方面的培训。

(4)为卫生部举办的内蒙古自治区布病培训班授课。

(5)为地方病协会和青海省地方病预防控制所共同举办的全国基层地方病管理人员培训班授课。

(浦清江)

儿少/学校卫生中心

一、业务工作

(一)起草《中国2009年法定传染病发病与死亡报告》——学校传染病发病情况分析

中国疾控中心儿少/学校卫生中心受中国疾控中心委托,根据全国网络直报系统中《疾病监测信息报告管理系统》、《突发公共卫生事件报告信息管理系统》2009年度传染病监测数据,对学校部分数据进行分析,结果显示:

(1)2009年39种法定报告传染病中,学生中无传染性非典、脊髓灰质炎、白喉、新生儿破伤风、丝虫病的发病和死亡报告,而学生中其他法定传染病共报告发病702 548例,死亡393人,报告发病率315.24/10万,报告死亡率0.18/10万,病死率0.056%。其中,甲乙类传染病报告发病282 922例,死亡391人,报告发病率126.82/10万,报告死亡率0.18/10万,病死率0.14%。丙类传染病报告发病419 626例,死亡2人,报告发病率188.43/10万。学生中甲乙类传染病发病人数及发病率远远低于丙类传染病,而死亡人数则远远高于丙类传染病。因此,在学生人群中除做好甲乙类传染病的治疗工作外,还应加强对丙类传染病的预防工作,降低丙类传染病发病率。

在甲乙类传染病中,各年龄段的男生报告发病率及报告死亡率均高于女生。大学生报告发病率最高(249.91/10万),小学生最低(95.56/10万)。就报告死亡率而言,小学生死亡率最高(0.25/10万),高中生最低(0.067/10万)。

(2)甲型H1N1流感、乙肝、肺结核、痢疾和猩红热占全国学生甲乙类传染病报告发病总人数的88.51%,其中甲型H1N1流感占全国学生甲乙类传染病报告发病总人数的28.50%。小学生、初中生中,甲型H1N1流感报告发病率最高,小学生报告发病率为35.98/10万,初中生报告发病率为40.62/10万。高中生中乙肝报告发病率最高(56.79/10万),大学生中肺结核报告发病率最高(87.76/10万)。

在甲乙类传染病中,狂犬病、甲型H1N1流感、乙脑、艾滋病、肺结核占甲乙类传染病报告死亡病例总数的89.51%。其中,狂犬病死亡人数占甲乙类传染病死亡总人数的56.27%,是导致小学生、初中生死亡的主要法定传染病,小学生和初中生占狂犬病死亡总数的95.45%。此外,狂犬病是病死率极高的传染病,报告死亡率达到

96.49%，这可能是导致大学生甲乙类传染病发病率高而小学生死亡率高的一个重要原因。甲型H1N1流感导致高中生、大学生死亡的主要法定传染病，占高中生和大学生死亡总数的32%。

(3)流行性腮腺炎、流行性感冒、其他感染性腹泻病、风疹和手足口病，是导致学生群体发病的前5种丙类传染病，占全部病例人数的99.3%。其中，流行性腮腺炎共发生170 702例，占全部丙类传染病的发病总数的40.7%。除感染性腹泻外，其余4种主要的丙类传染病在小学生中发病率最高，并随年龄增加而有所降低。

(4)学生群体中，法定传染病全年均有发生，不同法定传染病的高发月份不同，但与疾病本身的季节特点相吻合，呼吸道传染病在冬春季高发，消化道传染病在夏秋季高发。从地域来看，饮用水和卫生条件较为落后的西部地区、河南和四川等人口大省，以及流动人口较多的北京、浙江、广东等地学生中法定传染病的情况较为突出。

与2008年相比，2009年的39种法定传染病中，学生中新出现了鼠疫、人禽流感、甲型H1N1流感的发病报告。在所出现的法定传染病中，2009年学生中报告发病数、报告发病率均高于2008年，但报告死亡数、死亡率及病死率均比2008年有所下降。甲乙类、丙类传染病从2008－2009年发病、死亡的变化趋势，法定传染病总体的变化趋势一致。甲乙类传染病中甲型H1N1流感及丙类传染病中的流行性感冒报告发病数增加明显。2009年全国学校报告甲乙丙类及其他传染病事件比2008年有所增加，其中，事件数增加2442起，发病数增加69 990例，死亡增加22人；甲乙类传染病事件数增加2223起，发病数增加51 095例，死亡数增加21人；丙类传染病事件数增加358起，发病数增加20 657例，死亡数减少1人；其他传染病事件数减少139起，发病数减少1762例，死亡增加2人。

(二)学校卫生标准

中国疾控中心儿少/学校卫生中心是卫生部学校卫生标准委员会的挂靠单位，负责研究制定学校卫生标准体系、规划及年度计划；组织评审各项学校卫生标准等工作，同时也承担了大量的学校卫生标准研制工作。

本年度承担卫生部主要标准研制项目有：学校及托幼机构饮用水设施卫生管理规范、学校及托幼机构工作人员健康体检规范、中小学生健康教育规范(修订)，此外还组织标准委员会专家对“学生宿舍卫生要求及管理规范”、“儿童青少年伤害监测规范”等11项标准进行审核。这些标准的制定与颁布，不仅为学生提供安全、卫生、充足的生活饮用水，改善学校教育教学环境，提高学生健康知识，转变观念，建立良好的健康行为发挥重要的作用，同时是贯彻落实《学校卫生工作条例》以及各项学校卫生法律法规的重要技术依据，是执行学校卫生法规的重要工具，对贯彻执行学校卫生法规、加强学校卫生监督均具有重要意义。

(三)组织开展2010年中国学生体质与健康调研工作

中国疾控中心儿少/学校卫生中心作为全国学生体质与健康监测信息中心,负责组织并实施2101年中国学生体质与健康调研工作。

2010年中国学生体质与健康调研是1985年以来由教育部、国家体育总局、卫生部、国家民族事务委员会、科学技术部5部委(局)共同组织的第6次全国学生体质健康调研。2010年中国学生体质与健康调研覆盖了我国31个省、自治区、直辖市,27个民族(汉族、蒙古族、回族、藏族、维吾尔族、壮族、朝鲜族、苗族、彝族、布依族、侗族、水族、瑶族、白族、土家族、哈尼族、哈萨克族、傣族、黎族、傈僳族、佤族、东乡族、纳西族、柯尔克孜族、土族、羌族、撒拉族),约30万名6~22岁大、中、小学生。检测项目涵盖身体形态、生理机能、运动素质、健康状况4个方面的27项指标(包括身高、体重、胸围、腰围、臀围、上臂部皮褶厚度、肩胛部皮褶厚度、腹部皮褶厚度、脉搏、血压、肺活量、50m跑、立定跳远、引体向上、斜身引体向上、仰卧起坐、握力、50m×8往返跑、800m跑、1000m跑、坐位体前屈、视力、龋齿、血红蛋白、粪蛔虫卵、月经初潮、首次遗精)。青少年学生的体质健康调研工作是国民体质监测的重要组成部分,也是贯彻落实《中共中央国务院关于加强青少年体育增强青少年体质的意见》具体要求。

二、教学工作

1. *教学师资* 儿少中心在2010年度共有教职工18人,其中教授4人、副教授5人;具有博士学位8人、硕士学位2人;具有博士生导师资格3人、硕士生导师资格9人。

2. *理论课教学* 本学年儿少中心承担了15门北京大学医学部本科生、研究生理论教学工作,全年总学时数达到348学时,接受教学的总人数达到715人次。教学对象为公卫研究生,还开设了针对校内、校际本科生的选修课。为增加理论教学的可接受性和实用性、提高教学效果,我们采取了多种教学形式,包括多媒体讲课、电脑操作实例演示、课堂讨论等,并在实习课上进行了大量的互动式的练习,从而保证了教学质量。

3. *本科毕业生专题实习* 2010年在儿少/学校卫生中心进行了毕业生专题实习的本科生共3名,实习内容包括查阅文献、立题和撰写开题报告、方案设计、编写问卷、现场调查、资料整理、数据分析、论文写作等,学习了社会学科研工作的基本方法,同时注意培养学生的协调工作能力与合作态度。实习过程中学生的积极性被充分调动、研究思路得到了开发,能够在研究过程中开创性地使用新技术和新方法,例如使用数字信息技术采集和处理调查资料等。

4. *研究生培养* 2010年度儿少/学校卫生中心共毕业研究生14名,其中博士毕业2名、硕士毕业12名。

5. *医学继续教育* 组织“教育部全国学生体质与健康调研培训”和“预防艾滋病卫生

管理人员与教师培训”,参加人数330人。

三、科研工作

1. *科研项目* 2010年度儿少/学校卫生中心申请了来自卫生部、教育部、国家科技部、国务院防艾办、国家自然科学基金委、联合国儿童基金会及公司合作课题等19项科研项目,申请科研经费共约173.14万元人民币。

2. *发表论文* 2010年度儿少/学校卫生中心工作人员以第一作者和通信作者共发表学术论文26篇,其中在国外刊物上发表SCI论文2篇,国内核心期刊上发表论文24篇。

3. *出版各类教材及科普读物* 2010年度儿少/学校卫生中心共出版各类教材、著作及科普读物等20部,其中高等教育教材1部、科技专著1部、中等教育教材15部、科普3部。

四、组织会议及参加会议情况

2010年度儿少/学校卫生中心共组织召开全国性会议6次,参加人数515人次(详见附表)。

附表 2010年度儿少/学校卫生中心举办的全国性会议统计

时　间	名　　称	参加人数	地点
2010年8月	学校卫生应急与传染病预防研讨	90	银川
2010年7月	预防艾滋病卫生管理人员与教师培训	150	西昌
2010年1月	卫生部学校卫生标准委员会六届二次会议	30	海口
2010年8月	卫生部学校卫生标准委员会六届三次会议	35	丹东
2010年8月	学校卫生应急与传染病预防研讨	90	银川
2010年12月	学校预防艾滋病优秀教学活动展示活动	120	成都

(马军)

精神卫生中心

一、执委会

12 月 27 日召开中国疾控中心精神卫生中心执委会，新增执委 2 名。会上请卫生部政策法规司领导做题为《深化医药卫生体制改革最新进展》报告，主要内容为国家“十二五”发展规划中精神卫生工作以及医改动向。之后执委们讨论了学科建设与医院发展前景。

二、国家财政部、卫生部重点项目

中央补助地方重性精神疾病管理治疗项目(“686”项目)第Ⅵ期：国家精神卫生项目办设在中国疾控中心精神卫生中心。此项目 2005 年正式启动，经费 686 万元(“686”项目别名的来源)。到 2010 年项目已历时 6 年。2005 - 2007 年为模式探索阶段；2008 - 2009 年为稳步扩展阶段；2010 年为整合发展阶段，2010 年由财政部补助全国 113 个市州 5000 万元，2010 年 7 月- 2011 年 6 月由财政部补助全国 160 个市州 7158 万元。累计中央经费 2.2 亿元人民币。

本项目继续在老项目示范市州内实施针对重性精神疾病的管理治疗，包括精神科诊断复核、登记重性精神疾病患者并建档立卡、随访有肇事肇祸倾向的患者、对贫困病人免费给药、免费化验、免费服药后免费疗效评价和治疗方案调整、免费应急处置、免费住院治疗，以及家属护理培训和肇事肇祸病人社区管理培训。对于 2010 年新增的 47 个项目示范市州，主要任务是建立组织管理队伍、接受培训和熟悉流程。

3 月国家精神卫生项目办及项目专家组和督导组对项目示范市州进行了 1 次骨干培训，来自全国 30 个省、自治区、直辖市和新疆生产建设兵团的 150 余名代表参加了培训。培训内容主要包括重性精神疾病管理治疗工作规范和省级、地市级项目办公室能力建设等，培训形式灵活多样，学员们普遍反映培训效果良好，达到了预期目的，为今年项目实施奠定了坚实的基础。

卫生部疾控局局级和处级领导、国家项目督导组及医疗组成员 30 人次共督导 5 个省和新疆生产建设兵团的 11 个示范区，其中行政督导 6 次，技术督导 6 次。

三、政策及法律

配合卫生部疾控局对《中国精神卫生工作规划(2002 - 2010 年)》的实施情况进行了

初步梳理总结,并在北京、上海、湖南、四川、深圳等地 10 多位专家共同努力下草拟完成了《中国精神卫生工作规划(2010－2020 年)》(草案)及其相关背景资料汇总。2010 年已先后 2 次举办专家研讨会对草案进行讨论修改。

在近 3 年配合卫生部举办卫生行政管理人员精神卫生政策培训班的基础上,完成了《精神卫生政策培训教材》的编写工作。内容包括:精神卫生概述、精神卫生学科的发展与精神卫生服务的进步、精神卫生服务、精神卫生资源配置、精神卫生实践、卫生改革的总体方案与相关政策等。

在全国各地开展了《重性精神疾病管理治疗工作规范》的培训工作,并在培训过程中继续对《规范》进行修改完善。

为保障上海世博会顺利进行,参与了卫生部有关重性精神疾病患者社区管理工作的讨论。

配合中国医师协会精神科医师协会(CPA)和挪威医学会(NMA)在天津举办了中挪精神卫生伦理和立法宣传骨干培训班,参加人员 100 余名。

参与了卫生部等举行的有关精神卫生立法的专题讨论会。为推进国家精神卫生立法提供了技术支持。

参与或牵头开展了有关精神卫生服务体系、人力资源配置、人力资源培养、投入补偿机制等研究,为精神卫生政策制定提供科学依据。

四、信息与监测

负责“全国精神疾病信息系统”的常规维护,及时解决“686”项目区的问题,并为部分项目区提供当地需要的数据。1 月 26 日与卫生部领导和专家进行了有关信息系统升级的论证,起草了全国重性精神疾病信息管理系统建设实施方案。受卫生部疾控局委托,于 7 月 17－27 日组织专家开展全国重性精神疾病信息管理系统调研,选在已有精神疾病信息系统的省市(北京、上海、广东、浙江)进行,专家组通过了解和掌握各地已有精神疾病信息系统的使用情况及存在问题,形成对未来全国信息系统的需求分析报告。8 月针对目前需要迅速上报全国数据的现状,决定分两步开发:近期可用的网络直报系统,3～5年后可用的网络患者信息全报系统。11 月 17 日组织专家召开网络直报系统专家论证会。

五、培训

《重性精神疾病管理治疗工作规范》培训班:为指导各地科学、规范地开展重性精神疾病管理治疗工作,受卫生部疾控局委托,由中国疾控中心精神卫生中心组织《规范》集体备课会及全国分片培训。全国共分四片培训,366 名代表参加了培训。

中国—挪威精神卫生法宣传骨干Ⅱ期和Ⅲ期培训班:4 月 21 日,配合 CPA 和 NMA 在天津市举办。本次培训分为Ⅱ期和Ⅲ期 2 个培训班,共培训 109 位学员,其中Ⅱ期学员

50 人，获得了三年培训的结业证书，Ⅲ期学员 59 人。本培训班在过去的 6 年中共举办了 7 次培训，为中国的精神卫生领域培训了 400 多名精神科医生，这支队伍今后将成为我国宣贯精神卫生法的中坚力量。

中国大陆—香港—墨尔本联合社区精神卫生培训：2010 年组织了 2 批共 22 名学员赴港培训。主要学习香港精神卫生服务模式、个体服务计划（ISP）、社区精神科服务（CPS）、毅置安居计划，参观心理卫生会、长期护理院、日间医院的职业及物理治疗部门，讨论病人康复流程、个案管理等。项目至今共组织了 11 批来自 19 个省市 41 家专科医院的 125 名学员赴香港参加培训。

精神病学临床诊断骨干培训班：于 2010 年 4 月举办了第三届培训班，培训了 13 个省市精神卫生机构的 23 名骨干医生，强化精神病学规范化临床诊断技术和美国精神疾病分类与诊断标准（DSM－Ⅳ）系统的应用。

突发事件心理危机干预医疗大队长连续培训班Ⅰ期：4 月 20－22 日在天津举办。讲员包括从事十余年灾难相关干预和研究的澳大利亚西悉尼大学专家 Kingsley Ago，以及在 5.12 汶川地震中参与现场救援工作的医疗、行政等部门的工作人员，共有包括讲员在内的 22 个省、直辖市的 74 名人员参加。课程围绕心理危机干预的工作范围、联合国“紧急事件精神卫生指南”介绍、躯体急救等方面进行介绍和讲解，为更能配合实践，特邀在汶川地震中参与救援的人员参加，打破传统教学模式，以模拟现场、实战练习为主，并增加了后续现场实践，安排 14 人次参加了 6 项灾后心理干预活动。

中澳精神疾病社区预防及健康教育培训：8 月底，澳大利亚墨尔本大学 Helen Herman教授和 Julia Fraser 主任，中国健康教育中心（卫生部新闻宣传中心）专家及国内精神卫生专家，对来自全国 22 个省的 58 名学员进行了为期 3 天的培训，主要内容包括世界精神卫生健康教育的现状及挑战、中国精神卫生核心宣传信息和宣传方式、精神卫生宣传中的媒体工作和实践、社区精神健康教育项目的设计及实践、精神疾病患者歧视历史与消除等。

全国精神疾病平衡康复国际培训：10 月中旬在北京举办了本系列培训班的第三期。美国哈佛大学医学院社会医学系医学人类学 Byron Good 教授，澳大利亚维多利亚州圣文森特医院社区服务门诊部 Graeme Doidge 主任、Julia Oxley 医生，与国内的精神卫生专家对来自全国 25 个省、51 家医疗机构的 98 名精神卫生人员进行了为期 4 天的培训，主要内容包括平衡康复概念及多种康复模式介绍、社会学角度的残疾与精神康复、个案管理优势模式的介绍和演练、精神疾病治疗康复中的法律问题，以及中国重性精神疾病康复的实践。

六、合作交流

卫生部—联合国人口基金会（MOH－UNFPA）汶川震后社会心理支持项目：该项目

由芬兰政府资助,于2009年2月正式启动,为期1年。2010年2月项目整体完成,并召开了项目总结会,9月召开了项目展示会。项目针对四川省6个极重灾区县(北川、安县、什邡、绵竹、都江堰、青川)的基层卫生人员、妇联干部和老龄委工作人员进行心理急救和心理卫生知识的培训及督导,并以村级干部为对象,进行集体心理干预,共举办了14场培训和干预活动及2场督导活动,培训了533名基层工作人员,包括基层干部、妇联、老龄委及精神卫生工作人员,并干预来自835个不同乡村的835名村支书,可覆盖约100万村民。经过不断地改进与发展,项目一共形成了15项成果,包括筛查工具包、灾区常见心理问题筛查流程、核心信息卡、基层培训教材、教师手册、培训流程、干预流程、干预菜单、总报告、执行单位报告、最佳实践、延续项目之一—UNDP项目、延续项目之二—UNFPA玉树震后社会心理支持项目、UNFPA玉树项目需求评估报告及讲员团队与感悟。

卫生部-联合国开发计划署(MOH-UNDP)灾后恢复重建暨灾害风险管理项目:该项目在2009年12月申请,2010年11月完成。项目组成员在2010年7月14-16日在四川省绵阳市游仙区、8月17-18日在四川省青川县进行了项目需求评估。完成了包括6个村庄、16名村干部、18户贫困家庭,共计40名村民的访谈,得到如下结论及建议:在基层农村,疾病与贫困强相关,提倡健康扶贫;扶贫、低保、医保和针对重性精神疾病的救济应避免条块分割,进行系统整合,形成联动,建立综合性的社会保障和救济制度。项目培训和干预活动在甘肃(2009年12月)、四川(2010年8月)和陕西(2010年9月)完成,共有180人接受培训和集体干预。11月召开了总结会,形成了健康扶贫政策建议,通过培训干预及督导活动的经验总结,形成了一套实用的灾区工作培训手册。

卫生部-联合国人口基金会玉树震后社会心理支持项目:该项目在2010年1月申请并于2010年12月完成。项目目标是为玉树受灾人群提供心理社会支持,提高关键政府部门和公民的社会组织能力,在玉树县建立以社区为基础的社会心理康复机制。活动通过在玉树灾区访谈精神卫生工作者、老龄委、妇联工作人员得出社会心理需求评估报告;建立了培训队伍以及培训督导队伍;将核心信息卡翻译为了藏文版本,为96名精神卫生工作者、老龄委、妇联工作人员提供精神卫生知识技能的培训和社会心理支持干预。鉴于玉树地区精神卫生资源的匮乏,对参加玉树灾后心理危机干预工作的60名当地精神卫生技术人员提供了后续的督导和培训。

世界卫生组织(WHO)合作项目—灾后基本精神卫生服务需要、提供方式与组织间协调机制研究:该项目在2010年7月召开了专家咨询会,完成了专家咨询会报告,以及如何建立机构间协调机制、制定工作原则草案。

卫生部自然灾难预案心理应急预案讨论会:在2010年7月,协助卫生部召开了卫生部自然灾难预案心理应急预案讨论会,根据专家建议形成了心理应急预案初稿。2010年9月3日,邀请全国从事灾后心理危机干预工作的专家再次召开讨论会,探讨了分级响应与卫生部应急预案中的心理应急预案是否有冲突,如何衔接,根据专家意见和建议,在

2010 年 12 月完成了自然灾难预案心理应急预案定稿。

2010 世界精神病学协会(WPA)国际大会暨中华医学会精神病学分会(CSP)学术会议工作坊:2010 年 9 月,在 WPA 会议上,共组织承办了 3 个工作坊,分别为心理危机干预工作坊、中挪精神卫生立法工作坊和社区精神卫生专题会。邀请来自国内北京、上海、广东、江苏、青海、山西等地该领域的专家和挪威方专家,分别介绍了地震、校园暴力、矿难、自杀等危机事件的干预经验;挪威精神卫生立法历史现状、基本原则、中挪立法培训项目评估效果;中国社区精神卫生服务的现状、中国大陆—香港—墨尔本联合社区精神卫生培训介绍、精神卫生服务体系中的"消费者运动"等内容。100 余人参加了三场工作坊,会场讨论气氛热烈,引起了强烈的反响。

中澳卫生与艾滋病项目——重性精神疾病管理治疗流程与人力资源配置标准开发项目:2010 年 2 月分别与河北省和广东省两个试点区的政府机构召开工作会议,3 月23 - 26 日在广东省新会沙堤医院和河北省第六医院两个试点地区进行了重性精神疾病管理治疗人员岗位配置培训,4 月在两个地区进行了技术流程培训,并要求两地在 6 个月时间内各自使用技术流程管理患者 100 例。为保证项目质量,项目组工作人员于 7 月分别赴广东和河北两试点地区进行了阶段督导。在管理患者结束时,于 9 月中旬,项目组工作人员先后赴河北和广东进行了项目评估,评定项目进展的成效。11 月 17 日召开了项目专家研讨会,对项目产出的人力资源配置标准草案进行了研讨,产出获得了卫生部疾控局精神卫生处领导的高度认可和表扬。并于 12 月 16 - 18 日参加了中澳卫生与艾滋病项目的专家讨论会,项目结果得到了项目专家组的整体好评。

国外学者来访:荷兰乌德勒支大学附属医院精神科主任 Rene Kahn 教授分别于 2010 年 1 月、2 月和 9 月来访,参加了中荷项目高层研讨会、洽谈了 2011 年度危机干预培训班相关事宜,以及参加了中荷项目第二期集体督导会。哈佛大学儿童精神病学教授 Myron Belfer 于 3 月来访,就"学校精神卫生"问题及未来可能的研究合作进行了探讨。澳大利亚西悉尼大学流行病学专家 Kingsley Agho 4 月来访,协助进行了危机干预相关数据分析,并参加了危机干预医疗大队长培训。8 月,世界精神病学协会副主席 Helen Herrman 教授和亚澳精神卫生协会主席 Julia Fraser 女士来访,参加了精神疾病社区预防及健康教育培训班授课。9 月,挪威医学会 Eline Thorleifsson 和 Bjorn Hoftvedt 来访,参加了 WPA 国际大会暨 CSP 学术会议的中挪精神卫生立法工作坊。英国 Basic Needs 协会马艾丽 9 月来访,参加了 UNFPA 汶川震后社会心理支持项目展示会,并洽谈了未来合作事宜。10 月,美国哈佛大学医学院社会医学系主任 Byron Good 教授为全国精神疾病平衡康复国际培训班授课,并讨论合作申请美国国立卫生研究院(NIH)的 Fogarty 课题相关事宜。澳大利亚维多利亚州圣文森特医院门诊部 Graeme Doidge 主任和 Julia Oxley 女士 10 月来访,参加了全国精神疾病平衡康复国际培训班授课。11 月,澳大利亚维多利亚州圣文森特医院培训部专家 Coman Greg 来访,进行了授课技巧讲座。美国国立精神卫生研究所(NIMH)科研顾问董事会成员 John Kane 教授 11 月来所洽谈研究合作意向。瑞典乌普萨拉大学殷正元女士 11 月来访,就未来合作心理危机干预项目的意向进行了讨论。12 月,WHO 西太区技术官员汪向东来访,参加了 WHO 合作中心在华经验成果分享研讨会。

七、课题研究

精神创伤后应激障碍的识别技术与干预模式研究:国家"十一五"重大支撑计划课题。课题预计对 4000 例经历重大精神创伤的个体进行创伤后应激障碍(PTSD)高危因素的研究,并提供早期干预,澄清高危因素,确定病理特征,明确诊断识别的具体指标与路径,建立 PTSD 早期预测模型、综合诊断标准与干预模式。由 11 个研究单位分别完成抽样与研究程序,本中心作为其中一个研究单位负责收集部分样本,并完成指定任务,包括在灾区筛查收集 PTSD 患者,提供心理干预,对基层人员进行灾后社会心理支持的相关培训。并在全国范围内培养了一支灾后心理干预和培训的队伍。目前项目已进入结题总结阶段。

中国—荷兰精神分裂症遗传学研究:为本中心和荷兰 Utrecht 大学医学中心合作项目,由荷方出资,项目目标是识别贡献于精神分裂症及相关障碍发展的易感基因。本中心承担了研究平台建设、研究质量控制和项目进度管理等工作,通过严格的质量控制措施切实提高了国内 13 家合作单位的科学研究能力。截止到 2010 年底,项目一期的研究工作已顺利进入遗传分析阶段,研究合作将自 2011 年起进入二期阶段。

八、财政管理

协助卫生部疾控局精神卫生处完成精神卫生中央本级经费的预算申请、项目督导和项目决算。

协助卫生部疾控局精神卫生处申请 2010 年 7 月 - 2011 年 6 月"686"项目经费,内容是在全国范围内新增 47 个示范市(州),建立重性精神疾病的管理网络和治疗网络,其他老示范市(州)则继续深化 2010 年当年的项目内容,已获批经费 7158 万元。

(马宁　吴霞民　马弘　黄悦勤)

老年保健中心

一、撰写战略规划与标准

老年人跌倒干预技术指南；

中国老年卫生工作行动规划(2011－2015年)；

血清甘油三脂测定方法卫生行业标准；

负责制定卫生部“血清胆固醇测定参考方法卫生行业标准”；

负责制定卫生部“血清高密度脂蛋白胆固醇测定方法卫生行业标准”；

负责制定卫生部“人类白细胞抗原(HLA)基因分型检测实验室技术管理要求”；

二、论文与专利

2010年共发表论文40篇，其中SCI 15篇，国内核心期刊25篇；待授权国家发明专利5项；

美国CDC—国家心肺血液研究所—血脂标准化计划合格证书；

国际临床化学与检验医学联合会血脂标准化计划合格证书；

美国胆固醇参考方法实验室网络合格证书。

三、建立基础与临床相结合研究平台

老年相关疾病致病基因与易感基因的筛选策略；

老年相关疾病表观遗传学研究；

冠心病、糖尿病、老年痴呆患者代谢紊乱、氧化应激与炎性反应研究；

血脂测定标准化与新的脂类危险因素研究；

2型糖尿病患病风险判定与干预研究；

衰老机制和延缓衰老研究。

四、建立基础与临床相结合技术平台

动脉粥样硬化、糖尿病、高脂血症、衰老、热量限制等动物模型技术；

高龄老年患者和长寿老人血液单核细胞永生化技术；

基因多态性分析与基因诊断技术；

血清脂蛋白谱分析评价;
血管内皮功能评价;
氧化应激状态评价;
衰老状态评价;
老年保健品功能评价;
海量多维数据处理与信息挖掘技术。

五、制度化、规范化管理

制定SCI论文奖励规定;
制定研究结果秀补充规定、研究结果报告评分表;
修订完善了研究生、进修人员实验室管理规定;
制订完善了卫生部老年医学重点实验室管理规章制度:
实验室人员管理制度;
财务管理制度;
实验仪器与办公设备管理制度;
文件资料管理制度;
安全制度;
保卫制度;
环境卫生制度;
应急预案。

六、继续教育与学术讲座

北京市东城区继续教育项目:"后基因组时代中常见重大疾病的研究进展"系列讲座,共10次;

研究结果秀:由研究人员介绍自己的研究结果,共17次;

研究生学术沙龙:由研究生介绍自己所做的研究工作和下一步的工作计划,共11次;

博士俱乐部:每月的第一个周五中午12:30-13:30开展学术活动,共12次。

七、获得的科研课题与经费

2010年新获科研课题经费1062万元包括:国家自然科学基金"脂肪因子apelin在肝胰岛素抵抗发生中的作用及其机制研究"、"PAF受体拮抗剂银杏内酯B抑制血小板释放对动脉粥样硬化的影响及机制研究"、"赖氨大黄酸延缓血管内皮细胞衰老的作用及机制研究"、"在TNNI2突变基因Knock-in小鼠模型中探索远端关节弯曲发病机制的研究";国家自然科学基金国际合作与交流项目"晚发阿尔茨海默病胆固醇调节基因遗传变异的识别和定义”；科技部“健康信息化平台和个体化预防保健的技术体系研究”；中国红十字会“中华骨髓库 HLA 高分辨基因检测的质量控制”；卫生部卫生行业科研专项“中国老年人综合评估和医疗服务体系建立及推广”；卫生部临床学科重点项目“前列腺癌临床早期诊断的综合技术研究”；国家科技支撑计划课题“重要临床检验设备计量标准及溯源体系研究”子课题，“地中海贫血基因分型标准物质的研究”；卫生部疾控司项目“中国老年卫生工作行动规划(2011－2015)”；教育部“留学回国人科研启动基金”课题“在衰老过程中 integrin对胰岛 beta 细胞功能的调控及其机理研究”；科技合作项目“保健品人体功能评价”。

八、研究生培养

研究生导师(10 名)：

中国医学科学院 & 北京协和医学院博士生导师：黎健、张铁梅、杨泽、蔡剑平

北京大学医学部博士生导师：黎健、杨泽、蔡剑平

北京大学医学部硕士生导师：唐蔚青、赵艳阳

卫生部北京老年医学研究所硕士生导师：齐若梅、王抒、李宁华、董军、唐蔚青、赵艳阳

研究生 74 名；

博士后 2 名。

九、国际合作和学术交流

邀请或接待美国、加拿大、瑞士、日本等国家 38 位外宾来访，进行学术交流；

与美国和瑞士的有关实验室建立合作关系，选派本中心 2 名博士生分别到美国和瑞士学习 1 年；

参加国际、国内学术会议，介绍本中心研究结果，提高影响力。2010 年在国际会议发言 4 人次、全国学术会议大会发言 17 人次。

十、学术研讨与培训

与中国医师协会培训部和北京老年医院共同主办“老年医疗服务体系建设研讨班”。为国家继续教育项目，授予国家一级学分 10 分。

与中华医学会肠外肠内营养学分会、卫生部北京医院、北京医学会肠外肠内营养专业委员会、中国临床营养杂志、中华老年医学杂志举办全国老年疾病营养支持的循证应用学术研讨会。

(黎健)

人事人物

中国疾控中心各级领导

中心领导

主　　任：王　宇

党委书记、副主任：梁东明

党委副书记兼纪委书记：宫新生

副 主 任：侯培森　杨功焕　杨维中　刘剑君

机关处室负责人

中心办公室	主任：王　健	
人力资源处	处长：李　黎	副处长：张学清
规划财务处	处长：张　雁	副处长：刘丽芳
国际合作处		副处长：冯　琳 王晓琪
科技处	处长：董小平	副处长：黄　辉
实验室管理处	处长：武桂珍	副处长：赵赤鸿
设备条件处		副处长：张戈屏
教育培训处	处长：刘开泰	副处长：周海城
基建处（内设工程建设办公室）	处长：张利民	
工程建设办公室（正处级）	郭　达	
二期筹建办		副处长：蔡立群
后勤管理处	处长：杜　光	
新址管理办公室	主任：刘剑君（兼）	副主任：谭吉宾
审计处	处长：袁灵华	
科技开发办公室	主任：王茂武	副主任：陈　晨
学术出版编辑部	主任：胡永洁	
保卫处	处长：陈　峰	

党委办公室	主任:李志新	副主任:孟宪平
纪检监察办公室	主任:曹进华	
群众工作处	处长:李新焕	副处长:王　莉 团委书记:刘海龙
离退休人员管理处		副处长:田占平
后勤服务中心		副主任:栗　波 王彪峰
公共卫生政策研究办公室	主任:王　林	
公共卫生监测与信息服务中心	主任:马家奇	副主任:苏雪梅 周脉耕 傅　罡
免疫规划中心	主任:梁晓峰	副主任:王华庆 罗会明
公共卫生管理处	处长:倪　方	副处长:刘东山
慢性病防治与社区卫生处		副处长:施小明
结核病预防控制中心	主任:王黎霞	副主任:成诗明 陈明亭
疾病控制与应急处理办公室	主任:冯子健	副主任:王子军 余宏杰 李　群
流行病学办公室	主任:阚坚力	副主任:么鸿雁
全国 12320 公共卫生公益电话管理中心	主任:谭　枫	副主任:李　蓉
控烟办公室		副主任:姜　垣

直属单位所级领导

单位	领导	副职
传染病预防控制所	所　　长:徐建国 党委书记:孟繁逊	副所长:边志强 卢金星 张建中 阚　飙
病毒病预防控制所	所　　长:李德新	副所长:梁国栋 毕胜利 舒跃龙
寄生虫病预防控制所	所　　长:周晓农 党委书记:蔡继红	副所长:许学年 潘嘉云 曹建平
性病艾滋病预防控制中心	主　　任:吴尊友 党委书记:韩孟杰	副主任:刘中夫 孙江平 汪　宁 党委副书记:刘康迈
慢病中心	常务副主任:赵文华	副主任:孙　新
营养与食品安全所	常务副所长:严卫星 党 委 书 记:高玉莲	副所长:马冠生 王竹天 李　宁
环境与健康相关产品安全所	所　　长:金银龙 党委书记:高贵凡	副所长:白雪涛 徐东群 党委副书记 兼纪委书记:张全增

职业卫生与中毒控制所	所　　长:李　涛	副所长:周安寿
	党委书记:徐春梅	郑玉新
		孙承业
辐射防护与核安全医学所	所　　长:苏　旭	副所长:岳保荣
	党委书记:王志林	孙全富
		丁库克
农村改水技术指导中心	常务副主任:陶　勇	副主任:田永建
	支部书记:陶　勇	张　荣
妇幼中心	主　　任:张　彤	副主任:王临虹
	党总支书记:王临虹	金　曦

挂靠单位所级领导

地病中心	主　　任：孙殿军 党委副书记：孙殿军	助理：申红梅
性病中心	主　　任：王宝玺 党委书记：张　烈	常务副主任：张国成 副　主　任：陈祥生
麻风病中心	主　　任：王宝玺 党委书记：张　烈	常务副主任：张国成
结核临床中心	主　　任：许绍发	
鼠布基地	常务副主任：张洪信	副主任：丛显斌 王大力
儿少中心	主　　任：马　军	副主任：马迎华
精卫中心	主　　任：黄悦勤	副主任：马　弘
老年中心	主　　任：黎　健	副主任：张铁梅

全国政协委员

邵一鸣	中国疾控中心性艾中心
陈君石	中国疾控中心营养食品所

院　士

曾　毅	中国疾控中心病毒病所
侯云德	中国疾控中心病毒病所
洪　涛	中国疾控中心病毒病所
高守一	中国疾控中心传染病所
陈君石	中国疾控中心营养食品所

大事记

大 事 记

一 月

1月1日开始，实施扩大国家免疫规划相关监测信息报告工作，并对2008年、2009年常规接种率监测数据进行补充报告。

1月15日，"无烟环境促进"项目启动。

1月21日，中国全球基金艾滋病项目启动会在广西南宁召开。

1月28日，国际艾滋病研究领域权威学术杂志《JAIDS》，为中国艾滋病防治及研究进展推出专刊，这也是该杂志首次为一个国家出版专刊。主题为"中国迎接艾滋病新挑战"。

1月，《中国妇幼卫生杂志》（双月刊）正式出版发行，并免费向全国区县级以上妇幼保健机构及卫生行政部门发放。

1-3月"送烟就是送危害"主题宣传活动在全国展开。

二 月

2-11月，王宇主任应WHO总干事邀请，作为国际专家及中国唯一的特邀专家加入"国际卫生条例暨应对甲型流感大流行评估委员会"，先后4次赴日内瓦WHO总部参加该评估委员会会议，并负责评估报告重要章节的撰写工作，体现了中国疾控中心在国际卫生事务中举足轻重的地位，以及中国疾控中心专家参与全球卫生事务管理的实力。

三 月

3月4日，全国第五次结核病流行病学抽样调查在京启动。

3月5日，昌平园区信息系统建设网络直报系统迁移项目启动。

3月21日，2010年"世界防治结核病日"现场宣传活动在南宁举行。卫生部副部长尹力，广西壮族自治区人民政府副主席李康，著名歌唱家、全国结核病防治宣传形象大使彭丽媛等出席现场宣传活动并讲话。

3月30日，慢病中心成功续任WHO慢病与社区综合防治合作中心，任期从2010年3月30日至2014年3月30日。

3 月,由职业卫生所组织重新编制的全国职业病医师培训指定教材(共 3 册)由化学工业出版社出版,分别为《尘肺病》、《职业中毒》和《其他职业病与诊断鉴定管理》。

3 月,疑似预防接种异常反应监测系统投入使用。

3 月,《中国疾病预防控制中心研究生培养费收费管理办法》实施。

3 月,中国疾控中心免疫规划中心梁晓峰主任发出致 WHO 麻疹疫苗强化免疫策略咨询信,WHO 回复建议强化免疫采取非选择性免疫策略。

四　月

4 月 10 日,全国疾病预防控制机构信息化建设现状在线调查系统开放,供各级疾控机构在线填报。

4 月 12 - 14 日,2010 年食品污染物专项监测项目启动。

4 月 26 日,中国疾控中心移动生物安全实验室通过铁路运往玉树灾区并成功投入使用。开创了在高海拔地区应用移动生物安全三级实验室的国际先例。

五　月

5 月 8 - 9 日,杨维中副主任一行 4 人赴河北省开展麻疹疫情防控工作调研。

5 月 11 日,由中国科协主办,中华预防医学会、中国疾控中心性病艾滋病预防控制中心承办的第五次中国科协论坛——中国艾滋病疫苗高层论坛在上海召开。论坛就国际传染病及艾滋病疫苗研究进展、未来艾滋病疫苗研发策略,以及中外艾滋病疫苗合作研究模式及重点领域进行了广泛深入的交流、探讨。

5 月 11 日,为搭建中国生物技术创新服务联盟(简称 ABO 联盟)和中国疾控中心交流与沟通的平台,从产品研发、技术合作、平台建设及人才培养等角度探讨双方在疾病防控领域的合作,为开展实质性合作奠定基础。由北京市科委牵线,中国疾控中心科技处和 ABO 联盟共同举办了中国疾控中心与 ABO 联盟对接会。

5 月 15 日,由中国疾控中心、中国科学院北京植物园联合主办,职业卫生所承办的"有毒植物科普展"科普宣传活动在中国科学院北京植物园举办。

5 月,公共卫生工作规范制订工作启动。

六　月

6 月 13 日,寄生虫病所举办了建所 60 周年暨 WHO 疟疾、血吸虫病和丝虫病合作中心成立 30 周年纪念活动,该活动的主题是“承科技厚蕴,启疾控新篇”。

6 月 14－18 日，受卫生部委托，寄生虫病所承办世界卫生组织热带病研究和培训特别规划署（WHO/TDR）第 33 届联合协调理事会（JCB）会议。

七　月

7 月 5 日，中心首次举行研究生毕业典礼暨学位授予仪式（2010 届）。

7 月 8 日，全国 176 个国家级第五次结核病流行病学抽样调查试点现场工作均圆满结束。

7 月 19 日，由中国国务院防治艾滋病工作委员会办公室与联合国艾滋病中国主题组、盖茨基金会中国代表处等机构联合主办，中国疾控中心性病艾滋病预防控制中心承办的第 18 届世界艾滋病大会中国分会在奥地利首都维也纳举行。会议主题为“认识中国，艾滋病应对与挑战”。

7 月 19 日，北京市环保局、环保部核与辐射安全中心、军事医学科学院的领导和专家组成的评审组到辐射所进行辐射工作场所环境影响评价评审。

7 月 22 日，受卫生部委托，由中国疾控中心妇幼中心承办的“孕期健康教育—胎婴儿健康促进项目启动会”在上海召开。

7 月 28 日，卫生部应急办梁万年主任等一行 3 人来中国疾控中心就卫生应急技术准备工作情况进行调研。

7 月 29 日，卫生部召开全国消除麻疹工作会议，会上宣布了 2010 年全国同时、同步开展麻疹疫苗强化免疫活动。卫生部成立消除麻疹工作领导小组，并在中国疾控中心成立消除麻疹办公室。

7 月，中国疾控中心应急综合保障方舱在中国疾控中心昌平园区完成验收，标志着中国疾控中心应急保障能力建设取得了阶段性成果。

7 月，完成国家甲型流感病毒防控策略电话调查工作，这是首次尝试通过 12320 热线开展电话调查，开拓了全新的 12320 热线主动服务的新形式。

7 月，经过充分的论证，中国居民营养与健康状况调查将由 10 年一次的方式调整为常规性营养监测方式，每 5 年完成一个周期的. 全国营养与健康监测工作，每年按监测计划完成抽样人群的监测任务，最终形成一个完整的、具有全国代表性的营养监测报告。

八　月

8 月 9 日，慢病中心每 3 年开展一次的中国慢性病及其危险因素监测工作正式启动，本次调查覆盖全国 31 个省 162 个监测点的近 10 万人口，首次增加了实验室检测内容。

8 月 10 日，经过紧张的物资清理、应急采购和分装，我中心完成了赴舟曲救灾防病工作队现场装备的配置。当日晚8时,救灾防病现场工作队启程并于晚10时抵达兰州机场,于11日晨出发,上午11时到达舟曲泥石流灾区,开展工作。中心紧急给灾区调集的5个疫情网络直报专用上网本和21个无线上网卡也随工作队运抵灾区。

8月17日,中国疾控中心、世界卫生组织、美国疾控中心在深圳联合发布首次“全球成人烟草调查一中国部分”的调查结果。

8月22日,王宇主任一行对河北省麻疹疫苗强化免疫准备情况进行督导检查。

九　月

9月6日,中国疾控中心召开直属单位及机关处室负责人例会,专题研讨医改工作。

9月11日,在全国麻疹疫苗强化免疫活动首日,卫生部陈竺部长、尹力副部长到北京12320中心视察,慰问一线12320座席员。陈竺部长还现场接听并解答了公众的相关来电咨询。

9月16日,上海市副市长沈晓明率领上海市卫生局、市发改委、市科委、市财政局、市人保局等领导赴寄生虫病所开展现场调研活动,推进卫生部与上海市政府合作共建寄生虫病所的进程。

9月16-18日,中国疾控中心第一届气候变化与健康论坛在北京召开。

9月28日,在拉萨召开第五次全国卫生援藏工作座谈上,卫生部授予中国疾控中心“全国卫生援藏工作先进集体”荣誉称号,授予王宇主任“全国卫生援藏工作先进个人”荣誉称号。杨维中副主任代表中国疾控中心与西藏疾控中心签署了“十二五援藏工作协议书”。

9月28-29日,卫生部核事故医学应急中心在天津举办“国家核和辐射应急医学救援队伍的培训和演练”。

9月12-21日,全国强化免疫现场接种进入实施阶段。

十　月

10月18日,中国疾控中心化学污染与健康安全重点实验室成立。

10月22日,对口支援新疆疾控中心项目启动会召开,标志着中国疾控中心新时期援疆工作全面启动。

10月26日,携带NDM—1耐药基因细菌监测情况通气会召开。中国疾控中心与中国军事医学科学院的实验室在对既往收集保存的菌株进行NDM—1耐药基因检测,共检出3株NDM—1基因阳性细菌。

10月28-30日,在上海市召开了2010年全国省级疾控中心办公室主任会议。

10 月，中国疾控中心结控中心结核病实验室成立。

十一月

11 月 13－15 日，农村集中式供水工程卫生学评价试点总结研讨会在云南昆明召开。

11 月 16－19 日，“十一五”项目一我国重点环境化学污染物健康监控技术研究总结会在北京举办。

11 月 18 日，“中国疾病预防控制中心寄生虫病预防控制所包虫病防治科研实验基地”在甘孜州正式成立并举行揭牌仪式。

11 月 18－19 日，卫生部疾控局与中国疾病预防控制中心在北京共同举办全国结核病实验室检测知识与操作技能竞赛。

11 月 20－22 日，侯培森副主任率团一行 6 人赴韩国济州岛参加“第四届中日韩卫生部长会议”边会—“中日韩食品安全论坛”。三方代表就共同关注的食品安全风险评估、监测，以及标准制定等关键问题进行了技术信息分享和研讨。

11 月 22 日，中共中央政治局常委、国务院副总理、国务院防治艾滋病工作委员会主任李克强考察中国疾控中心，并现场主持召开防治艾滋病工作委员会全体会议。

11 月 22 日，“基于区域卫生信息平台的妇幼保健信息系统规范化建设试点示范工程方案”经专家论证后正式启动。

十二月

12 月 1 日，国际公共卫生领域权威学术杂志《International Journal of Epidemiology》(国际流行病学杂志)推出中国专刊，主题为"中国艾滋病防治政策落实"，全面介绍了中国艾滋病防治政策落实情况及面临的挑战。中国疾控中心性病艾滋病预防控制中心主任吴尊友研究员、中国疾控中心主任王宇研究员、美国加州大学 Roger Detels 和 Mary Jane Rotheram 教授担任该期中国专刊客座主编。

12 月 3 日，在广州召开的第十八届亨氏(中国) 国际妇幼营养专题研讨会开幕式上，隆重举行了“亨氏杯”中国妇幼保健事业成就奖——妇幼营养与保健科研奖颁奖仪式。

12 月 13 日，“辐射防护人力资源管理系统”程序设计和测试工作顺利完成。

12 月 13 日，卫生部疾控局、中国疾病控中心、中国健教中心和卫生部国际交流与合作中心联合主办的首届中国结核病防治公益作品征集活动启动。

12 月 29 日，全国正式启用 12320 短信息服务代码。

2010 年，中国疾控中心为在京近 80 家国务院直属机关单位安装了“健康加油站”，积极倡导健康环境建设。目前，“健康加油站”在山东、四川、宁夏等地开始推广。

2010 年,中国疾控中心《2008 年全国疾控系统慢性病预防控制能力调查报告》出版。

2010 年,我国启动包括扩大国家免疫规划疫苗的常规接种率监测报告系统。

附录

2010年度中国疾控中心获奖科研成果

中华医学科技奖二等奖

我国广州管圆线虫病传播特征与监测技术的研究

——中国疾病预防控制中心寄生虫病所

周晓农、吕山、张仪、刘和香、李莉莎、杨坤、严延生、林金祥、胡铃、程由注

中华医学科技奖三等奖

1. **中国食物资源营养评价指标体系及应用研究**

——中国疾病预防控制中心营养食品所

杨月欣、王竹、何梅、潘兴昌、门建华、杨晓莉、王国栋、杨晶明

2. **艾滋病早期感染检测技术及检测策略应用研究**

——中国疾病预防控制中心性艾中心

蒋岩、陆林、肖瑶、姚均、潘品良、邱茂锋、王临虹、汪宁

2010 年度中国疾控中心获奖科研成果摘要

中华医学科技奖二等奖

我国广州管圆线虫病传播特征与监测技术的研究

——中国疾病预防控制中心寄生虫病所

周晓农、吕山、张仪、刘和香、李莉莎、杨坤、严延生、林金祥、胡铃、程由注

本项目在科技部新发传染病专项基金(No. 2003BA712A09－01)资助下,于 2003－2009 年针对我国新发寄生虫病(广州管圆线虫病)的传播扩散趋势,应用现代分子生物学、地理信息系统、数学模型等多学科技术开展了实验室与现场相结合的研究,创新性建立了广州管圆线虫病监测与预警技术,并及时将建立的新技术应用于全国范围广州管圆线虫病疫源地调查与扩散趋势的预警。

主要成果:

1. 首次建立了 2 种快速检测广州管圆线虫新技术,应用于全国疫源地调查,并申请发明专利 1 项(申请号:2007100362981);

2. 成功构建了具有广州管圆线虫不同发育阶段生物学特性的动物模型和生活史,首次发现了 6 种软体动物可作为自然感染广州管圆线虫的中间宿主,为预防控制广州管圆线虫病提供了理论依据;

3. 建立了广州管圆线虫病传播的预警技术,直接为多起广州管圆线虫病暴发预警服务,为外来入侵和新发、食源性传染病的监测与预警提供了新手段;

4. 及时将研究成果转化为全国广州管圆线虫病监测网络的构建中,完成了“广州管圆线虫病诊断标准(国家行业卫生标准)”,为全国南方 12 个省(市、区)培养了一批应对广州管圆线虫病暴发的专业人才,在国内外核心期刊上发表论文 30 篇,其中 6 篇在 SCI 录入期刊上发表。

中华医学科技奖三等奖

中国食物资源营养评价指标体系及应用研究

——中国疾病预防控制中心营养食品所

杨月欣、王竹、何梅、潘兴昌、门建华、杨晓莉、王国栋、杨晶明

通过10年的研究，在国家"十五"重大专项、"十一五"重大专项、卫生部艾滋病应用研究课题、北京市科委"十一五"重大专项及美国NIH研究课题的支持下，在艾滋病实验诊断技术领域取得了大量成果，主要包括：HIV新发感染检测技术，HIV婴儿早期感染核酸诊断技术，HIV感染替代诊断策略，HIV－2诊断技术及策略，窗口期集合PCR诊断技术。申请人的相关研究已经在国内外学术期刊上以第一作者/责任作者发表文章80余篇，其中被SCI收录15篇，1篇影响因子在30以上(Nature)。

该领域的研究成果成为制定、修订和改版"全国艾滋病检测技术规范"的重要科学依据，为艾滋病检测工作提供了重要技术支持，做出了重要贡献。同时，申报人在该领域的研究成果已经应用于我国艾滋病防治工作，如新发感染检测技术的应用，将有助于我国更加科学、客观、有效的估计HIV流行情况，评估艾滋病防治效果。婴儿早期诊断技术平台的建立和推广，为开展预防母婴传播，早期积极治疗感染婴儿起到十分重要的作用。窗口期检测技术的建立将为早期发现及减少二代传播做出重要贡献。

艾滋病早期感染检测技术及检测策略应用研究

——中国疾病预防控制中心性艾中心

蒋岩、陆林、肖瑶、姚均、潘品良、邱茂锋、王临虹、汪宁

本项目通过化学仪器分析、计算机软件设计、电子芯片等技术的综合运用，首次较为详尽揭示了我国食物营养资源分布，建立了国家食物成分主体数据库和8个子集，促进了食物成分资源在国内的共享、流动和高效利用，成为国家科学技术进步和公共卫生管理的重要支撑。同时，在营养素分析方法建立、食物营养参数应用技术研究等方面完成了多项创新，填补国家空白，达到国际先进水平。在预防医学领域有着广泛的应用和影响，取得了可观的社会效益。

主要成果：

1.38项营养成分、功效成分和抗营养成分的分析方法，其中建/修国标23项，综合运用化学、动物实验和人体代谢实验完成食物能量赋值、碳水化合物体内外消化利用率、膳

食纤维及其单体成分、抗营养成分、植物甾醇等功能成分的分析方法建立。为规范食物营养资源分析和数据库建立的标准化、科学化奠定基础。

2. 完成对我国居民日常消费的 2500 种食物 97 项营养成分的分析。所分析的食物资源覆盖国民主流消费的谷类、鱼禽肉蛋、水果、蔬菜、饮料、乳品等 21 个类别,涉及能量、蛋白质、脂肪、碳水化合物、维生素、矿物质、脂肪酸、氨基酸和功能成分等 97 种成分,获得了较为完善的我国食物资源营养分析数据,其中 30 多项营养成分含量数据为国内首次发布。所有数据均为原始数据(区别于国外收集的借鉴数据),填补了国内空白。

3. 首次建立我国食物营养参数主体数据库。该数据库约 15 万条数据,已广泛应用于居民健康状况调查、国家食物营养规划制定、营养健康教育等领域,成为食物资源识别、科技应用和疾病预防的先导和创新源泉。发挥了公共卫生数据国家层面的地位和作用。

4. 建立含有 8 个子集的特殊用途数据库,包括菜肴、药食同源食物、营养素补充剂、婴儿食品、食物血糖生成指数、功效成分、特殊因子数据集等,均为国内首创,为实现我国居民膳食平衡、预防相关慢性病提供了保障。已得到广泛应用。

5. 在解决食物分类、定义与编码等技术难题基础上,构建食物成分数据库基本框架和数据管理标准,建立了由数据信息、技术信息、描述性信息、图片信息构成的国家级食物营养成分数据库。通过对核心元数据,建立网络数据信息查询系统及 e_foodcomp 平台,第一批进入国家医药共享系统;合作建立网络版食物营养查询评价系统 3 个,现广泛应用于全国 30 余家网络。对科学普及和疾病预防做出贡献。

6 加强了食物资源数据应用的智能化,采用专业计算机语言编程,研制设计了用于居民个体和小范围群体的膳食营养查询、计算和评价的营养计算软件 1 个、开发了方便实用型营养称、便携式查询装置、公共餐饮膳食营养管理一体机等电子产品,以服务于教学、营养门诊和配餐。

本项目获得的研究成果包括专著 6 部、科普书籍 2 部,软件著作权 1 项、实用新型专利 3 项。营养成分数据被国内 30 多个网站引用,代表国家加入了 FAO/INFOODS 和国际科技数据委员会(CODATA),并在 2002 年被推选为东北亚地区食物成分数据中心(NEASIAFOODS)协调国和协调单位,与世界上 20 多个国家/地区建立了数据交流关系,提升了中国在国际上的食物营养研究领域的学术地位。

2010年度中国疾控中心个人获奖情况

奖励名称	所在单位	姓名	授奖单位	授奖时间
卫生部有突出贡献中青年专家	职业卫生所	李　涛	卫生部	2010.11
卫生部有突出贡献中青年专家	病毒病所	梁米芳	卫生部	2010.11
卫生部有突出贡献中青年专家	营养食品所	杨晓光	卫生部	2010.11
2010年享受政府特殊津贴	病毒病所	董小平	人力资源和社会保障部	2011.4
2010年享受政府特殊津贴	病毒病所	唐　青	人力资源和社会保障部	2011.4
2010年享受政府特殊津贴	营养食品所	吴永宁	人力资源和社会保障部	2011.4
2010年享受政府特殊津贴	传染病所	阚　飙	人力资源和社会保障部	2011.4
2010年享受政府特殊津贴	中国疾控中心	梁晓峰	人力资源和社会保障部	2011.4
公共卫生与预防医学发展贡献奖	中国疾控中心	王　宇	中华预防医学会	2011.11
公共卫生与预防医学发展贡献奖	营养食品所	刘秀梅	中华预防医学会	2011.11
公共卫生与预防医学发展贡献奖	性艾中心	刘康迈	中华预防医学会	2011.11
公共卫生与预防医学发展贡献奖	妇幼中心	张　彤	中华预防医学会	2011.11
公共卫生与预防医学发展贡献奖	营养食品所	李　宁	中华预防医学会	2011.11
公共卫生与预防医学发展贡献奖	职业卫生所	李　涛	中华预防医学会	2011.11
公共卫生与预防医学发展贡献奖	性艾中心	汪　宁	中华预防医学会	2011.11
公共卫生与预防医学发展贡献奖	传染病所	汪诚信	中华预防医学会	2011.11
公共卫生与预防医学发展贡献奖	寄生虫病所	周晓农	中华预防医学会	2011.11
公共卫生与预防医学发展贡献奖	中国疾控中心	武桂珍	中华预防医学会	2011.11
公共卫生与预防医学发展贡献奖	传染病所	徐建国	中华预防医学会	2011.11
公共卫生与预防医学发展贡献奖	病毒病所	梁国栋	中华预防医学会	2011.11
全国抗震救灾模范	中国疾控中心	李　群	全国抗震救灾英雄集体和抗震救灾模范评选表彰领导小组	2010.8

续表

奖励名称	所在单位	姓名	授奖单位	授奖时间
全国医药卫生系统先进个人	病毒病所	舒跃龙	卫生部	2010.1
全国医药卫生系统先进个人	环境所	李新武	卫生部	2010.1
全国医药卫生系统先进个人	营养食品所	赵云峰	卫生部	2010.1
全国防汛抗旱先进个人	传染病所	卢金星	国家防汛抗旱总指挥部 人社部 中国人民解放军总政治部	2010.12
中央国家机关五四"奖章"	病毒病所	段昭军	中央国家机关	2010.9

2010年度中国疾控中心集体获奖情况

奖励名称	授奖单位	评奖单位	授奖时间
全国抗震救灾英雄集体	传染病所	全国抗震救灾英雄集体和抗震救灾模范评选表彰领导小组	2010.8
全国医药卫生系统先进集体	病毒病所	卫生部	2010.1
抗震救灾先进基层党组织	中国疾控中心党委	中组部	2010.7
中央国家机关五四红旗团委	中国疾控中心团委	中央国家机关	2010.4
全国巾帼建功文明岗	传染病所	全国妇联	2010.10